赵 钢◎著

MINSHI SUSONG FAXUE

ZHUANTI YANJIU

民事诉讼法学

专题研究（一）

中国政法大学出版社

2015·北京

图书在版编目（ＣＩＰ）数据

民事诉讼法学专题研究. 1/赵钢著. —北京：中国政法大学出版社，2015.9
ISBN 978-7-5620-6349-0

　Ⅰ.①民…　Ⅱ.①赵…　Ⅲ.①民事诉讼法－法学－研究－中国　　Ⅳ.①
D925.101

中国版本图书馆CIP数据核字(2015)第233086号

出 版 者　　中国政法大学出版社

地　　址　　北京市海淀区西土城路25号

邮寄地址　　北京100088信箱8034分箱　邮编100088

网　　址　　http://www.cuplpress.com（网络实名：中国政法大学出版社）

电　　话　　010-58908285(总编室) 58908334(邮购部)

承　　印　　固安华明印业有限公司

开　　本　　880mm×1230mm　1/32

印　　张　　13.625

字　　数　　367千字

版　　次　　2006年10月第1版

印　　次　　2015年9月第2次印刷

定　　价　　41.00元

自　序

　　屈指算来，自 1982 年大学毕业至武汉大学法律系（后改称法学院）工作时起，到这本"文集"面世时止，本人已有所间断地（大致相当于"诉讼中止"？）在民事诉讼法学的教学与科研领域"挣扎"了 25 个年头，由当初一个初出茅庐的"法学青年"逐渐"进化"成为一个稍稍有了那么一点可怜底气的"五旬汉子"。回首往事，想到这一不算太长但也绝对不算太短的"治学历程"（姑且这样叫吧），多少还是会有一些这样那样的感触的。当然，想到现如今的人们（其中当然也包括我身边的某些学者）往往具有或"夸大痛苦"或"自我膨胀"的病态倾向，为避嫌起见，也就不想作过多的涉及和议论了，但是以下几点则不能不说：

　　1. 我不敢妄称自己已经有了 25 个年头（1/4 世纪！）"持续不间断"的"治学历程"，因为由于不必细说的种种原因，在 1991 年至 1995 年长达 5 年的时间内，本人并没有写下当然也就更没有发表哪怕是一个字的"科研心得"（当然，此前还是有一点点现在看来明显属于"羞于见人"的"科研成果"的，否则便不可能"终于"在 1993 年晋升为副教授了）。因此，如果借用诉讼用语来加以形容，这 5 年完全应当属于"期间之虚度"，或者说应属于"可剔除之期间"，故当然不应将之实际计算在"审理期限"即所谓"治学历程"之内，否则显然与事实不符。正是由于这一原因，这本"文集"中所选录的论文均是在 1996 年至 2005 年这 10 年间发表的。这样"处理"，不仅是为了尊重历史，也是为了给自己前期的懒惰、无能与低产做一番"遮羞"。

2. 这本"文集"中所选录的论文，并非全都是由本人独自署名发表的，也就是说其中有的论文是分别和我的一些硕士生和博士生联名发表的。作此说明，主要也是为了尊重事实，避免因为"贪天功为己有"而遭人不待见。当然，必须同时说明的是，凡是与学生联名发表的论文，本人都实质性地付出了自己的创造性劳动，而且所付创造性劳动的比例均足以使得本人以第一作者的身份坦然地署上自己的姓名。之所以作此特别说明，主要是为了与目前我国法学界所存在的人人皆知的某些现象（譬如"著作等身"之虚假繁荣与法学垃圾的"随意倾倒"）划清界限，以便能够做到"洁身自好"；之所以能够作此特别说明，则是建立在客观事实而非老师与学生之间因"人身依附关系"而产生的"学术霸权"（简称"学霸"?）的基础之上的。

3. 本人真诚地认为，这本"文集"中所选录的论文，并非有什么了不起的学术价值，因此也就不会对我国的民事诉讼法学研究起到什么实质性的影响和所谓贡献。在我看来，它不过是对相关事实的一个客观记录，而且其中也不能完全排除有某些"功利之作"，但是结集汇编以供自己把玩、体味，或者说"自娱自乐"，想必应该是不会给他人带来什么妨碍的。

另外，必须说明的是，由于本人迄今为止已在《法学评论》编辑部做了12个年头的兼职编辑，且一直是实际主持工作的副主编，与众多兄弟期刊有着长期的"睦邻友好关系"，这在客观上多少也有助于自己论文的发表，但聊以自慰的是，此种"特权"的运用应该没有给兄弟期刊带来太大的"质量下滑"，否则本人早就成了人见人躲的"瘟神"了。

4. 为了掩盖自己的懒惰与无能，当然更是为了表示自己对某些现象的不屑，本人曾经说过，"50之前不出书，50之前未必出不了书，50 之后未必一定要出书"（"中国诉讼法律网"中"法律学人"栏目本人所作之"座右铭"）。现在看来，由于这本"文集"不过是对已发论文的一个"汇编"，根本算不上是一本严格意义上的"书"（即所谓"专著"），故仍然没有因为其之面世而使得自己自食其言。当然，这只是我自己的看法。我将坚持这一看法。正是由于这个原因，所以此本"文集"的封皮上也就有了"（一）"的明确宣示。

赵　钢

2006 年 6 月

重印说明

值此《民事诉讼法学专利研究（二）》结集出版之机，作为该书的"姊妹篇"，在保持内容之原貌的基础上，《民事诉讼法学专利研究（一）》得以一并重印。近年来民事诉讼法学理论前沿及最新立法之内容已体现在《民事诉讼法学专利研究（二）》中。

赵 钢

2015 年 3 月

目　录

第一部分　研究综述与《民事
诉讼法》的修订

第二部分　基本理论问题研究

第三部分　诉讼程序与诉讼制度研究

第一部分

研究综述与
《民事诉讼法》 的修订

回顾、反思与展望

——对 20 世纪下半叶我国民事诉讼法学研究状况之检讨*

一、导言

世纪之交，我国正处在向市场经济体制大踏步迈进的历史性进程之中，与此同时，也日益面临着法制现代化的跨世纪使命。毋庸置疑，被国外学者誉为"实用宪法"的程序法，其现代化自当为法制现代化的应有之义。其中，突出体现程序法精义的民事诉讼法的勃兴与发达，在法制现代化的历史进程中，自然也就更加显得举足轻重。由于民事诉讼法的勃兴与发达同民事诉讼法学的兴旺与繁荣之间总是十分明显地呈现出一种相得益彰的互动关系，因而，从某种意义上来讲，民事诉讼法的发达在相当程度上必须得仰仗于民事诉讼法学的繁荣。然而，在我国，由于整个社会长期深受"重实体、轻程序"以及"重刑轻民"之传统理念的双重浸润，故直接导致了我国民事诉讼法学在研究队伍、研究手法、研究成果等许多方面均明显地落后于民商法学、经济法学以及刑事诉讼法学等相关兄弟学科，并且已经成为健全与完善我国民事诉讼法、进而推动我国整个法制走向现代化的一个障碍。这种状况，显然是任何一个勇于面对现实的人都不会加以否认的。有鉴于此，每个致力于民事诉讼法学研究的人都应当为繁荣我国的民事诉讼法学尽自己的一份责

---

* 原文发表于《法学评论》1998 年第 1 期。

任。作为长期从事民事诉讼法学研究工作的普通一员，笔者对本文的写作便是基于这一目的。在本文中，笔者试图通过回顾我国民事诉讼法学所走过的历程，并在对其进行深刻反思的基础上，对我国民事诉讼法学的未来发展趋向作出尽可能科学的展望，以期能为繁荣我国的民事诉讼法学尽自己的一份绵薄之力。

屈指算来，我国的民事诉讼法学已经蹒跚地跨过了将近 50 个春秋。回顾其所走过的近 50 年的历程，笔者认为，从总体上来看，我国民事诉讼法学的发展基本上显现出这样一条脉络，即它的每一次整体性飞跃，都是以民事诉讼法典的颁行为契机的。建国以来，我国先后共颁行过两部民事诉讼法典，即 1982 年的试行法和 1991 年的新《民事诉讼法》。基于此点认识，笔者在回顾我国民事诉讼法学所走过的历程时，即是以这两部民事诉讼法典的颁行作为具体阶段划分的标识的。

二、回顾

（一）第一阶段（1949～1982）

1. 1949～1957 年的起步阶段。应当承认，建国伊始，新生的人民政权在百废待兴的历史条件下开始着手诉讼法制的建设。1950 年 12 月，中央人民政府法制委员会拟定了《中华人民共和国诉讼程序试行通则（草案）》，以期在正式的诉讼法典公布施行以前，将其作为人民司法机关处理各类诉讼案件之程序依据。由于这一草案刑民不分，集刑事诉讼程序和民事诉讼程序于一体，加之其所设置的诉讼程序具有诸多不足之处，故其未能获得通过。但即便如此，由于该草案所提出的"根除反动司法机关压迫人民的、繁琐迟缓的、形式主义的诉讼程序"这一原则要求的实际贯彻执行，故以旧中国的民事诉讼立法和民事审判实务作为主要研究对象的旧民事诉讼法学便随之而遭受到完全、彻底的批判。与此同时，出于巩固新生的人民政权的需要，在当时的诉讼领域中，各种刑事案件占据了突出的地位，而民事案件则比重较小，且其中又以离婚案件居多，因此当时的民事审判工作远未受到与刑事审判工作同等程度的重视。这样一种社会背景，自然也就成为我国民事诉讼法学先天不足并且在相当长的时间内发育迟缓的重要原因之一。更为重要的是，由于受到当时国际政治形势的限制，我国与苏联之间便表现出一种近乎天然且十分强烈的"亲和性"，这就使得新中国尚处幼稚时期的民事诉讼法学与其他法学学科一样，从一开始便直接展示出其全盘照搬的明显胎记。为数不多的学者们当时所做的全部工作不过就是翻译苏联的民事诉讼法学著作、介绍苏联的民事诉讼法学理论。对此，以下两点即为明证：

（1）各高等法律院校虽然开设了民事诉讼法学课程，但学生们所使用的教材却是未经任何改编而直接从苏联照搬过来的，不过是俄文教材的中文译本而已。课堂上所讲授的绝大部分内容自然也是苏联的民事诉讼法学理论，虽然其间也不时穿插介绍一些涉及我国情况的内容，但也仅限于当时我国民事审判实践的浅表层面，而且其目的亦在于印证苏联民事诉讼法学理论的合理性，因而完全谈不上有什么自己独立的理论体系和理论深度。

（2）从当时我国民事诉讼法学的研究状况来看，且不说没有出版过一本自己的民事诉讼法学著作，就连公开发表在报刊杂志上的民事诉讼法学的专业论文也是凤毛麟角，而且它们的学术质量亦普遍较低。在当时，学者们大都乐此不疲地将几乎所有的精力倾注于移植和翻译介绍苏联的民事诉讼法学著作上，故以顾尔维奇的诉权理论和维辛斯基的证据理论为基干的苏联民事诉讼法学理论便在此种种背景之下被我国的学者们所接受，并深深地根植于脑海之中，进而成为我国民事诉讼法学至今未能彻底摆脱苏联民事诉讼法学窠臼的直接原因。诚然，在当时特定的历史条件下，吸收、借鉴苏联的民事诉讼法学本身无可厚非，但对苏联民事诉讼法学全盘照搬并加以"生吞活剥"的作法，无疑使得我国的民事诉讼法学从一开始就脱离了中国的实际而陷入了窘困之境。

与此同时，由于当时的民事审判工作基本上仍在因袭新民主主义革命时期根据地的老一套做法，而未能针对已经发生变化的客观实际建立起一套适宜的新规范，这也在很大程度上影响了我国民事诉讼法学的发展。在当时，由于一味强调并片面理解"走群众路线"的指导方针，我国在民事审判实践中普遍采取了"依靠群众办案"的做法，不仅法院在审理民事案件时须要广泛地听取各方面群众对案件性质、事实认定乃至适用法律的意见已经构成民事审判工作不可或缺的重要一环，更有甚者，一些地方的法院走向了极端，其表现为：当民事案件审结后，法院还要去搜集当地群众的意见，遇有群众意见与裁判结果相左的情况时，则以群众的意见为准并据此推翻原来的裁判结果。如此一来，审判权实际上被架空，其行使亦无疑被虚化，不仅完全丧失了应有的权威，更谈不上对当事人合法权益的保护。

　　或许是由于审判机关因自身所处地位之尴尬而逐步意识到了上述现象的危害，同时考虑到民事诉讼法一时还不可能被制定出来，故最高人民法院在充分调查研究的基础之上，于1956年10月起草并印发了《关于各级人民法院民事案件审判程序的总结》。依今天的标准来衡量，这份总结或许连司法解释的形式要件也不具备，但在当时特定的历史条件下，它却的的确确是一份比较系统、全面且具有相当约束力的有关民事案件审判程序的规范性文件。它把各级人民法院民事审判活动中的那部分行之有效的实际做法加以归纳并提炼成为一般性的程序要求，因此对于规范审判活动、矫正审判行为、保证办案质量、防止裁判偏差等，都起到了一定的促进作用。随后，根据《关于各级人民法院民事案件审判程序的总结》，最高人民法院又于1957年草拟了《民事案件审判程序》，共计84条，其内容与总结基本相同。在此种背景之下，学者们开始重视中国的实际，他们试图通过总结新民主主义革命时期和建国以来司法工作的经验，以便在此基础上，逐步创建起我国自己的民事诉讼法学。但是，这种努力刚刚起步，便因"反右倾"斗争的扩大化而被扼杀在襁褓之中。至此，民事诉讼法学研究者们力图创建新中国自己的民事诉讼法学的良好愿望便在政治运动的猛烈冲击下迅速地化为泡影。

2. 1957～1978 年的停滞阶段。随着 1957 年"反右倾"斗争的扩大化以及其后接踵而至的政治运动的反复冲击，新中国本来就颇受冷遇的法学便彻底地丧失了自己的独立地位而沦为政治学的附庸。原本不多的几所政法院校和大学法律系大部分被停办；原来所开设的法律专业课程基本上被具有浓重时代色彩的政治理论课取而代之；当时仅有的几家法学刊物如《政法研究》、《政法译丛》、《法学》等亦在创刊不久之后便被迫停刊。"十年动乱"期间，"左"的思潮更是被近乎疯狂地发展到了极致，法律虚无主义蔓延于整个社会。需要指出的是，在这一阶段的前期，虽然也出现过短暂的经济建设高潮，但由于其基本上不是符合客观规律的理智行为的产物，所以并未因此而对处于全面停滞状态的我国法学的复苏起到丝毫的促进作用，更谈不上给历来叨陪末座的民事诉讼法学的发展带来任何生机。

不过，与民事诉讼法学在这一阶段所处的停滞状态不同的是，直到"文革"开始以前为止，我国的民事审判工作仍在不间断地持续进行着，并开始受到某种程度的重视。根据 1962 年 10 月全国第六次司法会议的决定，最高人民法院于 1963 年 7 月召开了第一次全国民事审判工作会议。在会后所提出的《关于民事审判工作若干问题的意见（修正稿）》当中，正式确立了"调查研究，就地解决，调解为主"的"十二字"方针，并将其作为民事审判工作的根本工作方法和工作作风来加以强调，同时明确要求："为了把案件处理得正确及时，必须全面地认真地贯彻这一方针"。1964 年 12 月，最高人民法院院长谢觉哉在向第三届全国人民代表大会第一次会议所作的工作报告中，针对民事审判工作，又提出了"依靠群众、调查研究、调解为主、就地解决"的"十六字"方针。这样一来，如果说我国的民事诉讼法学在当时虽然处于停滞状态但毕竟尚未完全"窒息"的话，那么"十六字"方针实际上几乎也就成了可供其加以"研究"的全部内容。

3.1978~1982 年的复苏阶段。"十年动乱"结束后，随着高考制度的恢复，顺应民主与法制建设的客观需要，自 1978 年春天起，我国的高等法学教育事业亦步入了持续发展的新的历史时期。政法院校和大学法律系陆续复办和新办，并先后招生，且规模不断扩大，数量逐年增加；在课程设置中，民事诉讼法学作为基本的专业必修课程之一而被纳入了教学计划；专以民事诉讼法学作为研究方向的硕士研究生的培养亦开始起步。所有这一切，都为日后我国民事诉讼法学的发展奠定了必要的基础。

1978 年底，党的十一届三中全会召开以后，全国各条战线陆续进行了拨乱反正，各项工作逐步走上正轨，立法工作亦被摆到全国人民代表大会及其常务委员会的重要议程上来，中断多年的民事诉讼立法工作即在此种背景条件下得到恢复。这里需要说明的是，由于我国当时仍处于高度集中的计划经济体制时期，商品经济很不发达，故制定一部系统规范民事主体行为的民事法典的条件与时机尚不成熟。但是，基于规范民事审判工作的客观需要，却迫切要求先行制定一部统一的民事诉讼法典。这不仅成为学者们当时的共识，而且也是审判机关自身的愿望。1978 年 12 月，最高人民法院召开了会期长达 17 天之久的第二次全国民事审判工作会议，并于次年 2 月印发了《人民法院审判民事案件程序制度的规定（试行）》，对案件受理、审理前的准备工作、调查案情和采取保全措施、调解、开庭审理、裁判、上诉、执行、申诉与再审、回访、案卷归档共 11 个问题作了较为详细的规定，以供在民事诉讼法公布之前试行。其实，这一规定的印发与试行也是为随后开始进行的民事诉讼立法活动所作的前期准备工作之一，因而具有重要的意义。

1979 年 9 月，全国人民代表大会常务委员会法制委员会成立了民事诉讼法起草小组，开始草拟民事诉讼法。经过 2 年零 6 个月的反复酝酿、修改，其间先后三次在全国范围内进行讨论，反复征求各方意见，至 1982 年 3 月 8 日，在第五届全国人民代表大会常务委员会第二十二次会议上，新中国有史以来的第一部民事诉讼法典终获通过，并于同年 10 月 1 日起开始试行。以我们今天的眼光来看，这部民事诉讼法典虽非"正式施行"而仅为"试行"，且其不论是在立法的技术与风格方面还是在法典本身的体系结构与内容安排方面均存在不少缺憾，故而折射出当时特定历史条件下普遍存在的"立法幼稚症"。但即便如此，其在以后一段时间内，对于法院审判行为和当事人诉讼行为的规范作用，却是此前任何一部非法典化的程序规范所根本无法比拟的。因此，它不仅是当时我国社会主义法制建设的一大成就，而且对于推动我国民事诉讼法学的发展来讲，更是具有划时代的意义。

完全可以说，正是制定民事诉讼法的紧迫需要推动了我国民事诉讼法学的重新起步。而当时民事诉讼研究的基本内容也就是介绍、普及民事诉讼与民事诉讼法的基本常识，为民事诉讼法典的出台作舆论上的准备。从当时所发表的数量非常有限的民事诉讼法学论文以及屈指可数的介绍民事诉讼基本知识的普及读本来看，民事诉讼法学研究的基点显然仅被置于对以往的民事审判工作经验加以总结并从理论上加以提升的单一层面，而对于当事人诉权的行使以及如何为其提供尽可能完备的程序保障这一民事诉讼的另一重要层面则明显缺乏应有的重视。这种研究对象上的偏差与错位，使得尚处复苏阶段的我国民事诉讼法学的研究工作从一开始就显得有点本末倒置，并且为日后有相当多的人片面认为民事诉讼法仅仅是法院办案的操作规程这一"病枝"的长成埋下了"祸根"。这固然是由当时迫切需要一部用以规范民事审判工作且具有立法性质的程序规范这一客观情况所决定的，故此不乏历史的必然性。但问题在于，如此一来，却使得直到今天为止仍需要耗费相当多的精力与时间为民事诉讼法"正名"，以还其"本来面目"，这恐怕是当时民事诉讼法学的研究者们所始料不及的。正是由于对当事人诉权的行使以及如何为其提供尽可能完备的程序保障等民事诉讼的基本理论问题缺乏足够的重视，因而使得这一时期的我国民事诉讼法学未能在一个较高的起点上展开研究，学术水平普遍较低，在研究风格与研究手法上均乏善可陈。但无论如何，我国的民事诉讼法学在这一时期已开始步入正轨。

与我国民事诉讼法学的起步阶段相比，那种对苏联的民事诉讼法学理论全盘照搬并加以"生吞活剥"的原有做法在这一阶段已不复存在。但客观地讲，这一情况的改变，并非是由于我国学者理智思考与科学选择的结果，而是由于中、苏两国之间原来的盟友关系在这一阶段到来以前已全面恶化的必然产物。当然，这一情况的改变并不意味着我国的民事诉讼法学自此就彻底地摆脱了苏联民事诉讼法学的窠臼。

此外，有必要提及的是，在这一阶段的后期，为了适应民事诉讼法学教学、研究和司法实际工作的需要，中国社会科学院法学研究所民法研究室民诉组与北京政法学院诉讼法教研室民诉组合编了一套《民事诉讼法参考资料》，共计 3 辑 7 个分册，由法律出版社于 1981 年 8 月精装出版。尽管由于历史的原因而使这套参考资料被限定在内部发行，这在今天看来不免使人感到难以理解，但因其收集、整理和汇编了我国新民主主义革命时期苏区、抗日根据地、解放区和建国以后国家机关制定颁布的有关民事诉讼法方面的资料以及有关的国际公约、条约、协定和若干国家民事诉讼法的分解资料，且其中有不少是珍贵的历史文献，有些内容对该套参考资料出版时的民事诉讼实践仍有指导意义，因此可以说，它的编辑与出版、发行为此后我国民事诉讼法学的研究工作奠定了一个较好的资料基础。与此同时，先后由中国人民大学法律系民法教研室和西南政法学院诉讼法教研室分别编印的《外国民事诉讼法分解资料》（上、下）和《中华人民共和国民事诉讼法资料汇编》、《中华人民共和国民事诉讼教学案例》以及《民事诉讼参考资料》等，均在一定程度上发挥了它们对于各该单位乃至我国的民事诉讼法学的教学、研究工作的辅助作用。

（二）第二阶段（1982~1991）

1. 1982~1991 年的阐释《民事诉讼法（试行）》阶段。80 年代初期，我国刚刚走出"法律虚无主义"的阴影，公民的法律意识非常薄弱，法律知识亦非常贫乏。为了增强公民的法律意识，提高公民的法律素质，法学工作者担负起了艰巨的"普法"任务。作为此项任务的重要内容之一，普及民事诉讼法的基本常识也就成为当时民事诉讼法学研究者的主要任务。在此背景下，一批旨在宣传、介绍《民事诉讼法（试行）》之基本知识的普及读本与小册子相继出版，并成为"普法"的基本材料。

为了适应高等法学教育事业发展的需要，在有关部门和法学界的关怀和支持下，法学教材编辑部约请了部分专家、学者，编写了一套高等学校法学试用教材，由法律出版社出版，供高等院校各法律专业选用或参考。由柴发邦主编的《民事诉讼法教程》即是这套教材中的一本。这本教材自 1983 年 7 月初版以来，于 1986 年修订更名为《民事诉讼法学》，后又于 1991 年根据经修改重颁的《民事诉讼法》作了第二次修订，并易名为《民事诉讼法学新编》。作为全国统编教材，它基本上反映了我国民事诉讼法学在当时的最新研究成果及整体水平。这一时期，除了组织编写、出版统编教材之外，一些高等政法院校乃至学者个人也编写、出版了自己的教材或论著，且其中也不乏独到之处，但从总体上来讲，不论是在体系结构上还是在基本内容上，它们均未能够超出统编教材的研究水准。再者，各高等政法院校和大学法律系在这一时期亦继续编印了一批与民事诉讼法学的教材配套使用的教学参考资料，其中，由西南政法学院诉讼法教研室于 1984 年 9 月编印的《民事诉讼法文选》第一辑上、中、下 3 册，汇辑了我国《民事诉讼法（试行）》出台前后至该套文选编印时为止发表于国内报刊杂志上几乎所有的民事诉讼法学的学术论文与普及性文章，从而不仅满足了该校的教学之需，同时也在一定程度上为学者们的研究工作提供了检索之便，故此值得一提。

鉴于当时我国从事民事诉讼法学教学工作的师资力量奇缺与教学水平较低的实际状况，由司法部教育司出面组织，于 1983 年 2 月至 6 月，在西南政法学院举办了"司法部第三期全国法律专业（民法、民诉法）师资进修班"，聘请了当时国内一流的专家、学者前去授课、讲学，培训出一批为数不算太少的合格师资。他们日后不仅均成为各该单位民事诉讼法学课程的教学骨干，而且其中有相当一部分已经成为其所在单位该门课程（或学科）的学术带头人并至今仍在为我国民事诉讼法学的繁荣而勤奋地耕耘着。由此观之，此次师资进修班的举办，对于我国民事诉讼法学的今天与明天来说，实在是功不可没！

1984 年 9 月，中国大百科全书出版社编辑出版了《中国大百科全书》（法学卷），书中共收录了民事诉讼法专科条目 49 个，约 10 余万言，在一定程度上反映了该时期我国民事诉讼法学的研究水平。

特别需要提及的是，1984 年 10 月，中国法学会诉讼法学研究会宣告成立，这是令我国诉讼法学工作者倍受鼓舞的一件大事。自此，我国的诉讼法学工作者便有了自己专门的学术组织，同时亦有了进行学术交流活动的讲坛和阵地。在当年的诉讼法学研究会成立期间，同时还举行了学术年会，年会的主题是如何建立具有中国特色的社会主义诉讼法学，这表明我国的诉讼法学研究者已经开始认识到创建自己的诉讼法学的必要性与重要性。围绕这一主题，与会的民事诉讼法学研究者对本学科领域范围内的一系列重大问题进行了探讨，提出了一些新观点，研究了一些新情况、新课题。在他们向年会所提交的论文中，共有 5 篇被收入随后交由中国政法大学出版社编辑出版的《诉讼法学论丛》（1985 年年刊），进而在更大的范围内发挥出它们的学术价值与学术影响力。此后，诉讼法学研究会每年都定期举行学术年会。毫无疑问，作为拟订研究计划、提出研究课题、荟萃科研成果、检阅学术队伍的一种重要形式，年会以其特有的交流、导向与组织功能，有力地促进了我国民事诉讼法学的发展。

从当时民事诉讼法学研究成果所反映的情况分析来看，这一阶段民事诉讼法学的突出特点是：民事诉讼法学研究者以《民事诉讼法（试行）》为依据，对民事诉讼法的立法宗旨、适用范围、基本原则以及民事诉讼的各项具体制度与程序作了较为系统、全面的阐释，但却未能以更宽阔的视野，在更高的层次上，对民事诉讼法作更深入的研究，开拓性的研究更是无从谈起。虽也偶有学者论及民事诉讼法律关系以及诉权等民事诉讼的基本理论问题，然而由于仍以苏联的民事诉讼理论为范式，故此不过泛泛而谈而缺乏创见。

应当指出，就科研资料的积累这一基础性工作而言，这一时期的我国民事诉讼法学可以说是受益匪浅的。这不仅表现为有不少台湾地区学者的民事诉讼法学著述被先后介绍进来，而且更为重要的是法律出版社继此前一个阶段翻译出版了《经互会成员国民事诉讼的基本原则》一书之后，又在这一阶段陆续翻译出版了《苏俄民事诉讼法典》、《美国民事诉讼》、《匈牙利人民共和国民事诉讼》、《德意志联邦共和国民事诉讼法》以及《苏维埃民事诉讼》等相当一批在当时弥足珍贵的图书资料。直到现在为止，这些资料仍然具有一定的参考价值。

2.1985~1991年的初步深化阶段。随着经济体制改革的逐步深化和商品经济的蓬勃发展，此一时期的社会经济生活发生了深刻的变化，利益冲突在主体、内容以及广度和深度等方面均已大异于先前。在此背景下，《民事诉讼法（试行）》所规定的用以解决利益冲突的诉讼制度已经不能完全适应变化了的客观实际，且其弊端日益显露。与此同时，由于以《民法通则》为基干的民商事实体法的相继颁行，客观上也要求《民事诉讼法（试行）》增加相应的程序规定。于是，修订《民事诉讼法（试行）》也就渐渐成为专家、学者以及司法实际工作者的共识，而完善《民事诉讼法（试行）》的基点所在，便是要完善现行的民事诉讼制度。这一时期我国民事诉讼法学的研究基本上就是围绕着这个主题展开的。学者们当时集中探讨的问题有：诉讼主体问题（含非法人团体、第三人以及共同诉讼与集团诉讼等具体问题）；管辖问题；调解问题（主要是"着重调解"原则之存废问题）；举证责任问题（包括举证责任的概念、性质及其与法院调查收集证据之相互关系等具体问题）；检察机关参与民事诉讼问题（包括检察机关参与民事诉讼的范围、方式及其诉讼地位等具体问题）；撤诉问题（主要是撤诉的实质内容及其法律后果问题）；反诉问题（含反诉的概念、性质、条件以及其与本诉的相互关系等具体问题）；特别程序问题；民事执行问题（主要涉及执行难的成因分析与对策探讨等问题）。

由于对《民事诉讼法（试行）》的修订客观上需要系统地、全方位地检讨现行法律的所有规定并在此基础上确认它们的存废与否以及应当加以补充、完善的具体内容，因此，民事诉讼法学的研究也就逐步地拓展到了民事诉讼领域的各个方面。其中，有相当一部分研究成果被日后于 1991 年 4 月 9 日颁行的新《民事诉讼法》所吸纳。譬如对民事诉讼法功能的再认识即为典型之例证。在我国，长期以来，人们曾普遍地将《民事诉讼法》仅仅看成是人民法院办理民事案件的"操作规程"，故而明显忽视了其对当事人行使诉讼权利的保护功能。对此，当时有不少学者撰文认为应对民事诉讼法的功能予以重新认识。他们提出：《民事诉讼法》不仅是人民法院办理民事案件的"操作规程"，同时也是当事人等进行民事诉讼的行为规范。因而在民事诉讼法的任务中，不但应有保证人民法院正确行使民事审判权的内容，而且要有保护当事人行使诉讼权利的明确规定，这是社会主义民主对民事诉讼法的必然要求。这一研究成果后被立法机关所采纳，表现为现行民事诉讼法明确将保护当事人行使诉讼权利作为其首要任务，并在具体的制度与程序中作出相应的规定。

由柴发邦主编并由中国人民公安大学出版社于 1991 年出版的《体制改革与完善诉讼制度》一书，作为哲学社会科学"七五"规划的重点科研项目之一，是这一时期民事诉讼法学研究的集大成者。该书是作者在经过反复调查研究并征求实际部门和有关专家的意见后，积极思考、探索与多次设计论证的结晶。该书不仅从法哲学的高度认真探讨了体制改革与完善民事诉讼制度的相互关系与一般途径，而且富有见地地设计出了完善民事诉讼各项具体制度与程序的理论方案。因此，完全可以说，这项研究成果代表了当时我国民事诉讼法学的最高研究水平。

这一时期，北京社会与科技发展研究所组织 70 余位专家、学者辛勤翻译并由光明日报出版社于 1988 年 8 月出版了《牛津法律大辞典》。这本辞典虽然并非民事诉讼法学的专科工具书，但因其中涉及民事诉讼法范围的条目占了相当大的比重，故其仍为我国的民事诉讼法学研究者提供了可贵的参考资料。稍后，由柴发邦主编并由四川人民出版社于 1989 年出版了《诉讼法大辞典》。该辞典所选收之辞条基本上囊括了诉讼法领域的各个方面，特别是本着"古为今用"与"洋为中用"的原则尽可能地介绍了中外诉讼史以及外国现行诉讼制度方面有参考价值的内容，因此对于完善我国的民事诉讼制度、促进民事诉讼实践的发展乃至繁荣我国的民事诉讼法学，均有积极的作用。

在教材编写方面，这一阶段值得提及的共有两本，即由西北政法学院吴明童主编并由陕西人民教育出版社于 1989 年出版的《中国民事诉讼法学》和由西南政法学院常怡主编并由中国政法大学出版社于 1990 年出版的《民事诉讼法学新论》。在这两本书中，作者均跳出了以往的教材在基本内容上同《民事诉讼法（试行）》的现有规定亦步亦趋的老框框，力图总结我国近几年来民事诉讼实践的发展、变化，反映我国民事诉讼法学的科研成果，并通过导入外国的民事诉讼理论，对我国的某些民事诉讼制度及诉讼程序提出了自己独到的见解。

在此不能不提的是，西南政法学院诉讼法教研室在这一阶段的前期与中期陆续翻译编印了包括前苏联和东欧各国以及西方数国在内的 10 余个国家的民事诉讼法学的教材与论著，它们虽然均未能够公开出版，但毕竟又为我国的民事诉讼法学研究者"放眼看世界"打开了一扇不算太窄的"窗口"。

同前一个阶段相比，此时的我国民事诉讼法学显然已开始走出对现行民事诉讼立法进行简单诠解的阶段，学者们关注更多的是如何进一步完善现行民事诉讼制度以适应变化了的社会冲突状况对其自身解决机制的客观需要。因此，民事诉讼法学的研究开始转向渐具开拓性的初步深化阶段。不过从总体上来讲，这一时期的民事诉讼法学基本上仍然停留在侧重对民事诉讼制度进行实证分析的层面。在研究的手法上，经验性的直感判断较多，而制度分析中理性认识的成分与深度则仍显不足。如果说处于创立或恢复民事诉讼制度的初始阶段的民事诉讼法学的主要任务是阐释民事诉讼法和普及民事诉讼法律基本知识的话，那么，当这一任务已经完成并进入到完善现行民事诉讼制度的后续阶段时，民事诉讼法学的重要使命则在于系统地研究我国民事诉讼制度的基本价值、基本理念，并据此对现行的民事诉讼制度重新进行评价。但可惜的是，我国的民事诉讼法学研究者在探讨如何进一步完善现行民事诉讼制度这一重大课题时，却基本上忽略了这一点，这不能不说是一个明显的缺憾。当然，应当加以客观指出的是，我国的民事诉讼法学研究者在将他们的绝大部分精力用于完善现行民事诉讼制度这一重大课题的研究时，并没有完全忘记对民事诉讼基础理论的探讨，故而时有涉及诉、诉权、诉讼标的等基础理论问题的专论见诸各种法学期刊，但是从它们的内容来看，不论就广度而论还是就深度而言，仍然差强人意，并没有什么实质性的突破。

在对外学术交流方面，有两次活动值得一提：①1987 年 8 月 23 日至 28 日，我国派团参加了由国际诉讼法协会、荷兰诉讼法协会及荷兰乌德勒支大学法学院联合组织召开的第八届世界诉讼法大会。该次大会的主题是"司法与效率"。会议期间，各国与会者就当前各国民事诉讼中办案效率普遍不高和存在的各种弊病、问题，进行了激烈的讨论，并针对法院积案过多的问题，提出了不少解决方案，我国代表亦就此提出了自己的看法、介绍了我国法院的应对措施。由于这是我国第一次派代表参加世界诉讼法大会，因此是颇具意义的。②1988 年 8 月 31 日至 9 月 2 日，中国法学会和国际诉讼法协会在北京联合举行了以"诉讼制度的改革与完善"为主题的诉讼法发展趋势研讨会。来自比利时、联邦德国、丹麦以及我国的诉讼法专家、学者和法官、律师等 50 多人参加了研讨会。就民事诉讼而言，与会者们集中就民事诉讼的发展趋势、民事司法的独立性以及诉讼程序的公正性这样三个问题进行了比较深入的探讨。毫无疑问，这样的学术交流活动显然能对我国民事诉讼法学的发展与繁荣起到有力的推动作用。

在学科队伍建设方面，民事诉讼法学高层次专门人才的培养工作取得了新的成绩，学科队伍有所发展。至 1991 年，全国已有 6 个含民事诉讼法学专门研究方向在内的诉讼法学专业硕士学位授予点，1 个含民事诉讼法学专门研究方向在内的诉讼法学专业博士学位授予点（中国政法大学）。这些学位授予点为培养高层次的民事诉讼法学专门人才作出了重要的贡献。

（三）第三阶段（1991～ ）

1991 年 4 月 9 日，第七届全国人民代表大会第四次会议通过了《中华人民共和国民事诉讼法》。相对于此前的《民事诉讼法（试行）》而言，新《民事诉讼法》在许多方面作了重大的修改与补充，进一步适应了改革开放与发展商品经济的客观需要，同时也进一步便利了当事人依法行使诉讼权利和人民法院依法审理民事案件。

以新《民事诉讼法》的颁行为契机，我国的民事诉讼法学研究者又开始了新一轮的阐释民事诉讼法的工作。在一段时间内，发表在各家法学期刊上的民事诉讼法学论文几乎清一色的是以新民事诉讼法为基准而对其补充、完善的原则、制度与程序所进行的诠解。不过，这股新的诠释潮在持续了不到 2 年的较短时间之后，便随着1992 年底我国市场经济模式的确立而逐步消退。民事诉讼法学研究者开始将他们的研究视野转到审视、检讨现行民事诉讼制度的结构性缺陷这一更高研究层面上来。这是因为，市场经济条件下的利益冲突从内容到形式均与计划经济条件下的利益冲突迥然相异，而这两种异质的经济模式下利益冲突之间的根本差异必然要求用以解决利益冲突的诉讼机制随之实行根本性的变革。颁行于过渡时期的新民事诉讼法虽然较之原来的《民事诉讼法（试行）》而言，已经在诸多具体的原则、制度与程序方面有了不小的突破，但它们二者一脉相承的诉讼结构却使得新民事诉讼法所规定的民事诉讼制度很难从整体上契合市场经济条件下利益冲突解决机制的内在需要。于是乎，我国的民事诉讼法学研究者便开始放弃对现行民事诉讼法进行"歌功颂德"式的阐释，同时也不再拘泥于对现行的民事诉讼制度简单地进行逻辑实证分析，而是从诉讼结构的全新角度入手，对现行的民事诉讼制度作较深层次的剖析，这完全是顺理成章之举。而对民事诉讼结构（民事诉讼模式）所进行的理性探索必然在诉讼实践中触及到民事审判方式改革的目标、方式以及具体措施等一系列实际问题。1994 年 7 月 6 日至 10 日，最高人民法院在太原召开了民事审判工作座谈会，集中探讨了民事审判方式改革的若干问题。这样，起始于 80 年代末期但已在诉讼理论界沉寂数年的对民事审判方式改革的探讨即开始成为我国民事诉讼法学的另一个热门研究课题。实际上，民事诉讼模式和民事审判方式改革也是世纪之末我国民事诉讼法学领域中真正形成为热点的两个研究课题，故而有必要多用些笔墨以对近几年来学术界关于这两个问题所作探讨的主要观点作一番归纳。

1. 关于民事诉讼模式问题。

（1）关于民事诉讼模式的涵义。在模式是一种对基本关系的宏观、抽象概括这一点上，学者们基本已达成共识，但在民事诉讼模式的具体表述上仍然存在分歧。有人认为民事诉讼模式是关于民事诉讼程序的基本要素以及诉讼主体在民事诉讼中的地位、作用和相互关系的基本概括。有人则认为民事诉讼模式是指在一定的民事诉讼价值观的支配下，为实现一定的民事诉讼目的，通过在法院和当事人之间分配诉讼权利和诉讼义务而形成的法院与当事人之间不同的诉讼地位和相互关系。

（2）关于民事诉讼模式的选择。学者们一般都认为民事诉讼模式基本上可以分为两大类，即当事人主义与职权主义。有人认为我国现行的民事诉讼基本模式继承了我国历史上民事诉讼制度的合理成分，保持并发扬了新民主主义革命时期民事审判工作的优良传统，适应了当前的经济基础和政治制度对民事诉讼的内在要求，吸收、借鉴了国外民事诉讼制度的成功经验，因此，我国现行的民事诉讼基本模式是大致符合我国国情和基本可行的。现在需要做的事情应是进一步促进、完善民事诉讼的公正性、效率性和民主性。另一种意见则认为，我国现行的民事诉讼模式基本上属于相对职权主义，不适应我国迅速发展的经济体制改革与政治体制改革的需求，故应作较大的变动或者说根本的转变。改革的目标应是由相对职权主义转换为相对当事人主义；改革的重点和突破口是诉讼证据制度，即实行完全的当事人举证制度。[1]

2. 关于民事审判方式改革问题。

（1）关于改革的整体思路与目标。有的学者认为，民事审判方式改革的整体思路应是在正确认识和充分尊重审判规律的前提下，调整审判的权责结构，提高审判的公开化与民主化的程度，改进庭审操作方式和技能。从本质上说，民事审判方式改革的目标就是要千方百计地逐步提高其民主水平，弱化人治，强化法治，充分调动和发挥诉讼当事人的主动性与积极性，减少干预，增加审判的透明度，尽可能实现完全意义上与真正意义上的公平审判。

（2）关于民事审判方式改革的内容。学者们认为，民事审判方式改革的内容主要应包括五个方面：①由合议中心型向裁判中心型转变，以提高民事审判的效率。②由职权保障型向权利保障型转

---

〔1〕 参见张新宝："民事诉讼法学研究述评"，载《法学研究》1997 年第 1 期。

变，以强化诉讼的公正性和民主性。③由自由裁量型向规范裁量型转变，以防止法官在诉讼中滥用职权。④由先定后审型向先审后定型转变，以真正落实辩论原则，防止辩论的形式化和空洞化。⑤由"暗箱操作型"向"公平操作型"转变，实现这一转变的具体方式是尽可能地将民事诉讼的程序规则加以公开，以保证诉讼的公正与民主。[1]

（3）关于法院调解与民事审判方式改革。学者们认为，在经济市场化的过程中，偏重调解的传统审判方式的负效应越来越明显，故此改革法院调解制度已是势在必行。①要在审判实践中更多地采用判决的结案方式。②要对法院调解制度加以完善，其方案有两种：一种是在现行的调审结合的框架内进行改革，另一种是将调解过程与审判过程分离开来，即由法院设置专门的调解机构，配备专职人员，采取区别于审判程序的法院调解程序。[2]

学者们在热衷于对民事诉讼模式和民事审判方式改革这两个热点问题进行探讨的同时，还开始了对既判力等民事诉讼的基本理论问题的研究。这一情况向人们昭示出：民事诉讼法学并非仅仅是一种关于具体操作程序和行为规则的实用性知识，而是一门具有诸多深刻理论问题的法学学科。对既判力问题的探讨，始于 1995 年，其后又有新的进展，目前正处于逐步深化的渐进阶段。概而言之，我国学者对既判力问题的探讨主要涉及既判力的本质、具有既判力的裁判种类、既判力的效果及其运用、既判力的客观范围等诸方面。

可喜的是，在这一时期，我国的民事诉讼法学研究者向传统的证明要求大胆地提出了质疑和挑战，从而充分地显示出他们可贵的开拓精神与可敬的理论勇气。一些学者主张摒弃我国传统诉讼证据

---

[1] 参见张新宝："民事诉讼法学研究述评"，载《法学研究》1997 年第 1 期。

[2] 参见江伟、肖建国、王谢春："1995 年民事诉讼法学研究的回顾与展望"，载《法学家》1996 年第 1 期。

理论中的一元化证明要求，他们认为将"客观真实"作为民事诉讼与刑事诉讼的共同证明要求，明显忽视了这两类诉讼在本质属性上的重大差异，甚至是无视法律对这两种诉讼证明要求的不同规定，这不仅在理论上是有害的，而且在审判实践中亦难以付诸实施。有的学者从"客观真实"只能是民事诉讼证明要求的理想化标准这一基本认识出发，认为民事诉讼所应遵循的是"法律真实"的现实证明要求。因此，在一方当事人对其所主张的事实提供的证据明显优于另一方当事人时，法院就得在裁判中认定这一事实，此即所谓高度盖然性原则。学者们认为，确立高度盖然性的证明要求，既有助于实现民事诉讼的目的，又可消除诸多案件中真假难辨的"混沌"状态，从而大幅提高诉讼效率。

此外，我国的民事诉讼法学研究者还继续对民事诉讼的一些具体制度作了进一步的探讨，这对于健全和完善我国现行的民事诉讼制度来讲，仍然是十分必要的，且具有较高的参考价值。

显而易见，这一时期是我国民事诉讼法学迄今为止科研成果最为丰厚的时期。一批颇有学术价值的教科书、专著相继出版。仅在权威法学期刊与核心法学期刊上发表的论文即达数百篇之多，不仅在数量上呈逐年上升的态势，而且质量亦有不同程度的提高。中国人民大学书报资料中心编辑出版的《复印报刊资料》（法学部分）从 1996 开始就"诉讼法学·司法制度"单独成册发行并自 1997 年起由原来的双月刊改为单月刊之举，即从某种意义上印证了这一情况的客观存在。

在教材方面，由章武生教授主编并由法律出版社于 1993 年出版的《民事诉讼法新论》一书，用相当的篇幅对中外民事诉讼制度作了比较研究，吸收了 90 年代初期民事诉讼法学的最新研究成果，提出了一些新观点，并就适应市场经济建立与发展的需要而完善民事诉讼制度的问题进行了探讨，故此值得一提。

在专著方面，中国政法大学出版社于 1993 年组织撰写出版了一套"民事诉讼法学专著丛书"，其中包括李浩教授所著的《民事举证责任研究》、王强义先生所著的《民事诉讼特别程序研究》、陈桂明教授所著的《仲裁法论》以及张卫平教授所著的《破产程序导论》。这套丛书的作者均为近年来在我国诉讼法学界崭露头角的中青年学者。在这些著作中，作者力求通过广泛地比较，在鉴别和吸收国内外科研成果、博采众长的基础上，立足于本国国情，对各个专题作了全景式的、较为深入的研究，具有一定的理论开拓意义。与此同时，由中国社会科学院法学研究所张广兴等编著并由法律出版社于 1993 年出版的《大陆与港台民事诉讼制度》以及由厦门大学薛景元主编并由厦门大学出版社于 1994 年出版的《海峡两岸法律制度比较·诉讼法》等著作的问世，表明学者们已开始将研究的触角敏感地伸向大陆与港台民事诉讼制度的比较研究这一全新的领域。此外，由张卫平教授所著并由成都出版社于 1993 年出版的《程序公正实现中的冲突与衡平——外国民事诉讼法学研究引论》、由对外经济贸易大学沈达明教授所著并分别由中信出版社和对外贸易教育出版社于 1994 年出版的《比较民事诉讼法初论（上、下）》与《比较强制执行法初论》以及由中国政法大学白绿铉教授所著并由经济日报出版社于 1996 年出版的《美国民事诉讼法》等著作，较为系统地介绍了西方各主要国家的民事诉讼制度，在一定程度上弥补了我国民事诉讼法学因缺少国外的信息资料而无法深入地进行比较研究的缺憾，同时对于完善我国的民事诉讼制度也具有一定的参考和借鉴价值。有必要提及的是，由中国社会科学院法学研究所邹海林所著并由法律出版社于 1995 年出版的《破产程序与破产实体制度比较研究》，不仅对于完善我国的破产立法具有现实的参考意义，而且也表明我国的民事诉讼法学研究者已日益重视比较手法的运用。其他具有代表性的著作还有：由河南省高级人民法院孙加瑞所著并由法律出版社于 1994 年出版的《强制执行实务研究》，该书针对民事执行实践中的诸多问题尤其是"执行难"问题进行了对策探讨，并在理论上有一定的突破；由最高人民法院民事审判庭编著并由人民法院出版社于 1995 年出版的《改进民事审判方式实务与研究》，该书集中论述了民事审判方式改革的一些重要问题，有一定的理论和实践意义；由中国政法大学陈桂明教授所著并由中国法制出版社于 1996 年出版的《诉讼公正与程序保障——民事诉讼程序之优化》，该书着力研究了民事诉讼程序的优化途径，深入地探讨了民事诉讼法学理论上和民事诉讼实践中的许多重大问题，其独到的学术见解对于立法与司法均具有较高的参考价值；由广东商学院张晋红教授所著并由法律出版社于 1996 年出版的《民事之诉研究》，该书无疑是构建我国民事之诉理论体系的一次可喜的尝试，其中不乏真知灼见，而其探索意义更是超乎理论本身。[1]

在译著方面，此一时期，亦是新作颇多。比如，由王亚新教授翻译并由中国政法大学出版社于 1994 年出版的日本学者棚濑孝雄所著之《纠纷的解决与审判制度》、由中国政法大学白绿铉教授翻译并由法律出版社于 1995 年出版的日本学者兼子一和竹下守夫所著之《民事诉讼法（新版）》以及由王亚新教授、刘荣军教授翻译并由中国政法大学出版社于 1996 年出版的日本学者谷口安平所著之《程序的正义与诉讼》等书，即是其中的几本代表作。它们的翻译出版，无疑又为我国的民事诉讼法学研究增添了可资利用的新资料。

从 90 年代初、中期民事诉讼法学所涉及的研究领域和发表的科研成果所反映的情况来看，我国的民事诉讼法学已初步显露出了学术繁荣之吉兆。从总体上看，尽管在此期间就事论事的一般性著述仍居多数，但也不乏从诉讼结构等深层领域去探究民事诉讼制度之完善且具有一定创见的论义及专著。比较手法的较多运用，拓宽了民事诉讼法学的研究视野，从而使民事诉讼法学研究的广度与深度与前段时期相比，显然均已有很大的拓展。虽然对民事诉讼理论

---

〔1〕 参见江伟、单国军："1996 年民事诉讼法学研究的回顾与展望"，载《法学家》1997 年第 1 期。

的深入研究尚未形成全方位启动之整体气候，但也足以昭示出民事诉讼法学开始由注释法学向理论法学转变的可喜迹象。与此同时，我们仍需清醒地认识到，我国的民事诉讼法学理论固然已经有所发展，但无论是在基本观念和考察视点上，还是在基本范畴、基本原则与制度建构上，同以前相比，实质上并未实现根本性的转变，有些甚至还是一脉相承，这种状况在相当程度上阻碍了民事诉讼法学研究的进一步深化与走向真正的繁荣。

在此期间，我国的民事诉讼法学界也开展了一些对外学术交流活动，比如，1995 年 4 月，日本著名民事诉讼法学家竹下守夫教授应邀来华，与我国民事诉讼法学界的专家、学者进行座谈、讨论，加强了相互间的交流与了解。其后，竹下守夫教授于 1996 年被西南政法大学授予名誉教授，并于同年来西南政法大学访问、讲学。又如，1995 年 8 月 17 日，中国人民大学法学院江伟教授在第十四届亚太法协大会上作了题为《中国民事诉讼程序改革的核心问题》的发言，对我国民事诉讼程序的完善提出了建设性的意见，引起了与会专家、学者的关注。

我国民事诉讼法学的队伍建设亦在这一时期取得了令人欣喜的成绩。至 1995 年为止，全国已有十几个含民事诉讼法学专门研究方向在内的诉讼法学专业硕士学位授予点，此外，含民事诉讼法学专门研究方向在内的诉讼法学专业博士学位授予点也增加到三个（中国政法大学、中国人民大学、西南政法大学）。各地政法院校和大学法学院（系）继续加强对民事诉讼法学研究方向的硕士研究生与博士研究生的培养。值得一提的是，民事诉讼法学博士后研究人员于 1995 年首次进入中国人民大学博士后流动站，标志着我国民事诉讼法学专门人才的培养体制已日趋完善。

1997 年，对于我国的民事诉讼法学来讲，共有三件大事值得一记：

1. 为了促进诉讼法学各分支学科的共同发展，促进各分支学科更好地在本专业领域进行深入研究，并便于各分支学科在本专业领域内进行活动，经中国法学会诉讼法学研究会常务理事会认真研究，并报中国法学会批准，决定在中国法学会诉讼法学研究会之下正式分设刑事诉讼法专业委员会和民事诉讼法专业委员会，并由民事诉讼法专业委员会兼顾行政诉讼法专业的学术活动事宜。此举显然有助于改善长期以来我国诉讼法学研究领域内"重刑轻民"及两大分支学科严重失衡的状况，从而使民事诉讼法学获得了相对独立的生存、发展空间。

2. 在深圳召开的中国法学会诉讼法学研究会 1997 年年会，将"诉讼法的作用与价值——兼研讨实体法与程序法的关系"作为首要议题，表明我国长期以来"重实体、轻程序"的传统观念与做法受到了全面的冲击与挑战。以此为契机，相对于民商法学、经济法学等实体法学科来讲，民事诉讼法学亦将理直气壮地与其平等"对话"，并以自己独立的学科地位和特有的学科价值重新审视并调整彼此之间的相互关系。

3. 为了奖励诉讼法学方面的中青年优秀科研成果，推动我国诉讼法学科研活动的进一步开展，提高中青年诉讼法学科研队伍的水平，受中国法学会的委托，中国法学会诉讼法学研究会成功地举办了第二届全国中青年诉讼法学优秀科研成果评奖活动。[1] 从获奖的情况来看，两大分支学科严重失衡的状况已有所改善。

三、反思

从时间跨度上来讲，与民事诉讼法制建设同步发展的我国民事诉讼法学虽然已经有了近半个世纪的历史，但是由于种种原因，却使得其从一开始就显得步履维艰。确切地讲，我国民事诉讼法学的真正起步不过是近十几年的事情。在此期间，两部民事诉讼法典的先后颁行有力地推动了民事诉讼法学的发展步伐。平心而论，我国的民事诉讼法学在短短十几年的时间内毕竟还是取得了令人欣喜的

---

[1] 第一届举办于 1994 年。

累累硕果并处于渐入佳境的持续上升时期。这主要表现在以下三个方面：

1. 已有越来越多的人认识到了民事诉讼法的重要意义而加入研究民事诉讼法学的队伍之中，从而使民事诉讼法学的研究队伍得以不断充实和壮大。培养民事诉讼法学硕士、博士等高层次专门人才的机制已形成并日趋完备。相当一批中青年民事诉讼法学者迅速成长并开始崭露头角，日益成为民事诉讼法学研究队伍的骨干和中坚，并因此而给一向较为沉闷的民事诉讼法学理论界带来了生气与活力。

2. 一批为数不少且具有相当学术价值的民事诉讼法学专著和教科书纷纷出版，在法学期刊上所发表的民事诉讼法学论文亦逐年增多，其中不乏具有真知灼见的学术精品。它们从不同角度对我国民事诉讼的原则、制度、程序以及民事诉讼的基本理论作了颇具意义的探索，其中所提出的一些新观点、新见解，对于完善我国的民事诉讼立法及指导司法实践都具有重要的参考价值。此外，一大批适应普法宣传的需要而旨在介绍民事诉讼法基本知识的普及读物的出版，对于提高公民的法律素质、增强公民的法律意识，亦起到了积极的作用。

3. 中国法学会诉讼法学研究会年会的定期召开、民事诉讼法专业委员会的设置以及其他学术交流活动的不断开展，为民事诉讼法学者、专家及司法实务部门的工作人员济济一堂，畅所欲言，进行学术交流提供了平台，并且有力地推动了我国民事诉讼法学的发展。

与此同时，我们还应当清醒地看到，我国的民事诉讼法学虽然取得了上述骄人的成绩，但也存在着不少问题。因此，需要我们运用理性的眼光并从客观的角度去审视我国民事诉讼法学所走过的历程，认真吸取经验教训，并在此基础上大力开展、深化民事诉讼法学的研究，以推动我国民事诉讼法学的持续发展并逐步走向真正的繁荣。笔者认为，通过回顾我国民事诉讼法学迄今为止所走过的全部历程，其不足之处或曰明显缺憾主要表现在以下几个方面：

1. 从严格意义上讲，我国民事诉讼法学的学科体系尚未能够真正建立。众所周知，衡量一门学科是否已经走向成熟的标准就是要看其是否真正建立起了自己完整的学科体系。坦率地讲，我国的民事诉讼法学之所以仍然稚气十足，主要就是由于其未能真正建立起完整而科学的学科体系。从实际情况分析来看，截至 1998 年为止，我国先后出版的各种版本的民事诉讼法学教科书在数量上已不下数十种，然而，撇开它们在基本内容上的大同小异不谈，仅就体例编排与结构设计而言，亦属大致雷同。一个显著的、共同的特征即表现为它们的体系、结构几乎都是民事诉讼立法体系、结构的简单移植或直接翻版，而民事诉讼法学自身体系结构所应具有的科学性、系统性、逻辑性以及区别于民事诉讼立法体系、结构的独特性却未能得到应有的正面凸现。在这一点上，不论是编写于《民事诉讼法（试行）》时期的教科书，还是出版于现行民事诉讼法颁行以后的教科书，大体上没有什么区别。依笔者之见，民事诉讼立法的体系固然同民事诉讼法学的学科体系之间具有天然的联系，但二者绝非能够简单等同。民事诉讼立法的体系是以我国的宪法为基础的、由所有形态的民事诉讼法律规范所组成的、分门别类而又有机联系的统一体，民事诉讼法典则为其中的基干。民事诉讼法学虽然是以民事诉讼立法作为主要研究对象的法学分支学科，但就其学科体系而言，则绝不能够仅仅拘泥于此。构成民事诉讼法学学科体系基石的应当是由包括民事诉讼主体论、民事诉讼目的论、民事诉讼价值论、诉权理论、诉讼标的理论、既判力理论等在内并形成一个有机联系的统一整体的民事诉讼基本理论"集群"。正是由于长期以来对上述民事诉讼基本理论问题进行整合性研究的阙如导致了我国民事诉讼法学学科体系的构建迟缓与失当。在此应当指出，虽然民事诉讼法律关系理论及诉权理论一般也被囊括到现有的各种民事诉讼法学教科书之中，但这种孤立的、零散的、人云亦云的为介绍而介绍的肤浅之举根本不足以完成构建我国民事诉讼法学学科体系的历史重任。一言以蔽之，我国民事诉讼法学学科体系的真正建立必须依赖于对民事诉讼的基本理论问题进行群体性研究的大气候的形成以及研究成果的大量涌现。在这项庞大的系统工程面前，任何个人试图单枪匹马地独立创建起我国的民事诉讼法学学科体系，最终均将是劳而无功，难成气候。

2. 我国的民事诉讼法学仍然未能摆脱注释法学的樊篱。如前所述，在 80 年代中前期和 90 年代初期，以《民事诉讼法（试行）》和修订后《民事诉讼法》的颁行为契机，我国的民事诉讼法学界曾经先后两次掀起对民事诉讼立法的诠解热潮。时至今日，以现行民事诉讼立法为基点而对其进行诠释的做法仍然在我国的民事诉讼法学研究中占据主导地位。近些年来，虽然已有一部分学者开始将他们的研究视野拓展到诸如民事诉讼模式、既判力理论等民事诉讼基本理论问题上来，但从总体上讲，尚未能够形成对民事诉讼的基本理论进行广泛、深入研究的学术氛围。在此背景下，传统注释法学的霸主地位虽已遭到冲击，但其根基并未动摇。从这种意义上讲，我国的民事诉讼法学目前仍处在理论法学萌芽阶段的说法并不为过。说得乐观些，我国的民事诉讼法学目前充其量是处在从注释法学到理论法学的过渡时期。至于说完成这种过渡尚须多少时日，显然绝非笔者所能估摸得了的。但可断言，在不久的将来，我国民事诉讼法学将逐步完成从注释法学到理论法学的转换也并非是笔者自欺欺人之妄言。

不过，我们也应当承认，对我国民事诉讼立法进行阐释的注释法学从来就是必不可少的。因为只有通过对民事诉讼的法律规范以及设立规范的背景情况从文字和逻辑上认真地进行具有一定技术要求的学理注释，才有可能使从事法律职业的人们（如法官、检察官、律师等）准确地把握住民事诉讼法律规范中所蕴含的立法意图，了解各项法律规范之间的内在联系，并力求正确地运用这些法律规范。因此，对民事诉讼立法的注释本身并不存在什么失当之处，相反，它对于指导我国的民事诉讼实践和繁荣我国的民事诉讼法学都曾起过并将继续起着独特的积极作用，它既是我国民事诉讼法学之中必不可少的一种研究手法，同时也是我国民事诉讼法学最终走向繁荣的一个不可或缺的必经阶段。但问题在于，相当一部分民事诉讼法学的研究者，由于缺乏强烈的主体意识，没有能够一以贯之地坚持独立的学术品格，故而在总体上将被注释对象奉为完美无缺、不容置疑的至上"信条"，形成一种脱离实际的"概念法学"。他们在既成的民事诉讼法律规范面前虔诚无比、亦步亦趋，从而使本应大有作为的注释研究异化成为拘泥于法律的文字规范而对之进行的简单诠解和没有明显衰减失真的"同声传译"。可以说，正是由于缺乏民事诉讼基本理论的能动指导，才使得对民事诉讼立法的注释陷入肤浅的、一味迎合实务的功利境地。一位曾经专门从事民事诉讼法学研究但中途又转向其他学科研究领域的学者所发出的谓叹无疑折射出了其对我国民事诉讼法学研究状况明显失望的一种无奈情结："使我感到困窘的并不是这门学科本身的艰深，而是研究无法向深度拓展。诉讼程序的应用性、程式性，似乎相应地使这门学科的理论变得直观和浅俗，传统的诉讼理论、原则和诉讼制度又过于坚实，不容更易，以至于从总体上作理论性的研究在当时看来完全是多余的和不可能的。"[1] 这或许只是该学者个人的独特体验，但就我们所能见到的民事诉讼法学著述而言，确实有相当一部分显然属于赶时髦、趋时尚的功利之作，人云亦云，空谈阔论，没有多少学术价值，而真正具有学术价值的成果则实属凤毛麟角。在这样一种社会背景之下，我国的民事诉讼法学自然难以摆脱注释法学的樊篱而逐步进化成为理论法学。

　　3. 由于研究心态不够开放，对西方国家的民事诉讼理论缺乏必要的了解、研究与借鉴，也在相当程度上阻碍了我国的民事诉讼法学向纵深拓展。大家知道，我国的民事诉讼法学是在将传统的民事诉讼法学（通常是指旧中国的民事诉讼法学）连同伪法统一并当

---

[1]　尹伊君："法学研究与法学家的品位"，载《法学》1993 年第 11 期。

作彻底批判的对象并加以彻底废除的基础上建立起来的，而旧中国的民事诉讼法学师承的则是德国、日本等西方国家的民事诉讼法学，同它们之间具有深厚的历史渊源。因此，从一开始，我国的民事诉讼法学走的就是彻底拒斥西方国家的民事诉讼法学的路子。与此同时，由于受制于特定的政治环境而别无选择地全盘照搬了苏联的民事诉讼法学，致使根植于高度计划经济模式之深厚土壤的苏联民事诉讼法学在我国大行其道并倍受尊崇。一段时间内，从基本范畴到基本原则，从理论观念到具体规程，无不是以苏联的民事诉讼法学为范式。时至今日，这种情况虽然早已不复存在，但细心者仍不难发现苏联民事诉讼法学的潜在影响及其反映在我国民事诉讼法学上的隐约烙印。

与一度全盘照搬苏联民事诉讼法学的做法形成鲜明对照的是，在相当长的一段时间内，我国出乎本能地对西方国家的民事诉讼法学采取了绝对排斥的敌视态度。西方国家的民事诉讼理论及其民事诉讼制度成为我国民事诉讼法学研究的禁区而无人敢于问津。即便偶有涉猎，也只是将其视为映衬我国民事诉讼制度的优越性的一面镜子并作为批判的对象加以评介的。在相当多的民事诉讼法学研究者的笔下，中西民事诉讼制度之间的所有差异均被直接简化为意识形态上的优劣。"我国的民事诉讼制度充分体现了社会主义民主的优越性，而西方国家的民事诉讼制度则集中反映了资产阶级民主的虚伪性"不仅早已被演绎为一句空洞的、毫无说服力的政治口号，同时也强烈地折射出一种夜郎自大式的封闭心态。其实，任何一位勇于面对现实的学者都会发现，孕育于市场经济肥厚土壤的西方民事诉讼制度早已形成了一个完整而有序的结构体系，其民事诉讼理论亦相当成熟，如果我们能够不怀偏见地将其作为一种法律文化现象来加以看待的话，其显然是全人类一笔宝贵的共同财富，因此，理应为我国的民事诉讼法学所借鉴、吸收。

客观地讲，近几年来，由于学术环境日益宽松，故也有一些旨在介绍西方国家的民事诉讼制度与评介西方国家的民事诉讼理论的著述问世，但从总体上讲，对中西民事诉讼制度与民事诉讼理论进行宏观比较研究的恢弘局面并未形成，对某些"敏感问题"的探讨仍旧遮遮掩掩而缺乏足够的学术魄力与勇气。这种状况不仅明显限制了我国民事诉讼法学的研究视野，而且在很大程度上也阻碍了我国的民事诉讼法学研究向纵深拓展。

四、展望

当前，我国正经历着一场意义十分深远的历史性、跨世纪的社会变革，随着社会主义市场经济体制的逐步确立与完善，我国的民事诉讼法学亦面临着划时代的变革与发展机遇。当我们站在时代的高度，从自己特定的视角实事求是地回顾并反思了我国民事诉讼法学所走过的近 50 年历程之后，下一步所应做的就是要进一步解放思想、更新观念、拓宽视野，变换手法，全方位地大力开展民事诉讼法学的比较研究，以真正构建起我国民事诉讼法学的学科体系，进而推动我国的民事诉讼法学尽快走向真正的繁荣。在这个过程中，大力加强对民事诉讼基本理论的研究，从以往单纯对民事诉讼制度进行实证分析的传统手法转向价值分析，以提高民事诉讼法学研究的学术品位，尽快完成我国民事诉讼法学由注释法学向理论法学的转变则为成功之关键。展望未来，笔者认为，对下述重要课题的深入探讨将会成为未来相当长的一段时间内我国民事诉讼法学所面临的主要任务：

（一）厘清民事诉讼中程序与实体这二者之间的相互关系并以此为基点科学地探究民事诉讼之目的

简言之，所谓民事诉讼之目的，也即民事诉讼制度为什么而存在，这是研究民事诉讼理论的逻辑起点。就世界范围而言，历史上关于民事诉讼的目的曾经出现过三种主要学说，即维护私权说、维护私法秩序说以及解决纠纷说。目前，前两种学说基本上已遭摒弃而趋于销声匿迹，而解决纠纷的民事诉讼目的观则为多数学者所认同。从我国情况来看，对民事诉讼目的问题的探讨，只是最近几年的事情，就为数不多的关于民事诉讼目的的探索性著述而言，我国学者基本上也是将民事诉讼目的界定为解决民事纠纷。但如细细究之，我们便会发现将解决民事纠纷作为民事诉讼的目的实际上也同样存在着其自身无法克服的缺憾，即它并不能够真正区分其与仲裁、调解等类诉讼式纠纷解决机制在目的上的差别所在。因为仲裁、调解等纠纷解决方式同样具有消除纷争、维护私法秩序之功能，故与民事诉讼的解决纠纷之目的相比，并无太大的差异。由此可见，解决纠纷的民事诉讼目的观显然存在着片面化与单一化的致命缺陷，根本症结在于它仅仅是从诉讼的结果（实体）着眼去探究民事诉讼的目的，而忽略了诉讼的过程（程序）本身所具有的独立价值，将实体追求凌驾于过程实现之上，简单地视程序为实现实体目标的工具与手段。笔者认为，我们如欲科学地探究民事诉讼的真正目的，就不能再仅仅囿于实体层面，而应同时着眼于程序目标的实现。可以说，厘清民事诉讼中程序与实体这二者之间的相互关系无疑是科学构建民事诉讼目的理论的基础与前提。

有学者认为，在民事诉讼中，"与以法官心证为核心的实体合成相对应，由诉讼行为所构成的关于诉讼进行的作用机制称为程序合成，程序合成能够成为实体合成的基础和催化因素……可以说，实体正是通过一环扣一环的程序行为链而逐步充实发展的"。[1] 固然，"某些程序形式导致实质上的公正解决，或至少是，适当形式的程序大大增加了公正解决的可能性"。[2] 但程序绝非仅仅具有保障实体公正的意义，其本身的内在独立价值同样不容忽视。申言之，程序与实体、当事人的程序利益与实体利益至少应当被置于同等重要的地位，在某些特定场合，前者甚至应当高于后者而予以优

---

[1] 季卫东："法律程序的意义"，载《中国社会科学》1993年第1期。
[2] ［美］诺内特、塞尔兹尼克著，张志铭译：《转变中的法律与社会：迈向回应型法》，中国政法大学出版社1994年版，第73页。

先考虑。诚如一位学者所言，"如果理解恰当，那么说程序处于法律的中心位置就决非夸张"。[1] 总之，程序不应仅仅被视为手段，它同实体一样，也应成为法院和当事人在民事诉讼中共同追求的目的。作为非神学的新自然法学的主要代表人物，美国著名法学家朗·L.富勒就曾主张，过程不仅仅是手段，而是手段和内在目的的复合体，过程本身包含着重要的价值观念。[2]

从以上认识出发，笔者认为，不能把民事诉讼的目的仅仅限定在解决民事纠纷上，程序保障也应被纳入民事诉讼的目的之中。从广义上来讲，程序保障意味着"为了保证审判的公正而在程序或制度上设定的种种要求和规范作法"。[3] 从狭义上来说，程序保障则指的是"诉讼中充分给予双方当事人对等的攻击防御机会，并形成制度化的程序和在实际的制度运作中严格遵守这样的程序要求"。[4] 而这样高度的程序保障在仲裁、调解等纠纷解决方式中则不同程度地被予以简化，有时甚至完全不加要求，这也是它们与诉讼的最大差异所在。因而，将程序保障也纳入民事诉讼的目的之中，不仅得以有效克服仅将解决民事纠纷作为民事诉讼目的的结构性缺陷，而且也能进一步顺应现代社会民事诉讼机能扩大化与价值目标多元化的内在需求，对于我们从根本上走出"重实体、轻程序"的怪圈更是具有十分重要的现实意义。

---

[1] ［英］麦考密克、魏因贝格尔著，周叶谦译：《制度法论》，中国政法大学出版社1994年版，第178页。

[2] 参见张宏生、谷春德主编：《西方法律思想史》，北京大学出版社1990年版，第467页。

[3] ［日］谷口安平著，王亚新、刘荣军译：《程序的正义与诉讼》，中国政法大学出版社1996年版，第46页。

[4] ［日］谷口安平著，王亚新、刘荣军译：《程序的正义与诉讼》，中国政法大学出版社1996年版，第46页。

（二）从人权保障的高度出发，深入探讨诉权与审判权之间的相互关系，并以此为基点精心构筑我国的民事诉讼结构

从一定意义上讲，民事诉讼是当事人双方行使诉权和法院行使审判权并围绕案件事实的查明及法律的适用而交互作用的一种纠纷解决过程。当事人双方在诉讼中的地位、作用以及他们之间的相互关系基本上奠定了民事诉讼结构的大致格局并直接涉及诉权与审判权的彼此关系问题。诉权与审判权分别由当事人和法院这两种不同的诉讼角色来享有并加以行使，正是它们二者的交互运作推动着民事诉讼的发展进程。

从法哲学角度分析来看，诉权体现的是当事人的权利，审判权体现的则是国家权力，二者是一对矛盾范畴，分别代表着构成社会整体利益的两个不同部分，因而具有相异的、甚至是对抗的外化形式和角色功能。在市场经济条件下，二者应遵循这样的规则来调整彼此之间的相互关系：权利所及范围是主体自身意志可加支配的自治领域，权力不可触及这一领域，而且应该充分保护这一领域的独立性和完整性。申言之，即市场经济体制下的民事诉讼结构应当是以当事人行使诉权为本位，与审判权相比，诉权应被置于制约审判权行使的优先地位，而审判权的行使则应以保障当事人诉权的充分实现为宗旨。

具体就我国现行《民事诉讼法》而言，虽然已将"保护当事人行使诉讼权利"作为自己的首要任务加以规定而把保证人民法院审判民事案件之功能置于其后，似乎已经理顺了当事人行使诉权与法院行使审判权之间的相互关系，但在某些具体诉讼制度与诉讼程序的设计上，却尚未能够很好地体现出这一精神，表现为在不少方面审判权仍对诉权有相当之过分干预，甚至凌驾于诉权之上，致使在诉讼实践中审判权与诉权的交互运作机制发生明显的错位与扭曲，并在实际上基本维持了以法院行使审判权为本位的传统民事诉讼结构。这不仅与市场经济条件下应有的民事诉讼结构相去甚远，

同时也不能顺应当今世界各国民事诉讼制度更趋民主化、科学化及更加重视对当事人人权保障的发展潮流。由此观之，我国的民事诉讼结构仍须作较大的调整，以便最终真正实现从以法院行使审判权为本位到以当事人行使诉权为本位的革命性转变。

（三）以民事诉讼价值为基轴，重新审视我国现行的民事诉讼制度，并力求完善现行的民事诉讼立法

众所周知，市场经济体制下利益主体的多元化以及民事诉讼机能、作用的扩大，决定了民事诉讼的价值必定也是多元的。但在多元的民事诉讼价值之中，基本的价值却只有两个：其一为诉讼公平，其二为诉讼效益。诉讼公平乃民事诉讼所追求的永恒价值，它同时包括了程序公平与实体公平两个层面，对两者都应予以执着追求而绝不可以厚此薄彼。然而，令人感到万分尴尬的是，且不说人们的诉讼理念，就是在我国现行的民事诉讼法之中，某些具体诉讼制度的设计与安排，都蕴含着重实体公平而轻程序公平并置程序公平于实体公平顺序之后的不良导向。如过于苛刻地规定"人民法院违反法定程序"只有达到"可能影响案件正确判决、裁定的"程度时，才能成为当事人的再审申请得以成立和人民检察院得以按照审判监督程序提出抗诉的法定情形，即为典型之例证。从逻辑上来讲，这样的规定无异于在暗示甚至鼓励审判机关及其法官可以在一定限度内不按法定程序办案而免受任何追究。事实上，正是由于此类规定的无原则宽容乃至于放纵才造成了审判实践中普遍存在的诉讼程序对法院（法官）审判行为的约束软化以及直接殃及当事人的程序不公现象。由此观之，要想从根本上消除以上弊端，则必须在对各项民事诉讼制度与程序进行设计时，全方位地体现程序公平所具有的独立价值。换言之，任何一项较为完美的诉讼程序或诉讼制度，不仅应当具有重视实体公平的底蕴，而且也要凸现出对程序公平的执着追求。

如果说诉讼公平是诉讼的第一位价值，那么，诉讼效益则应成

为诉讼的第二位价值。显而易见的是，对诉讼效益的研究，离不开对能够量化诉讼效益的诉讼成本问题的探讨。在向市场经济体制大步迈进的跨世纪历史进程中，以合理控制诉讼成本、努力实现诉讼效益最大化为轴心来对我国现行的民事诉讼制度进行全面考评并据此重新作出相应的设计便成为另一个极富现实意义的重要课题。在此，我们应当看到，我国现行的民事诉讼立法虽然已对控制诉讼成本、提高诉讼效益作了多方面的考虑与安排，并体现出了对诉讼效益的努力追求，但平心而论，这种努力还是远远不够的，其突出表现之一，便是缺乏整体上的统筹与制度间的衔接。从一定意义上来讲，正是由于我国现行民事诉讼立法对诉讼效益问题的关注尚显不足，才直接导致了诉讼实践中成本过高而效益欠佳的大面积"隐性亏损"。我国的民事诉讼法学研究者在此项"扭亏增盈"的过程中仍有相当长的路要走，但他们终究是可以大有作为的。

（四）重视并加强对诉权、诉讼标的等民事诉讼基本理论问题的研究，以大幅提升我国民事诉讼法学研究的学术品位，为其走向真正的繁荣奠定坚实的基础

对民事诉讼基本理论问题的研究一直是我国民事诉讼法学的薄弱环节之一，这固然与长期受制于"重实体、轻程序"之重重樊篱的我国民事诉讼法学研究者急功近利而不愿潜心静气地进行纯理论研究的浮躁心态有关，但更重要的原因则是一度在我国大行其道且倍受尊崇的苏联的民事诉讼理论的影响根深蒂固，宛如一道难以逾越的屏障横亘在我国民事诉讼法学研究者面前，致使我国民事诉讼基本理论的研究一直处于低水平重复的停滞不前状态。而忽视民事诉讼基本理论问题的研究，不仅使得我国民事诉讼法学的学术品位难以提高，而且由于缺乏民事诉讼基本理论的宏观指导而致使我们在对某些微观诉讼制度进行研究时也经常显得底气不足，有时甚至会有一种捉襟见肘的难堪之感。有鉴于此，唯有重视并大力加强对民事诉讼基本理论问题的研究，才有可能推动我国的民事诉讼法学

逐步发展成为理论法学，并最终走向真正的繁荣。

在此须加特别说明的是，由于诉权理论与诉讼标的理论已在此前的研究中被我国民事诉讼法学研究者时有涉及，且反映出来的问题亦相对较多，故有必要稍加叙述，以作导引。

1. 关于诉权问题。首先是要突破苏联诉权理论的束缚，然后在此基础上构建起统一的、具有完整科学涵义的诉权范畴。长期以来，受苏联二元诉权论的影响，我国的民事诉讼法学研究者普遍认为诉权是起诉权和胜诉权或者是程序意义上的诉权与实体意义上的诉权这二者的复合体，从而人为地割裂了诉权作为一个理论范畴所应具有的统一内涵。对诉权概念的肢解式研究，并不仅仅是一种学术上的失范，而且其本身也存在着难以自圆其说的矛盾之处。譬如胜诉显而易见地乃是一种结果，其只能产生于审判过程之后，故在案件尚未审结之前哪方当事人胜诉仍是处于一种待定状态。由此观之，硬说胜诉是一种权利则无异于指鹿为马。笔者认为，作为对当事人各项具体诉讼权利的高度抽象，诉权应是一个只属于诉讼范畴的、具有自身统一内涵的科学概念，即诉权是当事人请求法院依法作出公正裁判的权利。对诉权概念作如此界定，不仅避免了学术上的失范，同时也克服了二元诉权论本身所固有的缺陷。

2. 关于诉讼标的问题。关键是要正确、充分地认识诉讼标的在案件审理中的重要意义。我国现行《民事诉讼法》虽然使用了"诉讼标的"这个概念，但却未对其含义加以明确的阐释，而民事诉讼法学界关于"诉讼标的是指双方当事人存在争议且要求人民法院加以裁判的民事权利义务关系"的通行观点又显得内涵过于宽泛和含糊，从而使得诉讼标的在审判实践中被置于明显虚化的可有可无的境地。这种情况突出地表现为法院所作裁判事项经常与案内诉讼标的的外延不尽一致。从诉讼理论上讲，诉讼标的作为当事人向法院提出的诉讼请求亦即为法院裁判的对象，法院所作裁判之事项范围须与当事人提出的诉讼请求相一致。换言之，当事人在诉讼请求中未涉及之事项，法院即不得以案件审理需要为由而自行其是地对之作出裁判。这不仅是民事诉讼中的处分原则使然，而且是诉讼标的的意义之所在。由此观之，诉讼标的在案件的审理过程中始终应被置于核心的地位。充分认识这一点，是我们对诉讼标的理论进行深入研究的必备前提。

综上所述，笔者可以断言，能否在民事诉讼基本理论问题的研究上有所突破，将直接关系到我国民事诉讼法学在 21 世纪的基本走向，并决定其在我国社会主义法学体系中未来"价位"的高低。

关于修订《民事诉讼法》的
几个基本问题[*]

自 20 世纪 80 年代初开始，随着我国经济建设的迅猛推进和各项社会事业的蓬勃发展，逐年增长的民商事纠纷也如潮水般地不断涌向法院，从而使得民事诉讼活动在纠纷解决机制和社会治理结构中的地位和功能空前增强。在此背景下，1991 年《民事诉讼法》的颁布实施，对于规范民事诉讼秩序、妥善解决民事纠纷、保护当事人的民事权益、维护交易安全、促进民商事法律关系的发展等，无疑都发挥了不可磨灭的巨大作用。但是，《民事诉讼法》自 1991 年 4 月 9 日颁布实施以来，至今已有十几个年头，其间，我国的经济、政治、文化等各方面的社会条件都已发生了深刻的变化，从而使得这部法典与诉讼实践的客观要求之间已经呈现出了严重的不相适应。在此情况下，及时对该法进行全面修订即已成为顺理成章之事，同时也应是法学界（主要是民事诉讼法学界）所必须面对和认真研究的一项重要理论课题。然而，从目前的理论研讨和诉讼实践来看，虽然要求对《民事诉讼法》予以修订的呼声日益高涨，但真正潜心对《民事诉讼法》之修订所关涉的一系列重大问题进行深入探讨的论述并不多见，主要表现在：①近年来理论界虽然对民事诉讼中各项具体制度与程序的完善问题进行了较多讨论，但对《民事

---

* 本文系与第二作者刘学在合作，原文发表于《法学评论》2004 年第 2 期。

诉讼法》的全面修订问题则较少专门论及。[1] ②法学界（尤其是诉讼法学界）过分热衷于"司法改革"问题，大有"爆炒"之势，在此过程中，虽然不乏在理论上持真知灼见者，但重复研究、人云亦云者却极其普遍，不切实际、大而化之的议论亦为数不少，审判实践中违法"改革"的情况更是层出不穷，相对而言，从诉讼制度层面对《民事诉讼法》之整体修订问题的研究则显然关注不够。③尽管《民事诉讼法》之全面修订具有非常的紧迫性和重大的现实意义，但"业内人士"对此并没有给予足够的重视，甚至对修订的时机和条件是否已经成熟这样的问题也存在模糊的认识。[2] 有鉴于此，本文拟从《民事诉讼法》之全面修订有无必要、修订的时机和条件是否已经成熟、基本立法体例应作哪些调整、应当遵循什么样的指导原则等几个方面，对修订《民事诉讼法》所涉及的几个宏观性问题直陈管见，以期引起学界更为广泛的关注和更为深刻的讨论。

一、全面修订《民事诉讼法》已具有十足的必要性

众所周知，任何一部法律（当然包括《民事诉讼法》）是否有必要予以全面修订，主要取决于该法所规定的内容是否科学、合

---

[1] 至 2004 年初本论文发表时，讨论《民事诉讼法》之整体修订的文章主要有蔡彦敏、张珺："审时度势：对现行《民事诉讼法》修订之思考"，载《法学家》2002年第 4 期；景汉朝、卢子娟："《民事诉讼法》修改的若干基本问题"，载张卫平主编：《司法改革评论》第三辑，中国法制出版社 2002 年版。另外，在中国法学会诉讼法学研究会 2002 年（南京）年会和 2003 年（南宁）年会上所提交的论文中亦有几篇涉及这一问题，恕不在此一一提及。

[2] 需注意的是，2003 年末公布的"十届全国人大常委会立法规划"已将《民事诉讼法》的修订工作提到议事日程（参见《法制日报》2003 年 12 月 18 日），这将在一定程度上有助于消除人们对《民事诉讼法》之修订所持有的模糊认识。但笔者认为，从诉讼实践的客观需要之角度来看，《民事诉讼法》早就具有修订的必要，故《民事诉讼法》之修订工作纳入此次"立法规划"仍不免令人有"姗姗来迟"之感。

理和完善，如果其在科学性、合理性和完善程度上存在比较大的不足，并因此而在相当大的程度上不能满足社会发展的客观需要，那么，就应该适时对其进行全面的修订。具体就我国现行《民事诉讼法》而言，如果说其在 1991 年颁布之初还算是比较（或曰相对）完善的话，[1] 那么，在经过十几年的诉讼实践之后，其诸多问题均已显现，致使其在相当大的程度上已不能满足民事诉讼实践的客观要求。这种状况不仅会给民事诉讼实践直接造成程序瑕疵乃至程序缺失，而且反过来又会激发一些地方法院突破《民事诉讼法》的现有规定进行违法"改革"。因此，为了消除司法实践中的混乱状态、保护当事人的合法权益、维护法制的统一、树立法律的权威，及时对现行《民事诉讼法》予以全面修订也就具有了十足的必要。具体来说，这种必要性至少体现在以下几个方面：

（一）现行《民事诉讼法》自身的粗陋要求对之加以完善

历史地看，我国现行《民事诉讼法》较之 1982 年颁布的《民事诉讼法（试行）》（以下简称《试行法》）来说，当然已有诸多完善。但同时必须承认的是，在该法颁布实施之时，由于受主、客观条件的限制，我们对民事诉讼的理论研究还不够深入，对国外符合现代法治发展之内在要求的诉讼理念和立法规定的介绍与理解还不够系统和全面，而且诉讼实务中民事审判方式的改革尚无像样的成功经验可供吸收，加之我国长期奉行的"宜粗不宜细"的立法指导思想还在相当程度上起着支配作用，因而其不少内容在制定之时即已具有了某种程度的粗陋性和局限性，这就是它的"先天不足"。现在，经过 10 多年民事审判实践的检验和理论研讨之后，其粗陋性、局限性已显得更为突出。事实上，从今天的视角来看，现行《民事诉讼法》自身也出现不符时代要求之处，主要如下：

1. 关于证据制度，我国现行《民事诉讼法》虽然设有专章（即第六章），但却仅仅规定了极为简单的 12 个条文（即第 63~74

---

[1] 这里主要是与 1982 年颁布的《民事诉讼法（试行）》相比较而言。

条），故而根本无法涵盖民事诉讼证据应有的丰富内容。反映到司法实践中，这种"粗放型"的简陋立法必然会导致在诸多涉及证据的问题上，当事人和人民法院均缺乏明确、具体的证据规范可供遵循，譬如：当事人举证与法院查证的各自适用畛域含糊不清；举证责任分配的标准和界限不明；当事人举证的法律保障机制明显欠缺；证人作证制度缺乏可操作性甚至合理性；诉前证据保全制度的全面缺失；质证制度的明显罅漏和虚设；法院对证据的采信和事实的认定既缺乏科学、合理的标准与规则，又缺乏用以维护司法公正所必不可少的透明度等等。

2. 现行《民事诉讼法》对当事人可自由行使处分权的诉讼程序与当事人的处分权应受相应限制的诉讼程序未作区分，故而致使法院施以职权干预的范围过于宽泛，这样既不符合民事诉讼的本质要求，同时也有违程序公正等价值准则。

3. 民事执行的内容原本极为丰富和复杂，但现行《民事诉讼法》却仅仅用了 30 个条文（即第 207~236 条）对其予以粗陋规制。这样一来，对于执行竞合及其处理方式、到期债权的执行、参与分配、执行救济等诸多具体的执行制度或措施而言，现行《民事诉讼法》或是规定得残缺不全，或是完全未予规定，因而致使当事人的合法权益在诸多情形下难以得到切实有效的司法保护。

4. 对于协议管辖问题，《民事诉讼法》第 25 条将其仅仅局限于合同纠纷，其适用范围显然过于狭窄；对于回避制度，《民事诉讼法》第 45 条所规定的适用情形过于简单、笼统而不易具体操作；对于无独立请求权的第三人，有关其诉讼地位、诉讼权利的规定，简直就是一本让人琢磨不透的"糊涂账"；对于行为保全（包括诉前行为保全与诉中行为保全）问题，[1]《民事诉讼法》根本未予规定，因而对当事人或利害关系人的权益保护极为不利；对于期间

---

〔1〕 对于行为保全，在英美法系国家一般称为"临时禁令"或"中间禁令"，在大陆法系国家则一般称为"假处分"。

制度，其中尤其是审限制度，由于《民事诉讼法》对其效力规范缺乏明确、细密且刚性十足的系统规定，以及对逾期诉讼行为其中尤其是法官超审限行为的否定性评价机制的缺失，从而使得其在相当程度上形同虚设；就普通程序而言，所定起诉条件的过分苛刻、审查程序的不尽合理、审前准备的"单边主义"等，均使其明显具有"强职权模式"的色彩，而当事人的程序主体地位和程序参与权却基本无从体现；就简易程序而言，其不仅在程序结构上明显缺乏必要的完整性而处于残缺不全的状态，而且对于众多小额争议的当事人来说，其之实际利用成本仍显过高；对于民事诉讼中极为重要的诉讼和解程序，现行《民事诉讼法》也付之阙如；对于督促程序来说，因未在制度上将其与通常诉讼程序安排合理的衔接，故而致使其适用的几率极低、效果极差；以确定双方争点为宗旨的实质性的审前准备程序亦未予以规定；可提起上诉的民事裁定在范围上显然过于狭窄，而提起再审程序的条件又过于宽松和随意；等等，不一而足。

立法规定的上述粗陋，必定会造成诉讼实践中的无法可依，而对当事人合法权益之保护，更会因此而大打折扣。由此观之，现行立法规定的不足在客观上要求必须尽快对民事诉讼制度予以完善。

（二）差强人意的立法解释无法满足诉讼之需

由于立法时主、客观条件的限制和法律颁行后客观情况的发展变化，任何一部成文法典都会不可避免地具有某种程度的局限性（我国现行《民事诉讼法》当然也不例外）。对于这种局限性，有学者将其归纳为不合目的性、不周延性、模糊性、滞后性等几个方面，[1] 也有学者将其概括为一般规则对个别案件之局限性、有限规则对无限客体之局限性、模糊规则对确定事项之局限性、稳定规

---

[1] 参见徐国栋：《民法基本原则解释——成文法局限性之克服》，中国政法大学出版社1992年版，第137页以下。

则对发展事物之局限性、刻板规则对丰富内涵之局限性。[1] 由于成文法具有上述局限性，因而为了将其恰当地适用于具体案件并使其更好地适应社会的发展需要，就很有必要对其进行解释。

按照我国法律的规定和理论上的通说，法律解释可分为两种情况，即法定解释和学理解释。[2] 前者又包括立法解释、行政解释和司法解释三种类型。依据《宪法》第 67 条的规定，所谓立法解释，具体是指全国人大常委会对宪法和法律（狭义）的解释，实践中主要是对法律进行解释。关于对法律进行解释之主体与内容，我国《立法法》第 42 条明确规定："法律解释权属于全国人民代表大会常务委员会。法律有以下情况之一的，由全国人民代表大会常务委员会解释：①法律的规定需要进一步明确具体含义的。②法律制定后出现新的情况，需要明确适用法律依据的。"可见，对法律进行解释以消除其模糊性并促使其适应时代发展的要求，乃是全国人大常委会的重要职权之一，实际上也是其应当履行的一项重要职责。但是，从我国的法律解释实践来看，全国人大常委会对法律进行立法解释的情况是非常少的，而且主要集中于刑法和其他的一些单行法领域，[3] 而对《民事诉讼法》进行解释的情况则是少见的。事实上，《民事诉讼法》于 1991 年 4 月 9 日颁布实施之后，全国人大常委会针对该法所进行的立法解释迄今为止只有一处，即 1992

---

[1] 参见董皞：《司法解释论》，中国政法大学出版社 1999 年版，第 90 页以下。

[2] 这是从解释效力的角度所作的分类。根据解释的方法不同，则可将法律解释分为文义解释、逻辑解释、目的解释、历史解释等；根据解释的尺度不同，又可将其分为限制解释、扩张（扩充）解释和字面解释。

[3] 例如 2002 年 8 月 29 日公布的《全国人大常委会关于〈刑法〉第 313 条的解释》、2002 年 4 月 28 日公布的《全国人大常委会关于〈中华人民共和国刑法〉第 294 条第 1 款的解释》、2000 年 4 月 29 日公布的《全国人大常委会关于〈中华人民共和国刑法〉第 93 条第 2 款的解释》、1992 年 9 月 7 日公布的《全国人大常委会法制工作委员会关于对〈土地管理法〉第 48 条有关法律问题的答复》、1988~1995 年期间分六批予以公布的《全国人大常委会法制工作委员会关于如何理解和执行法律若干问题的解答》等。参见 http：//www.chinacourt.org/flwk/index.php.

年7月1日公布的《全国人大常委会法制工作委员会关于如何理解和执行法律若干问题的解答（五）》第7部分"有关《民事诉讼法》第217条仲裁裁决的几个问题"，主要是就仲裁裁决的申请执行和不予执行的有关问题作了解释。

因此，就总体而言，我国的立法解释实践具有以下几个特点（在民事诉讼领域尤其如此）：①数量上的稀少。成文法的局限性决定了法律解释应当是一项经常性的工作，但在我国，由于全国人大常委会的立法任务长期以来一直较为繁重，加之审议法案的会议次数较少和时间较短等各方面的原因，致使立法机构在很大程度上难以完成繁重的法律解释任务。在此背景下，全国人大常委会往往只能是"挑拣"其认为非常重要的事项进行解释，故由此而决定了立法解释在数量上的稀少。这一点在民事诉讼领域表现得尤为突出。②速度上的缓慢。相对于最高人民法院的司法解释和国务院的行政解释而言，全国人大常委会的立法解释由于在法律解释草案的拟订、提出、审议、修改和通过等方面的程序和要求更为严格，因而其速度也较为缓慢。具体就《民事诉讼法》来说，由于全国人大常委会基本上没有对其作出立法解释，故而很难说有什么速度可言。③内容上的粗线条。就《民事诉讼法》来说，立法机构仅仅是针对其第217条以"问题解答"的形式作出过解释，故其内容上是粗线条的。

由此看来，在《民事诉讼法》的内容本身存在缺漏而社会客观情况又已发生了巨大变化的条件下，稀少、缓慢、粗线条的立法解释显然已经无法满足诉讼实践的客观需求。特别是《民事诉讼法》颁行之后，由于全国人大常委会基本上没有对其行使立法解释权，亦从未就特定问题颁布过修正案或作出专门、系统的补充规定，故而致使《民事诉讼法》中需要修订的内容日积月累，"积淀"过多，在此情况下，仅仅针对个别问题进行立法解释或作出补充规定的方式在事实上已经不可能担当起完善《民事诉讼法》之立法重任。

（三）司法解释的不当扩张急需得到应有的遏制

《民事诉讼法》颁布之后，为了弥补其内容上的粗陋和不足，以及为了适应和推进民事审判方式改革的需要，最高人民法院先后颁布了一系列的司法解释，例如 1992 年 7 月 14 日《关于适用〈中华人民共和国民事诉讼法〉若干问题的意见》（以下简称《适用意见》）、1993 年 11 月 16 日《第一审经济纠纷案件适用普通程序开庭审理的若干规定》与《经济纠纷案件适用简易程序开庭审理的若干规定》、1994 年 12 月 22 日《关于在经济审判工作中严格执行〈中华人民共和国民事诉讼法〉的若干规定》、1997 年 4 月 21 日《关于人民法院立案工作的暂行规定》、1998 年 7 月 11 日《关于民事经济审判方式改革问题的若干规定》、1998 年 7 月 18 日《关于人民法院执行工作若干问题的规定（试行）》（以下简称《执行规定》）、2001 年 12 月 21 日《关于民事诉讼证据的若干规定》（以下简称《证据规定》）、2003 年 9 月 10 日《关于适用简易程序审理民事案件的若干规定》等等。这些司法解释的颁布实施，虽然在一定程度上功利性地满足了诉讼实践的客观需要，但其中相当一部分内容显然并非属于法律所规定的"司法解释"的范畴，故直接造成了"法院立法"之既成事实，它们不仅与现行《民事诉讼法》的相关规定存在一定的冲突，而且已对我国的现行立法体制造成了巨大的冲击。

具体而言，依照 1981 年 6 月 10 日全国人大常委会通过的《关于加强法律解释工作的决议》和《立法法》第 42 条的规定，最高人民法院的司法解释只能是针对审判工作中如何具体应用法律、法令的问题来进行，而不能对法律本身进行界定或补充。如果是法律条文本身需要进一步明确界限即需要进一步明确具体含义，或者在法律制定后由于出现新情况而需要明确其适用法律的依据的，则应由全国人大常委会负责解释。既然司法解释是对如何具体应用法律、法令的解释，那么"解释"时即须有被解释的文本存在，以文本为基础，对文本进行理解和说明，而绝不能是脱离法律文本的重新创制。[1] 而且，既然是对审判工作中如何具体应用法律的解释，那么就应当是原意解释，而不应是具有扩张性或限制性的创造性解释，否则也就超出了司法解释的范畴而具有"立法解释"的性质。同时，既然是对具体应用法律的问题进行解释，那么就应当具有需要加以解释的具体事实基础，换言之，"司法解释"应当是对具体案件也即个案的法律适用问题予以解释。

但是，最高人民法院所颁布的个别司法解释中，并无被解释的文本，也无解释的具体事实基础，例如：

例一，通过分析《适用意见》第 1～37 条关于管辖的规定，可以发现，其中有相当一部分，或是对《民事诉讼法》所作的"补充"性规定，或是对《民事诉讼法》相关规定所作的进一步界定；此外，第 105 条关于对债务人的到期债权进行财产保全的规定也是一种扩张性"解释"。至于围绕当事人问题、审判程序问题、执行程序问题等，《适用意见》中的很多规定也都不是本来意义上的司法解释所能涵盖的。

例二，《执行规定》中关于对债务人到期债权的执行、关于多个债权人对一个债务人申请执行时的处理原则和参与分配制度等内容，显然都是在突破《民事诉讼法》现有规定的基础上所作的"创造性"规定；[2] 与此同时，在执行案件的管辖、执行措施以及执行的具体程序等诸多方面，《执行规定》也作出了有别于《民事诉讼法》的规定。

例三，《证据规定》中关于自认制度、举证责任分配规则、证据交换制度、高度盖然性之证明标准和审查判断证据的一些规则等内容，无不体现着最高法院在民事诉讼领域的"立法突破"和"制度创新"；关于举证时限之规定，尽管最高人民法院为了避免

---

[1] 参见董皞：《司法解释论》，中国政法大学出版社 1999 年版，第 228 页。

[2] 在《执行规定》颁布之前，《适用意见》第 297、298、300 条即对参与分配和对债务人债权的执行问题作出过这种"创造性"的规定，只不过内容较为简单、笼统。

"法院立法"之嫌疑，而将其解释为系对《民事诉讼法》第75条第1款关于"期间包括法定期间和人民法院指定的期间"之规定的具体解释，[1] 但仍然无法改变其对《民事诉讼法》进行扩张性解释因而具有"立法化倾向"之实质；关于"新的证据"的界定，则显然是对《民事诉讼法》第125条等条款的内容所作的限制性解释。

　　除上述显例外，我国民事诉讼领域中的"法院立法"倾向亦十分普遍地体现于其他司法解释之中。这种状况虽在某种意义上"弥补"了立法规定之不足，但更应看到，其所造成的消极后果也是严重的：①它的直接后果是导致了我国现行《民事诉讼法》的空洞化与虚无化。也就是说，在司法解释扩张的背景下，《民事诉讼法》已在实质上失去了其作为调整民事诉讼活动的国家基本法律的地位和作用，致使诉讼实践中的程序运作在相当程度上须依据司法解释而非《民事诉讼法》来规制，这显然是不正常的现象。②与《民事诉讼法》的空洞化与虚无化相联系，司法解释的扩张还导致了国家立法权的"隐性退化"（或"迟钝化"、"惰性化"），从而对我国现行立法体制造成侵害，并在实质上大大地削弱了国家立法权对司法权的应有制约。③司法解释的扩张也不利于对当事人诉权的保障。因为在此格局中，显然会造成诉讼规则的制定者与执行者之间的角色重合，作为审判机关，虽然法院本身原本仅应是民事诉讼的主体之一，但其在制定司法解释时，作为诉讼规则的制定者，难免于有意或无意之中更多地考虑自身操作的便利，而使对当事人诉权的保障于无形之中退居次席，从而本末倒置。[2] ④就我国现有的法制格局与法治状况而言，"法院立法"显然与近代权力分立（分

〔1〕 参见最高人民法院民事审判第一庭：《民事诉讼证据司法解释的理解与适用》，中国法制出版社2002年版，第202页。
〔2〕 参见蔡彦敏、张珺："审时度势：对现行《民事诉讼法》修订之思考"，载《法学家》2002年第4期。

工）和制衡、法院应当"依法审判"之法治原则和理念相违背，且其"负面示范效应"必定会阻碍全体社会成员（其中包括法院的法官）法治观念的养成乃至法治社会的最终形成。[1]

鉴于司法解释极度扩张之违法性及其危害后果的严重性，因此必须尽快对民事诉讼领域的"法院立法"现象予以坚决、有效的遏制，而适时地对现行《民事诉讼法》进行全面修订则是有效遏制这种现象的合理而可行的最主要途径。[2]

（四）诉讼实践的发展变化和程序保障之要求与标准的日益提高，对民事诉讼立法提出了新的要求

1. 诉讼实践的发展变化对民事诉讼立法提出了新的要求。1991年《民事诉讼法》颁行至今，我国一直处于急速的社会变革之中，社会的经济结构、国家的政治体制、人们的思想观念和生活方式等诸多方面，都已发生了巨大的变化，科学技术在此期间也得到了日新月异的发展。在此背景下，民商事交往日趋频繁、复杂且各种新型的法律关系不断出现，纠纷类型"推陈出新"，反映到民事诉讼领域，即表现为新型的诉讼案件不断出现，新的诉讼证明方式和手段也成为可能，从而大大地凸显出现行《民事诉讼法》的严重滞后性，同时也对民事诉讼立法提出了新的、更高的要求。为说明问题，下面略举几例以作佐证：

（1）电子证据问题急需予以规定。电子证据是指以电子形式存在的、用作证据的一切材料及其派生物；或者说，是借助电子技术

---

〔1〕 从现代法治国家的法治实践来看，虽然并不排斥和否认法院在促进立法、创制法律、弥补成文法之不足等方面所起的积极作用，但像我国这样由法院大规模地制定具有普遍约束力的抽象性"法律文件"并在很大程度上取代了现行立法的现象却极为罕见。

〔2〕 其他途径固然还有最高人民法院的主动自控和全国人大常委会立法解释的积极强化，但据笔者分析，在可以预见的将来，这些途径似乎均缺乏现实可能性，故我们很难对此持乐观态度。

或电子设备而形成的一切证据。[1] 电子证据是一种新型的证据形式，它是伴随着现代电子技术的发展而逐步进入诉讼证明领域的。自 20 世纪 90 年代中期以来，在我国的民事诉讼实践中，已出现多起运用电子证据来证明和认定案件事实的案例。[2] 然而，关于电子证据的采信问题，立法上却缺乏应有的规范，目前在诉讼实践中各地法院主要是自行"摸索"，故难免造成盲目和混乱。因此，对于电子证据的法律地位（即电子证据属于何种证据形式问题），[3] 以及电子证据的调查、收集、保全、质证、审核与认定等一系列问题，立法上显有必要尽快作出规定，以适应诉讼实践的客观需要。

（2）国际互联网的快速发展引发了大量网络纠纷案件。我国自 20 世纪 90 年代加入国际互联网（Internet）之后，网络用户逐年迅猛增长。进入 21 世纪后，互联网则以更为惊人的发展速度影响着社会生活的方方面面。网络在方便、快捷地为我们提供知识和信息的同时，也带来了一系列的法律问题，例如，网上的著作权之保护、网络的信息安全以及隐私权的保护等。在此背景下，各种各样的网络纠纷（例如域名纠纷、网络著作权纠纷、网络名誉权纠纷、网络隐私权纠纷、网络欺诈纠纷等等）随之不断发生，并诉诸法院要求解决。[4] 但从立法角度来看，我国有关互联网的立法（包括实体与程序两个方面）则明显滞后。在诉讼程序方面，关于各种网络纠纷之管辖权问题、当事人之确定问题、证据的运用和认定问题

---

[1] 参见何家弘主编：《电子证据法研究》，法律出版社 2002 年版，第 5 页。

[2] 参见刘品新："迎接电子证据时代 我们准备好了吗"，载《人民法院报》2003 年 1 月 6 日。

[3] 《证据规定》第 22 条系将电子证据作为视听资料予以规定的，但在表述上称"计算机数据"。不过，关于电子证据属于何种证据形式，目前在理论界仍然存在争议。

[4] 例如《法制日报》2002 年 12 月 1 日报道的"恋爱不成网上泄愤，侮辱他人承担责任"之名誉权纠纷案、《法制日报》2002 年 12 月 3 日报道的"新浪搜狐'口水战'一审落幕"之著作权纠纷案等。

等，均需在立法上予以明定。[1]

（3）中国加入 WTO，直接对民事诉讼立法提出了更高的要求。WTO 协议对各缔约主体民事审判的独立、公正和透明度，司法禁令与临时措施，以及司法的终局性等方面，均作了明确要求，而我国现行《民事诉讼法》的很多内容与 WTO 协议的要求之间还存在不小的距离。[2]

（4）刑、民案件的相互交错与刑事附带民事诉讼的范围之规定影响着民事诉权的有效行使。刑、民案件的相互交错，在此是指受害者遭受了犯罪行为的侵害，但因犯罪嫌疑人逃匿等原因而无法向其主张赔偿时，受害者又以第三方未尽合同义务为由诉求第三方承担民事责任。例如在某案例中，叶某雇佣蔡某、黄某用二人分别自备的挖掘机为其挖土，并约定在停工期间由叶某为蔡、黄二人保管挖掘机，后在停工期间该两台挖掘机被他人纵火烧毁，犯罪嫌疑人逃匿，蔡某与黄某遂以叶某未尽保管义务而诉求其承担民事责任。对于该项民事诉讼，一审法院裁定不予受理，而二审法院则认为应当受理。[3] 类似的情况还有很多，例如汽车在停车场内被盗、存款人在银行存、取款时遭抢劫、抢夺、被盗等。对于这类刑、民案件相互交错而受害者向第三方主张民事赔偿的情况，实践中各地法院的处理往往迥然相异，故《民事诉讼法》显然有必要对此类问题的处理作出界定。关于刑事附带民事诉讼的范围问题，《刑法》第

---

[1]　最高人民法院虽然在有关的司法解释中对网络纠纷诉讼的某些问题作了规定，但由于司法解释本身所具有的缺陷，故从立法上予以完善仍有必要。参见最高人民法院 2000 年 12 月 22 日发布的《关于审理涉及计算机网络著作权纠纷案件适用法律若干问题的解释》（已于 2003 年 12 月 23 日修正）、2001 年 7 月 17 日发布的《关于审理涉及计算机网络域名民事纠纷案件适用法律若干问题的解释》。

[2]　值得注意的是，2000 年 8 月修订的《专利法》及 2001 年 10 月修订的《著作权法》、《商标法》已对诉前停止侵权行为及诉前证据保全问题做了规定，以满足 TRIPs（即《与贸易有关的知识产权协议》）的要求。但《民事诉讼法》作为调整民事诉讼活动的基本法律，仍有必要对此类问题作出一般性规定。

[3]　参见许艺杰："本案的起诉能否受理"，载《法制日报》2002 年 10 月 16 日。

36 条和《刑事诉讼法》第 77 条将其限定为"经济损失"、"物质损失"，最高人民法院在有关的司法解释中也明确规定受害人不能请求精神损害赔偿。我们认为，这种限制性规定在法理上显然不通，在情理上则缺乏对被害人应有的关怀，因而显有修改之必要。

（5）对社会公益与民事权利的保护力度之强化需要完善诉讼担当制度。所谓诉讼担当，系指非实体权利主体为了维护他人的利益或代表他人的利益，以自己的名义提起诉讼，而法院判决的效力及于原来的实体权利主体的诉讼制度。我们认为，为了更好地保护社会公益和有关人等的民事权利，有必要完善诉讼担当制度，赋予一定的组织或机构以诉讼实施权。〔1〕对于这一问题，诉讼实践中法院的具体做法是较为混乱的。例如，关于是否允许检察机关为保护国家利益而提起民事诉讼的问题，各地法院的做法即迥然不同;〔2〕又如，对于特定的行政机关，有的法院即允许其为了他人的利益而代表该他人提起民事诉讼,〔3〕有的法院则不一定允许甚至明确反对这样做。

（6）关于房地产纠纷、医患纠纷、产品质量纠纷、环境污染与公害纠纷等问题。这些纠纷类型虽然在《民事诉讼法》颁行时即已存在，但在当时的整个民事纠纷体系中并不突出。然而，在经过 10 多年持续、高速的经济发展后，上述类型的纠纷无论在发生的数量上还是在复杂性方面，都已远远超过了立法时的有限预见。因此，

---

〔1〕 有学者将诉讼担当与诉讼信托加以区别，认为此种情形属于诉讼信托。参见肖建华：《民事诉讼当事人研究》，中国政法大学出版社 2002 年版，第 142 页以下。

〔2〕 例如，浙江省浦江县法院对此类诉讼予以受理（参见李建平等："民事公诉：保护国有资产的新尝试"，载《法制日报》2002 年 8 月 14 日），福建省霞浦县法院对此类诉讼则不予受理（参见孙瑞灼等："合同侵犯国家权益，检察机关提起诉讼，福建霞浦县法院裁定不予受理"，载《法制日报》2002 年 10 月 1 日）。

〔3〕 在《乌苏里船歌》著作权纠纷一案中，黑龙江省饶河县四排赫哲族乡政府认为作曲者郭颂侵犯了赫哲族人的民间文艺著作权而向法院提起了诉讼。参见李勇："民间文艺著作权同样受保护——《乌苏里船歌》著作权案一审郭颂败诉"，载《法制日报》2002 年 12 月 29 日。

要想合理、公正、高效地解决这些纠纷，就必须对《民事诉讼法》的相关制度和程序予以完善。

另外，关于宪定权利之可诉性、股东派生诉讼、证券纠纷之诉讼程序、债权人之代位权诉讼与撤销权诉讼、诉讼中的抵消抗辩之审理与裁判等新型民事诉讼的合理解决，均离不开对《民事诉讼法》的修订与完善。

2. 程序保障之要求与标准的日益提高对民事诉讼立法提出了新的要求。自我国《民事诉讼法》颁行之后，随着民事诉讼理论研究的逐步深入以及对诉讼实践中诸多弊端的反思，法学界对于程序问题给予了前所未有的关注，特别是在 20 世纪 90 年代中期以后，有关程序问题的研究更是呈现出了勃兴的态势。程序论的兴起改变了人们对民事诉讼程序所固有的片面看法，使得"程序保障"这一现代法治的基本要素进入了人们的视野。所谓程序保障，从广义上来讲，意味着"为了保证审判的公正而在程序或制度上设定的种种要求和规范性做法。"从狭义上来说，程序保障则指的是"诉讼中充分给予双方当事者对等的攻击防御机会，并形成制度化的程序和在实际的制度运作中遵守这样的程序要求。"[1] 其最基本的原理在于：必须让那些受诉讼活动与审判结果直接影响的双方当事人都有充分、对等的机会来陈述自己的主张并提出支持自己主张的证据。

伴随着程序论的兴起和程序保障之要求与标准的日益提高，一系列新的诉讼理念和价值目标，例如程序公正、程序效益与效率、程序参与、程序选择、程序安定等，已日益受到理论界和实务部门的高度重视。这些新的诉讼理念和价值目标从全新的视角，解析了民事诉讼程序在解决纷争、保护权利、实现法治的过程中所处的重要地位及其具有的独特功能，同时也对民事诉讼立法的科学性、合理性、完备性提出了前所未有的新标准、新要求。例如，程序公正

---

[1] [日]谷口安平著，王亚新、刘荣军译：《程序的正义与诉讼》，中国政法大学出版社 1996 年版，第 46 页。

之法治理念与价值准则要求在评价和设计民事诉讼程序时，不仅要考虑其能否产生公正的裁判结果即实体是否公正的问题，而且应当考虑这种程序本身是否具有公正性、合理性，如裁判者是否处于公正和中立的地位、当事人在诉讼中的地位和权利是否平等、当事人是否已被给予充分的机会以便其提出自己的主张、意见和证据等。程序效益和效率之价值准则则要求在设立和运作民事诉讼程序时，应当衡量诉讼成本与诉讼收益之间的比例关系，尽可能用较少的诉讼成本取得较大的诉讼收益，力求避免出现当事人"赢了官司却输了钱"（或曰"收支失衡"、"得不偿失"）的程序异化现象；同时，亦应当尽量提高诉讼效率，防止因诉讼效率低下而导致"迟来的正义乃非正义"之现象的发生。程序参与、程序选择等诉讼理念实质上均是程序公正之价值准则的进一步细化。程序参与理念的意义在于，对于那些自身权益可能受到法院裁判影响的人，应当赋予和尊重其程序主体地位，让其能够有充分的机会并富有实际意义地参与法院的案件审理过程，并能以自己的行为对裁判结果的最终形成发挥积极而有效的影响和作用。程序选择理念的意义则在于，应当设置多元化的纠纷解决机制，并赋予当事人根据自身需要而在诸种机制中自主选择的权利，同时，在诉讼程序内部也应设置繁简有别的程序制度，以供当事人自主选择、理智利用，从而避免程序利用上的"强制消费"。至于程序安定，其所体现的则是法的另一基本价值即秩序对诉讼活动的要求。按照程序安定的诉讼理念，民事诉讼程序的设置和运作应当具有有序性、不可逆性和及时终结性。这些诉讼理念和价值目标是与当今世界范围内司法的法治化、现代化趋势相一致的，且已在我国法学界得到了相当广泛的认同。但是，检视我国现行《民事诉讼法》的相关规定，很多程序和制度确实存在着明显的缺陷，难以契合于上述诉讼理念和价值目标的要求，故有尽快修改、完善之必要。

（五）民事审判方式的改革需要健全、完善的民事诉讼立法加以规范和引导

肇始于 20 世纪 80 年代末并一直持续至今的民事审判方式改革，可以说是一个常谈常新的话题。历史地看，改革的最初动因仅在于试图通过强调当事人的举证责任来解决因社会经济结构的变化所带来的民事、经济纠纷案件的数量激增与法院审判力量相对不足之间的矛盾，以便缓解法院及其法官调查取证的沉重负担、提高诉讼的效率。但是，由于举证责任制度在证据制度中所处的核心地位，以及证据制度本身在整个民事诉讼制度中所处的核心地位，因而作为核心中之核心的举证责任制度的改革必然会进一步牵涉到当事人举证与法院查证的相互关系，以及质证与认证制度、庭审方式、合议庭和独任审判员的职责权限等各方面的庭审改革问题，并进而波及到整个民事审判制度乃至司法制度的改革。对于这一发展进程，有人将其归纳为后列渐进公式，即"强调当事人举证责任—庭审方式改革—审判方式改革—审判制度改革—诉讼制度改革—司法制度改革"。[1]

从十几年来所推行的民事审判方式改革的实践来看，虽然其在完善办案机制、积累审判经验等诉讼技术层面可以说是成效明显，但与此同时，更应看到，其之负面影响也是有的，主要表现为：民事审判方式改革的合法性和正当性存在欠缺，违法改革的情况较为普遍。对于这一点，早在好几年前即有学者一针见血地指出：就各地法院所进行的"改革"探索和实验而言，虽然其中也有不折不扣地贯彻现行《民事诉讼法》的正面典型，但是形形色色的法院违法也存在，而且在"审判方式改革"的外衣遮蔽之下，往往不仅没有

---

[1] 景汉朝、卢子娟："经济审判方式改革若干问题研究"，载《法学研究》1997 年第 5 期。

受到应有的追究，反而一再受到默许乃至于鼓励[1]。与此紧密相关的几个特点是：

1. 改革缺乏系统性和统一性。一方面，这场"改革"采取的是类似于我国经济体制改革中所推行的由点到面、自下而上的"摸着石头过河"的放任方式，由各地法院各显其能地自行"探索"，因而缺乏立法上的统一规划，是一种法院系统内自发的因此也是失范的"单边操作"；另一方面，在内容上往往采取"头痛医头、脚痛医脚"的局部疗法，故而缺乏整体上的协调运作。

2. "改革"措施的出台普遍具有较大的随意性。这方面的主要表现是：不少"改革"措施往往在缺乏全面而深刻的理论论证的情况下即仓促出台并付诸实施，有些措施的形成只是基于某些法院的主要领导人个人的"灵感发现"或心血来潮，甚至是其盲目追求"创造性工作"之轰动效应的好大喜功心态的直接产物。[2]

3. 法院内部的各类"规定"、"规则"、"意见"等在改革过程中较多。按照法律的规定和最高法院相关批复的要求，[3] 地方各

---

[1] 参见赵钢："正确处理民事经济审判工作中的十大关系"，载《法学研究》1999年第1期。另外，需要指出的是，目前文发表后，时至今日，我国司法改革的正当性、合法性危机已逐渐引起人们继发性的理性思考（参见谢佑平、万毅："法律权威与司法创新：中国司法改革的合法性危机"，载《法制与社会发展》2003年第1期）。当然，目前持此种看法的学者在整个法学理论界仍因"知音"不多而显得有些"孤独"，故而他们的看法充其量不过为"主流"外一股小小的"支流"，但可以肯定的是其绝非"浊流"。

[2] 司法审判制度固然应当"创新"，对此应无疑义，但在"依法治国"已成方略的社会背景下，司法审判工作自身的特点或曰内在规律决定了对其制度"创新"绝不能够放任自流，而应统一规制、有序推进。因此，从根本上说，它是国家立法机关的分内之事，而就地方各级法院乃至最高人民法院而言，是否应将"创造性工作"的口号喊得震天价响，并将其用于指导审判实务和"改革"实践，值得认真思考！

[3] 参见1981年6月10日全国人大常委会《关于加强法律解释工作的决议》第2条、1987年3月31日最高人民法院《关于地方各级人民法院不应制定司法解释性文件的批复》。

级法院根本无权制定司法解释性质的文件，但在民事审判方式改革的过程中，不仅各地的高、中级法院制定了大量的、且在实际上具有普遍约束力的规范性文件并通行于各该法院的管辖区域内，而且就连不少基层法院也制定了这样的文件。

我们认为，从法制的统一性和司法的统一性之高度来看，民事审判方式的改革应当而且必须依法进行，而决不能突破现行法的规定大搞各行其是的违法"实验"，这是法治原则最基本的要求。然而，我国实践中的民事审判方式改革，已经削弱了《民事诉讼法》的作用，从而对法治原则和法律的权威造成了一些损害。显然，民事审判方式的改革需要健全、完善的民事诉讼立法予以规范和引导。这就要求，必须尽快对《民事诉讼法》进行全面修订，做到改革问题上的"立法先行"，而不能继续目前的放任性"探索"，搞"废法而进"。在这一问题上，日本近年来所进行的司法改革为我们树立了良好的榜样并提供了可资借鉴的有益经验。日本于 1999 年 7 月开始进行的司法改革，具有统一性、计划性、严肃性、全面性等特点，各项司法改革方案的提出、论证和推行都必须严格依法进行，在现行法律没有作出修改之前，绝不允许以改革的名义破坏国家的法制。为搞好这次司法改革，日本于 1999 年 6 月制定了《司法制度改革审议会设置法》，并依据该法于同年 7 月在内阁之下设立了由法学教授、律师、企业界代表及群众代表担任委员的"司法改革审议会"，负责搜集、整理日本各界对司法改革的意见，组织有关人员对司法改革问题进行讨论，最后向内阁提出司法改革的方案。司法改革审议会成立之后，陆续召开了 60 多次会议，于 2000 年 10 月向内阁提交了一份中期改革报告，并于 2001 年 6 月 12 日向内阁提交了《司法制度改革审议会意见书》，提出了系统、完整的司法改革方案，要求以内阁为首的各相关机关积极采取措施，完善日本的司法制度。[1] 由此可见，日本的依法改革、"先立后改"与我国的"废法而进"、"先改后立"（但迟迟未立）绝非"条条大路通罗马"之路标指引下各自对具体改革路径的不同选择，而是反映出了在对待法制与法治之基本态度上的明显差异。

二、全面修订《民事诉讼法》的时机和条件已经基本成熟

关于《民事诉讼法》之全面修订，有一种观点认为，现行《民事诉讼法》中尚有一部分内容至今都没有在诉讼实践中得到落实，故在这种情况下全面修订《民事诉讼法》恐怕与维护法律应有的稳定性之间存在一定的矛盾。[2] 也有学者认为，目前对其予以全面修订的时机尚不成熟，因为，"学界和实务界尚缺乏对于在现时整体修改《民事诉讼法》的较大程度上的关注与共识，更缺乏对整体修订《民事诉讼法》的系统全面研究，包括实证方面的调查与学理上的准备。"[3] 还有学者认为，就《民事诉讼法》的修改问题而言，在民事诉讼的知识储备上还有许多不足，例如，对于民事诉讼中的一些基本问题如审判独立、当事人的确定标准等，还没有达到相对统一的认识，对《民事诉讼法》运行中存在的问题，亦没有很好地去分析它们的症结所在，因此，《民事诉讼法》的修改与现时知识积累之间存在矛盾。[4] 但我们认为，综合考量各方面的

---

[1] 详细内容可参见潘剑锋："从日本第三次司法改革看我国司法改革存在的问题"，载《法学》2000 年第 8 期；陆庆胜、金永明："日本司法制度改革最新动态"，载《政治与法律》2002 年第 2 期；张卫平、李旺译："日本司法改革审议会意见书——支撑 21 世纪日本的司法制度"，载张卫平主编：《司法改革论评》第 3 辑，中国法制出版社 2002 年版。

[2] 笔者即在不止一种场合（譬如教学课堂、学术讲座、论文答辩以及某些研讨性的会议上）先后数次遇到了基于这种担心而提出的疑虑。

[3] 蔡彦敏、张珺："审时度势：对现行《民事诉讼法》修订之思考"，载《法学家》2002 年第 4 期。

[4] 参见潘剑锋："民事诉讼法修改需要注意的几个问题"，中国法学会诉讼法学研究会 2002 年（南京）年会论文。

情况来看，对现行《民事诉讼法》予以全面修订的时机和条件已经基本成熟。

（一）保持"法的稳定性"与《民事诉讼法》的全面修订并不矛盾

法的稳定性，是指法律一经制定和公布实施，就应在一定时间内发挥其对特定领域之社会关系的规范作用，而不能朝令夕改、任意变动，否则，其之稳定性乃至权威性便无从谈起。但保持法的稳定性是以该法在内容上具有科学性、合理性、完备性并因此而能够适应或大体适应规范社会关系的客观需要为前提的。反之，如果某部法律在内容上不明确、不具体、容易引起歧义，或者对重要内容有明显遗漏，或者事实证明其之某些规定不符合客观规律，或者制定颁行时其所依赖的社会背景和条件发生了较大变化，则很有必要及时予以修订、废止或重新立法。具体就我国现行《民事诉讼法》而言，依现今之标准来衡量，其显然并不具备科学性、合理性、完备性之基本要求，因而已生全面修订之必要，对此前文已有详述。因此，同其他任何法律的修订一样，在处理《民事诉讼法》之全面修订与保持法的稳定性之相互关系时，应对"法的稳定性"作科学的认识，而不能作机械、僵化的理解。

从有关国家和地区修订民事诉讼法的情况来看，根据社会的发展变化和诉讼实践的客观需求而及时地予以修订或作出补充规定，可以说是各个国家和地区完善其民事诉讼制度的通行做法。例如，德国《民事诉讼法》自 1877 年颁布实施至 1999 年底，共经历了 95 次修改。[1] 法国在进行民事诉讼程序改革时，先后于 1971 年 9 月、1972 年 7 月、1972 年 8 月、1973 年 12 月颁布了 4 个法令，并最终形成了 1976 年的法国新《民事诉讼法典》。新《法典》生效之后很快又补充了新的规定，例如 1979 年 11 月 7 日法令、1981 年

---

〔1〕 参见谢怀栻译：《德意志联邦共和国民事诉讼法》，中国法制出版社 2001 年版，"译者前言"部分。

7月12日法令等。[1] 在俄罗斯，从 1995 年 4 月到 2000 年 8 月，《民事诉讼法》经过了 10 次修改或补充规定。[2] 在英国，其立法部门根据司法实践需要，亦不断、及时地对《民事诉讼规则》进行修正、补充。事实上，从 1998 年 10 月签署《民事诉讼规则草案》到 1999 年 4 月 26 日实施时，即进行了 8 次修改，而至 2001 年 8 月 31 日止，《民事诉讼规则》共进行了 23 次更新。[3] 我国台湾地区的"民事诉讼法"也进行过多次修订，最近几次修订的时间分别是 1999 年 2 月、2000 年 2 月、2003 年 2 月和 2003 年 6 月，其中，1999 年主要是修正了有关调解、简易诉讼等程序并增订了小额诉讼程序，2000 年则以审理集中化的促进方案为主要修正内容，[4] 在此基础上，2003 年 2 月作了更为全面、系统的修订，其涉及的条文达 270 余条，2003 年 6 月则是局部修改。

上述有关国家和地区的修律实践表明，为了实现诉讼公正和提高诉讼效率，以及为了使民事诉讼法能够更好地适应社会的发展，应当适时地根据实际需要对其予以修订。我国《民事诉讼法》自 1991 年颁行以来，从未进行过修改或对其作出补充规定，而该法本身存在诸多缺陷，诉讼实践又已对其提出了新的更高要求，故从这个角度来说，确实已经到了必须对其"稳定性"作深刻检讨并及时予以打破的时候了。

---

〔1〕 参见［法］让·文森、塞尔日·金沙尔著，罗结珍译：《法国民事诉讼法要义》上，中国法制出版社 2001 年版，第 70 页。

〔2〕 参见张西安、程丽庄译：《俄罗斯联邦民事诉讼法执行程序法》，中国法制出版社 2002 年版，第 1 页。

〔3〕 参见徐昕：《英国民事诉讼与民事司法改革》，中国政法大学出版社 2002 年版，第 441 页。

〔4〕 参见许士宦："2001 年学界回顾：民事诉讼法"，载台湾《月旦法学杂志》2002 年第 2 期。

（二）全面修订《民事诉讼法》的理论准备已经成熟[1]

自《民事诉讼法》颁行以来，在较为宽松的社会背景和学术环境中，理论研究逐渐摆脱了原来长时期的不景气局面而呈现出了初步繁荣的态势。特别是 20 世纪 90 年代中后期以来，我国的民事诉讼法学研究更是进入了一个全新的发展阶段，无论是就民事诉讼程序价值、民事诉讼目的、诉权、诉讼标的等基本理论的研究来说，还是就管辖制度、当事人制度、调解制度、证据制度等具体制度以及普通程序、简易程序、特别程序、再审程序等诉讼程序的研究而言，其研究的水准都比以往有了很大程度的提高，研究的成果也如雨后春笋般地不断涌现。与以前的研究相比，这一时期的民事诉讼理论研究显现出四个突出特点：①在很大程度上已经突破了传统注释法学的樊篱，很多学者已不再满足于对现行《民事诉讼法》进行"歌功颂德"式的表层阐释，而是试图多角度地对民事诉讼的诸多问题进行深层次的理论剖析。②对作为我国民事诉讼制度和理论之"母体"的苏联民事诉讼立法和理论进行了反思和批判，从而为我国民事诉讼理论逐步走出具有"轻程序公正"之严重缺陷的苏式理论的误区奠定了基础。③结合我国社会经济条件的变化和审判实践的发展，对民事审判方式改革乃至司法制度改革的目标、方式以及具体措施进行了理论上的说明和论证。④对域外民事诉讼制度和理论的介绍大量增加，比较层面的民事诉讼法研究进一步加强，从而将我国的民事诉讼理论研究置于更为广阔的空间和视野之内。

近些年来，在浓厚的理论研究氛围之中，我国传统民事诉讼法学中原有的一些错误理论观点得到了修正，某些存在缺陷的理论也得到了修补。例如，关于民事诉讼法与民事实体法的相互关系以及民事诉讼程序的价值问题，过去一直认为民事诉讼法仅是一种贯彻

---

[1] 限于篇幅，本部分关于理论发展及学者理论观点的阐述只是宏观性的，且由于这些理论探讨具有相当的普遍性，故在此不作一一引注予以特别说明，敬请有关学者谅解。

实体法的"手段"或"工具"，而这实际上是一种错误的理论，它导致了人们对诉讼程序的轻视，也极大地阻碍了法治发展的进程。目前，人们已经充分认识到了这种错误理论的危害，认为民事诉讼法不仅具有"工具性价值"，而且具有其自身独立的价值。又如，关于当事人与法院的相互关系，过去一直强调法院对诉讼程序的主宰，认为民事诉讼法主要是法院的"办案规程"，因而忽视了当事人的程序主体地位，对于这一点，理论界认真地进行了研讨和批判，认为应当摆正当事人和法院在诉讼中各自的位置，充分尊重当事人的程序主体地位，并在具体制度上为当事人提供充分的程序保障。再如，关于辩论原则和处分原则的内涵，理论上的共识是，应当根据民事诉讼的本质和程序公正的要求对它们重新予以确定，以便使这两项原则具有实质性的内容和约束力；关于起诉时当事人的确定，应当变实体标准为程序标准；关于举证责任的含义，应当赋予其完整内容，在举证责任分配方面则应当分别确立一般规则和特殊规则；关于证明标准，应当与刑事诉讼和行政诉讼有所区别；关于审级制度，应当确立一定范围内的三审终审制；关于督促程序，应当将其与通常诉讼程序有机地结合起来；关于再审制度，应当予以适当改造，以充分体现生效裁判的既判力；等等。

在对原有的理论错误或理论瑕疵予以修正和弥补的同时，域外一系列成熟的诉讼法理也随之被导入我国民事诉讼法学并已得到了相当程度的认同。例如，对大陆法系民事诉讼中的程序保障论和英美法系民事诉讼中的"正当程序"理论的介绍和引进，引发了人们对程序正义问题的广泛关注；以诉讼成本、诉讼效率、诉讼效益等为主要内容的诉讼经济学理论的导入，拓宽了理论界在诉讼价值问题上的研究视野；民事诉讼程序的宪法化理论和公民"接受裁判权"理论的传播，使得我们能够较为深刻地理解和论证诉权的宪法基础；关于应使公民更好地"接近正义"（或曰"接近司法审判"）的理论推介，使我们意识到公民不仅应当享有获得司法救济的权利，而且应当能够较为容易地获得这种实质性救济；程序选择权理论则使我们更加充分地认识到了尊重当事人诉讼主体地位的重要性，并且应当尽可能多地对当事人给予人文关怀；至于在管辖、当事人、证据、审前程序、再审程序、执行程序等一系列具体制度和程序方面的理论借鉴，也都为促进我国相关诉讼理论的完善起到了明显的积极作用。

因此，就总体而言，通过对原有理论的修正和域外新理论的导入，目前我国已经基本形成了比较成熟的新的民事诉讼理论体系，例如以程序公正、效率、效益等为目标的多元化程序价值理论；在确定事实争点、证据争点方面的当事人主义理论，在程序运行方面的职权进行主义理论；以证据提供、证明责任、证明对象、证明标准以及证据的审核判断等为主要内容的民事诉讼证据理论；以当事人适格、诉的利益、诉讼担当、多样化诉讼形态等为主要内容的当事人理论；诉讼程序与非讼程序应当有所区别、适用当事人主义的程序与当事人主义受到限制的程序应当有所差异的审判程序理论，等等。由此出发，我们认为，我国民事诉讼法学界十几年来的学术探讨和知识积累已经足以为《民事诉讼法》之全面修订提供坚实的理论支撑。

此外，还须强调指出一点，即我们不能把理论准备的成熟，片面地、机械地理解为所有理论问题与难题的彻底解决，而应辩证地将其理解为基本解决与大致认同。事实上，要想使所有理论问题和难题均得到彻底解决是根本不可能的，因为社会总是发展的，新的问题和难题亦会不断出现，故而理论研究也就总是发展的、存在争论的，而不可能有什么终结。如果说要等到所有的民事诉讼理论问题和难题均得到彻底解决以后，再去修订《民事诉讼法》，那么恐怕永远也不可能实现我们的目标。在这个方面，相关立法的迟迟不能出台，已经为我们提供了不无意义的证例。[1]

---

〔1〕 作为民法领域的门外汉，笔者认为，尽管我国民法典的迟迟不能出台有诸多原因，但是，过于理想的立法设计和"一步到位"的唯美追求，是否在客观上"迟滞"了它的制定进程，显然也是值得大家认真思考的问题。

（三）实务上的总结亦已具备

我们认为，就各地法院 10 多年来所推行的民事审判方式改革而言，其中既有合理、合法的改革方案，也有合法但不合理的改革措施，虽然这种改革局面有些混乱，但从实用的角度来看，其中的某些改革措施在客观上也为修订《民事诉讼法》积累了一些可供参考的实践经验。特别是最高人民法院在总结、吸取各地法院进行民事审判方式改革的经验和教训的基础上所制定的有关司法解释，确实在相当程度上满足了诉讼实践的客观需要，同时也为《民事诉讼法》的修订作了实务总结层面的铺垫。[1] 现举几例如下：

1. 自认制度是辩论主义的一项重要内容，是体现诉讼效率的机制之一，是与民事诉讼的性质和特点相适应的。最高人民法院在 1992 年发布的《适用意见》第 75 条中即对自认作了简单的规定：一方当事人对另一方当事人陈述的案件事实和提出的诉讼请求明确表示承认的，另一方当事人无须举证。2001 年底颁布的《证据规定》第 8 条、第 74 条则对自认制度作出了较为系统的安排，包括自认的含义、适用自认的例外、拟制的自认、诉讼代理人的自认、自认的撤回、法院对自认事实的认定等。在实行市场经济体制并承认民事权利之私权性的条件下，上述司法解释关于自认制度的规定无疑具有较大的实质合理性，故而为在立法上最终确立自认制度提供了借鉴。

2. 完善审前准备程序，是现代各国民事诉讼制度改革的重要内容之一。审前准备程序的重要功能在于：①可以借此尽早明了和确定当事人双方的争议焦点，便于其后庭审的顺利进行。②可以促使各方当事人在审前达成和解，尽快解决纠纷。③通过审前准备程

---

[1] 需要强调的一个问题是，尽管司法解释中的不少内容具有合理性，故而为《民事诉讼法》的修订提供了实践经验，但由于其本身超越了现行《民事诉讼法》的规定，因而又具有违法性。这种合理性与违法性之间的矛盾也从一个侧面说明了尽快全面修订《民事诉讼法》的必要性。

序，可以使各方当事人彼此了解对方所主张的事实及拥有的证据材料，以便实现各方攻击防御手段与机会的平衡。在民事审判方式改革过程中，不少法院进行了以举证时限和证据交换为主要内容的审前准备程序的改革，最高人民法院则在《证据规定》中以 15 个条文的篇幅对举证时限与证据交换问题做了规定，虽然其中的某些内容还值得商榷，但其无疑为立法上完善审前准备程序提供了重要的参考。

3. 关于管辖问题，现行《民事诉讼法》在某些方面原本就规定得不够具体，特别是对 1991 年该法颁行之后陆续出现的新型民事纠纷而言，普遍缺乏明确、具体的管辖依据，而对于当事人诉权之行使来说，合理地确定这些纠纷的管辖法院又是一个极为重要的问题。相关司法解释及时地对有关案件的管辖问题作出了规定，同时也为民事诉讼管辖制度的立法完善积累了经验。[1]

另外，关于举证责任的分配规则、法院之阐明问题、证明标准、回避制度、司法救助制度等，司法解释中的相关规定对于《民事诉讼法》之修订均能提供相应的实务经验。

（四）不能以司法改革的整体推进条件尚不具备来论证《民事诉讼法》修订时机的不成熟

迄今为止，学界之所以热衷于讨论司法改革而对《民事诉讼法》之修订缺乏应有的热情与关注，其重要原因之一在于不少人认为《民事诉讼法》的修订与司法改革的整体推进具有不可分离性。我们认为，这种认识其实并不准确，因为，《民事诉讼法》的修订与司法改革虽然具有相关性，但前者无疑具有相对的独立性，故不

---

[1] 涉及管辖问题的司法解释较多，例如 1996 年 9 月 12 日发布的《关于在确定经济纠纷案件管辖中如何确定购销合同履行地问题的规定》、2000 年 2 月 24 日发布的《关于审理票据纠纷案件若干问题的规定》、2000 年 12 月 22 日发布的《关于审理涉及计算机网络著作权纠纷案件适用法律若干问题的解释》（已于 2003 年 12 月 23 日修正）等。

能以司法改革之整体推进条件尚不具备来论证《民事诉讼法》修订时机的不成熟，不应将司法改革与《民事诉讼法》的修订完全"捆绑"在一起。主要理由是：

1. 司法改革的主要内容在于如何合理界定和重新调整司法机构与其他相关主体的权力范围及其相互关系，包括司法机构与执政党、与立法机构、与政府部门之间的权力关系，以及司法机构相互之间、司法机构内部的权力关系，[1] 而就《民事诉讼法》之修订来说，其主要内容则在于完善民事诉讼的各项原则、制度与程序，因而二者在内容上存在重大区别，其侧重点明显不同。

2. 有关司法改革的许多重大问题的讨论还会长期存在，特别是有些问题与政治体制改革密切相关，在短期内很难有大的突破，[2] 而《民事诉讼法》的修订相对于整个司法制度的改革而言，其难度要小得多，操作起来较为容易，因此，具备"先走一步"的条件。

3. 如前所述，《民事诉讼法》的全面修订具有十足的必要性和紧迫性，而且完全具有现实的可能性，而司法体制的改革在目前看来则既无具体的"日程表"，亦无详备的"路线图"，除统一司法考试制度的确立和实行外，基本上只是停留在一般性的理论炒作和舆论宣传阶段，因而将《民事诉讼法》的修订与司法改革完全"捆绑"在一起是极不合适的，这样不仅会导致现行《民事诉讼法》的缺陷在相当长的时期内无法得到修正，而且诉讼实践中的混乱状况亦无法得到及时消除。

4. 在《民事诉讼法》修订之后，并不影响我们对司法制度的其他方面进行后续改革，如果处理得当，司法制度的后续改革与已经修订的《民事诉讼法》之间的冲突应该是可以得到化解的。而

---

〔1〕 参见顾培东："中国司法改革的宏观思考"，载《法学研究》2000 年第 3 期。

〔2〕 例如司法机关与其他机构之间的权力配置、执政党对司法机关的领导方式、干部人事制度与财政经费制度的改革、审判委员会制度的存废等。

且,《民事诉讼法》的修订也绝非能够"一劳永逸",因此,从发展来看,在保持其相对稳定性的前提下"与时俱进"地适时对其进行修订,原本就应该是我国立法机关的分内之事和平常之举,根本用不着如此"忌讳"。

三、《民事诉讼法》的基本立法体例应作哪些调整

要对我国现行《民事诉讼法》进行全面修订,必然涉及是否对其基本立法体例进行调整以及在多大范围内进行调整的问题。对于这一问题,我们认为总体上的思路应当是:除了应当将少数程序从《民事诉讼法》中分离出去单独立法外,其他内容仍然以统一安排在《民事诉讼法》中为宜,同时,对它们的原有体例亦应当作适当调整。[1]

（一）执行程序、企业法人破产还债程序、海事诉讼特别程序应当"计划单列"

1. 审、执分立。我国于 1982 年颁布的试行法及现行《民事诉讼法》均采取了审、执合一的立法体例,也即将执行程序作为一"编"规定于民事诉讼法典之中。之所以会采取这种体例安排,与当时理论上普遍认为强制执行（或称民事执行、民事强制执行）乃是民事诉讼的组成部分之传统观点分不开的。其主要理由在于:①民事审判和强制执行都是保护当事人民事权利的程序,只不过是用不同的程序保护当事人在不同阶段的同一权利。②民事诉讼是强制执行的前提和基础,强制执行是民事诉讼的继续和发展,二者密不可分。[2] 但是,随着对二者关系认识的深入,近些年来的主流

---

[1] 限于篇幅,在此主要从宏观上探讨基本立法体例之调整问题,至于具体体例之安排,则拟在他文中另作讨论。

[2] 参见王飞鸿:"论民事诉讼和强制执行的关系",载沈德咏主编:《强制执行法起草与论证》第 1 册,中国法制出版社 2002 年版,第 286 页。

观点认为，强制执行活动与民事诉讼活动存在相当大的区别，故强制执行与民事诉讼应当分别立法，也即实行"审、执分立"的立法体例。

从世界范围来看，对于强制执行的立法体例，主要有以下几种方式：①将强制执行程序单独立法，主要有瑞典、日本、奥地利、挪威、冰岛、法国、越南以及我国台湾地区等。②将强制执行程序规定于民事诉讼法典之中，主要有德国、意大利、西班牙、俄罗斯[1]、秘鲁以及我国等。③将强制执行程序与其他规范混合立法，例如，瑞士将其与破产程序混合立法，称为"债务执行与破产法"；美国将强制执行程序分别列入公司重整、破产及衡平法中；英国则将其规定在法院法和法院规则中。[2] 可见，采取何种立法体例，往往与各国在诉讼理论上对民事诉讼程序是作广义的理解还是作狭义的理解以及各国特定的法律文化传统有关，但是从不少国家的立法实践来看，采取审、执分立可以说已经逐渐成为一种趋势，例如，日本于 1979 年将其《民事诉讼法》中的强制执行编加以删除，另行制定了《民事执行法》；1991 年，法国也制定了单行的《民事执行程序法》；俄罗斯则在 1997 年制定了《俄罗斯联邦执行程序法》，等等。

鉴于强制执行与民事诉讼之间客观存在着的明显区别，我们认为，在考虑我国现行《民事诉讼法》之修订时，采取审、执分立的立法体例较为合理。其具体理由在于：

（1）二者的调整对象和调整方法不同。强制执行法调整的是法院与执行案件的当事人以及协助执行人之间的执行活动，调整方法主要是依法采取各种强制执行措施；民事诉讼法调整的则是法院、

---

[1] 俄罗斯民事诉讼法中规定有"执行程序"一编，但在 1997 年 7 月又颁布了《俄罗斯联邦执行程序法》。参见张西安、程丽庄译：《俄罗斯联邦民事诉讼法执行程序法》，中国法制出版社 2002 年版。

[2] 杨荣新："应尽快制定民事强制执行法"，载《法制日报》2002 年 11 月 21 日；刘汉富主编：《国际强制执行法律汇编》，法律出版社 2000 年版。

当事人以及其他诉讼参与人之间的民事诉讼活动，在调整方法上一般并不需要采取强制性措施。[1]

(2) 二者的作用或功能不同。民事诉讼程序的作用在于为发生争议的民商事法律关系之审理与裁判提供程序依据，以便消除争议，确定权利义务关系；强制执行程序的作用则在于为实现生效法律文书所确定的（给付）内容提供程序保障。

(3) 民事诉讼法所确立的基本原则基本上都是针对诉讼程序而言的，而不适用于执行程序，而且，在各项具体制度和程序上，强制执行与民事诉讼几乎也没有什么相似之处。

(4) 执行权、执行行为与审判权、审判行为的性质不同，即前者一般并不被认为是纯粹的司法权和司法行为。

(5) 作为执行根据的生效法律文书并不仅限于法院所制作的民事裁判，它还包括仲裁裁决、公证债权文书等法律文书。另外，考虑到我国的实际情况，客观上也有必要对强制执行单独立法。一方面，"执行难"问题一直是困扰我国民事审判的令人头痛的问题，而强制执行制度的不完善则是其重要原因之一，故单独制定强制执行法，可以尽快消除执行制度的缺陷，完善执行程序规范，整顿、维护执行秩序，保证执行质量，提高执行效率，缓解"执行难"问题，这已成为绝大部分学者和审判机关的共识；另一方面，从立法机关的角度来说，"强制执行法"早在九届全国人大常委会期间即已被列入其"立法规划"，[2] 且起草工作稳步推进，可望在全面修

---

[1] 对于妨害民事诉讼的行为，法院可以采取一定的强制措施予以制止和排除，但这种"强制措施"与作为法律调整方法的强制执行措施是不同的。

[2] 参见黄金龙："制定《民事强制执行法》的指导思想和主要课题"，载沈德咏主编：《强制执行法起草与论证》第 1 册，中国法制出版社 2002 年版，第 271 页。

订《民事诉讼法》之前即制定出台。[1]

2. 企业法人破产还债程序与《民事诉讼法》之分立。破产程序（或称破产法）在传统上是指破产清算程序，即当债务人无力清偿到期债务时，法院根据债权人或债务人之申请，对债务人的破产财产依法进行清算并按照一定的原则公平地分配给全体债权人的特定程序。但是在当代，破产程序的内涵与功能已经发生了明显的变化，它不仅包括以变价分配为目的的清算制度，而且还包括以企业再建为目标的重整及和解制度。在近现代各国的法律体系中，破产法一般被认为属于商法的组成部分，故各国一般将其单独立法或将其规定在商事法之中，而不在民事诉讼法中规定破产程序。[2] 我国于 1986 年 12 月 2 日通过并于 1988 年 11 月 1 日生效的《企业破产法（试行）》采取的也是单独立法的方式，至于 1991 年《民事诉讼法》中规定有"企业法人破产还债程序"一章，则完全是出于权宜之计的考虑。因为，《企业破产法（试行）》在适用主体上仅限于全民所有制企业法人，而不适用于其他类型的企业法人。然

---

[1] 虽然《民事诉讼法》的修订已被列入"十届全国人大常委会立法规划"，但就民事强制执行而言，由于有关部门已经对其提出了较为系统的立法草案（参见沈德咏主编：《强制执行法起草与论证》第 1 册，中国法制出版社 2002 年版；黄松友主编：《强制执行法起草与论证》第 2 册，中国人民公安大学出版社 2004 年版），故从客观条件来说，在全面修订《民事诉讼法》之前，单独制定"强制执行法"仍具有现实可能性。不过，值得注意的问题是，查"十届全国人大常委会立法规划"，则并没有将"强制执行法"单独作为拟审议的法律草案列入其中，在此，立法机关的意图是否系将制定"强制执行法"的规划包含于《民事诉讼法》之整体修订之中？由于目前所占有的资料之欠缺，对此问题笔者还需继续查证。但不管立法机关的意图如何，基于上文所阐述的理由，笔者是坚持应当将"强制执行法"单独立法的。

[2] 例如法国 1807 年颁布的《商法典》的第三编即为破产编，1838 年对《破产法》进行修正时，又将其从商法典中独立出来；日本 1890 年颁布的《商法典》之第三编亦为破产编，1899 年颁布新《商法典》时，原破产编未被列入，而是作为单行的破产法继续有效；德国 1877 年编纂了《破产法》，作为《商法典》的单行法。参见王卫国：《破产法》，人民法院出版社 1999 年版，第 27 页。

而，在我国的社会经济生活中，非全民所有制企业法人是大量存在的，它们在达到破产界限时同样有必要适用破产程序进行破产还债，但法院在处理此类案件时却又缺乏明确的法律依据。故为弥补《企业破产法（试行）》之不足，便在 1991 年的《民事诉讼法》中对非全民所有制企业法人的破产还债程序作出了规定。可见，我国现行《民事诉讼法》设置"企业法人破产还债程序"之专章规定，并非是出于对立法体例之科学性的成熟考虑，而只是为了功利性地满足现实之需。除此之外，应将"企业法人破产还债程序"从《民事诉讼法》中分离出去的理由还在于：①破产程序在程序的启动、进行和终结等各个方面皆不同于民事诉讼程序。②破产法中既包含着实体规范，又包含着程序规范，是实体法规范与程序法规范的结合。[1] ③我国现行立法依照企业法人所有制性质的不同来规定两种不同的破产程序制度是不科学、不合理的，故应当制定统一的破产法。[2]

3. 《海事诉讼特别程序法》与《民事诉讼法》之分立。海事诉讼，是指当事人因海事侵权纠纷、海商合同纠纷以及法律规定的其他海事纠纷而提起的诉讼。就我国而言，海事诉讼所适用的程序依据，在立法上，主要有《民事诉讼法》和全国人大常委会于 1999 年 12 月 25 日通过、自 2000 年 7 月 1 日起施行的《海事诉讼特别程序法》，以及我国缔结或者参加的相关国际条约；在司法解释层面，则有最高人民法院于 2002 年 12 月 3 日通过、自 2003 年 2 月 1 日起施行的《关于适用〈中华人民共和国海事诉讼特别程序法〉若干问题的解释》。专门制定《海事诉讼特别程序法》的原因在于，海事诉讼虽然在本质上仍属民事诉讼，但其具有很强的专业性，在程序上有很多内容是一般民事诉讼所不具备的或者与其有较

---

〔1〕 参见王卫国：《破产法》，人民法院出版社 1999 年版，第 11 页。

〔2〕 值得一提的是，最高人民法院已就此作出了统一的司法解释，即 2002 年 7 月 30 公布并于 2002 年 9 月 1 日起施行的《关于审理企业破产案件若干问题的规定》。

大区别，例如管辖、船舶或船载货物的扣押与拍卖、海事赔偿责任限制基金之设立程序、船舶优先权催告程序等。正因为如此，在全面修订我国现行《民事诉讼法》时，对于海事诉讼，即应当继续保持目前这种单独立法的方式。

　　（二）除上述三种程序外，其他程序暂时不宜从《民事诉讼法》中分离出去——单独立法

　　除了执行程序、企业法人破产还债程序和海事诉讼特别程序外，对于其他有关程序是否应当从我国现行《民事诉讼法》中分离出去单独立法的问题，理论上存在不同的看法。例如，有学者认为，从大陆法系国家的民事诉讼立法来看，民事诉讼程序已呈现出不断分化的趋势，故从"接轨"考虑，我国在对现行《民事诉讼法》进行修订时，同样有必要将某些程序和制度分离出去单独立法，如制定民事诉讼证据法、民事保全法、人事诉讼程序法、法院调解法、民事诉讼费用法、涉外民事诉讼程序法（或包含有这方面内容的国际私法法典）等。[1]

　　我们认为，除了前文所讨论的三种情况外，对于其他民事诉讼程序和制度而言，暂时不宜把它们从《民事诉讼法》中分离出去——单独立法。具体理由如下：

　　1. 从大陆法系国家和地区的民事诉讼立法来看，目前已将有关程序从民事诉讼法中分离出去的主要是日本，而其他国家和地区如德国、法国、俄罗斯、我国台湾地区和澳门地区等在体例上则并没有将上述有关程序——单独立法。因此，所谓"民事诉讼程序已

──────────

〔1〕 在中国法学会诉讼法学研究会 2002 年（南京）年会上，即有学者持这种主张。虽然他们也提出了一些理由，但在他们的内心深处是否隐约地存在一种善良的企盼即通过"分家而不出户"的操作来体现我国民事诉讼法大家庭"人丁兴旺"的"族长意识"和"分支"众多的"望族"地位？对此笔者不得而知。不过，坦白地说，作为"业内人士"，笔者自己倒是在内心里曾经有过类似的设想，但现实表明，这既不理智，也不现实。

呈现出不断分化的趋势"的判断显然是不准确的，因为不能仅以日本一个国家的立法情况就得出此种结论。

2. 主张依上述"大分立"式的立法体例来分别制定若干部单行法，其立法成本明显过高，故对我国而言，在可以预见的将来，是不切实际的。

3. 若将上述有关程序从我国现行《民事诉讼法》中分离出去——单独立法，很容易造成它们相互之间的不协调、不衔接和内容上的相互冲突。

4. "大分立"式的立法体例，既不便于当事人和社会成员对众多法律的系统学习、全面理解和恰当运用，同时也不便于法院及其法官的实务操作，特别是在目前我国法官的法律素质仍普遍偏低的情况下，"大分立"式的立法体例显然不利于法官在精巧衔接的基础上将这些法律具体适用于每一个案件。

5. 若将上述大量的程序和制度从我国现行《民事诉讼法》中分离出去——单独立法，事实上将不可避免地造成作为"基本法律"的《民事诉讼法》之空洞化。

6. 从上述程序或制度的内容分析来看，它们明显与民事诉讼紧密相关，或者其本身原本就是民事诉讼不可分割的组成部分，因而既不适合也没必要都分离出去——单独立法。

7. 按照《宪法》和《立法法》的规定，《民事诉讼法》作为国家重要的"基本法律"之一，应当由全国人民代表大会来制定，而在大量进行专门立法的情况下，则很有可能转由全国人大常委会来制定，这样一来，对于其应然内容的讨论，在广泛性和充分性上，以及在通过其与其他法律之间的彼此关系而体现出来的自身"位阶"上，都很有可能会因此而降低。

（三）大力扩充证据规范，改证据"章"为证据"编"

众所周知，证据问题乃是民事诉讼的核心问题，但我国现行《民事诉讼法》关于证据的规定却过于原则和粗陋（只有简单的12个条文），故而根本无法满足诉讼实践的客观需要，特别是近些年来随着民事审判方式改革的推行，证据制度的缺漏显得更加突出。在此背景下，制定证据法、完善证据规则便被十分紧迫地摆上了学界的研究日程，且至今仍是完善《民事诉讼法》的热点话题之一。从学者的讨论来看，关于民事诉讼证据的立法体例，主要有以下几种观点：①制定统一的证据法，即制定一部适用于民事诉讼、刑事诉讼和行政诉讼的统一的证据法典（以下简称"统一法典说"）。②制定一部民事诉讼证据法或民事证据法（以下简称"单行法说"）。③仍然将民事诉讼证据规范置于《民事诉讼法》之中，同时大力完善《民事诉讼法》中的相关证据规范。另外，还有个别学者主张将民事证据法规定在民法典之中，但此种观点遭到了较多的反对。

对于上述问题，我们认为，将民事诉讼证据规范仍然安排在《民事诉讼法》之中是较为恰当的方案，而"单行法说"并不合适，"统一法典说"则更不可取。[1] 但是，考虑到证据内容的丰富性，因此在修订《民事诉讼法》时，亦有必要在体例上作适当调整，具体来说，即将现行的证据"章"扩充调整为证据"编"，将其置于"总则"和"审判程序"两编之间，以扩充证据规范，完善证据规则。在此，有必要针对上述其他观点，对此种体例的合理性予以简要的说明。

1. 由于我国现行《民事诉讼法》中的证据规定过于粗陋，且在实务中已造成当事人和法院在许多涉及证据的问题上无法可依，

---

〔1〕 "十届全国人大常委会立法规划"已分别将民事诉讼法、刑事诉讼法和行政诉讼法的修予以列入，但并未计划分别就民事诉讼、刑事诉讼和行政诉讼制定三部证据法或制定统一证据法典，据此可以认为，目前立法机构对"单行法说"和"统一法典说"也是持否定态度的。有关报道亦证实了这一点，例如据《法制日报》2004年1月3日之《三大诉讼法均将修改》一文的报道："针对一些代表提出的关于制定刑事证据法、民事证据法的议案，全国人大常委会法工委正在结合三部诉讼法的修改，对有关完善刑事、民事和行政诉讼中的证据制度的法律规定进行研究。"

并由此导致了司法不公乃至司法腐败现象的不时发生，因此，扩充证据规范、完善证据规则就成为当前民事诉讼理论界和实务界的共识。但证据规范的大量扩充无疑会在客观上使得现行《民事诉讼法》"总则"编中"证据"章的内容显得过于庞大，从而在整体结构上给人以不尽协调之感，这一点也正是"单行法说"的主要论据之一。其实，这一问题的妥善解决完全可以通过对《民事诉讼法》自身体例的调整，轻而易举地得到实现，具体来讲，也即将原来的证据"章"扩充为证据"编"即可达到目的，而没有必要将证据规范分离出去单独立法。至于那种认为如此一来证据内容将会在整个《民事诉讼法》中所占的比例过大，从而显得臃肿和极不协调的观点，实则是杞人忧天。因为，在全面修订《民事诉讼法》时，其条文的数量必定会有较大幅度的增加，而远非是现在的 270 条所能容纳的，在此基础上，即使有关证据的条文数量大幅增加，例如增加到 100 条乃至于 200 条，也不会像"单行法说"的主张者所担心的那样会使人感到"臃肿"。从实行（民事诉讼立法）法典化的国家来看，在《德国民事诉讼法》中，有关证据的内容有 140 条，在日本有 64 条，在奥地利有 124 条，在法国，除其《民法典》中有一些证据规定外，《民事诉讼法》中还有 183 个条文。[1] 在我国台湾地区，其现行"民事诉讼法"中的证据规定亦有 92 个条文。显然，在上述国家和地区的民事诉讼法中，证据内容都很丰富，但并没有给人以任何臃肿或不协调的感觉。

2. "单行法说"除了上述理由外，另外的几个主要理由是：审判方式改革的急迫需要、整体上修订《民事诉讼法》的时机尚不成熟、域外民事诉讼程序的立法已呈现出不断分化的趋势等。我们认为，这些理由其实同样也不能为"单行法说"提供合理的注脚：①民事审判方式的改革确实需要完善证据制度，但需要完善的并非

---

[1] 参见何家弘、张卫平主编：《外国证据法选译》上、下卷，人民法院出版社 2000 年版。

仅仅限于证据制度，事实上，正如前文所指出的那样，我国现行
《民事诉讼法》中的很多制度和程序都急待完善。既然如此，全面
修订《民事诉讼法》显然要比制定单行的证据法更为科学、合理。
而且，由于证据制度与诸多具体的民事诉讼程序、制度是紧密相关
或相互衔接的，故若仅仅制定单行的证据法而不去全面修订《民事
诉讼法》，则必然会导致其与《民事诉讼法》的很多内容发生冲
突。也许有人主张可依"后法优于前法"的原则来解决这一冲突，
但从立法技术上来讲，任由这种冲突和矛盾长期存在，无疑是有欠
科学的。况且，长期以来，我国在立法传统上有一个很不严谨的
"习惯做法"，即在新的法律出台后，往往不明确指出废除以前法律
的哪些条款，而是概括地要求"与本法不一致的，以本法规定为
准"，这样一来，对于新法与旧法中的哪些规定是不一致的，往往
会在理解上存在歧异，从而很可能会导致法律适用上的混乱。②如
前所述，全面修订我国现行《民事诉讼法》的时机已基本成熟，而
并非像某些学者所认为的还是一件遥不可及的事情。"单行法说"
的提出和盛行，其实在相当程度上反映了不少学者的急功近利和躁
动不安的学术心态，而正是这种心态造成了理论导向的偏离和错
误，即一窝蜂地都去"爆炒"（单行）证据立法问题，而对《民事
诉讼法》的整体修订和完善则明显缺乏应有的热情与关注。③以域
外民事诉讼立法已呈现分化的趋势为由来论证"单行法说"同样是
没有道理的，此点已如前述。另外，以强制执行法之分立趋势来论
证制定单行的民事诉讼证据法的必要性与合理性，更是极不合适
的。这是因为，诉讼证据与强制执行迥然不同，证据问题的方方面
面均与诉讼程序紧密相连，证据规范属于狭义的民事诉讼法之组成
部分，围绕证据所进行的有关活动均属狭义的民事诉讼活动，而强
制执行则并非属于狭义的民事诉讼，故强制执行程序与狭义的民事
诉讼程序具有明显的可分离性。

3. "统一法典说"的主要论据在于，民事诉讼、刑事诉讼、行
政诉讼中的证据制度存在诸多共性，例如证据的含义、特征、种

类、举证责任的含义以及某些具体的证据规则等，因此采取统一立法的方式，可以避免立法上的重复。我们认为，虽然三大诉讼中的证据制度确实存在一些共性，但事实上它们各自的特性要明显大于共性，特别是民事诉讼证据与刑事诉讼证据的差别更是极为明显。例如，在收集和提供证据方面，刑事诉讼有专门的侦查程序，民事诉讼则无侦查可言；又如，虽然二者都有举证责任制度，但举证责任的具体内容并不相同；再如，民事诉讼中有自认制度，刑事诉讼则不存在这种制度（被告人的供述不同于民事诉讼中的自认）；另外，非法证据排除问题在民事诉讼中比较容易得到解决，而在刑事诉讼中则是一个极难解决的复杂问题；民事诉讼中大量运用推定规则，而在刑事诉讼中除了无罪推定以外，一般不采用推定规则；最后，刑事诉讼与民事诉讼的证明标准也是不同的；等等。这些差别的客观存在决定了制定统一的证据法是极不可取的，同时在立法技术上也是不现实的。事实上，"统一法典说"的不可取与不宜将民事诉讼程序、刑事诉讼程序规定在同一部法典中的道理是相类似的。申言之，尽管民事诉讼和刑事诉讼具有许多相同的内容，例如都适用公开审判、两审终审、合议、回避等基本制度，都设置有法庭调查和法庭辩论程序，都存在第一审程序、第二审程序以及审判监督程序等，但二者却并不宜于规定在同一部程序法典之中，[1]此乃理论界的共识，同时也契合于我国诉讼立法的现状，而其根本原因无非是因为二者的特性（即内在的机理）要明显大于它们在表面形式上的共性。

（四）"审判程序"编的内部体例须作适当调整

我国现行《民事诉讼法》的"审判程序"编包括以下八章，即：第一审普通程序；简易程序；第二审程序；特别程序；审判监

---

〔1〕 清末（光绪三十二年）"《刑事民事诉讼法》草案"的拟定，虽有诸多积极意义，然其"刑、民（诉讼）不分"，不仅反映出当时立法的幼稚，且在某种意义上成为我国法制史上的一个"笑料"。

督程序；督促程序；公示催告程序；企业法人破产还债程序。我们认为，在修订时有必要对该编作如下几个方面的调整：①增设"小额诉讼程序"；②在完善审级制度的基础上，增设第三审程序。③增设"人事诉讼程序"，其内容主要包括婚姻事件程序、亲子关系事件程序、认定公民无民事行为能力和限制民事行为能力程序、宣告失踪与宣告死亡程序。同时，应废除现有的"特别程序"章。至于原来的"认定财产无主案件"，随着即将制定的物权法（或民法典中的物权编）中占有制度和取得时效制度的设立和完善，已没有再作规定的必要；而就"选民资格案件"而言，从其性质和程序上的特点来看，放在《行政诉讼法》中予以规定似乎更为可取，或者考虑到其特殊性，亦可将其放到《民事诉讼法》的"附则"编中去予以规定。④改"审判监督程序"章为"再审程序"章。⑤删除"企业法人破产还债程序"章。

（五）增设"附则"编

我们主张，全面修订我国现行《民事诉讼法》时，应当增设"附则"编。该编主要用于安排授权性规范、解释性规范以及效力起始规范，以便消除目前立法的混乱局面，理顺各种规范之间的相互关系。同时，对于某些不适宜放在其他各编的内容，也可以在"附则"编中予以规定。

基于上述讨论，我们认为，全面修订后的《民事诉讼法》在基本立法体例上应包括以下五编内容，即：总则；证据；审判程序；涉外民事诉讼程序的特别规定；附则。

四、全面修订《民事诉讼法》应遵循的几项指导原则

（一）以实际需要为标准，彻底摒弃"宜粗不宜细"的传统立法原则

我国立法机构在以往的立法活动中，往往片面地追求立法内容的简易化与概括性，而鄙视立法的精细化与周密性，这种"宜粗不宜细"的追求在事实上已构成了立法活动的一项传统原则。同其他

许多部门法一样，1982 年的试行法和 1991 年的《民事诉讼法》也不同程度地体现出了这一立法原则，而将大量原本需要由立法予以规范的问题留待诉讼实践去"摸索"，并通过在事实上赋予法院及其法官极大的自由裁量权，特别是默许最高人民法院以"司法解释"的形式对《民事诉讼法》没有规定的事项予以规定，来"满足诉讼实践的需要"，从而造成诸多弊端。我们认为，"宜粗不宜细"的立法原则之所以能够长期在以往的立法实践中得到普遍奉行，其主要原因有四：①立法者在指导思想上意欲追求法律的平民化，忌讳制定形式"奢华"、条文较多、内容完备甚至"复杂"的精细型法律。②立法任务繁重，没有足够的时间和精力来进行"精细化"的立法。③我国社会长期处于计划经济时期，其后又时逢社会转型和体制变动期，以至于某些内容不适合"精细"立法。④法学研究的总体水平较低，故在很大程度上也没有能力做到"精细"立法。但是，这一立法原则在实践中所造成的消极后果是极为严重的：一是对于很多问题，由于法律没有明确规定而使当事人和法官无所适从，与此相联系，法官在适用法律时的随意性极大，当事人的合法权益因之而难以得到有效的保障。二是由于法律对诸多问题缺乏必要的规定而任由各地法院各行其是，由此造成了民事诉讼领域中法制的严重不统一。

鉴于"宜粗不宜细"之立法原则的严重弊害，故在全面修订我国现行《民事诉讼法》时，即应当坚决彻底地摈弃这一原则，改而遵循以实际需要为标准的原则。[1] 也就是说，《民事诉讼法》的体例结构应当作何种布置，具体内容需要作怎样的安排，条文的多寡应当如何来确定，均应当以诉讼实践的客观需要为准，特别是应当

---

[1] 事实上，此前不少法律的制定和修改已经悄然这样做了。譬如，1992 年 11 月 7 日通过、1993 年 7 月 1 日起实施的《海商法》已有 278 条，成为我国第一部超过《民事诉讼法》270 个条文的法律；1997 年 3 月 14 日修订的《刑法》则更是多达 452 条；1999 年 3 月 5 日通过、同年 10 月 1 日起施行的《合同法》也有 428 条。

以最大限度地为当事人诉权之有效行使提供切实保障为标准，而不应继续奉行主观人为的"宜粗不宜细"之偏颇原则。①现代民事诉讼活动本身的复杂性和程序保障之标准的日益提高，均要求必须制定内容完备的民事诉讼程序以作规范，而"宜粗不宜细"的立法原则显然是与诉讼活动的客观要求直接抵触的。②近年来民事诉讼理论研究的勃兴和实务经验的积累已经为制定一部内容缜密、细致的《民事诉讼法》提供了客观可能性。③《民事诉讼法》主要是程序性或技术性的规定，故相对于实体法而言，受社会转型、体制变动的影响较小，因而从诉讼实践的客观需要出发对其进行系统的修订以制定出一部内容翔实的民事诉讼法典无疑具有现实可行性。

（二）遵循诉讼机理、反映诉讼规律

作为解决当事人之间私权纠纷的重要方式，不同国家和地区的民事诉讼程序中蕴涵着许多共通性的诉讼法理，其中既包括对诉讼活动一般规律的反映，也包括对民事诉讼活动特有规律的认识。但就我国现行《民事诉讼法》而言，由于其在制定时刻意追求"中国特色"，加之对民事诉讼活动的内在规律缺乏足够的认识，因而在不少方面还存在违背诉讼机理和规律要求的规定。譬如，没有根据民事诉讼所要解决的纠纷的特定性质来界定和处理国家权力（即审判权）与当事人诉权之间的关系，致使当事人的诉权对法院审判权的应有约束明显乏力；再如，对程序公正（或曰正当法律程序）的重要性认识不足，造成法官应有的中立性及当事人诉讼权利的平等性难以得到有效的贯彻；还有，不是依据程序规则的自我约束机制来保证诉讼程序的公正运作，而是企图借助于其他各种国家权力对审判权施加强有力"监督"的方式来达到诉讼公正，从而形成了一个本想施以有效监督，但却反而可能有损独立审判和诉讼公正的"监督"怪圈；凡此种种，不一而足。因此，在全面修订《民事诉讼法》时，应当理直气壮地将"遵循诉讼机理、反映诉讼规律"作为一项重要的指导原则，力求戒除现行法中那些为片面追求"中国特色"而有违诉讼机理和规律要求的失当规定。

（三）适当超前原则

毫无疑问，法律应当是对既往社会管理规范的科学总结和理性提升，但法律的作用却并不是用以调整人们过去的行为，而是在于肯定和维持现实，以及规范和引导未来的行为。这就要求，无论是制定法律还是修改法律，都应当遵循适当超前的原则，以便使法律对于未来事物的发展具有相当的适应性或包容性，这一点其实也就是人们常说的立法的预见性原则。我国现行《民事诉讼法》的全面修订，同样应当遵循这一原则，在总结和肯定以往诉讼实践中有益经验的同时，尽可能对民事诉讼的未来发展作出科学的预见性规定。譬如，随着科学技术的飞速发展，电子证据在民事诉讼活动中的运用已隐约呈现出日益"扩张"的趋势，因此，修订后的《民事诉讼法》对电子证据理应作出合理的规制。又如，我国现行《民事诉讼法》仅仅规定了票据丧失（包括被盗、遗失、灭失）时的公示催告程序，但随着我国相关实体法律制度的建立和完善，需要公示催告的事项亦将逐渐增多，[1] 因而有必要借鉴大陆法系国家的立法经验，对公示催告程序作出一般性规定，而将票据丧失后的公示催告作为公示催告程序的一个特殊部分予以规定，从而大大拓展公示催告程序为其他事项预置的适用"空间"。

《民事诉讼法》的全面修订是一项复杂而艰巨的宏大工程，故需要理论界和实务部门乃至社会的各个方面积极携起手来，共同进行深入的研讨和不懈的努力。作为研习民事诉讼法学并将此奉为"安身立命"之根本的普通一员，我们深感匹夫有责，故在今后一个时期内，笔者将集中精力，围绕《民事诉讼法》的全面修订，分别就有关问题作进一步的后续探讨，以期为完善我国的民事诉讼制度尽自己的一份绵薄之力。

---

〔1〕 目前，《公司法》第 144 条（2005 年 10 月 27 日修订前为第 150 条）和《海事诉讼特别程序法》第 100 条已经规定可以对记名股票和提单申请公示催告。

激变还是渐进

——略论修订《民事诉讼法》的应然基调*

时移则事异，事异则备变。改革开放以来，尤其是近十几年来，随着社会主义市场经济体制的逐步建立和日益完善，我国的经济、政治、文化等各个方面的情况均已发生了前所未有的巨大变化，反映到民事诉讼领域，1991 年经修订重颁的《民事诉讼法》与诉讼实践的客观需求之间也已呈现出了明显的不相适应，因此亟待修订，以求完善。作为诉讼法学领域的"业内人士"，面对《民事诉讼法》之修订这一即将开始的、且理论性与实践性均属极强的重大课题，难免会产生一些说点什么的冲动。[1] 然而，说到修订《民事诉讼法》这一话题，可谓是千头万绪，因为"大"到指导思想、立法体系，"中"到基本原则、基本制度，"小"至具体规则、概念语词，均有诸多可资议论之处，但这些都不是本文准备议论的话题，因为对这些问题的讨论并不是此类三言两语式的"笔谈"所能解决的。事实上，由于观察角度和思维定势的差异，学者们对这些问题的认识必然会呈现出"百花齐放、百家争鸣"的热闹场面。可以预见，对上述诸多问题的探讨和论证，也将不会是一帆风顺、一蹴而就的过程。由此我们认为，为了保证接下来的工作能够积极地、富有成效地进行，故在对所有的问题展开讨论之前，有必要对

---

* 本文系与第二作者朱建敏合作，原文发表于《法学家》2004 年第 3 期。

[1] 其实，在此以前，本文的第一作者已经与其他学者一起就《民事诉讼法》的修订问题发表了自己的一些看法。具体参见赵钢、刘学在："关于修订《民事诉讼法》的几个基本问题"，载《法学评论》2004 年第 2 期。该文已收入本论文集。

讨论的基调有个大致统一的认识。这就是我们希望通过本文所要表达的一点"奢望"。

众所周知,"重实体、轻程序"堪称是中国数千年来一脉相传的法制特征和传统观念,只是近些年来由于建设法治国家的客观需要以及法学界(尤其是诉讼法学界)的积极倡导和不懈努力,才使得这一传统认识日渐式微乃至"分崩离析"。申言之,此次《民事诉讼法》的修订一方面固然反映了其已明显难以适应诉讼实践的客观需要,另一方面也充分说明程序法的重要价值已被越来越多的人们所认同,并终于被提上了国家立法机关的议事日程。[1] 也正是因为如此,所以在十届全国人大常委会于去年年底对外公布"立法规划"以后,诉讼法学界对此项法律修订工作倾注了巨大的热情并寄予了极高的期望。[2] 例如,有学者就提议将"程序本位"确定为《民事诉讼法》的基本原则,并希望以此为主线将《民事诉讼法》修订成为一部具有前瞻性的、充满时代气息的法律,[3] 从而以新的《民事诉讼法》为载体,将"程序正义"的观念进一步"推入人心"。对于提出这种主张的良好动机,我们完全能够体会,

---

〔1〕 从实际需要来讲,《民事诉讼法》早就应该进行全面修订了,故"立法规划"的公布在相当程度上不过是迟来的"利好消息"。当然,尽管如此,仍是值得欣慰的。

〔2〕 当然,也有少数比较"敏感"的学者早在"立法规划"公布的数年之前即已开始就全面修订《民事诉讼法》的问题进行了呼吁和探讨〔譬如蔡彦敏、张珺:"审时度势:对现行《民事诉讼法》修订之思考",载《法学家》2002年第4期;景汉朝、卢子娟:"《民事诉讼法》修改的若干基本问题",载张卫平主编:《司法改革评论》第三辑,中国法制出版社2002年版。另外,在中国法学会诉讼法学研究会2002年(南京)年会和2003年(南宁)年会上所提交的论文中亦有几篇涉及这一问题,恕不在此一一提及〕,前面提到的"关于修订《民事诉讼法》的几个基本问题"一文也是策划、构思并成文于2003年年初,且其第一作者迄今为止已经以此为主题在10余所大学的法学院、系进行过演讲。

〔3〕 参见江伟、孙邦清:"略论《民事诉讼法》的修订",中国法学会诉讼法学研究会2003年年会论文;江伟、吴泽勇:"论现代民事诉讼立法的基本理念",载《中国法学》2003年第3期。

对其理想的正当性，无疑也是举双手赞成的，但是对这种明显渴求"一步到位"的主张在日后诉讼实践中的可行性，我们则不能不表示忧虑：

1. 这里仍然存在一个观念障碍的问题。因为制度尤其是法律制度能否在实践中得到良好施行，要取决于多种社会条件，而其中最为重要的条件之一，就是社会成员的观念基础。有学者曾指出："对于人民来讲，法律的可靠性并不是专家论证出来的，而是各国民族精神的体现，这种民族精神内在于各国人民的心中，世代相传，永不泯灭。……程序正义，……它必须与一个国家的民族精神相融合，才会发挥它的作用。"[1] 我们认为，这种观点虽然在一定程度上存在对"民族精神决定论"的过度推崇，但从其表述中至少可以折射出两个问题：①社会成员的普遍观念对程序法实施效果的制约性。②这种观念的传承性及其发展、变化的缓慢性。由此出发，可以进一步认为，一套设计得再好的诉讼规则与制度，如果不能与当下（以及可以预见的未来时间内）社会成员的普遍观念相契合、相呼应，其结果必然是在实践中的被虚置与被规避。一个典型的例子就是，最高人民法院 1995 年发布的《关于未经对方当事人同意私自录制其谈话取得的资料不能作为证据使用的批复》在实践中的遭遇。[2] 换句话说，在我们这样一个历来崇尚"实体真实"的国度，目前如果法律向当事人提供的仅仅限于"程序正义"，不要说普通百姓不能忍受，即便是职业法官可能也是难以完全认同和自觉接受的。

当然，我们说法律要与现实社会的普遍观念相适应，并非主张消极地迁就现实，也不意味着要否定立法层面的"适当超前"，因

---

[1] 陈小文："程序正义的哲学基础"，载《比较法研究》2003 年第 1 期。

[2] "批复"本身不是法律而仅仅是司法解释，而司法解释并不像最高法院自己所宣称的那样"具有法律效力"，但在规则层面，现阶段其却具有"接近"于法律的规范功能，因此这里仍姑且将其作为一种例证。

为在许多情况下，制度对各种社会外在条件是有一定反作用的，即制度的变革与完善在某些情况下能够对相关社会条件产生"拉动"作用。但是我们无论如何都不能夸大这种作用而走向"制度万能"的极端，因为制度拉动的效果总是有限的，并且即使是制度层面的"先行一步"，也并非完全是正向的效应，许多时候可能要在相当程度上付出制度无效的代价。[1] 具体就《民事诉讼法》而言，在现阶段之中国，如果其制度规范所体现的程序理念太过超前，以至成为"阳春白雪"，那么当事人甚至审判人员不仅会因为内心里难以接受而设法对其进行规避，而且在反复规避的过程中他们很可能还会对程序价值本身产生怀疑甚至排斥心理。[2] 这当然不是我们所希望看到的结果。

2. 这里还存在一个体制制约的问题。如果说观念的掣肘是"潜藏"于背后的约束，那么对"一步到位"地修改《民事诉讼法》的直接制约因素就是现行司法体制的问题。从改革民事诉讼制度的其他条件来看，现行更高位阶的法律显然发挥着不可忽视的根本性作用。因此对诉讼制度改革的更大约束可能来自于其他更高位阶的法律——宪法及宪法性法律，以及源自于宪政架构安排下的权力失衡和观念上的不协调。[3] 例如对上下级法院应然关系的科学界定，对审判委员会制度的合理改革，对检察监督制度的适当调整等，单纯依靠《民事诉讼法》自身的修订显然是不可能从根本上解决问题的，而必须借助于对《中华人民共和国宪法》、《人民法院

〔1〕 参见龙宗智："论司法改革中的相对合理主义"，载《中国社会科学》1999年第2期。

〔2〕 有学者在反思《最高人民法院关于民事诉讼证据的若干规定》关于举证时限的规定时就认为，其中证据失权制度过于严格，会使民事诉讼制度过于"冷酷"，从而不利于社会成员接近司法、接近正义。参见江伟、孙邦清："对我国举证时限制度确立的反思"，载何家弘主编：《证据法学论坛》第六卷，中国检察出版社2003年版，第102页。

〔3〕 蔡彦敏、张珺："审时度势——对现行《民事诉讼法》修订之思考"，载《法学家》2002年第4期。

组织法》以及《人民检察院组织法》等的修订与完善才能得到较为彻底的解决。

就司法体制的变动来说，显然也不是一个说变就变的问题。因为体制的变动不仅涉及政治问题、经济问题、文化问题，甚至还关涉前面所说的观念问题。以审判委员会的改革为例，业内人士都知道由审判委员会对案件进行讨论并决定其处理与现代程序理念格格不入，且其实际运作效果也确实差强人意，但是在现阶段我们却很难断然将其取消。现实的情况是，审判委员会的存在不仅可以消解人们对法官整体素质的部分担忧、分担法官在审判重大案件时所承受的各种外来压力，而且审判委员会的设置与运作也和我国司法文化传统以及民族心理之间有着相当的"互恋倾向"。因此，要想在宪法性法律层面取消审判委员会的设置，显然并非一件轻而易举的事情。

3. 这里还应当考虑一部法律的修订与完善必须遵循一定规律的问题。有学者曾在一篇文章中颇有见地地指出："制度建构也仿佛积薪，需要累积性的努力，如果具体制度的建设长期被忽视，只是一味地寄希望于所谓根本性的变革，那么，充其量只能获得一些表层的成果。"[1] 对于我国《民事诉讼法》的修订来讲，我们所要做的工作显然不仅仅在于对先进的诉讼原则、规则及概念加以一一的"摘抄"或者"复印"，更为重要的是我们须将各种制度与规则进行有机的整合，使之成为内部和谐、适应现时、行之有效的诉讼指南，而这显然不是一项简单的工作。具体来讲，这种整合大致应该包括两个方面的内容：

（1）异域制度与本土制度的整合。由于具体制度总是与相关制度、价值取向以及人文观念等交织在一起，因此许多时候仅仅凭"硬性规定"是不能将源于不同"土壤"的制度很好地协调起来的。比如就自认制度的"引进"而言，虽然目前已在《最高人民

---

[1] 贺卫方："司法改革中的上下级法院关系"，载《法学》1998 年第 9 期。

法院关于民事诉讼证据的若干规定》中对其作了明确安排，但是对
其在诉讼实践中的实际效果我们显然应持审慎态度。原因在于，自
认制度从根本上讲是以辩论主义原则为存在基础的，而我国现行
《民事诉讼法》在本质上是不承认作为现代民事诉讼基本特征之一
的辩论主义原则的。[1] 类似的例子还有对"证据失权"等制度的
"引进"，因为它们在配套制度的设置上同样明显不足。类似的问题
显然都是我们在修订《民事诉讼法》的过程中理应尽量避免但在实
际上却很难完全避免的。

（2）异域制度之间的整合。我们在修订《民事诉讼法》时必
然会参考、借鉴英美法系和大陆法系相关国家和地区民事诉讼立法
中的合理成分，但从传统来看，两大法系却有着明显不同的诉讼观
念与诉讼模式。虽然为了适应社会发展和诉讼领域的新情况，两大
法系国家和地区也在不断地各自改革其不合时宜的民事诉讼制度，
其中包括相互吸收和借鉴对方的长处，因而在整个法律领域包括民
事诉讼法领域出现了一定的趋同态势，但两大法系的基本区别仍然
是明显存在的。因此，我们在借鉴两大法系国家和地区民事诉讼立
法的有益经验时，显然应该有一个科学地比较、鉴别以及合理地斟
酌、取舍的问题，并且我们认为这个过程应该是随着以上所述之
"趋同化"进程而长期存在的。

以上所述，无非是要表明一个观点，即对《民事诉讼法》的修
订与完善既应适当超前，也应循序渐进。法律的修订虽然不能迁就
于现实但一定要立足于现实。这是因为，一部法律无论其立法理念
多么先进、制度设计多么精美，但如果与社会现实距离太远，那么
它终究也只不过是"字面上的法律"，而不可能真正成为社会成员
的行为准则。此次修订《民事诉讼法》固然可以有多种目的之考
量，但我们认为，一个最直接同时也是最重要的目的就在于让《民

---

[1] 江伟、吴泽勇："证据法若干基本问题的法哲学分析"，载《中国法学》2002年第
1期。

事诉讼法》能够更富实效地用以规范并适度"引导"民事诉讼实践。反之，如果修订后的《民事诉讼法》长期处于被"架空"的虚置状态而仅仅具有"观赏"价值，那么我们对于程序公正、程序效益、程序选择、程序安定等诸多目标的执着追求与实际落实均将无从谈起。

第二部分

基本理论问题研究

论社会主义市场经济条件下
我国公民应有的诉讼观念*

一、引言

处在由计划经济向社会主义市场经济转型时期的我国正日益面临着法制现代化的历史重任。作为法制现代化的重要表征，诉讼法制的现代化更是不可或缺的关键一环。然而，诉讼法制的现代化不仅需要通过立法构建起一套尽可能与市场经济的内在要求精巧契合的诉讼制度，而且更要求社会成员须具有相应的诉讼观念来与之配合、协调。否则，再好的诉讼制度也会在贯彻实施的实际效果上大打折扣，甚至会发生明显的异化和严重的扭曲，从而造成"纸面上的法律"与"行动中的法律"相背的二元格局，阻碍诉讼法制现代化的实现。由此观之，使社会成员树立起与我国社会主义市场经济相适应的诉讼观念，以便尽量避免和减少上述情况的发生，也就成为我国诉讼法制现代化的要旨所在。

从法律文化的角度来看，诉讼制度乃是属于诉讼法律文化之表层结构的制度性文化，而诉讼观念则是属于诉讼法律文化之深层结构的观念性文化。由于受我国肥沃而深厚的历史文化积淀的影响，故后者的更易与变迁较之前者而言，显然要困难得多，同时也要缓

---

* 本文系与第二作者占善刚合作，原文发表于《中国法学》1998 年第 1 期。

慢得多。其实，从某种意义讲，我国诉讼法制迄今为止的现代化进程不过就是一个向西方国家借鉴、学习的过程。因为在经历了仿效苏联的诉讼制度而带来的深刻教训之后，我们终于意识到，以借鉴西方国家诉讼制度中之精华部分来对我国传统的诉讼制度加以完善，才是我国诉讼制度尽快走向现代化的明智选择和理想途径。道理很简单，这是由于西方国家的诉讼制度深深地植根于该国市场经济的肥田沃土之中，数百年来，早已形成了一套适合该国国情的完备而成熟的体系。如果我们能够不怀偏见地将其作为一种法律文化现象来加以看待的话，其显然并非仅仅属于西方国家而应该是全人类一笔宝贵的共同财富。因此，将社会主义市场经济模式作为改革目标的我国，"借鉴"西方国家的诉讼制度自然可以省却事倍功半的摸索历程而早日实现诉讼制度的现代化。

然而，这只是实现诉讼法制现代化的第一步。如前所述，如欲真正实现诉讼法制的现代化，还需要有诉讼法律文化另一不可或缺的层面即诉讼观念的现代化。诉讼观念的现代化固然避免不了对传统诉讼观念的更新、改造，但问题在于应以何种诉讼观念为基准来对我国传统的诉讼观念加以更新、改造。对此，也许有人会毫不犹豫地说，当然要像以西方国家诉讼制度中之精华部分为范式来对我国传统的诉讼制度加以改造那样，以西方的诉讼观念为基准来更新、改造我国传统的诉讼观念。然而问题似乎并不如此简单。这是因为，伴随西方国家的诉讼制度而衍生的西方诉讼观念，虽然不乏其自身的合理性与可借鉴之处，但其固有的种种弊端已经随着社会生活的发展变化与法制建设的推移演进而日益显露并已引起西方社会的极大关注。在这种背景条件下，同时考虑到我国传统诉讼观念对外来异质观念的强大拒斥力，可以肯定地说，西方的诉讼观念显然不能堂而皇之地成为我国诉讼观念现代化的坐标与基准。而我国传统的诉讼观念虽然从总体上讲已经成为我国诉讼法制现代化的一种阻力，但对其中的合理成分则不容忽视，更不能予以一笔抹杀。有鉴于此，笔者认为，所谓我国现代化的诉讼观念，应当是我国传统诉讼观念与西方诉讼观念这二者之合理因子的优化整合。这一主张虽然有点"唯美"之嫌，但却是契合我国社会主义市场经济内在发展需要的理想设计。本文试图从诉讼观念的一般含义着手，探讨我国传统诉讼观念及其在社会现实生活中的变迁，进而剖析我国传统诉讼观念与西方诉讼观念的各自利弊并最终阐明我国社会主义市场经济条件下公民应有的诉讼观念。

二、诉讼观念概说

（一）诉讼观念的基本含义及其类别划分

"观念"一词虽然早已为人们耳熟能详，但如果要对其作一番精致的诠释，则仍然显得有点勉为其难。尽管如此，由于概念乃是从事研究的起点，故仍有必要对其作一粗浅的梳理。作为社会存在的对位范畴，所谓观念，泛指人们对某一客观事物或现象的感性认识，也即存在于人们头脑之中的对该事物、现象的态度、情感、主观评价等。观念范畴的适用范围非常宽泛，几乎涉及社会生活的每一个领域。而且，在不同的场合，基于不同的目的和主观需要，人们往往会赋予其不同的含义。更为确切地讲，人们是从不同的层面来对观念范畴的丰富内涵予以解释的。

就法律观念而言，它是一个由立法观念、司法观念、守法观念以及诉讼观念等诸多"子系统"所构成的"母系统"。其中，作为法律观念亚构造之一的诉讼观念，不论是在内涵上还是在外延上同样也呈现出宽泛的明显特征。比如，人们通常习惯于将诉讼制度本身所蕴含或凸现的价值取向称之为诉讼观念，如程序公正的诉讼观念、以当事人为主导的诉讼观念等等，比比皆是，不一而足。但笔者认为，从严格意义上来讲，它们均不能被称之为诉讼观念。因为诉讼观念乃是属于人们的主观意识范畴，它应内含人们的认知因素并糅合有人们的主观态度和期望所在等。诉讼制度所体现的价值理念显然不具备这一点，因而也就不能被称为诉讼观念。确切地讲，所谓诉讼观念，是指人们关于诉讼制度和诉讼现象的感性认知以及对运用诉讼手段来解决纠纷的期望值或曰信任度。[1] 从这个定义中可以看出，诉讼观念实际上包括两个方面的含义：①关于诉讼的感性认知。具体又表现为诉讼评价（即对现实诉讼制度所作的价值判断和在此基础上形成的价值定位）、诉讼情感（既可能表现为认同、拥护、支持，也可能表现为拒斥、厌恶、反对）、诉讼心理（即已内化的诉讼观念，一般处于潜意识或无意识之中）这三个方面的内容。②对诉讼功能的期望值，它体现为一旦发生纠纷，人们在多大程度上愿意去寻求诉讼救济。实际上，诉讼观念这两个方面的内容从某种意义上讲具有同一性，只是视点不同而已。前一个方面是从价值评判的角度映衬人们的诉讼观念，后一方面则是从功能定位的角度对人们诉讼观念所作的折射。申言之，人们对诉讼的感性认知往往决定着他们对运用诉讼手段来解决纠纷的期望值的大小。

根据主体的不同，可以将诉讼观念分为三种，即：个体诉讼观念、群体诉讼观念和社会诉讼观念。个体诉讼观念，是指特定社会中个人的诉讼观念。单个的、具体的人由于各自的生存环境、知识水平、法律意识等因素的不同，故个体的诉讼观念之间总是呈现出一定程度的差异性。群体诉讼观念，是指集体、团体、阶层等不同的社会集合体的诉讼观念。一般来讲，个体的诉讼观念总要受到其所从属的群体的诉讼观念的影响，而群体的诉讼观念也不可能脱离个体的诉讼观念而存在，它的形成与发展总是要从个体诉讼观念中汲取有益的成分。至于社会诉讼观念，则是指某个社会作为一个整体所具有的诉讼观念，它是特定社会中个体诉讼观念与各种群体诉讼观念相互交融的结果和产物，它所反映的是特定社会中绝大多数成员诉讼观念的平均状况。通常认为，社会诉讼观念决定着个体和

---

[1] 刑事诉讼的功能显然不在于解决一般意义上的"纠纷"，故与民事诉讼和行政诉讼明显不同。但因此为人所共知的浅显道理，故为叙述之便利，则统称"解决纠纷"，下同。

群体的诉讼观念，而个体和群体诉讼观念的变化又影响着社会诉讼观念的更易。事实上，社会诉讼观念的变革往往是从个体和群体诉讼观念的演变开始的。

按照诉讼观念内涵的不同，可以将其分为厌讼型诉讼观念与好讼型诉讼观念。前者是指对于运用诉讼手段来解决纠纷缺乏一种认同感，对诉讼怀有畏难情绪和抵触心理的诉讼观念；后者则指积极倾向于运用诉讼手段来解决纠纷，对诉讼抱有信任感和认同感的诉讼观念。从世界范围来考察，厌讼型诉讼观念以传统的中国为典型，好讼型诉讼观念则以西方国家为代表。从这两种迥然相异的诉讼观念与权利意识之间的关系来看，厌讼型诉讼观念所蕴含的权利意识非常薄弱，而好讼型诉讼观念则透出超强的权利意识。

（二）诉讼观念同诉讼行为的相互关系

众所周知，人们的行为往往要受一定观念的支配，即人们在选择是否实施某种行为时通常要受一定观念的指导和制约。诉讼行为的作出与否同样如此，即是否为诉讼行为以及为何种诉讼行为总要受到一定诉讼观念的左右。申言之，诉讼行为的作出与否，虽然是外显且为他人所知晓的，但是，深藏在这种外显现象背后的仍是人们的诉讼观念在起作用。正如一位日本学者在论及"对审判的信任和审判利用行为"之相互关系时所说的那样，"在面临某种复杂的纠纷时，人们是选择通过诉讼以外的方式来解决，或者是否在中途就放弃解决，取决于围绕纠纷的种种情况或因素。也就是说，该纠纷牵涉到利益大小、纠纷的性质、当事者间的社会关系、利用律师和法院的难易程度、是否存在替代性的纠纷解决方式等，都是规定选择纠纷解决手段的因素。但是，即使假定这些因素一成不变，人们如何认识纠纷以及如何看待利用审判这件事等个人主观的心理过程，在最终是否利用审判的决定上，仍然能够起相当的作用。"[1]

---

[1] [日] 棚濑孝雄著，王亚新译：《纠纷的解决与审判制度》，中国政法大学出版社1994年版，第205页。

与此同时，由于人们为诉讼行为不仅要耗费相当的时间与精力，而且还要投入一定的人力、物力、财力。概而言之，也即要支出一定的诉讼成本。而随着诉讼进程的推移，诉讼成本的支出亦会相应增加，有时甚至还会大幅攀升。因此不难想像，如果诉讼成本的投入远远超出诉讼行为主体的预定限度，就会使对利用诉讼手段解决纠纷的原有认同产生一定程度的动摇；反之，则会强化其对它的信赖。除此以外，作为诉讼行为所追求的目标，诉讼结果的公正与否（主要表现为法院裁判的公正与否）亦将直接影响到纠纷主体本身乃至其他社会成员对是否利用诉讼手段来解决纠纷的行为取向，从而使他们原有的诉讼观念要么得到加固，要么发生更易，在某些情况下，甚至还会向原来与其对立的诉讼观念嬗变。当然，诉讼行为对诉讼观念的负面作用之效果并非在短时期内就能显现出来，而要经历一个长期的、潜移默化的过程。综上所述，笔者认为，诉讼观念同诉讼行为的互动关系充分表明：在我国，确立与社会主义市场经济相适应的现代化诉讼观念并将之灌输于全体社会成员，显然具有与构建现代化的诉讼制度和营造适宜的诉讼环境同等重要的现实意义。

（三）诉讼观念的基本特征

概而言之，诉讼观念具有以下三个基本特征：①内在性。诉讼观念属于意识范畴，它蛰伏于人们的大脑之中，涵盖的是对诉讼现象和运用诉讼手段解决纠纷的情感、价值评判等主观认识方面的内容。如果不借助于外在行为等直观形式表露出来，则通常难以直接为外界所感知。②直观性。诉讼观念是人们对诉讼现象的一种表面的、不系统的、自发的认识，从认识论的角度来看，它属于认识过程中的感性认识阶段。这是相对于同属诉讼意识范畴的诉讼思想体系即人们对诉讼现象的系统的、自觉的认识而言的。③惰性。此处所谓之"惰性"，乃是指人们的诉讼观念一旦生成，就潜意识地蕴藏于他们的大脑之中，具有不容易更易的明显特性。

一个民族，或者一个国家，自其进入文明时代起，在自己特有的经济土壤、政治体制、法律传统等基本要素综合作用下孕育生成的诉讼观念，都具有其独到的内在精神与外在反映，呈现出一脉相承、连绵不断、难以更易的明显特征。就一个社会而言，其整体性诉讼观念并非随着经济基础的发展和诉讼制度的完善而当然地立即发生根本性的变化。申言之，作为观念性文化的诉讼观念，自有其独特的发展规律，它不会随着诉讼制度等生成要素的发展变化而亦步亦趋，步步相跟。具体来讲，"处于不同文化背景之下的各个民族，将本民族在人类文明进步的过程中所创造的法律思想和法律价值观加以积累，使某种观念在人们的心理中凝聚，经过世代相传而取得比较稳固的地位，形成该民族一种超稳定形态的民族法律心理……它并不伴随社会的变化而立即发生变化。它的变化总是很缓慢的，长时间的。"[1] 而诉讼观念则尤为如此。

正是由于诉讼观念与诉讼制度等生成要素之间存在着彼此发展上的非同步性，同时考虑到前者与传统诉讼观念之间极为稳定的历史传承关系，因而如果不注重对传统诉讼观念加以改造，则伴随诉讼制度现代化的就仍将是传统的诉讼观念占据主导地位，以致造成弊端丛生的结局。在这一方面，尤以日本最为典型。日本从明治维新时期起，就开始大量移植德国的诉讼制度，从而奠定了日本诉讼制度现代化的基础。进入 20 世纪，特别是二战以后，在经济复苏和其后起飞的过程中，又大量吸收、引进了美国的诉讼制度，并逐步地完成了诉讼制度的现代化的任务。但是，从总体上来讲，日本社会的诉讼观念一直没有伴随其诉讼制度的现代化而发生相应的变迁，传统的"厌讼"观念仍在日本社会中占据主流地位。正如日本学者川岛武宜所指出的那样，"在我国社会里，一般存在着不想通过或讨厌通过诉讼来解决私人间纠纷的倾向。"[2] 而传统诉讼观念

----

[1] 刘作翔：《法律文化论》，陕西人民出版社 1992 年版，第 20 页。

[2] ［日］棚濑孝雄著，王亚新译：《纠纷的解决与审判制度》，中国政法大学出版社 1994 年版，第 206 页。

与现代化诉讼制度长期并存的二元格局却带来了阻却诉讼制度成功运作的不良后果。对此，川岛武宜进一步指出：由于"传统法意识仍根深蒂固地生存于国民中间。故而，在成为日本近代化杠杆，又是近代化的象征或招牌的西洋式法体制下，传统的法意识扭曲了它的现实的机能，产生了'纸面上的法律'与'行动上的法律'之分歧的日本式形态"。[1] 当然，现代化诉讼制度与传统诉讼观念的背离现象在任何一个处于转型的国家都会程度不同但却不可避免地存在，处于向社会主义市场经济体制过渡时期的我国自然亦不例外。为使背离的双方趋向大致契合的理想状态，从现在起，就应当在注重现代化诉讼制度构建的同时，重视并积极地向全体公民进行现代化诉讼观念的培植与灌输。由于现代化诉讼观念的养成显然须以传统诉讼观念的更新改造作为前提，故在探讨我国诉讼观念现代化的问题时，不能不对我国传统诉讼观念的成因及其在现实生活中的变迁状况进行一番认真的审视。

三、我国传统诉讼观念的成因、变迁及现状

（一）成因

概括地讲，我国传统"厌讼"观念的生成是各方面因素综合作用的结果。对此，可从以下几个方面作具体理解：

1. 自然经济的经济方式以及超强的宗族统治乃是传统诉讼观念得以生成的温床。诉讼观念作为一种社会意识，社会经济方式无疑是其得以孕育生存的土壤。从整体上讲，我国在传统上一直是以自然经济的经济方式为主，自给自足、田园牧歌般的封闭性生产方式造成了单个主体相互之间经济交往甚少的历史局面。"鸡犬之声相闻，老死不相往来"的文学描写虽不免带有夸张的成分，但其作为对古代经济生活的概括与抽象也绝非言过其实。由于缺少商品经

〔1〕 〔日〕川岛武宜著，王志安等译：《近代化与法》，中国政法大学出版社 1994 年版，第 208 页。

济固有的经济活力，加之对个体利益的漠视，故以自然经济作为基本生产方式的传统中国必然缺乏权利意识的生成环境。而权利意识的淡漠也就直接致使社会成员在诉诸法院以解决纠纷的观念上阙如。正如有的学者所言，"由于社会以家庭、家族为日常生活管理单位，即使家庭成员之间，村民与村民之间出现了纠纷，也往往求助于家长或宗族中的年长者的调解和仲裁，而不去衙门打官司。"[1]

2. 刑、民不分的司法体制助长了传统诉讼观念的形成。虽然早在《周礼·秋官·大司寇》中就有"讼谓以财货相告者，狱谓相告以罪者"之记载，把办理民、刑案件分别称作"听讼"与"折狱"，但随着我国宗法社会的形成，民事诉讼与刑事诉讼在程序上的分野并未真正形成。因此，"不论是田土户婚钱债之争，还是杀伤窃盗抢劫之诉，都是用同样的方法、同样的程序予以审理，当事人同样会受到司法官吏的刑讯拷问，也同样有可能遭受刑罚之苦。"[2] 在人们的观念中，法即是刑，涉讼即是入刑，一提到"法"或"诉讼"，首先想到甚至仅仅想到的就是"刑"或"刑罚"。"法与刑罚密切相联，法变为刑罚一词的同义词。在现实和字面的意思上，法代表制裁，其首要含义是指刑法。"[3] 在刑、民不分的司法体制下，慑于刑罚之严峻，人们必然会对打官司产生惧怕的心理并将其视若畏途。如此一来，发生纠纷后自然宁愿私下了结而不愿诉求法院，故而极大地限制了社会成员的诉讼热情并助长了他们的厌讼观念。

3. 儒家思想崇尚和谐的文化基因，为传统诉讼观念的形成施足了催生助长的底肥。儒家思想最核心的内容为"礼"，"礼"的

---

〔1〕 何勤华："泛诉与厌讼的历史考察——关于中西法律传统的一点思考"，载《法律科学》1993 年第 3 期。

〔2〕 房文翠等："试论诉讼意识"，载《北方论丛》1995 年第 6 期。

〔3〕 本杰明·史华兹著，高鸿钧编译："论中国人的法律观"，载《中外法学》1991 年第 3 期。

最突出特点就是讲求和谐。"礼之用，和为贵"和睦无争即为"合礼"，而告状打官司则为"失礼"。所以孔子云："听讼吾犹人也，必也使无讼乎。"由于儒家思想乃中国封建社会之正统思想，其所蕴含的崇尚和谐的理念深深地植根于人们的大脑之中，故而使得人们以无讼为有德行，而以诉讼为其耻辱。在调节人际关系的基本规范"礼"的面前，"尽管人们可以主张个人利益……但这些利益的冲突却能根据礼的标准而被轻而易举地解决。双方随时准备和解、忍让，诉讼往往是不必要的东西"。[1] 不言而喻，儒家思想中的"轻讼"理念对传统"厌讼"观念的滋生起了极为重要的催化作用。

在此需要特别指出的是，"厌讼"虽是绵亘数千年的中国封建社会之整体性诉讼观念，但是在明代中叶，随着商品经济的萌芽及其初步发展，在当时的南直隶徽州府、江西吉安府和河南开封府等地，民间传统的重仁义、轻争讼之惧讼、厌讼观念亦发生了较大的变化，出现了"好讼"（嘉靖《焉陵县志》）甚至"健讼"（《皇明条法事类纂》）的社会现象。[2] 尽管这种社会现象只是昙花一现，但却从一个侧面向我们昭示，一定的诉讼观念都植根于一定的经济土壤之中，现代化的诉讼观念当然须以深厚的市场经济土壤为基础。

（二）变迁及现状

中国传统的诉讼法律文化在绵延生息了数千年之后，随着 19 世纪中叶西方列强的武力入侵，以及其后的经济"拓展"，开始受到域外诉讼法律文化的猛烈冲击。以清末的修律和司法制度改革为标识，传统的诉讼制度开始转型。至民国时期，由于又制订了许多

---

[1] 本杰明·史华兹著，高鸿钧编译："论中国人的法律观"，载《中外法学》1991 年第 3 期。

[2] 卞利："明代徽州的诉讼——兼析民间诉讼观念的变化"，载《光明日报》1997 年 5 月 13 日。

新的诉讼立法，西方的审判制度、辩护制度、陪审制度等被渐次引入和移植过来，从而使中国的近代诉讼制度在形式上趋于完备。然而，由于传统的经济方式并未发生根本性的变化，故使得孕育其中的传统诉讼观念亦未能伴随近代诉讼制度的建立而发生相应的变迁，这也使得被移植到中国来的西方诉讼制度徒具外观而"成活率"极低，在诉讼实践中远未实现其应有的机能。

新中国成立后，在很长一段时间内，由于致力于砸碎旧法制、废除伪法统，故使本来就仅具近代诉讼制度外观的诉讼机制化为乌有，刚刚萌发且相异于传统诉讼观念的近代诉讼观念亦被斥为"旧法观念"。加之长期实行高度集中的计划经济而否认社会主义条件下的商品经济和商品生产，故而在客观上为传统诉讼观念固守其堡垒提供了得天独厚的条件。改革开放以来，伴随三大诉讼法的颁布实施，近代西方的某些适合中国国情的诉讼原则、诉讼制度在我国得以真正确立，使得我国诉讼法律文化的外层结构初具现代化之架构。与此同时，随着商品经济的蓬勃发展尤其是以社会主义市场经济作为改革目标的崭新定位，使传统诉讼观念赖以生成和存在的基础已在相当程度上风化坍塌。目前，我国公民的权利意识正日益增强，以至于"个人之间的距离逐渐拉大，人情面子正失去往日的重要性。人们更重视的是自己的切身利益。"[1] 纠纷发生后，寻求诉讼救济的愿望愈来愈强烈。种种迹象表明，受商品经济大潮的冲击，传统的"厌讼"观念已在某些方面发生了较大的变化，具体表现在以下两个方面：

1. 对以诉讼手段解决纠纷开始产生认同感。在一项针对某地区农民以"打官司"、"干部解决"、"私了"这三种性质各异的纠纷解决方式中采用何种方式"最能圆满地达到您的要求"为内容的民意调查中，认同"打官司"的人占 47.29%，相应地"干部解

---

〔1〕 夏勇主编：《走向权利的时代》，中国政法大学出版社 1995 年版，第 36 页。

决"和"私了"的被选择率则大幅下降，分别占 34.34% 和 17.14%。[1] 这表明，诉讼手段已被当地农民作为解决纠纷的首选方式。

2. "耻讼"、"贱讼"的观念已逐步得到消解。在一项以"如果您与亲戚、朋友、邻居或同事发生纠纷到法院打官司，您会感到很光彩、比较光彩、不光彩也不丢脸、比较丢脸、很丢脸"为内容的问卷调查中，被调查的 5461 人持中性观点即回答不光彩也不丢脸的有 60.21%，占绝大多数。这表明，多数人已经不再抱有"耻讼"、"贱讼"的观念。[2] 他们一般都能对诉讼抱有一颗"平常心"。

应当指出，尽管大多数人已对诉讼的解决纠纷功能产生认同感，同时也不再视寻求诉讼救济为丢脸之事，但就我国目前的整体状况而言，纠纷发生后，相当部分仍系通过"私了"来加以解决。可见"私了"作为一种解决纠纷的传统机制，仍在我国占有不小的"市场份额"。北京市曾于 1995 年 3 月对企业进行了一次关于企业仲裁意识的问卷调查。结果表明，企业发生经济纠纷，首先选择的解决方式为协商解决，占 65%，而首先选择诉讼解决的却只占 20.8%，故明显低于前者。

笔者认为，之所以会产生虽然大多数人已对运用诉讼手段解决纠纷不乏认同感但诉讼的实际利用率却明显偏低的"二律背反"情形，固然同冲突主体自身的权利意识薄弱不无关联，但个中缘由恐怕主要还在于过高的诉讼成本制约了诉讼手段可利用性的充分发挥。它同时也表明，不愿意打官司的"厌讼"观念仍旧是我国社会的整体诉讼观念，尽管其所蕴含的价值评判同传统诉讼观念相比已经起了些许微妙的变化，但它们的实质内涵则并无二致。

---

〔1〕 参见郑永流等："中国农民法律意识的现实变迁"，载《中国法学》1992 年第 1 期。

〔2〕 参见夏勇主编：《走向权利的时代》，中国政法大学出版社 1995 年版，第 36 页。

值得注意的是，目前社会上新近出现了一股"兴讼"的苗头，与我国的主流诉讼观念"相映成趣"。表现之一，"为两元钱打官司"不时见诸于报端。对此社会舆论普遍认为，诉讼标的额如此之小仍诉诸法院，其动因当然不是为了经济利益即希望对方给予经济赔偿，而是为了通过打官司以伸张正义。借用时下一句通俗而生动的话语，就是为了"讨个说法"。表现之二，"赌气官司"时有发生。所谓"赌气官司"，是指当事人为非原则性的区区小事而互不相让，不经理智思考即诉诸法院且久不息讼。某地曾经有这样一起纠纷，两邻居为抢占不到一平方米的楼梯拐角而发生矛盾，起诉到法院后，从一审打到二审，又从二审打到再审，花费了大量的时间和精力[1]，也耗费了宝贵而有限的司法资源。类似这样的纯粹出于赌气、泄愤之目的而诉诸法院的例子在日常生活中并不少见。表现之三，动辄扬言"法庭上见"，无理缠讼屡见不鲜。出于玩弄诉讼技巧及拖垮对方当事人之不良目的，视诉讼为儿戏，无理取闹，使对方倍受讼累之苦是打此类官司当事人之典型心态。

从客观上来讲，上述三种"兴讼"形态中除了第一种"为两元钱打官司"尚属正常的"好讼"型观念之外，其余二者则均程度不同地凸现了一种被异化、扭曲了的"好讼"观念。道理很简单，因为在后两类案件中，当事人所追求的既非自我权利的保护亦非社会正义的伸张，之所以要打官司，只是一种畸形、病态的诉讼观念作祟。显而易见，这样的诉讼观念当然与正常的"好讼"观念相去甚远。

综上所述，不难看出，由于诉讼观念本身所固有的超稳定性以及其特有的发展规律，处于社会转型时期的我国，传统的诉讼观念仍居主流地位；与此同时，因受商品经济大潮的顶推，个人的权利意识亦日趋增强，"好讼"观念已开始萌发，且呈"愈演愈烈"之势。这种情况的出现，在一定程度上打破了传统诉讼观念"一统天

---

[1] 参见周顺昌："法官眼中的'两元钱官司'"，载《长江日报》1997 年 7 月 18 日。

下"的旧有格局，故其无疑是社会进步的一种表征。但应指出的是，正如传统诉讼观念之中亦有合理成分故而不应对其全盘否定一样，对"好讼"观念也不应"顶礼膜拜"、推崇备至，而须对其作一番认真的透视和客观的评价，对其所带来的负面影响更是不能视而不见、置若罔闻。那么，在社会主义市场经济条件下，我们到底需要什么样的诉讼观念呢？恪守传统的诉讼观念固然有悖于诉讼法制现代化的潮流，但以西方国家为"原产地"的"好讼"观念由于其本身所难以消释的弊端，也不能成为我国诉讼观念现代化的坐标。有鉴于此，笔者认为，在社会主义市场经济条件下，我国公民应有的诉讼观念应是上述二者之中合理因子的有机整合。为此，显有必要对它们各自的利弊得失进行一番冷静的审视与剖析。

四、"厌讼"与"好讼"利弊之剖析

（一）"厌讼"

"厌讼"观念的底蕴乃是儒家思想中"无讼"的价值理念。它所强调的是以德去刑，以调（解）息讼，故而反映了对和谐人际关系的崇尚和对稳定社会秩序的推崇，是对人类理想化之"大同"境界的一种朴素的执着追求。这是其值得肯定和汲取的有益的一面。但是，"这种'无讼'传统在重教化、倡和解的同时也导致了对法律的轻视，从而也阻碍了现实法制的健康发展。但真正影响深远的，还在于它促成了中华民族对法的价值问题的忽略和广大民众对法律的不信任。"[1] 正如国外一位学者所指出的那样："中国人尊重的传统是，解决争端首先必须考虑'情'，其次是'礼'，然后是'理'，只有最后才诉诸'法'。"[2] 此外，"无讼"的理念还湮

---

[1] 胡旭晟："无讼：'法'的失落——兼与西方比较"，载《比较法研究》1991 年第 1 期。

[2] ［法］勒内·达维德著，漆竹生译：《当代主要法律体系》，上海译文出版社 1984 年版，第 487 页。

灭了个人的权利意识，束缚和限制了人们追求权利的积极心态。借用近代法学家曹德成先生的话说就是：儒家"无讼"的倡导实质上是"有义务而无权利，有家而无个人"。由此可见，积淀于人们心中的这种观念，不仅抗衡着诉讼功能的充分实现，抑制着权利保护机制的生成与发展，而且阻却着我国由"礼治"社会向"法治"社会的迈进。

（二）"好讼"

"好讼"观念显以西方国家最为典型。西方的法律传统在相当大的程度上滥觞于罗马法，而罗马法建立在商品经济较为发达的基础之上，商品经济内在的主体独立性、平等性以及派生而来的权利意识培育出了"好讼"的诉讼观念。"好讼"观念体现着这样的价值追求：法代表着正义和权利，寻求诉讼救济则是个人权利得到保护的最有效手段。在"好讼"观念的支配下，权利被罩上了一层神圣的光环，人们皆奉维护权利为天然，"在社会利益上每个人都是为权利而斗争的天生的斗士"，[1] 而诉讼又被视为"权利遭到侵害或发生冲突时借助国家强力保护的最有效和最终的手段。"[2] 仅从表面上看，"好讼"观念强调了对个人权利的保护和社会正义的张扬，似乎完美无瑕。无怪乎有人将其推崇到极致，认为"人们对于一切冲突和纠纷都应通过司法途径来解决，只有这样才能促进我国传统的以表面和谐掩盖潜在危机的礼治社会向表面纷争实际稳定的法制社会的转变"。[3] 显而易见，这种认识是极其错误的，因为如果我们从"好讼"观念所带来的实际后果这一层面作更进一步的剖析，便会毫不费力地发现"好讼"观念也存在着诸多难以得到有效克服的弊端。突出表现为：①"好讼"观念的盛行必将导致讼案数

---

〔1〕 ［德］耶林著，胡宝海译："为权利而斗争"，载《民商法论丛》第 2 卷，法律出版社 1994 年版，第 38 页。

〔2〕 谢佑平："诉讼文化论——兼谈我国诉讼法制的现代化"，载《现代法学》1992 年第 5 期。

〔3〕 陈晓枫主编：《中国法律文化研究》，河南人民出版社 1993 年版，第 501 页。

量的迅猛增长，从而大大超过有限的司法资源满足此种需要的实际能力，成为一种能够"压垮司法机构的可怕的疾病"。②"好讼"观念所带来的"诉讼爆炸"景观显然会给社会秩序造成十分严重的负面影响。"雇员诉雇主，学生诉教师，纳税人诉官僚，朋友诉朋友"〔1〕将会成为"诉讼爆炸"景观的真实写照。而没完没了的诉讼还会导致人们之间的信任受到损害，人际关系趋于紧张，创造活力受到压抑，社会秩序趋于紊乱，和谐、有序的理想社会更是无从形成。③"好讼"观念主张运用诉讼手段来解决纠纷，但诉讼本身亦是存在着局限性的。撇开诉讼成本相当之高及诉讼效率不甚理想等问题不谈，单就诉讼所达到的以判决而使纠纷得到解决来讲，它也"指的只是以既判力为基础的强制性解决……并不意味着纠纷在社会和心理的意义上也得到了真正解决"〔2〕。由此观之，一有纠纷便不加思考地寻求诉讼救济也就绝非理智的选择。

由于"好讼"观念给社会发展所带来的负面效应日益显露，已经引起了西方社会的普遍关注，要求抑制诉讼和降低诉讼率的呼声日渐高涨。种种诉讼外解决纠纷的制度（ADR）在以美国为代表的西方国家的兴起就是对这种呼声的直接回应，它们被期待的是："在审判较难有效发挥作用的领域，担负起对审判的补充和替代功能。"〔3〕事实上，ADR 也确实能在一定程度上缓解讼案沉积严重与司法资源不能同步增长的"瓶颈"状态。西方国家对"好讼"观念的反省以及对其所带来的负面效应的修正不啻是对盲目推崇"好讼"观念者的"当头棒喝"，它同时也或隐或显地预示了培植我国公民应有的诉讼观念所应因循的方向。

---

〔1〕 ［美］弗里德曼："美国法的未来"，载《法学译丛》1991 年第 3 期。
〔2〕 ［日］谷口安平著，王亚新等译：《程序的正义与诉讼》，中国政法大学出版社 1996 年版，第 48 页。
〔3〕 ［日］棚濑孝雄著，王亚新译：《纠纷的解决与审判制度》，中国政法大学出版社 1994 年版，第 75 页。

五、我国公民应有的诉讼观念

从以上对"厌讼"与"好讼"这两种不同诉讼观念的各自利弊的剖析中，我们不难看出设计我国公民应有的诉讼观念所应遵循的基本思路，即：既要积极维护公民的各项合法权益，也要尽可能理智地计算诉讼成本，更要注意讲求社会祥和，并努力达到这三个方面的有机整合。具体来讲：

1. 应当鼓励公民积极利用诉讼手段维护自己的合法权益，以促进社会权利保障机制的形成。从我国目前的实际情况来看，诉讼手段的利用率仍然偏低，大量的民事、经济纠纷发生后，有相当一部分系通过私了而解决，以致诉讼手段的潜能尚未得到最充分的发挥与最合理的利用。固然，从单个的冲突主体来讲，放弃用诉讼手段解决纠纷的结果往往只是给自己的合法权益造成一定程度上的折扣，但从社会层面考量，则无疑会增添经济活动中交易摩擦的可能性，并对整个社会的权利保障机制的形成与运行起明显的促退作用。而"对一个社会来说，足够的司法服务是维护整个社会的稳定的重要保证。"[1] 因而，应当教育人们树立起积极利用诉讼手段以维护自己合法权益的诉讼观念。

2. 应当重视诉讼效益，富于理性地寻求诉讼救济。忽略诉讼成本的"好讼"观念（以"两元钱官司"为其典型形态）在我国虽然仅仅是一种苗头，但其负面效应已初见端倪。如果不尽早对其加以引导而任其肆意发展下去，则必将会使我们步西方社会之后尘而陷入"诉讼爆炸"的困境。而要做到防患于未然，关键在于导入效益观念，即当公民在考虑是否提起诉讼时，应对这一诉讼所要耗费的诸项成本以及可能给自己带来的收益分别作出预测，并对二者认真地加以权衡比较，然后以此作为是否提起诉讼的基准。

3. 关注社会祥和，摒除动辄诉诸法院的过激观念。打一些原

---

[1] 夏勇主编：《走向权利的时代》，中国政法大学出版社1995年版，第311页。

本只要彼此之间相互宽容即可止纷息争的无谓官司，不仅使本就有限的司法资源的"支付能力"更加显得捉襟见肘，而且也会增添人际关系中的不稳定因素，造成人与人之间情感上的隔膜和彼此之间的不信任感，妨碍和谐有序的社会秩序的形成。故从社会主义市场经济需要稳定的社会秩序着眼，讲求社会祥和，避免打一些单纯为"泄愤"的无谓官司显然是十分必要的。

从法律文化背景看
我国民事诉讼模式的选择*

一、导言

民事诉讼模式是对民事诉讼程序和制度以及诉讼运行特征所作的一种宏观上的概括，是解决民事争议的总体上的诉讼结构。具体来讲，民事诉讼模式是指以一定国情为背景，在一定的民事诉讼价值观的支配下，为实现一定的民事诉讼目的，通过在法院和当事人之间分配诉讼权利和义务而形成的法院和当事人之间的不同的诉讼地位和相互关系。[1] 由于各国的具体情况和条件不同，因而形成了不同的诉讼模式，但就世界总体而言，理论界一般认为有两种基本的民事诉讼模式，即注重法院职权作用的职权主义诉讼模式和注重当事人行为对抗的当事人主义诉讼模式，前者以大陆法系的德国、日本等为代表，后者则以普通法系的英国、美国等为代表。[2] 在职权主义的

---

  * 本文系与第二作者刘学在合作，原文发表于《武汉大学学报（哲学社会科学版）》1999 年第 2 期。

〔1〕 参见张卫平："1996 年全国诉讼法学年会学术观点综述"，载《中国法学》1997 年第 2 期。

〔2〕 其实，当事人主义与职权主义的划分标准有两个：①从程序运行的角度来看，依据在诉讼程序运行中由谁起主导作用为标准来划分，英美法系国家的民事诉讼属于当事人主义，而德、日等大陆法系国家的民事诉讼则属于职权主义。②从裁判的实体内容的角度来看，依据由谁来确定及控制审理对象为标准来划分，英美法系国家和德、日等大陆法系国家的民事诉讼皆属于当事人主义，而苏联、东欧地区的一些社会主义国家的民事诉讼以及我国的民事诉讼法则属于职权主义（有学者称其为超职权主义或强职权主义，以区别于大陆法系国家的职权主义）。这里是以第一种标准来加以划分的。相关论述请参见 ［日］谷口安平著，王亚新等译：《程序的正义与诉讼》，中国政法大学出版社 1996 年版，第 101 页；张卫平："民事诉讼基本模式：转换与选择之根据"，载《现代法学》1996 年第 6 期；白绿铉：《美国民事诉讼法》，经济日报出版社 1996 年版，"导论"部分。

诉讼模式下，法官在诉讼活动中处于主导者和指挥者的地位，积极地主持诉讼活动的进行，程序的运行和展开过程中注入了较多的职权因素，以保证诉讼活动在有序和公正的条件下进行。在当事人主义诉讼模式下，诉讼在很大程度上被看成是当事人之间的私人事务，当事人在整个诉讼活动中处于主导地位，法官则相对处于消极、被动的地位，不介入当事人的辩论，只在辩论终结阶段作出裁判。[1] 对于我国民事诉讼模式的选择与定位问题，近年来理论界进行了深入、细致地研究和探讨。笔者认为，民事诉讼模式的选择与确定，要受到政治、经济、法律文化背景、历史传统、价值观念、心理定式等诸多方面的影响和制约。其中，法律文化背景对一国民事诉讼模式的选择有着非常重要的影响，甚至起着决定性的作用。现仅从这一角度出发，就我国究竟应选择什么样的民事诉讼模式问题加以粗浅地论析。

二、法律文化背景对民事诉讼模式的影响

（一）法律文化背景和民事诉讼模式选择的一般关系

对于法律文化的概念和定义，学者们有着不同的表述。如有的将其表述为："法律文化是由社会的物质生活条件所决定的法律上层建筑的总称，即法律文化是法律意识形态以及与法律意识形态相适应的法律规范、法律制度、法律组织机构和法律设施的总和。"[2] 有的学者将其表述为："法律文化是社会观念形态、群众生活方式、社会规范和制度中有关法律的那一部分以及文化总体功能作用于法制活动而产生的内容——法律观念形态、法制协调水平、法律知识积淀的总和。"[3] 还有许多不同的解释和表述，在此

---

[1] 这两种诉讼模式的运行，都有着自己的优点和缺陷，对此学者们已论述颇多，故此处不再赘述。

[2] 刘作翔：《法律文化论》，陕西人民出版社1992年版，第36页。

[3] 刘学灵："法律文化的概念、结构和研究观念"，载《河北法学》1987年第3期。

不一一罗列。虽然学者们对法律文化的表述不同，但均从不同的角度和侧面揭示了法律文化的含义和功能，表明法律文化不仅是以往人们从事法律活动和理论研究的智慧结晶和精神财富，也是现实法律实践的一种状态和完善程度，一个国家的法制建设的发展和现代化，不能不考虑本国法律文化背景的影响和制约，否则就可能走上畸形发展的道路。同理，一个国家的民事诉讼模式的选择和确立，总有一定的法律文化背景和根基，背离法律文化这个大前提来抽象地、纯理论地谈论诉讼模式的选择，或者盲目地不假思索地照搬和移植外国的模式都是不可取的，甚至是有害的。如果必须要这样，则往往会造成法律的规定和法律的实践相脱节，人们对法律的认知、情感、评价和心态同法律的要求相背离，社会成员现实的行为模式与法律所要求的行为模式相抵牾。

法律文化的民族性特征和排斥功能影响着诉讼模式的价值取向和具体选择。法律文化同其他社会文化，如语言、文字、饮食、服饰、生活方式等一样，有着明显的、不容忽视的民族差异性和历史延续性。任何一种法律文化，都有其产生和发展的社会历史条件和地域的、民族的土壤和背景，因而形成了法律文化的不同类型和模式，诉讼模式的差异就是法律文化在诉讼制度上的反映和折射。美国学者 M. A. 格伦顿指出："要设法牢记，法律是民族的历史、文化、社会价值观念和一般意识与认识的集中表现。没有两个国家的法律体系是确切地相同的。法律是文化表现的一种形式，而且如果没有经过某种'本土化'的过程，一种文化是不可能轻易地移植到另一种文化里面的。"[1] 法律文化的民族差异性，决定了法律文化中所蕴涵的价值观念存在着很大的差异，这种价值观念必将不同程度地反映在各种不同的制度体系中。就民事诉讼模式而言，法律文化所蕴涵的价值观念不仅影响着民事诉讼程序、制度和规范的制定，而且影响着诉讼机制的具体运行，对人们的诉讼观念、意识和

---

[1] ［美］M. A. 格伦顿："比较法律传统序论"，载《法学译丛》1987 年第 2 期。

行为模式有着潜移默化的作用。

法律文化的互融性和整合功能促进了诉讼模式的相互吸收和借鉴。法律文化除具有民族性和排斥的功能外，还具有互融性和整合的功能。这是因为，现代社会已不再是一个封闭的社会，各国间进行广泛的政治、经济、文化、科技等方面的交流与合作，必将促使法律文化的互相碰撞、交流和影响。在此过程中，一国传统的法律文化就会发生一系列的嬗变，逐渐吸收和融合外域法律文化中的某些积极因素，进而开始新的法律文化的整合或重建过程，并且由此获得了新的生命力。法律文化的这种融合和整合功能，也必将影响诉讼模式的选择和构建。在诉讼频繁的现代社会，不同诉讼模式的国家，一方面为了促进案件公正、合理的解决，另一方面为了提高诉讼的效率和效益，总会相互吸收和借鉴彼此的优点。诉讼模式的发展和进步就是在这种相互吸收和借鉴的过程中实现的。

所以，一个国家的包括诉讼模式之选择在内的法制建设和现代化过程，必须从本国的具体国情出发，立足于本国的法律文化背景，批判地继承前辈积累的法律文化成果，吸收和借鉴外国的法律文化，将其融于本民族的法律文化之中，在此基础上，形成本民族的新的法律文化，而不能沿着相反的方向运行，即对本民族的法律文化采取历史虚无主义的态度，全盘移植外域法律文化。按照后一种思路，是根本不能促进本国的法律文化现代化的，或者虽然在制度上、规范上作硬性的规定，但在实践中，在人们的心理、思想和价值观念上则行不通。所以，一个国家的立法必须和该国的具体国情相一致，与该国的法律文化背景相吻合，民事诉讼模式的选择也不例外。

（二）外国民事诉讼模式之选择的启示

民事诉讼模式的构建与特定国家的法律文化背景有着极为重要的联系，外国法律文化及其诉讼模式选择的经验为我们提供了借鉴和启示。考察一下无论是普通法系的英国和美国，还是大陆法系的法国和德国的民事诉讼模式，可以发现，其选择和确立均不是偶然的、随心所欲的，而是有着浓厚的法律文化之土壤条件。即使是对外国的诉讼规范、程序和制度的借鉴、移植和吸收，也是以各自国家或民族的法律文化为基点，在与外域法律文化的相互影响、碰撞和交流中，将其融于自身的机体之中，不断地进行自我调节，使之"本土化"，从而形成本国的诉讼制度和结构模式。正如有学者所指出的，"19 世纪，边沁曾在英国大力倡导法典化，尽管他的努力产生了相当大的影响，然而英国却坚持并保持了普通法的传统。20世纪以来，尽管几乎每个西欧国家都试图引进美国的司法审查制度，但没有一个国家建立起美国式的司法审查，相反倒是出现了一种欧洲式的司法审查。即使是日本和亚洲其他一些国家和地区，法律的变革和现代法治的基本形式也并非如我们想象的那样只是一种法律移植和理性设计'变法'的产物。"[1] 这虽然不是直接针对民事诉讼模式的选择而言的，但这些实践和努力足以表明，民事诉讼模式的选择也必须从特定的法律文化土壤出发，确立合理的目标取向。

大陆法系国家和地区的民事诉讼体制和基本模式是罗马法法律文化长期积淀的结果，无论是诉讼制度和规范，还是诉讼理论和观念，都有着其罗马法的渊源。英美法系的民事诉讼基本模式则和英国历史上的普通法有着一脉相承的血缘关系，不仅表现在诉讼程序的构造上，而且表现在证据制度、当事人制度、庭审制度和执行制度等各方面。

在日本，明治维新以后，其开始全面学习西方法制，对民事诉讼制度也进行了改革，但改革的方向并不是向英美法系发展，而是以大陆法系的民事诉讼模式为参照系，究其原因，主要是日本的传统法律体系与大陆法系较之与英美法系更为接近。日本在充分考察、研究欧洲各国诉讼法的基础上，确立了以德国的民事诉讼法作为自己的立法蓝本，并将其与日本的法文化相融合，形成了日本的

---

[1]　苏力："变法、法制建设及其本土资源"，载《中外法学》1995 年第 5 期。

民事诉讼模式和制度。二战后，日本在美国占领当局的管制下，进行了民主制度和司法制度的改革，就民事诉讼制度而言，主要是引进了英美法的某些规定，例如，法官主动收集证据之规定的废止和当事人对证人交叉询问制度的采用等。然而，就总体而言，虽然处在美国法的强烈影响之下，但日本的民事诉讼制度并没有实现从大陆法系模式向英美法系模式的转变，而是在新的条件和背景下，将英美法的一些制度吸收、融合于日本民事诉讼制度之中。从总体上来讲，日本的民事诉讼模式仍然属于大陆法系的类型。

三、我国民事诉讼模式的选择

对于我国民事诉讼模式的选择问题，学者们争论甚烈。一种主张认为"传统民事诉讼体制的结构性变革在于建立以当事人主义为特征的民事诉讼基本模式。"[1] 另一种主张是建立以"当事人主义为主、职权主义为辅"的诉讼模式。[2] 还有的学者认为："我国民事诉讼模式既不是极端的职权主义，也不是极端的当事人主义。它溶当事人主义与职权主义于一体，既体现和反映了审判者——法院的组织、指挥的职能，又体现了当事人诉讼主体的地位。可以称为是'混合主义'的民事诉讼模式。但是这种混合主义模式还没有构筑就绪。"[3]

上述观点虽然不尽一致，但却见仁见智。笔者认为，在谈及我国民事诉讼模式的选择时，不能只停留在抽象的概念上，而应当充分考虑到法律文化背景等诸多方面的制约因素。鉴于此，笔者主张，我国民事诉讼模式的选择和确立，应当以我国的法律文化背景为基础，以大陆法系的职权主义诉讼模式为基本的参照系，适当借

〔1〕 张卫平："转制与应变"，载《学习与探索》1994 年第 4 期。

〔2〕 左卫民、刘全胜："中国民事诉讼制度：透视、评析与改革"，载《法学》1994 年第 1 期。

〔3〕 田平安："我国民事诉讼模式构筑初探"，载《中外法学》1994 年第 5 期。

鉴、吸收英美当事人主义模式中的合理因素，将其融于自己的法律文化机体之中，建立符合我国国情的职权主义诉讼模式。在一些人看来，赞成职权主义模式似乎具有更多的"保守"色彩，而赞成当事主义似乎具有更多的"革命"色彩，其实并不是这样。为了说明问题，笔者认为，应当澄清一些对职权主义诉讼模式的模糊认识。

1. 职权主义诉讼模式和当事人主义诉讼模式并不是孰优孰劣的问题。诉讼模式之差异的形成，有着复杂的原因，特别是因为有着不同的法律文化渊源和背景，所以不能脱离具体的适用环境而简单地认为或断定哪一种模式更好。将德国的职权主义模式搬到美国未必行得通，而将英美国家的当事人主义模式移到德国也未必适合；同理，将德国的模式或英美的模式照抄照搬到我国，也未必适合于我国的具体国情。所以，我们不能笼统地认为职权主义诉讼模式比当事人主义诉讼模式更好，或者认为当事人主义模式较职权主义模式更优。但是，就特定的国家或民族而言，却存在着采取哪一种诉讼模式更合适、更好的问题。[1] 在德国，由于受罗马法之法律文化的长期而深刻的影响和滋润，职权主义诉讼模式得到了充分的发展和完善，形成了一套科学的、严谨的、反映诉讼运行规律的诉讼程序和制度。因此，就德国而言，职权主义模式更合适、更好。基于同样的道理，英美国家采取当事人主义之模式则更符合其国情。所以，对诉讼模式的价值判断不应笼统地进行，而应当做具体的分析。

2. 职权主义诉讼模式并非只注重法院的职权作用，而忽视当事人的主动作用和漠视其诉讼权利。实际上，无论是大陆法系的职权主义还是普通法系的当事人主义，都注意发挥当事人的主动性和积极性，赋予双方当事人在诉讼中均衡的攻击和防御的手段和机会。双方当事人的诉讼地位是平等的，他们平等地享有诉讼权利和履行诉讼义务，并且由当事人自己确定审理的对象和提出证据，法

---

[1] 参见陈桂明：《诉讼公正与程序保障》，中国法制出版社 1996 年版，第 164 页。

院一般只根据当事人提出的事实和证据作出裁判。而法官对证据的调查收集只限于某些特殊的案件或特定的证据。例如在日本，对于有关身份关系的案件以及公害、环境污染等涉及公共利益的案件，法院可以不受当事人主张的事实和证据的限制而主动依职权调查证据并作出判决。在民事诉讼中，虽然大陆法系国家和英美法系国家都注意发挥当事人的主动性和积极性，但由于法律文化背景的差异，二者之间仍然存在许多不同之处。例如在证据制度、送达、期日指定、审前准备、特别是庭审的方式和制度等诸多方面，都有着显而易见的差别，而正是从这个意义上讲，我们将它们分别称之为职权主义诉讼模式和当事人主义诉讼模式。

3. 应当将大陆法系的职权主义诉讼模式与我国过去沿袭的超职权主义诉讼模式区别开来。1982 年我国颁布了新中国第一部《民事诉讼法（试行）》，对该法典作一总体的考察，可以发现，在诉讼过程中法院及其法官的干预过于频繁，职权作用过于强化，而当事人的诉讼主体地位和诉讼权利没有得到充分的重视。这种诉讼模式与大陆法系国家和地区的民事诉讼模式相比，实际上已经发生了变异，因此，可称之为超职权主义或强职权主义的诉讼模式。1991 年新《民事诉讼法》颁布后，法院职权已在相当程度上得到弱化，当事人行为的作用和诉讼主体地位得到了更多的重视，体现在证据制度、调解制度、财产保全和先予执行制度、协议管辖制度、二审法院的审理范围等许多方面，可以说，基本上结束了超职权主义的诉讼模式，确立了职权主义的诉讼模式。但是，与大陆法系的职权主义模式相比，在某些方面还存在着缺陷，需要进一步在立法上加以完善。而且，在实践中，一些法院或法官在审理案件时仍奉行过去那种超职权主义的做法，例如，直接或变相地强迫调解、取代当事人的地位去调查收集证据、财产保全超出诉讼请求的范围、任意扩大二审案件的审理范围等。这些做法是与现行民事诉讼法的规定相悖的。

四、完善我国民事诉讼模式的几点建议

我国 1991 年的《民事诉讼法》基本上实现了由超职权主义向职权主义的转化，但在某些方面的规定，以及在司法实践中仍存在着超职权主义的倾向，笔者浅见认为，至少有以下方面有必要加以完善。

1. 关于人民法院调查收集证据的范围。新《民事诉讼法》第64 条第 2 款规定："当事人及其诉讼代理人因客观原因不能自行收集的证据，或者人民法院认为审理案件需要的证据，人民法院应当调查收集。"笔者认为，这一款规定为法院任意扩大职权调查收集证据提供了依据。这一款的前半部分，即"当事人及其诉讼代理人因客观原因不能自行收集的证据"，规定由人民法院来调查收集，这是非常必要的，因为对于这些证据，如果人民法院不依职权调查收集，就难以查明案件事实和作出正确的判决。而对于这一款的后半部分，即"人民法院认为审理案件需要的证据，人民法院应当调查、收集"，则值得商榷。人民法院认为审理案件需要的证据，并非必须要由其来调查收集。事实上，人民法院认为审理案件需要的证据，很多只是当事人没有提供，没有尽举证责任，但并不是当事人不能提供。既然当事人能够提供，为什么还要由人民法院包办代替去依职权调查收集呢？这种规定，既不适当地强化了法院的职权作用，又扩大了诉讼成本，妨碍了诉讼效益和效率的提高，而且也不利于案件的公正审理，难以避免法官有偏向于当事人一方的嫌疑。所以，笔者认为这一款的后半部分应当加以删除。对于人民法院认为审理案件需要的证据而当事人没有提供的，人民法院应当行使阐明权，责令和指导当事人及其诉讼代理人举证，而不应该越俎代庖去为当事人调查收集证据。

2. 关于撤诉问题。《民事诉讼法》第 131 条规定："宣判前，原告申请撤诉的，是否准许，由人民法院裁定。人民法院裁定不准许撤诉的，原告经传票传唤，无正当理由拒不到庭的，可以缺席判

决。"第 156 条规定："第二审人民法院判决宣告前，上诉人申请撤回上诉的，是否准许，由第二审人民法院裁定。"笔者认为，对于当事人的撤诉，人民法院应当允许，这是由民事诉讼的性质所决定的。民事诉讼涉及的主要是私人利益问题，对于这种私人利益，采取的是"不告不理"的原则，当事人不主动向人民法院提起诉讼，人民法院也就不会主动地依职权启动诉讼程序，既然如此，人民法院为什么要对撤诉横加干预呢？有人担心，如果对原告的撤诉行为不加干预，则可能发生原告规避法律或损害他人权益的行为。其实，这种担心大可不必。其原因在于：①撤诉的效果如同不起诉，其本身根本不存在不合法的可能性。如果说撤诉是不合法的，则可以合乎逻辑地推论出，这一案件的原告方如果不起诉则是违法的，这岂不荒唐。[1] ②当事人的撤诉往往是在同对方当事人和解的基础上提出的，是当事人双方自己协商解决他们之间的民事权益纠纷的结果，而对于这种结果，人民法院还要依职权加以干预，则显得多此一举。③如果撤诉有可能造成对对方当事人的民事权益的潜在损害，这也不是撤诉行为本身所造成的，因为撤诉行为本身纯粹只是一个程序性行为，不可能造成对方当事人的实体损害。倘若在客观上对方当事人的民事权益受到了损害，则他同样可依法提起诉讼以寻求保护，而是否寻求诉讼保护，应当由其自己决定，人民法院不应主动干预。同理，如果撤诉人在客观上侵害了第三人的民事权益，对于这种权益纠纷，人民法院同样不应该主动予以追究，而应等待该第三人表明态度。④如果申请撤诉人在客观上违反了行政法上的义务或刑事法律所规定的义务，这同样不能成为人民法院不准撤诉的理由。因为这种情况已经不是由人民法院首先予以解决的问题，根据法治原则的要求，对当事人的这种行为应当由相应的行政机关予以处理或者由公安机关、检察机关立案侦查和提起公诉。人民法院可以向上述有关机关提出司法建议，而不是依职权不允许撤

---

[1] 参见陈桂明：《诉讼公正与程序保障》，中国法制出版社 1996 年版，第 76 页。

诉和包办代替其他国家机关的职权。

3. 关于弱化法院院长、庭长和审判委员会的职权。人民法院对民事案件的审判有合议制和独任制两种基本形式，绝大部分案件理应由合议庭或独任审判员审理后依法作出裁判，但是在司法实践中，这种作用并没有得到应有的发挥，"审者不判、判者不审"和"先定后审"的现象个别存在。部分案件在作出判决前要经过庭长、院长或审判委员会的层层"把关"审批或讨论决定，还有些案件则在审理前由领导或审判委员会向审判人员发出明示或暗示的"指令"，从而使合议庭或独任审判员对案件的处理缺少了决定权。这些做法的弊端和危害是显而易见的。①由于院长、审判委员会等主体在作出决定时，往往对案件事实并不是十分的了解，因而实际上很多情况下并不利于案件质量的提高。②这些做法加大了诉讼成本，降低了诉讼效率。③造成庭审活动的空洞化。④不利于提高审判人员的业务素质，也不利于增强其责任感。⑤领导审批和审判委员会讨论决定案件，与公开审判原则相矛盾，与直接、言词原则相悖逆，与回避制度相冲突。所以，完善我国的民事诉讼模式，必须弱化法院领导和审判委员会的职权。一方面，由院长、副院长、庭长、副庭长等"把关"审批是根本没有法律依据的，应当坚决予以取缔。另一方面，审判委员会讨论决定案件应严格限制在法律规定的范围之内，并应改革审判委员会讨论决定案件的程序和方式，进而在条件成熟时，应当考虑取消由审判委员会讨论决定案件的制度。

另外，关于法院依职权追加当事人的问题、关于审理对象及其范围的确定问题、关于再审程序的启动问题等，也存在着超职权主义的倾向，因而亦有必要进一步予以完善。

诉讼成本控制论*

一、引言

就世界范围而言，将成本这一原本属于经济学范畴的概念引入诉讼领域，进而形成诉讼成本的概念，源于 20 世纪 60 年代。市场经济的本质要求是提出诉讼成本概念的经济背景。因为在市场经济条件下，"人类所从事的任何社会活动都必须遵循经济性的原则，即力求以最小的消耗取得最大的效果"[1]，从而达到资源的最佳配置。"作为人类特定实践的诉讼，无论在客观上，还是在冲突主体以及统治者的主观认识中，都是一项能够产生一定效果，同时又需要支付一定代价的行为"，[2] 因而同样存在着能否最有效地利用司法资源的问题。如此一来，用经济学的眼光去透视诉讼活动，将经济分析方法导入诉讼领域，也就有了十足的必要。在此基础上，传统的以诉讼公平作为司法正义的绝对法律价值目标的理念逐步得到修正，人们考虑更多的是如何实现诉讼效益与诉讼公平的最佳整合。因此，能够直接量化诉讼效益的诉讼成本，开始成为人们关注的焦点。就我国而言，在大步迈向市场经济的历史进程中，如何降低诉讼成本，从而实现诉讼效益的最大化，也就成为诉讼法学研究领域中一个极富现实意义的课题。

---

* 本文系与第二作者占善刚合作，原文发表于《法学评论》1997 年第 1 期。

[1] 胡卫星："论法律效率"，载《中国法学》1992 年第 3 期。

[2] 柴发邦主编：《体制改革与完善诉讼制度》，中国人民公安大学出版社 1991 年版，第 72 页。

在所有三大诉讼活动中，由于民事诉讼直接以当事人双方争议中的民事权利义务关系作为自己的诉讼标的，相比之下，经济意义更为突出。因此，本文以下所论及之诉讼成本，专指民事诉讼成本。

二、诉讼成本概说

通常认为，诉讼成本是指诉讼主体在实施诉讼行为的过程中所消耗的人力、物力、财力的总和。它包括冲突主体的诉讼成本和审判机关的诉讼成本。由于审判机关是在代表国家行使审判权，故其诉讼成本也就是国家的诉讼成本。诉讼成本的总构成大致包括以下几个方面：

1. 当事人为进行诉讼而向法院交纳的诉讼费用（指广义上的诉讼费用，以最高人民法院《人民法院诉讼收费办法》明文列举的为例）；

2. 当事人因聘请律师或委托其他诉讼代理人而支出的费用；

3. 当事人为进行诉讼活动而直接支出的其他费用（如当事人和其诉讼代理人因收集证据、赴外地开庭等活动而支出的交通费、通讯费、住宿费、餐饮费等）；

4. 在诉讼中，由于法院采取财产保全措施，当事人争议的财产及有关的财产因被查封、扣押、冻结或用于提供担保而不能有效地投入生产、经营和正常使用所造成的经济损失；

5. 当事人因参加诉讼活动所耗费的精力与时间；

6. 当事人因妨害诉讼受到强制措施而缴纳的罚款和因受拘留而无谓耗费的时间；

7. 法院为办理案件所支出的全部费用，包括审判设施的建设、维护费用，审判设备的添置、保养费用以及审判人员的工资、福利费用等；

8. 审判人员因办理案件所耗费的精力与时间。

应当明确，在以上所列各项诉讼成本中，有些属于必要的诉讼成本，即在通常情况下，任何一个诉讼都不可缺少的成本开支，如当事人向法院交纳的案件受理费等。有些则属于选择性的诉讼成本，即并非是任何一个诉讼都必须开支的诉讼成本，如因强制执行而产生的执行申请费和实际支出的执行费用等。在选择性的诉讼成本中，还包括一部分无谓的诉讼成本，它不仅并非是任何一个诉讼都必须开支的诉讼成本，而且其开支并非是为了满足诉讼本身的内在需求，如当事人因妨害诉讼受到强制措施而不得不缴纳的罚款和因受拘留而在公安机关无谓耗费的时间，即属此类诉讼成本之典型。在此还应强调指出，由于诉讼成本并不完全是一个经济学范畴的概念，故从广义上讲，它似乎还应当包括诉讼的伦理成本，即当事人之间的冲突发生本身以及为解决冲突而进行诉讼所受到的社会负面评价和由此导致的自身名誉亏损等，但由于伦理成本实际上涉及的是道德评价问题，它很难或者说根本不能被量化，因此本文对其不予论及。

从总体上讲，诉讼成本是由一个国家的人力、物力价值所决定的，而人力、物力价值的高低则取决于该国经济发展的整体水平。因而，随着社会经济的不断发展和人们生活水平的逐步提高，诉讼成本呈同步上升趋势无疑是可以理解的正常现象。但是在特定的社会经济环境中，直接制约诉讼成本高低的主要因素仍然存在于诉讼活动本身。一般认为，决定诉讼成本高低的主要因素集中体现在以下三个方面：

1. 诉讼周期持续的长短。所谓诉讼周期，是指从当事人起诉、法院受理开始，随后经过案件的审理与裁判，一直到通过强制执行，使当事人一方因胜诉所赢得的利益依法得到实现的全过程。由于一切事物的经济与否最终都可以被归结为时间上的经济与否，所以诉讼周期持续的长短必将直接影响着诉讼成本的高低。申言之，就具体诉讼而言，在所涉争议事项未作增减的情况下，诉讼所持续的时间越长，诉讼主体所耗费的人力、物力、财力就会越多，诉讼成本也就越高；反之，诉讼成本则会越低。

2. 诉讼程序适用的繁简。诉讼程序最为直观地规范、约束着诉讼主体的各种诉讼活动，而诉讼程序适用的繁简与否则直接决定着诉讼主体所需实施的诉讼行为的多寡。申言之，就具体诉讼而言，在诉讼事项定量不变的情况下，如果诉讼程序过于繁琐，自然意味着诉讼主体需要实施更多的诉讼行为方能满足诉讼程序的各项要求，这样一来，诉讼成本也就不可避免地直线攀升。而简便的诉讼程序则可以将诉讼主体的诉讼行为压缩至完成诉讼任务所必需的最低限度，从而减少诉讼成本的开支。

3. 诉讼费用水平的高低。众所周知，诉讼费用是指当事人因进行诉讼而向法院交纳的案件受理费以及在诉讼过程中需要交纳的除案件受理费以外的其他诉讼费用，它在冲突主体所需列支的诸项诉讼成本中，显系最直接、最典型的一项。因此，诉讼费用水平高（指收费项目多和收费标准高），诉讼成本当然也就高，反之亦然。此外，从发展的观点来讲，诉讼费用显然还应当包括当事人因聘请律师所需支出的诉讼代理费。我们认为，尽管我国现行立法中并未确立任何诉讼的律师代理原则，但从实践来看，随着市场经济建设的深入发展及其观念的日益普及，律师的社会需求量越来越大，聘请律师代理诉讼的当事人也越来越多，已经呈现出一种不可逆转的发展势态。与此同时，随着我国《律师法》的制定与颁布，以往对律师是"国家法律工作者"的传统定性已被突破，而被重新定位为"为社会提供法律服务的执业人员"。在此背景下，我国的律师不仅在理念上而且在制度上均已从着重维护国家法律秩序的传统功能转变为积极维护委托人（此处是指诉讼当事人）合法权益的热门行当，对于当事人来讲，为聘请律师而支付的诉讼代理费已经不再是一笔区区小数，它在客观上往往已经成为冲突主体诉讼成本构成中不可缺少的重要组成部分。

就个案而言，诉讼成本只不过是特定的诉讼主体为进行诉讼所作的经济投入，诉讼成本的高低也只不过是这些经济投入的多少，即诉讼主体为进行诉讼所消耗的人力、物力、财力的多少，但如果我们将诉讼成本问题置于更广泛的社会层面去考察，便会发现其对社会生活的影响实际上远远超过我们的直观感受，而科学地控制诉讼成本，消除其对社会生活的负面影响（主要体现为对人力、物力、财力等资源要素的不合理消耗），自然也就有了不可忽视的重要意义。

（1）从正面来讲，合理的诉讼成本是取得理想的诉讼效益的必要条件。作为反映诉讼成本与衡量诉讼收益的综合价值尺度，诉讼效益的大小直接取决于诉讼成本的高低，因为就一般情况而言，诉讼中投入的成本越低，诉讼的效益也就越大。我们知道，"随着法律对社会经济生活影响的日益深重，法律的效益问题受到广泛关注，并逐步成为当代法律的基本价值目标之一"，[1] 而在诉讼中，"尽可能以最小的成本投入获得最大的诉讼效益，更是每个冲突主体的行为目标"[2] 其实，这也是包括审判机关在内的所有诉讼主体共同的行为目标。由此可见，为追求诉讼效益的最大化，就必然要求诉讼主体增强诉讼成本意识，在诉讼过程中尽可能合理地利用诉讼手段，避免采取或者主动放弃那些显然并不经济的诉讼行为，尽量减少那些无谓的诉讼投入（指对人力、物力、财力等资源要素的无谓消耗），将诉讼成本科学地控制在合理的限度之内。否则，便不可能取得理想的诉讼效益，也不可能达到所有诉讼主体共同的前述行为目标。

（2）从负面来看，不合理的诉讼成本（主要指过高的诉讼成本）会直接影响到诉讼手段可利用性的充分发挥，进而对整个社会的权利保障机制的形成与运行起明显的消极制约作用。道理很简单，任何一个具有健全理智的人在考虑是否提起诉讼时，都会对这

---

〔1〕 顾培东："效益，当代法律的一个基本价值目标"，载《中国法学》1992年第3期。

〔2〕 柴发邦主编：《体制改革与完善诉讼制度》，中国人民公安大学出版社1991年版，第79页。

一诉讼所要耗费的成本以及能给自己带来的收益分别作出预测，并对二者加以权衡比较。通常情况下，当前者大于后者时，冲突主体是不愿用诉讼手段来解决纠纷的。尽管在人格诉讼（与商业诉讼相对称）中，当事人所追求的是"希望公共权力机关给以自己对于对方非法行为进行的人格非难打上确认的烙印"，[1] 因而在这种观念的导引下，当事人"即使花钱费时也要求进行彻底的审理，一直到能够使自己得到感情上的满足为止，"[2] 但是就大量的经济纠纷而言，当事人之所以提起诉讼，则完全是以"迅速地获得财产或债权的返还或赔偿为目的。"[3] 因此，当事人投入的诉讼成本与诉讼能给自己带来的收益对比，往往成为冲突主体决定是否提起诉讼的基准。就我国目前情况而言，大量的经济纠纷发生后，之所以有相当一部分系通过私了解决，以致诉讼手段的潜能没有得到最充分的发挥与最合理的利用，固然同冲突主体的权利意识薄弱不无关联，但日本一位学者并非专门针对中国所说的话似乎更能深刻而生动地揭示出这种现象的症结所在："无论学历高低，之所以产生回避审判的倾向，并不是一般群众不喜欢明确分清是非的诉讼而愿意互谅互让的妥协解决。回避审判的现象根源于程序的繁琐和花钱费时等审判制度本身的缺陷。"[4] 从单个的冲突主体来讲，放弃用诉讼手段解决纠纷的结果往往只是给自己的合法权益造成一定程度上的折扣，但从社会层面考量，则无疑会增添经济活动中交易摩擦的可能性，并对整个社会的权利保障机制的形成与运行起明显的促退作

---

〔1〕 ［日］棚濑孝雄著，王亚新译：《纠纷的解决与审判制度》，中国政法大学出版社1994年版，第189页。

〔2〕 ［日］棚濑孝雄著，王亚新译：《纠纷的解决与审判制度》，中国政法大学出版社1994年版，第189页。

〔3〕 ［日］棚濑孝雄著，王亚新译：《纠纷的解决与审判制度》，中国政法大学出版社1994年版，第189页。

〔4〕 ［日］棚濑孝雄著，王亚新译：《纠纷的解决与审判制度》，中国政法大学出版社1994年版，第188页。

用。因为从权利保护的角度来讲，"审判利用可能性愈低，诉权销蚀的可能性也就愈大，实体权利的保护也就愈困难。"[1] 而"对一个社会来说，足够的司法服务是维护整个社会的稳定的重要保证。"[2]

（3）从总体上来讲，诉讼成本的高低是衡量一个国家的诉讼机制是否完善的重要标准之一。众所周知，"迅速地审判一直被当作诉讼制度的理想"，[3] 因为"迫使有资力的人支出不必要的过大费用的话，这样的诉讼制度也只能说是违宪的"[4] 反过来说也是一样，"面对着现代社会中权利救济大众化的要求的趋势，缺少成本意识的司法制度更容易产生功能不全的问题"，[5] 从世界范围来看，控制并降低诉讼成本以便提高整个社会的诉讼效益，目前已经成为各国诉讼法学者以及立法机关和审判机关共同关注的热门课题，并成为诉讼制度改革的直接动因和基本价值取向。比如，早在1984 年，美国律协的一个委员会就曾在一份报告中针对诉讼活动中存在的成本过高问题进行了猛烈的抨击，同时提出了一些关于诉讼程序改革的建设性方案；而通过实施诸如在晚上和休息日开庭以及开展免费法律咨询等项措施来改革其小额审判制度，更是美国司法改革中减轻当事人诉讼成本负担的突出成果。而在日本，始于1990 年 7 月的《民事诉讼法》之全面修订工作的基本出发点，就是要通过加快法官整理争点的进程、扩大当事人搜集证据的手段以及创设小额诉讼程序等措施的实行来革除审判实践中普遍存在的案

〔1〕 夏勇主编：《走向权利的时代》，中国政法大学出版社 1995 年版，第 311 页。
〔2〕 夏勇主编：《走向权利的时代》，中国政法大学出版社 1995 年版，第 311 页。
〔3〕 ［日］谷口安平著，王亚新、刘荣军译：《程序的正义与诉讼》，中国政法大学出版社 1996 年版，第 57 页。
〔4〕 ［日］谷口安平著，王亚新、刘荣军译：《程序的正义与诉讼》，中国政法大学出版社 1996 年版，第 57 页。
〔5〕 ［日］棚濑孝雄著，王亚新译：《纠纷的解决与审判制度》，中国政法大学出版社 1994 年版，第 266 页。

件审判时间太长、诉讼费用偏高等诸种弊端，以加快诉讼进程，降低诉讼成本，提高诉讼效益。至于我国目前正在大张旗鼓开展的审判方式改革，无非也是为了"争取节约处理每个具体案件投入的人力、物力，以腾出有限的资源去解决更多的纠纷。"[1]

　　以上通过对控制诉讼成本的意义的阐释，使我们充分地认识到了这一问题的重要性。但是，我们不能因此而步入误区，即把控制诉讼成本与提高诉讼效益这两个方面割裂开来。简化诉讼程序、缩短诉讼周期，当然意味着诉讼效率的提高，但它绝不能以牺牲诉讼公平为代价。因为公平永远都是诉讼价值的最基本内核，它是实现社会正义的永恒标志。从纯经济学的角度来讲，由于公平与效率是一对矛盾，故在社会的现实经济生活中，效率的优先追求，在大多数情况下都是以牺牲公平为代价的，二者兼顾往往只是人们的良好愿望。但在诉讼领域中，追求诉讼公平与提高诉讼效率之间的对立却是可以控制和整合的，以最小的成本来实现诉讼公平的最大化也并非是痴人说梦。因此，正确的认识应当是尽一切可能来实现诉讼效率与诉讼公平二者之间的最佳匹配。就诉讼理论而言，诉讼公平包括程序的公正与结果的公正。控制诉讼成本，提高诉讼效率绝不是无端地舍弃必要的程序保障而以牺牲当事人对诉讼权利的充分行使为代价。事实上，"忽视程序保障及诉讼审判的公正性、正当性，仅仅加快程序进行的速度也是不可能使当事人得到满足的。这么一来，迅速审判的问题就回到了我们前面已经论述的如何能既实现程序保障，又能促进简便而充实的程序这一观点上来了。"[2] 总之一句话，一味地追求诉讼效率的提高，将没有丝毫的诉讼公平可言！而不能实现公平的诉讼，其效益将只能是一个负数！值得欣慰的是，在这个问题上，已经有人针对于 1996 年 7 月发生在我国上海

---

〔1〕　王亚新："论民事、经济审判方式的改革"，载《中国社会科学》1994 年第 1 期。
〔2〕　[日] 谷口安平著，王亚新、刘荣军译：《程序的正义与诉讼》，中国政法大学出版社 1996 年版，第 62 页。

市的一起从立案受理到调解结案（其间还包括作出财产保全的裁定以及执行这一裁定所花费的时间）一共只有区区 4 个工作日的原本并不复杂但现已极为典型的案件的处理及其产生的社会负面影响，借助大众传媒，向人们发出了"公正与效率，孰个优先"的理智提问。[1]

三、诉讼成本控制在我国现行《民事诉讼法》中的体现及其不足

应当肯定，1991 年颁行的我国新《民事诉讼法》基本上反映了不同诉讼主体的共同利益，在简化诉讼程序、缩短诉讼周期等方面体现出了对控制诉讼成本，提高诉讼效益的努力追求。其具体表现大致可以归纳为以下几个方面：

1. 通过设定"及时审理民事案件，确认民事权利义务关系，制裁民事违法行为，保护当事人的合法权益"之任务，直接体现出既强调办案效率又讲求诉讼效益的科学价值取向。

2. 通过对原来已有的共同诉讼与诉讼代理这两项制度进行优化组合，设置了代表人诉讼的制度，从而使众多未直接参加诉讼的当事人有了以最小的诉讼成本去获取最大诉讼效益的便捷途径。

3. 弱化了法院调解在民事诉讼中的原有地位，使极易造成成本失控的"着重调解"原则让位于有望借以革除久调不决之弊的"自愿，合法调解"原则。

4. 详细规定了诸多具体诉讼行为的进行时间和完成期限，从而避免了诉讼主体各单项诉讼行为的过度迟缓，使得诉讼进程的整体加快有了细致的时限要求。

5. 突出强调了当事人的举证责任，与 1982 年的《民事诉讼法（试行）》相比，理顺了当事人举证与法院调查收集证据的相互关系，这样不仅能使前者的举证行为与案件的裁判结果直接挂钩，避免其因举证惰怠而造成的成本上升，而且能使法院从以往承担的

[1] 张国："公正与效率，孰个优先"，载《法制日报》1996 年 10 月 9 日。

"全面调查收集证据"的繁重负担中解脱出来，避免因其大量重复调查收集证据而形成的无谓成本开支。

6. 通过诉讼费用缓、减、免交制度的确立与实行，使交纳诉讼费用确有困难的这部分当事人有了一条绕开过高成本障碍的理想便道。

7. 借助简易程序的设置，使诸多简单民事案件的审判省去了不少不必要的成本开支而有了较为便宜的诉讼结果。

8. 通过收缩二审案件的审理范围，即将以往不受当事人上诉范围限制的"全面审查"调整为现在只"对上诉请求的有关事实和适用法律进行审查"，更是明显地避免了重复投入，提高了诉讼效益。

9. 通过督促程序的设置，为一部分当事人提供了不必经过通常情况下的开庭审理便能直接获得执行根据甚至进而实现债权的最简程序保障，从而使其有可能将诉讼成本控制在最低限度。

10. 明确划定了不同案件的各自审结期限，为圆满完成上述"及时审理……"的总体任务提供了基本的制度保障。

综上所述，可以看出，我国现行《民事诉讼法》已对控制诉讼成本、提高诉讼效益的问题作了多方面的考虑，但从诉讼实践的反映来看，诉讼成本过高、诉讼效益不佳仍是当前困扰冲突主体和审判机关的一个突出问题。我们认为，之所以会存在这一问题，其原因当然是多方面的，但分析起来，其中除了由于相当一部分诉讼主体仍然未对诉讼成本与诉讼效益问题予以足够的重视以外，立法本身的缺陷或者不够完善可以说是最主要的原因。从某种意义上讲，正是由于立法上存在缺陷或者诉讼制度不健全才直接导致了诉讼成本过高与诉讼效益不佳。为此，有必要作些具体的列举和微观的分析，以便为这一问题的解决提供切实可行的方案。

1. 由于法院对案件审结期限掌握着过大的自由裁量权，因此极易造成久拖不决的马拉松式诉讼，从而致使诉讼成本过高与诉讼效益不佳。尽管我国现行《民事诉讼法》对不同案件的审结期限分别作了明文规定，因而与过去相比已经有了长足的进步，但我们不难发现，除适用简易程序审理的案件和不服裁定的上诉案件的审结期限分别为 3 个月和 30 日且不得予以延长以外，规定其他案件审结期限的条文中都有一个可以延长审结期限的弹性条款，从而为某些法官任意延长审结期限打开了立法上的缺口。比如，《民事诉讼法》第 135 条规定："人民法院适用普通程序审理的案件，应当在立案之日起 6 个月内审结。有特殊情况需要延长的，由本院院长批准，可以延长 6 个月；还需要延长的，报请上级人民法院批准。"对此，我们认为，就一般情况而言，立法上授权人民法院可以根据审判的具体需要对案件的审结期限作适当延长，自有其一定的必要性与合理性，本无可非议。但就以上具体规定而言，至少存在着两个问题：①何谓足以导致审结期限延长的"特殊情况"？条文中显然缺乏明确的界定依据，故此不仅会因标准含糊、弹性极大而给具体操作带来不便，而且也给某些法官任意延长案件的审结期限提供了可能。②对"还需要延长的"期限没有作出上限约束，从而使某些案件即使审结遥遥无期但也只能任其"合法的"继续下去。[1]在此应当指出的是，由于《民事诉讼法》第 135 条中出现的前一个问题同样见诸于适用特别程序审理的案件（选民资格案件除外）和不服判决的上诉案件的审结期限规定之中，[2] 故立法上案件审结期限对法官约束的普遍软化已是不争的事实。[3] 然而，由此造成

---

[1] 应当注意的是，鉴于这种规定的不合理性，最高人民法院 2000 年 9 月 22 日发布的《关于严格执行案件审理期限制度的若干规定》第 2 条对此已明确规定："……，还需延长的，报请上一级人民法院批准，可以再延长 3 个月。"

[2] 需说明的是，《关于严格执行案件审理期限制度的若干规定》第 2 条对此也作了适当限制，即规定：适用特别程序审理的民事案件，期限为 30 日；有特殊情况需要延长的，经本院院长批准，可以延长 30 日；审理对民事判决的上诉案件，审理期限为 3 个月；有特殊情况需要延长的，经本院院长批准，可以延长 3 个月。

[3] 尽管《关于严格执行案件审理期限制度的若干规定》第 2 条对"还需要延长的"期限已经作出了适当限制，从而强化了对法官的约束作用，但该司法解释的第 9 条又规定了大量的不计入审理期限的各种期间，因而审理期限对法官的约束疲软现象仍然存在。

的诉讼迟延以及因诉讼迟延而给冲突主体带来的巨大成本负担（包括其间的精力消耗和受到的精神折磨），却远非常人所能想象的。

另外，由于我国《民事诉讼法》对涉外案件的审结期限未作直接明定，因此，不仅容易导致实践中个案诉讼周期过长、诉讼成本过高，而且极易给外国法院援引对等原则实施其报复性措施提供口实，这显然是既不经济又无助于体面的事情。《民事诉讼法》第250条规定："人民法院审理涉外民事案件的期间，不受本法第135条、第159条规定的限制。"而《民事诉讼法》第135条和第159条分别规定的是依普通程序审理的一审案件和依第二审程序审理的上诉案件的审结期限。如此一来，等于是说人民法院审理涉外案件的期间可以不受任何限制。在这种情况下，撇开非经济的影响不谈，仅就诉讼本身而言，恐怕任何一个冲突主体都将会因此而丧失对所需诉讼周期和诉讼成本加以合理预测的能力，因此不到万不得已是绝对不会贸然涉讼的。我们认为，就涉外案件而言，由于其具有"涉外"的特殊属性，因此要求对其适用国内民事案件的审结期限未免过于苛刻，同时也很不现实。但是，这并不等于立法上可以不对其审结期限作出直接明定而完全任由法院或法官自由裁量。

2. 我国现行《民事诉讼法》虽然已用"自愿、合法调解"原则取代了以往极易造成成本失控的"着重调解"原则，并以"调解不成的，应当及时判决"之规定作为正确适用这一原则的保障，然而出乎立法者所料的是，由于现行《民事诉讼法》对于法院调解场合的严重失控，致使这一原则的正确适用大打折扣，而诉讼成本仍然居高不下。具体来讲，综合《民事诉讼法》关于法院调解的有关规定，我们便可发现，法院调解实际上可以贯穿于审判程序的全过程：不仅在开庭审理之前可以进行调解，而且在开庭审理之中（即法庭辩论终结后，判决作出前）也可以进行调解；不仅在一审程序（包括普遍程序和简易程序）中可以进行调解，在二审程序和再审程序中仍可进行调解。由于法院调解几乎与整个审判程序共始终，因此"从理论上讲，一个案件的终结，从一审到再审，最多要

经历调解—审判—调解—审判—再调解—再审判六个阶段。这无论对法院还是对当事人，在人力、物力上都是浪费。"〔1〕

3. 我国现行《民事诉讼法》在强调并要求当事人对其提出的主张负举证责任的同时，由于没有为其自行收集证据提供切实有效的制度保障，因此不仅容易使当事人在自行收集证据的问题上产生难有作为的惰怠心理，而且在实践中还会使当事人面对诸多原本未必难以逾越的取证障碍而束手无策，以至举证不能的情况时有发生。如此一来，其结果要么是使这些当事人面临着行将败诉的现实危险，要么是使受诉法院越俎代庖，重新担负起全面调查取证的繁重任务，从而导致诉讼成本频创新高。

与以上所述不无关联的是，由于我国现行《民事诉讼法》仍然未对免证事实作出任何规定，而最高人民法院在有关司法解释中对免证事实的列举式界定又缺乏必要的刚性，因而在诉讼实践中，当事人所提出的主张里即便存在此类事实，往往也不得不为证明这些原本并不需要证明的事实而无谓举证，这无疑也是造成诉讼效益滑坡的具体原因之一。

4. 简易程序的设置与适用虽然能使诸多简单民事案件的审判省去不少不必要的成本开支而获得较为便宜的诉讼结果，但因这一程序的适用仅仅限于基层人民法院和它派出的法庭审理事实清楚、权利义务关系明确、争议不大的简单的民事案件，故而对于实践中大量存在的小额争议来讲，要么会因为缺乏简单民事案件的法定构成要件而难以适用简易程序加以解决，要么则会因为不加区别地勉强适用简易程序而使它们混同于一般的简单民事案件，而不论是出现哪一种情况，都会使人们顺其自然地感到诉讼成本仍然过高。

四、对控制诉讼成本的几点设想

通过上述分析，我们可以得知，诉讼实践中导致成本开支过高

〔1〕 夏勇主编：《走向权利的时代》，中国政法大学出版社 1995 年版，第 320 页。

的主要原因是现行立法上的不完善。因此，控制诉讼成本以提高诉讼效益便应以进一步完善现行《民事诉讼法》、健全相关的诉讼制度作为切入点。基于这一考虑，我们在此提出以下几点设想，以供大家探讨：

1. 适度强化案件审结期限对于法院和法官的约束，限制其拥有过大的自由裁量权。具体包括：①以列举加概括的方式，对需要延长审结期限的"特殊情况"作出尽可能明确的界定。②在尽量满足办案需要的前提下，并在充分调研《关于严格执行案件审理期限制度的若干规定》在实践中的适用情况之基础上，立法上应当对"还需要延长的"审结期限规定一个明确的上限。③在充分考虑办理涉外民事案件的特殊要求的基础上，对其审结期限作出明确规定。④确立主审法官责任制，依法追究未在法定期限内审结案件的主审法官的相应责任。

2. 进一步完善法院调解制度，将法院调解的适用场合严格控制在不至于造成诉讼成本开支过大的合理限度之内。在不具备调解的可能性或者已经没有希望在当事人之间达成调解协议时，法院不应无原则地反复调解、久调不决。[1]

3. 建立健全对当事人履行举证责任的法律保障机制，使当事人能够通过一切正当的途径和方法收集到能够证明其所提主张的充足证据。与此同时，在《民事诉讼法》中对免证事实加以逐一列举，以避免当事人的无谓举证。

4. 创设小额诉讼程序，以满足现代社会中冲突主体对高效率、低成本地解决"微型经济纠纷"的普遍需要。作为一种能够经济便捷地解决"微型经济纠纷"的有效手段，小额诉讼程序在不少国家

---

[1] 最高人民法院于 2004 年 9 月 16 日公布了《关于人民法院民事调解工作若干问题的规定》，对调解活动进行了进一步的规范和完善。关于其具体内容，笔者在"我国法院调解制度的新发展——对《关于人民法院民事调解工作若干问题的规定》的初步解读"一文中另有阐述。

的民事诉讼立法中均有设置。比如，1996 年 6 月 26 日修订并于1998 年 1 月 1 日实施的日本新《民事诉讼法》，就将小额诉讼程序作为其此次增列的重要内容之一。依照日本新《民事诉讼法》第六编"关于小额诉讼的特则"的规定，凡诉讼标的额在 30 万日元以下的请求支付金钱的案件，在简易法院可以请求依据小额诉讼程序审理和裁判；对于小额诉讼，原则上只需一次开庭审理并于当天作出判决。而且，小额诉讼既不准反诉，也不准上诉。[1] 借鉴国外立法，结合我国实际，我们认为，可按以下设想来创设我国的小额诉讼程序：①可以适用小额诉讼程序解决的纠纷，其诉讼价额应限制在人民币 5000 元以下。②在基层人民法院设置专司小额诉讼的审判机构。③原告起诉时不必预先交纳案件受理费和其他诉讼费用。④开庭日期的确定应以便利当事人为原则，必要时可在双休日或晚上开庭审理。⑤审结期限应控制在 15 天之内，且不得延长。⑥实行一审终审，当事人不得对依此程序作出的裁判提出上诉。

5. 走出审判方式改革的误区，充分利用庭审前的准备程序，切实做好庭审前的准备工作，为保证庭审质量，提高庭审效益奠定坚实的基础。近年来，在我国各地全面进行的审判方式改革的重要内容之一，便是强化庭审功能，以提高诉讼效益。然而，有不少法院却因此而忽视、弱化甚至在实际上取消了庭审前的准备程序，自行其是地实行什么"一步到庭"的"改革措施"，将本应于庭审开始前就绪的诸项准备工作（主要指审核诉讼材料与调查收集必要的证据）全部置于庭审中去进行，这样一来，从表面上看，似乎有助于克服"先定后审"之痼疾，且能增加庭审过程的透明度，保证案件的公正审理与裁判的正确作出，但因如上所述之新弊，往往使这些良好的愿望统统成为不切实际的空想。具体来讲，矫枉过正的"一步到庭"必将使法官在对案件缺乏必要的了解与充分的准备的情况下匆忙开庭，以致庭审中难以迅速把握双方当事人之间争议的

---

〔1〕 参见白绿铉编译：《日本新民事诉讼法》，中国法制出版社 2000 年版，第 121 页。

焦点所在，更无法保证一次开庭的合理成功率。事实上，由于实行"一步到庭"而致使一个案件不得不经过好几次开庭才能完成庭审任务的现象在实践中是屡见不鲜的。而随着开庭次数的增加，诉讼周期必将拖延，诉讼成本亦会加大，诉讼效益则会下滑，这恐怕是任何一个稍有经济头脑的人都能理解的浅显道理。有鉴于此，我们认为，在坚持以开庭审理作为民事审判工作的重心的前提下，充分利用庭审前的准备程序，切实做好庭审前的各项准备工作，加快法官了解、掌握双方当事人之间争议焦点的进程，合理把握开庭次数，是有效控制诉讼成本，提高诉讼效益的重要途径之一。

正确处理民事经济审判
工作中的十大关系[*]

在当前我国进一步实行改革开放、构建社会主义市场经济体制与建设社会主义法治国家的历史性进程中，民事经济审判工作无可替代地起着保驾护航的重大作用。这种作用能否得到充分发挥，显然直接取决于审判工作的质量高低与其自身功能的实现程度，而要不断提高民事经济审判工作的整体质量并使其自身功能得到最大限度的实现，首要的就是必须正确处理好审判过程中涉及的一系列的基本关系。然而，令人遗憾的是，在当前的审判实践中，相当一部分法院及法官在认识和处理这些基本关系时均不同程度地存在着各种偏差，以致弊端丛生，并进而导致民事经济审判工作在相当程度上背离了构建社会主义市场经济体制与建设社会主义法治国家的内在要求。有鉴于此，笔者拟就如何正确处理民事经济审判工作中事关弘旨的十大关系直陈拙见，以期引起学界同仁和广大司法实务工作者的关注与讨论。

一、正确处理审判方式改革与严格依法办案的关系

在我国，以强调当事人举证、弱化法院职权以及加强公开审判等内容为重点的民事经济审判方式的改革肇始于 20 世纪 80 年代末期，其后，随着 1991 年新《民事诉讼法》的颁布实施，传统的审判方式在立法上已被基本否定。然而，由于原有制度与习惯做法的巨大惯性，虽然法律规定已经有了很大的变化，但实际运行中的审

---

[*] 原文发表于《法学研究》1999 年第 1 期。

判方式却并未随之发生相应的改变，故此在新《民事诉讼法》实施后不久，便在全国范围内再次掀起了民事经济审判方式改革的热潮并一直持续至今。这场改革究竟是应当在现行法的框架内严格依法进行，还是可以任意突破现行立法的规定而各行其是？其实，最高人民法院的领导人早在不同的场合分别对此作过说明。例如，早在1993年12月27日，高昌礼副院长即在全国高级法院院长会议上所作的报告中针对包括审判方式改革在内的法院改革问题明确指出"改革的目的，是为了保障人民法院依法独立行使审判权，保证严肃执法，更好地为加快改革开放和建立社会主义市场经济体制服务，为发展社会生产力服务。"他同时强调指出"法院改革有自身的特点，必须在宪法和法律规定的范围内积极稳妥地进行。法院改革必须遵循合法原则，有利于法制统一原则，便利群众诉讼和便利审判原则，保护当事人合法权益原则，循序渐进。只有这样，才能使法院的改革沿着正确的轨道健康地向前发展。"[1] 此后，最高人民法院唐德华副院长和祝铭山副院长都发表过类似的讲话。[2] 这表明，审判方式改革决不能突破现行立法的规定而应当严格依法进行，这是社会主义法治原则的必然要求。数年来一些法院所进行的"改革"探索很多是失败的。也许正是有了这些改革不成功的例子，最高人民法院于1998年6月19日经审判委员会第995次会议通过了《关于民事经济审判方式改革问题的若干规定》，[3] 以对各地法院"审判方式改革"加以规范。该规定开宗明义地指出，其制定目的就在于"为了正确适用《中华人民共和国民事诉讼法》，建立与社会主义市场经济体制相适应的民事经济审判机制，保证依法、正确、及时地审理案件"。由此观之，由于司法解释绝非等同于国家

---

〔1〕 参见《中华人民共和国最高人民法院公报》1994年第1期，第32页。

〔2〕 分别参见《中华人民共和国最高人民法院公报》1994年第4期，第144页、第122页。

〔3〕 该规定于1998年7月6日公布，并自1998年7月11日施行。

立法，故依该规定进行民事经济审判方式的改革亦非严格意义上的依法进行改革，但因该规定毕竟从司法解释的层面初步理顺了审判方式改革与严格依法办案之间的相互关系，故其对于正确处理二者关系无疑仍具有相当重要的意义。

在此笔者想进一步强调指出的是，从严格意义上来说，当前我国民事经济审判工作中的主要问题，并不是审判方式的改革，而是一丝不苟地严格按照现行民事诉讼法的规定进行审判。在这个方面，问题还很多，差距还很大，要走的路还很长。但必须明确，对存在于民事经济审判实践中那些不符合现行《民事诉讼法》规定的旧有作法或曰习惯作法加以纠正，使之符合现行《民事诉讼法》的规定，这本身不是改革，而是严格地依照现行《民事诉讼法》办案，是对"有法必依、违法必究"的社会主义法制原则的应有贯彻，也是理所当然的事情。从这个角度来讲，"审判方式改革"的提法本身，存在偏差，易产生误导，数年来的"探索"已经证明了这一点，因此必须加以纠正。然而，由于"审判方式改革"的提法由来已久，历经数年，不仅司法实践中常论"审判方式改革"，而且已在整个社会层面上形成了强大惯性，因此，要想纠正这种提法无疑是一件不易的事情。即便如此，我们仍然应该尽最大的努力，从理论与实践相结合的角度，科学地界定并准确地把握"审判方式改革"的真实含义及其所要达到的直接目的，理顺其与严格依法办案之间的相互关系。

随着形势的发展，即使现行《民事诉讼法》所确立的审判方式在某些方面不适应审判实践的客观要求，需要对之加以改革，那么其也必须在宪法和法律规定的范围内有序地进行，而决不能放任自流地搞"摸着石头过河"，这一点显然与经济体制改革有所不同。从根本上讲，由于审判方式改革必须严格依法进行，因此，它首先应是国家最高权力机关亦即立法机关的份内之事，而立法机关所应采取的改革举措便是在准备充分与科学决策的基础上修宪改律，至于审判机关（不论是最高审判机关还是地方各级审判机关），只需严格依照这些经过修改、完善的宪法条文和法律规定审判案件即可。

总之，目前我国审判机关所应作的就是严格依照现行《民事诉讼法》的各项规定，认真办理各类民事经济案件，而决不能突破现行法的规定去谈改革，"审判方式改革"自应如此，与此相关联的司法改革也不例外。

二、正确处理法院行使审判权与当事人行使诉权的关系

从一定意义上讲，民事诉讼就是当事人双方行使诉权和人民法院行使审判权并围绕案件事实的查明及法律的适用而交互作用的一种纠纷解决过程。当事人双方与人民法院在诉讼中的地位、作用以及他们之间的相互关系，基本上奠定了民事诉讼结构的大致格局并直接涉及诉权与审判权的关系问题。诉权与审判权分别由当事人和人民法院这两种不同的诉讼角色来享有并加以行使，正是它们二者的交互运作推动着民事诉讼的发展进程。

诉权是当事人享有的权利，审判权则是由人民法院具体行使的国家权力，二者都应当依法行使。那么，在社会主义市场经济条件下，二者应当遵循什么样的规则来调整彼此之间的相互关系呢？依笔者拙见，合理的规则应当是这样的：诉权以及作为其具体表现形态的各种诉讼权利所涉及的事项，均属受当事人自身意志自主支配的自治领域，审判权不仅不能够侵犯这一领域，而且应当充分保护这一领域的独立性和完整性。换句话说，也即在市场经济条件下的民事诉讼中，应当以当事人行使诉权为本位、为基点。与审判权相比，诉权应当被置于制约审判权行使的优先地位，而审判权的行使则应以保障当事人诉权的充分实现为宗旨。道理很简单，国家之所以要设置审判权并交由人民法院具体行使，其目的就是为了保障当事人诉权的充分行使与依法实现。从这种意义上讲，诉权显然要优先于审判权，而不是相反。我国现行《民事诉讼法》将"保护当事人行使诉讼权利"作为自己的首要任务，而把保障人民法院审判民事案件的功能置于其后，事实上就是对当事人行使诉权与法院行使审判权之间的相互关系所作的正确表述。

但是，在我国当前的诉讼实践中，由于种种原因，尤其是传统的国家本位观念及法院（法官）行政化、院（庭）长首长化倾向的影响，致使诉权与审判权的相互关系被扭曲了。这不仅表现为有一部分法院和法官未能摆正自己的位置，没有理顺自己与当事人的相互关系，漠视当事人的诉权，简单、粗暴地对待当事人，甚至践踏当事人的诉讼权利，而且表现为未诉即审、未诉即判以及诉而不审、诉而不判等。从表现形态上看，未诉即审与未诉即判实际上乃是一种"积极地"违法行使审判权的行为，主要表现为法院主动揽案（即所谓"开发案源"）、依职权胡乱罗列当事人、无诉讼请求凭空裁判以及超越诉讼请求任意裁判等具体情况；而诉而不审与诉而不判则是一种"消极地"违法行使审判权的行为，例如，在法律规定之外随意增加、调度受理条件以达阻却当事人起诉之目的、对当事人的一部分诉讼请求或者一部分当事人的诉讼请求置之不理以及任意超越审结期限、久调不决等，均属此类行为之典型。应当指出，无论是"积极地"违法行使审判权还是"消极地"违法行使审判权，无疑都是对当事人诉权的极大损害。我们必须正视的是，当前我国民事诉讼中诉权与审判权之相互关系的错位与扭曲，不仅直接导致了当事人对诉讼救济手段实际功效的空前失望，进而使社会公众对法官、法院的原有信任发生动摇，同时也使法律的权威性和严肃性受到了极大的贬损。因此，这种状况必须及时加以纠正。

三、正确处理实体真实与程序合法的关系

所谓实体真实，即结果真实，具体是指案件的处理结果最大限度地符合客观实际，包括事实认定的准确无误与法律适用的无懈可击。所谓程序合法，即过程合法，具体是指诉讼的每一大小环节，不分巨细，均严格地遵循了现行有效的诉讼法的规定。从二者的关系来看，程序合法无疑是第一位的。这是因为：一方面，程序合法

是达到实体真实的保障，只有真正地、一丝不苟地做到了程序合法，才有可能最大限度地接近实体真实，为案件的正确处理奠定坚实的基础，这是一个十分浅显的道理。在此需要特别强调指出的是，程序合法可以十分有效地限制和排除法官的恣意、擅断，而法官的恣意、擅断则是通向实体真实的最大障碍。另一方面，如果诉讼程序本身基本契合公正价值的要求，那么，在裁判的结果与案件的实体真实（指客观真实）不尽吻合时，程序合法仍然可以使裁判结果发挥出正统性的功能。也就是说程序合法可以有效地化解部分甚至全体当事人的不满，使裁判结果变得易于为当事人所接受，并进而得到社会公众的心理认可和一体尊重。反之，在程序违法的情况下所产生的裁判结果，即便与实体真实偶然吻合，也难以消除人们对其"正确"性的疑虑。在此，有必要对程序合法与程序公正这两个概念稍作辨析。依笔者拙见，程序合法显然属于一个实然的范畴，其基本含义是指在诉讼实践中必须严格遵照现行程序法的规定办理案件；而程序公正则大致属于一个应然的范畴，具体是指应当力求有一个充分体现公正价值的诉讼程序。因而，程序合法主要是针对诉讼实践中具体行使审判权的法院及其法官而设定的行为准则，而程序公正则主要是指国家最高权力机关亦即立法机关在制定法律时所应遵循的价值取向。故此，在诉讼实践中，具体行使民事审判权的法院及其法官绝不能为"创造性"地追求"程序公正"而违反现行《民事诉讼法》的规定，否则必然会导致大量的程序违法现象。如此一来，其最终结果只能是：无论原本在法官们看来其所"创制"的程序多么"公正"，也会因为他们自身的随意性而在当事人乃至社会公众眼中变得不公正起来。

从理论上讲，实体真实与程序合法的相互关系虽然不难理解，但从审判实践来看，大部分法院及其法官却并不能够真正理顺实体真实与程序合法的相互关系，究其原因，有几下三方面：①由于整个国家、整个社会长期受到"重实体轻程序"这一负面传统观念的影响，作为社会成员一部分的法官，同样也未能"免俗"。②就我国现行《民事诉讼法》本身而言，也存在着对一些法院及其法官的审判行为约束软化的问题，客观上放任了一些法官频频违反《民事诉讼法》的种种行为。[1] 例如，在第 153 条第 1 款第 4 项、第 179 条第 1 款第 4 项以及 185 条第 1 款第 3 项，都明明白白地规定"人民法院违反法定程序"，只有在达到了"可能影响案件正确裁判"的严重程度时，才会引起相应的法律后果；反之，如果尚未达到这种严重程度仅属"轻度违法"，受理案件的法院和承办案件的法官则不会为此而承担任何诉讼上的法律后果，简言之，也即"完全免责"。从逻辑上讲，这样的规定无异于在暗示甚至鼓励法院及其法官可以在一定限度内不按法定程序办案，且免受任何追究。③从法院本身以往对于错案的认定标准及其追究来看，主要也是局限于实体方面，而对于程序是否完全合法，则远不像前者那样受到重视，这显然也在客观上对法官们进行了误导。

其实，就民事经济案件的审判而言，对于实体真实的努力追求并无不当，但问题的关键在于，如果离开了程序合法这一保障，甚至置法定程序于不顾，则根本不可能达到目的。审判实践中的错案，究其形成原因，绝大部分都与违反法定程序有关。因此"重实体、轻程序"的错误倾向再也不能继续下去了，必须对此加以纠正。在这个方面，令人欣喜的是，最高人民法院已经有了积极的举措，即在 1998 年 9 月 3 日公布了《人民法院审判人员违法审判责任追究办法（试行）》，并于当日起施行。[2] 固然，这一《办法》并非专门针对民事经济审判中的违法审判责任追究而制定，而是有着更为广泛的适用空间，但是从该《办法》第二章"追究范围"的具体规定来看，基本上囊括了民事经济审判中几乎所有的程序违法现象，且在整个"追究范围"中占有相当大的比重。由此可见，

---

〔1〕 参见赵钢、占善刚："我国民事诉讼法对法院审判行为约束软化的若干表现及其矫正"，载《武汉大学学报（哲学社会科学版）》1998 年第 2 期。
〔2〕 详见《法制日报》1998 年 9 月 4 日。

该《办法》的施行，必将有力地遏制当前民事经济审判工作中存在的程序违法现象，并进而使有法不依、执法不严、徇私舞弊、裁判不公等司法腐败的消除与实体公正逐步成为现实。

与此同时，需要强调指出的是，受目前人类认识手段、认识水平以及法定办案期限等因素的制约，我们不能对所谓实体真实尤其是其中认定事实的"准确无误"作机械的理解和不切实际的枉然追求，否则必然会导致各种各样的程序违法。事实上，只要我们在法定的办案期限内严格地遵循了现行有效的所有程序规范，依法查实了案内所有的证据材料并据此对案件所涉的实体问题作出了认定，那么，我们就可以问心无愧地讲：我们已经做到了认定事实上的准确无误，实现了实体真实的既定目标。当然，此时的实体真实，并非我们在以往通常理解的客观真实，而是裁判意义上的法定真实。

四、正确处理司法解释与现行立法的关系

就目前我国规范民事诉讼的程序依据而言，除现行《民事诉讼法》及散见于其他法律、法规和规范性文件中的民事诉讼程序规范以外，还有诸多的司法解释。当然，也有为数不多的立法解释。[1]为什么会有这么多的司法解释？主要原因是《民事诉讼法》本身过于粗陋，不敷适用。从二者的效力层次上来看，现行《民事诉讼法》显然要高于司法解释，而司法解释的作出，必须以现行《民事诉讼法》为依据，如有违背，则一概自始无效。但是，客观地讲，虽然这些年来司法解释所起的作用不可小视，然而其中存在的问题也是多方面的、不可忽视的。例如，司法解释的随意性较大，缺乏明确的用以规制其形成与出台的制度；[2]有些司法解释完全脱离

---

[1]　即偶见于全国人大常委会法制工作委员会历次《关于如何理解和执行法律若干问题的解答》中有关民事诉讼程序问题的内容。

[2]　尽管这种情况自1997年7月1日起已有所改进，但由于《关于司法解释工作的若干规定》并非来于国家权力机关而是产生于最高人民法院自身，故其合理性尚待商榷。

或违背了现行《民事诉讼法》的有关规定，一些司法解释彼此之间相互抵触，等等。

在上述情况下，就地方各级人民法院而言，在具体的审判实践中应当如何正确处理司法解释与现行《民事诉讼法》的关系呢？依笔者拙见，只有不与现行《民事诉讼法》相违背的司法解释才是可供适用的有效解释。除此之外，应该坚决地抵制不用！然而，当前司法实践中的实际情况却是，大多数法院和法官均未能够用一种审慎的、理性的眼光来看待和适用司法解释。有些法院和法官对司法解释的合法性从未有过一丝半点的怀疑，对某些司法解释的明显违法不仅视而不见，反而一再加以适用；有些法院和法官虽然已经意识到某些司法解释的内容违法，但却仍然照用不误，在他们看来，反正是司法解释违法（狭义的法），而自己则并没有违法（广义的法）；有些法院和法官在办理案件时基本上置现行《民事诉讼法》于不顾，而仅仅只是依照司法解释来审判案件，在他们那里"以法律为准绳"的基本原则事实上已被异化为"以司法解释为准绳"。这种程序法适用中的错位与紊乱状态无疑是建设社会主义法治国家的一大障碍，必须下大决心，花大力气加以排除。

还需要指出的是，在民事诉讼中，只有最高人民法院具有司法解释权，地方各级人民法院则一概没有这种权力。只有这样，才能有效地维护司法解释权的统一行使，防止司法实践的紊乱。因此，早在1987年初，最高人民法院就曾针对当时的混乱局面，专门发文，明令禁止地方各级人民法院制定具有司法解释性质的文件。[1]那么，现在的情况又如何呢？应该说没有明显好转，一些高、中、基层人民法院均制定有这样的文件。对此，笔者想要说明的是，从一定意义上讲，作为地方各级人民法院，这样的文件制定得越多，也就违法越多；反之，也就违法越少。如果某个法院根本没有制定

---

〔1〕 参见最高人民法院1987年3月31日发布的"关于地方各级人民法院不应制定司法解释性文件的批复"，载《中华人民共和国最高人民法院公报》1987年第2期。

任何具有司法解释性质的文件，那么从这个角度来说，它就是一个严格依法办案的好法院！

五、正确处理合议庭与审判委员会的关系

合议庭是根据合议制这一民事诉讼的基本制度依法组成并具体负责特定案件的审理与裁判的审判组织，而审判委员会则是人民法院内部对审判业务工作实行民主集中制的统一指导的最高组织形式。审判委员会并不直接办理具体案件。审判委员会与合议庭的关系是审判业务上的指导与被指导、监督与被监督的关系。这种关系不是行政意义上的领导与被领导的关系，更不是包办代替的关系。然而，在迄今为止的审判实践中，一些地方人民法院在处理合议庭与审判委员会的相互关系时还存在偏差和错位的现象。在这其中，司法权行使过程中的行政化倾向尤为突出，其主要表现是：

1. 一部分案件没有经过开庭审理或合议庭评议就去请示审判委员会，以求取得"尚方宝剑"并借此推卸审判人员的责任。这种"审者不判、判者不审"的错误作法，不仅是典型的"先定后审"，而且事实上导致了审判委员会在直接办案，明显与法律的规定相违背。况且，从实际情况来看，一个不接触"病人"（即当事人）就敢下处方的"医生"（即审判委员会），显然是难以做到"对症下药"、"药到病除"的。

2. 不少法院的审判委员会不同程度地干涉合议庭的审判活动，在案件审理之前或审理过程中，公开或变相地向合议庭发出"指令"，要求合议庭按"既定方针"办，或者干脆把案件直接揽过去由自己讨论决定。这种越俎代庖的错误作法不仅直接侵害了合议庭应有的法定权力，而且对当事人诉讼权利的保护也具有极大的危害性，故其显然属于对人民法院民事审判权的滥用。

3. 在一些地方法院，不仅重大、疑难的案件均要交由审判委员会讨论决定，而且即便是一些原本极为普通的案件，往往也要提交审判委员会去定夺，从而造成了审判委员会的权力膨胀，而合议

庭的权力则不当萎缩的现象。

4. 合议庭评议案件时常常会有不同的意见，这本属再正常不过的情况，但不少场合下却因此而将案件提交审判委员会讨论决定，这显然也是一种不当处理合议庭与审判委员会关系的表现。因为依照现行《民事诉讼法》第43条之规定，即便合议庭在评议案件时不能形成统一的意见，但是只要多数成员的意见一致，就应当据此依法作出判决，而不应当以案件"重大、疑难"为由提交审判委员会讨论。

5. 适用简易程序由独任审判员承办的案件，在发现案情并不简单时，不少法院的通常作法是将其提交审判委员会讨论决定。其实，依照《最高人民法院关于适用〈中华人民共和国民事诉讼法〉若干问题的意见》（以下简称《适用意见》）第170条规定的精神，在这种情况下，一般应将简易程序转为普通程序并由合议庭进行审理，而不是交由审判委员会讨论决定。上述一系列错误做法的危害是显而易见的，故此应当坚决地予以摒弃。

笔者认为，上述审判委员会与合议庭之间关系的错位，至少存在以下方面的严重弊端：

1. 从审判委员会的人员构成及其运作方式来看，由审判委员会讨论决定案件极难真正做到科学、公正。这是因为，就目前情况而言，审判委员会的委员基本上是由院长、副院长以及若干资深的庭长来担任。不可否认，他们均是或应当是各自分管业务范围内的专家，但他们绝对不是也不可能是精通全部法律规定的通才。所以在审判委员会讨论案件时，除了分管副院长等少数委员以外，其他委员几乎不可能发表出切中要害的高见。这种情况显然使一些审判委员会在相当大的程度上形同虚设，并极有可能受到分管副院长等少数委员与汇报人"串通一气"的操纵与左右。此外，从审判委员会讨论案件的运作方式来看，通常是集中安排一个时间，逐一讨论若干个案件，每个案件能够分摊到的时间十分有限。这无疑也在相当大的程度上使讨论的实际效果大打折扣，甚至完全流于形式。

2. 审判委员会讨论决定案件直接有违公开审判原则和回避制度。公开审判是现代诉讼制度的基本原则之一，审判委员会讨论决定案件的制度设置及其实际运作事实上是与这一基本原则相悖逆的，这不仅是因为直接负责对案件进行具体审理的合议庭成员不享有对案件的裁判权，而此前没有参与案件审理的审判委员会及其委员却掌握着诉讼的最终命运，而且更在于审判委员会及其委员是在"帷幕"背后也即在没有任何当事人和诉讼参与人到场并陈述意见的秘密状态下对案件作出了最终的处理。回避制度，作为民事诉讼中一项重要的基本制度，其设置目的显然在于依法排除与案件有某种利害关系的审判人员（及相关人员）参加对案件的审理和裁判，以保证审理的公正进行与裁判的正确作出。然而，在审判委员会讨论决定案件的情况下，当事人根本无从行使回避申请权，这不仅因为审判委员会的委员名单是不向当事人公开的，而且更不合理的是，即便当事人知道审判委员会的委员由哪些人担任，法律也并未赋予当事人对其享有回避申请权。

3. 审判委员会讨论决定案件的制度直接阻碍着审判责任制的落实。经审判委员会讨论决定的案件，如果最终被依法认定为错案，那么究竟应当由谁来具体承担责任呢？如果由合议庭成员来承担责任，显然是极不公平的，因为他们并非是案件处理结果的决策者；由审判委员会集体承担责任，从表面上看似乎比较合乎逻辑，但从实际效果来看，所谓"集体承担责任"，往往是谁也不承担责任。

上述一系列弊端的客观存在，严重地制约了审判委员会预期功能的有效发挥，故此必须加以改进。对此，有人主张从立法上彻底废除审判委员会讨论决定案件的制度，代之以法官独立审判。依笔者拙见，这一方案虽然可以起到"釜底抽薪"的作用，但因其实施必将牵涉到整个司法制度的改革，且阻力之大，障碍之多，所需条件之欠缺，均决定其不可能在短期内得到实现。有鉴于此，笔者认为，基于目前我国的实际情况，可首先在维持审判委员会讨论决定案件制度的基础上对其加以修补，等将来时机成熟时再作是否取消此项制度之斟酌。就目前而言，审判委员会工作制度的修补显然应该遵循以下思路：①使审判委员会的委员专职化，这样可以在相当程度上提高审判委员会讨论决定案件的质量，并借以保证此项工作应有的公正性与合理性得到充分的体现。②确立审判委员会讨论决定案件的先期公告制度，公布委员名单，并赋予当事人对审判委员会成员的回避申请权，以对此项工作形成有效制约。③参加案件讨论的审判委员会委员均应在判决书上署名，以便使审判责任制真正落在实处。

六、正确处理调解与判决的关系

依笔者之见，作为人民法院行使民事审判权的两种不同方式，调解和开庭审理（以及依法不开庭审理）基础上的判决，本身并无功能上的优劣与好坏。因此，就特定案件而言，究竟应当是调解结案还是判决结案，并不是什么了不得的重大原则问题。从理论上讲，在处理二者之间的相互关系时，应当遵循的基本规则是：案件所涉纠纷的处理方式，不能由承办法官仅凭个人好恶来加以选择，而应当根据案件的具体情况，在充分尊重当事人意愿的基础上，从有利于公正、及时地维护当事人合法权益出发来加以确定，既不宜"钟情"调解，也不能偏爱于判决。然而，在长期的诉讼实践中，却有相当一部分法院及其法官近乎天然地"倾心"调解而"疏远"判决，从而导致了调解结案的失当扩张和判决结案的大幅萎缩。自1991年以来，虽然我国现行《民事诉讼法》已将以往试行法中的"着重调解"原则改良为"自愿、依法调解"原则，但是，对于多数法院及其法官来讲，由来已久的调解偏好却并未因此而发生多大的改观，调解与判决的现实关系仍在很大程度上处于扭曲状态。那么，究竟是什么原因造成法官们如此"倾心"调解而"疏远"判决呢？笔者认为，造成法官偏好调解的背景原因固然很多，但其中最主要的莫过于在他们看来调解结案较之判决结案更能符合自身的利益，故"趋利祛弊"的思想动机强烈地吸引着法官以调解方式来了结案件。对此，有学者鲜明地指出，与判决相比，调解至少可以给法官带来三个方面的益处：①调解是一种风险性很小的案件处理方式。②调解可以使法官轻易地回避作出困难的法律判断。③调解可以使法官在相同的时间内办更多的案件。[1] 既然如此，他们又何乐而不为呢？

与法院及其法官的调解偏好不无关联的一个问题是，调解中的自愿原则始终没有得到切实的贯彻执行。从本质上说，法院调解是一种以双方当事人的合意为基础的纠纷解决方式，对当事人自主意志的充分尊重可以说是调解制度的灵魂所在。因此，不仅调解程序的启动须以当事人自愿为前提，而且调解达成协议也须出于双方自愿，任何违反自愿原则的强迫调解均会直接破坏这一制度的内在机理和固有品质，因而也必定会使其自身功能丧失殆尽。随着现行《民事诉讼法》中"自愿、依法调解"原则的确立，虽然以往曾普遍存在的公然强迫调解已不多见，但不可否认的是，当前审判实践中违反自愿原则的变相强迫调解却是不少。例如，当开庭审理中的法庭辩论终结后，如果双方当事人经法庭征询是否愿意接受调解且都作出了否定的回答时，接下来便是闭庭后漫长的"冷处理期"。在此期间，法官们均希望当事人经过"冷静思考"而"幡然醒悟"接受调解，因此不到案件审结期限届满前夕，当事人是断然不会收到判决书的。在这种情况下，当事人为求得纠纷的早日解决，往往不得不违心地接受调解，而这种调解显然是一种变相的强迫调解，因而无疑是违法的。与此同时，不可忽视的是，上述情况下所作的判决，固然没有突破案件的审结期限，但实质上却直接违反了现行《民事诉讼法》第9条和第128条中关于"及时判决"的要求，并因此而给当事人平添了额外的讼累，所以仍然应当认为是违法的。其实，审判实践中变相强迫调解的例子还有很多，例如"以判压

---

[1] 参见李浩："民事审判中的调审分离"，载《法学研究》1996年第4期。

调"、"以诱促调"便是其中较为典型之两种。所谓"以判压调"，即向当事人发出暗示，如果其不同意调解的话，则判决结果必定对他不利；所谓"以诱促调"，即指案件的承办法官利用自身在法律上的优越地位和当事人对他的信赖，故意向当事人发出不真实的信息，使当事人误认为调解比判决更符合自身的利益。[1] 上述各种变相的强迫调解，均使当事人的自愿发生了彻底的异变，"自愿"的背后不过是当事人的非出本愿、忍气吞声与万般无奈，故此是与自愿原则相违背的。而自愿原则的违背不仅会使调解本身发生"恶变"，而且也使调解与判决的相互关系大大地错位。由此观之，要想正常地发挥调解的功能，理顺调解与判决的相互关系，就必须"纯化"当事人的合意，杜绝违反自愿原则的现象发生。

此外，必须强调指出的是，如欲正确处理调解与判决的相互关系，还应当严格地遵循"调、审一致"规则。这项规则具体包括以下两层含义：①不论是进行调解还是作出判决，均应查明事实，分清是非。这是就基础或前提而言的"调、审一致"。②不论是调解结案还是判决结案，均必须符合法律规定。这不仅是指调解和判决的程序均必须合法，而且就个案而言，其在调解结案情况下的处理结果应当与其在判决结案情况下的处理结果大致相当，而不能出入太大。之所以要强调遵循"调、审一致"规则，是因为在我国现行《民事诉讼法》将调解与判决确定为人民法院行使民事审判权之不同方式的二元格局下，承办法官在同一案件的处理过程中既充当了调解主持者的角色，同时又充当了案件裁判者的角色，而角色竞合的结果必然使得法官在进行调解时难以精确地把握自己的"身份"，加之法官在"自身利益"驱动下所产生的调解偏好之痼疾，故而在调解的过程及调解协议的达成极易掺入法官的恣意与专断，并因此使当事人的合法权益"自愿"受损。由此观之，在当前这种调、审结合的民事诉讼体制之下，基于充分维护当事人合法权益之考量，

〔1〕 参见李浩："民事审判中的调审分离"，载《法学研究》1996年第4期。

强调遵循"调、审一致"规则也就有了十足的必要。

笔者已经注意到，对于现行《民事诉讼法》第 85 条中关于调解应当在"事实清楚"、"分清是非"的基础上进行的规定，已有学者提出了诘问和责难，认为法院调解不应当强调这一点，也即不必以"事实清楚"、"分清是非"作为法院调解的前提条件。[1] 笔者认为这种观点无疑是有害的，其主张者显然对我国法院调解制度的运行状况及其深层次矛盾缺乏必要的了解和理性的考量，且在未作深入分析和充分比较的情况下将对于诉讼外调解的柔性规制适用于我国的法院调解，因而这一观点至少从目前来说是不合适的。在现行《民事诉讼法》对法院调解的前提条件作如此严格要求的情况下，尚且大量出现使当事人合法权益频频受损的"和稀泥"式调解，我们不难想象，如果取消"事实清楚"、"分清是非"之限制，对法官的行为不加以必要的约束，那么在目前民事审判权行使方式之"协同并用"的条件下，法官的随心所欲和恣意擅断必将会在调解程序的运行过程中进一步泛滥。诚然，如果有朝一日调、审分离的体制得以确立，笔者也会认同有关学者提出的上述主张，但是，在当前我国调、审结合的诉讼体制下，二者的适用范围十分模糊，且法官的调解"癖好"与双重身份使得其对调解的过程与结果均有着过于强大的消极影响力，因而强调调解必须以"事实清楚"、"分清是非"为基础无疑是对法官恣意行为的有力约束和对当事人合法权益的合理维护。

就"调、审一致"规则中关于调解结案和判决结案均须符合法律规定这一点而言，当前审判实践中存在的突出问题是，调解的结果与判决结案的处理结果普遍有着较大的出入，甚至可以说是霄壤之别，但却被美其名曰是当事人行使"处分权"所致。不可否认，

---

[1] 参见景汉朝、卢子娟："经济审判方式改革若干问题研究"，载《法学研究》1997 年第 5 期；王建勋："调解制度的法律社会学思考"，载《中外法学》1997 年第 1 期。

在调解结案的情况下，确实应当充分尊重当事人的自由处分权，因为这是调解制度的确立基础与运行保障，但是，对于调解实践中频频出现的一方当事人（常常是主张权利的一方当事人）大妥协、大让步的反常现象，我们能够说这是当事人基于真实自愿行使处分权所产生的合理结果吗？显然在绝大多数情况下并非如此。事实上，这种大妥协、大让步往往是当事人在法院及其法官的"软硬兼施"下万般无奈的痛苦选择。如果对此硬要说充分体现了当事人的自由处分，那么，显然是在强词夺理，或者是在自欺欺人，因为任何一个神智正常的人都是不会自愿接受这种显失公平的调解结果的。由此观之，基于尽量避免产生显失公平的调解结果以切实维护当事人合法权益之考量，贯彻"调、审一致"规则中关于调解结案亦须符合法律规定之要求显然并非画蛇添足。

七、正确处理当事人举证与法院查证的关系

在民事诉讼中，法院（通过法官）对案件事实的认定以及裁判的最终作出，均须以证据作为根据，故此证据在整个民事诉讼中居于核心地位乃是不容置疑之定理。正是因为证据具有如此重要的作用，如何摆正当事人与人民法院在证据问题上的彼此位置，理顺当事人举证与法院查证的相互关系，也就成为事关整个民事诉讼结构设计得当与否的关键所在。从我国现行《民事诉讼法》第64条的规定可以得知，在通常情况下，证据均应当由提出主张的当事人负责收集并向法院提供，而人民法院则只在遇到以下两种特殊情况时，方可依职权主动地调查收集证据：①当事人及其诉讼代理人因客观原因不能自行收集证据。②人民法院认为因审理案件需要而调查收集某些证据。这两种情况也就是人民法院依职权主动调查收集证据的法定前提条件。从表面上看，当事人举证与法院查证之间的相互关系似乎十分明确且易于把握，但实际上却远非如此。就第一种情况而言，显然就存在一个人民法院如何对造成当事人及其诉讼代理人不能自行收集证据的所谓"客观原因"进行正确识别的问

题。从理论上讲，所谓客观原因，乃是相对于主观原因而言的，而主观原因则大抵是指行为主体在主观上存在过错（包括故意与过失）。由此可知，当事人及其诉讼代理人因客观原因而未能自行收集证据实际上是一种客观上的举证不能，其中并不包括当事人及其诉讼代理人因主观上的过错而未能自行收集证据的情形。也就是说，在民事诉讼中，如若某一项或某几项证据是由于当事人及其诉讼代理人因主观上的过错而未能自行收集的，人民法院同样不能也无权去主动调查收集。当然，道理固然简单，但在审判实践中，人民法院对上述情况的认定则显然会因其对所谓"客观原因"的理解不同而结果迥异。其实，第一种情况中所存在的标准含糊之立法瑕疵在第二种情况中同样存在，甚至有过之而无不及。因为任何具有正常思维的人都可以想见，人民法院仅仅凭借"认为审理案件需要"这一具有无限弹性、语义极为含糊且主观色彩极为浓重之理由便可以主动调查收集证据，必将使得审判实践中人民法院主动调查收集证据之范围因案件承办法官的不同而大不相同。法官的个人情感、生活经验、认知能力以及业务水平，往往也就成了划定人民法院主动调查收集证据之范围大小的决定性因素。甚至可以说，有多少个法官，就有可能会产生多少个法院主动调查收集证据的实施标准。

显然是出于消除现行《民事诉讼法》在人民法院调查收集证据范围上的含混不清并借以克服由此而在审判实践中所生成的种种弊端之考量，最高人民法院在《适用意见》第73条对立法规定作了相应的补充性解释。但令人感到遗憾的是，即便撇开因司法解释本身所固有的刚性不足之弱点故而难以完全弥补立法上的缺漏不谈，单就其内容而言，其实也远未能够完成对立法上的模糊规定作出富于操作性的精巧设计。为了更好地说明这一问题，不妨对该项司法解释作更进一步的分析。《适用意见》第73条规定"依照《民事诉讼法》第64条第2款规定，由人民法院负责调查收集的证据包括：①当事人及其诉讼代理人因客观原因不能自行收集的。②人民法院认为需要鉴定、勘验的。③当事人提供的证据互相有矛盾、无法认定的。④人民法院认为应当由自己收集的其他证据。"综观该项司法解释，若就其中所含之适用情形的数目而言，确实要较立法上的列举为多，故而似乎已有改良，然而究其实际内容来看，除去第 3 项之外，其余诸项所涵括的内容与立法上之规定其实并无二致，不过是对立法规定的如实"复印"而已。[1] 具体来讲，其中第 1 项显然只是对《民事诉讼法》第 64 条第 2 款中前半句所做的毫无实际意义的机械移植，而第 2、4 项则因均含有"人民法院认为"这一弹性十足且主观色彩极为浓重的字眼而在实际上与《民事诉讼法》第 64 条第 2 款中之后半句的内涵如出一辙。就第 2、4 项的相互关系来讲，前者充其量只是后者之徒具象征意义的"例证"而已。至于《适用意见》第 73 条第 3 项"当事人提供的证据互相有矛盾、无法认定"之规定，虽然具有"扩充"立法规定之相对独立内涵，但将其列举为人民法院依职权主动调查收集证据的第三种情形，显然是直接有违举证责任原理的。道理很简单，因为在案件审理过程中，一旦出现"当事人提供的证据互相有矛盾、无法认定"这种状况，即表明此类案件陷入了真伪不明、曲直难辨的状态。在这种情况下，人民法院所要做的就是也只能是适用举证责任规则对案件作出裁判，也即判决负有举证责任的一方当事人败诉，而不能越俎代庖地去主动调查收集证据。事实上，即便人民法院置举证责任机制于不顾而去越俎代庖地主动调查收集证据，也未必就能在法定的办案期限内及时收集到足以打破因当事人提供的证据互相矛盾而使案情陷入真伪不明、曲直难辨状态所需的证据。基于"不得拒绝作出裁判"之规制，受诉法院到头来往往还得依照举

---

[1]　在此有必要顺便提及的是，最高人民法院于 1998 年 6 月 19 日通过的《关于民事经济审判方式改革问题的若干规定》中对人民法院调查收集证据的范围所作的界定，除在语言上有所改变以及对《适用意见》第 73 条第一种情形要求当事人应当提出申请和证据线索之外，几乎是对《适用意见》第 73 条所列四种情形的再次"复印"。

证责任规则对案件作出裁判。

上述立法状况以及法院调查收集证据之传统方式的强大惯性，直接导致了审判实践中证据调查收集活动的混乱。这表现为：一方面，一些法院及其法官常常以现行《民事诉讼法》已对当事人应负举证责任作出了明确规定为借口，对本来应当由其调查收集的证据采取敷衍塞责的推诿态度。显而易见，这种怠于履行查证职责的行为，不仅会给相当一部分案件造成认定事实上的根据缺失和裁判障碍，而且在实质上也是一种严重失职的违法行为，因此必须加以纠正。另一方面，与上述懈怠行为形成鲜明对照的是，一些法院及其法官往往凭借其在调查取证方面所拥有的自由裁量权而按照自己的主观擅断随心所欲地"调查收集证据"。其中尤为严重的是，由于地方保护主义以及其他种种形态之经济利益的驱使，有些法院及其法官竟然毫无顾忌地站在某一方当事人的立场上"积极主动地"调查收集有利于该方当事人的各种证据，而置有利于另一方当事人的各种证据于不顾。然而，由于此类行为均被披上了"审理案件需要"之合法外衣，故而常常使得由此受到不公正待遇的一方当事人敢怒而不敢言，甚至既不敢怒也不敢言。显而易见，这种随心所欲的"调查收集证据"之行为，极大地歪曲和违背了民事诉讼法的立法精神，其影响也是有目共睹的。

那么，究竟应当如何厘清当事人举证与法院查证的相互关系呢？依笔者之见，从实践的层面上来考察，由于现行《民事诉讼法》及相关司法解释对法院查证之范围规定得含糊，弹性极大，且主观色彩极为浓重，故而要想在审判实践中理顺二者之间的相互关系显然是一件极其困难的事情。但即便如此，我们仍应知难而进，迎难而上，因为这毕竟并非是完全不可能的事情。当然，由于具体案件的不同及承办法官的个体差异会在具体操作时表现出一定的"个案色彩"，但作为承办具体案件的法官，只要其在依职权调查收集证据时不掺杂个人的私欲，不以此项职权行为作为寻租谋私的手段，不对双方当事人有显失公正的对待，那么也就可以心安理得了。从立法的层面上来考察，对现行《民事诉讼法》中关于人民法院调查收集证据之规定加以修改则是非常必要的，这不仅是因为现行规定本身存在如前所述之缺陷，故而在审判实践中难以做到正确把握与合理操作，而且因为这种规定往往造成诉讼效率的明显低下与裁判结果的严重不公。笔者认为，对现行规定的修改可以循以下思路来具体完成：

1. 在人民法院调查收集证据的范围上，应当将之严格限定为当事人及其诉讼代理人因客观原因不能自行收集的证据。只有这样，方能有效地防止受诉法院及其法官在调查收集证据上的"随心所欲"，并借以消除因这种"随心所欲"所造成的种种弊端。

2. 从人民法院调查收集证据的启动方式上来说，应当改人民法院依职权主动调查收集证据之规则为由当事人提出申请、受诉法院予以审查决定之范式。也就是说，当事人之申请，乃为人民法院调查收集证据之先决条件；若无当事人提出申请，人民法院则不得依职权主动调查取证。

3. 明确规定当事人申请人民法院查证之具体条件。在此类条件的设定上，应当尽可能地做到语义清晰，内涵明了，外延周全，便于操作。

4. 合理设定经当事人申请对人民法院所作不予查证之决定的救济程序。这是因为，在由当事人提出申请、人民法院予以审查决定的范式之下，仍不免会发生受诉法院及其法官怠于查证之行为。因此，基于保障当事人程序利益之考量，理应赋予其相应的救济手段，例如，可规定当事人有权在一定期限内申请复议一次。

5. 完善相关的配套规定，促进查证行为的有序进行。例如，建立完整的举证责任制度，合理分配举证责任，并使举证责任的履行与否和案件的裁判结果相互挂钩，从而最大限度地激发当事人的举证热情，合理收缩查证行为。又如，建立健全当事人履行举证责任的法律保障机制，以便使当事人能够通过一切正当的途径与合法的手段及时收集到用以证明其所提主张的相应证据。这样一来，人民法院的查证行为自然也就会常常成为"多余"的了。

八、正确处理二审法院与一审法院的关系

二审法院与一审法院之间究竟是一种什么样的关系呢？依笔者之见，从我国现行的有关法律规定来看，二者之间只能是一种审级意义上的制约与监督关系，而绝非行政意义上的领导关系。就其制约属性来讲，是说两审终审制及二审法院的客观存在，本身就是对一审法院及案件的一审的一种无形的制约，它使得一审法院"不敢为所欲为"而必须严格依法办案。除此之外，这种制约没有任何其他形式的实现手段，否则便是违法。就其监督属性而言，是指在当事人依法上诉的前提下，二审法院得以通过二审程序的进行，依法纠正尚未生效但确有错误的一审裁判，或者依法维护正确无误的一审裁判，并以此保护当事人的合法权益，保证审判权的正确行使。但须明确，如若当事人没有提出合法有效的上诉，二审法院的这种监督功能便是根本无法而且也不应当"发挥作用"的，否则也是违法。

法律之所以规定二审法院与一审法院之间只能是一种制约与监督的关系，完全是因为设置审级制度的根本目的就在于为纠纷的解决提供一个纠错的保障机制，以便充分保护当事人的合法权益并确保法律的正确实施及审判权的正确行使，而这一根本目的的切实实现则显然是以上下级法院在审判案件时的彼此独立为前提的。否则，如果彼此之间是一种领导与被领导、支配与被支配的关系的话，那么，下级法院便应当在办案意旨与审判行为方面与上级法院"保持一致"，在处理案件时则应当按照上级法院的"指令"行事。但这样一来，审级之间应有的区别与界限便将不复存在，两审终审制也将名存实亡、形同虚设，对当事人合法权益的诉讼保护机制更将因此而彻底"坏死"。由此观之，那种认为二审法院与一审法院之间是一种领导与被领导关系的看法，显然是一种大错特错且绝对不可原谅的糊涂认识。

上述二者之间的相互关系并非艰涩难懂，现行立法对之所作的

规定也并非不够明确，然而，审判实践中却仍有相当一部分法院及其法官对此缺乏正确的理解。笔者这样说决不是无中生有，因为审判实践中在处理二审法院与一审法院的彼此关系问题上所出现的种种偏差便是最好的佐证。在此，笔者想特别提及的是所谓"案件请示制度"，也即下级法院在案件审理过程中向上级法院进行请示并根据请示的结果来对案件作出处理的制度。显而易见，这种案件请示制度直接使二审法院与一审法院之间形成了一种事实上的"行政化"领导关系，它不仅明显违背了各级法院应当各自依法独立行使审判权的司法原则，而且在实质上剥夺了当事人的上诉权，因而是极其有害的。然而，这种原本违法的做法却被美化为"非程序性的审判工作监督"并在实践中普遍存在。其实，所谓"非程序性的审判工作监督"乃是一种"反程序性的审判工作监督"，是与我国《民事诉讼法》、《人民法院组织法》等法律规定背道而驰的。与此同时，审判实践中不当处理二审法院与一审法院相互关系的另外一种表现是，不少二审法院常常要求一审法院在案件审理过程中向其汇报案件的审理情况，或者主动向一审法院发出"指令"，要求一审法院按其"旨意"处理案件。毫无疑问，这是一种严重干涉一审法院独立审判的违法行为，其所生弊端与如上所述之"案件请示制度"可以说是同出一辙，但其危害性却更加严重，因为它是一种自上而下的主动干涉，故而力度更大，"刚性"更强，危害更烈。然而，即便是这样的违法操作，司法解释同样也是加以确认的。例如，最高人民法院在其于 1989 年 1 月 31 日下发的《关于建立经济纠纷大案要案报告制度的通知》中明确规定，为了"加强指导监督"，对于其所界定的几类大案要案"各高级人民法院对上述案件的受理呈报表应在受理的法院立案后 10 日内，结案呈报表应在结案后 15 日内报最高人民法院经济审判庭。对急要的案件，应随时将受理呈报表、结案呈报表用电传上报"。[1] 最高人民法院尚且如

---

〔1〕 参见最高人民法院编：《司法文件选编》1989 年第 5 期，第 28 页。

此，那么，各高级人民法院和中级人民法院同样会有"理由"要求各自的下级法院向其汇报案件审理情况。但如此一来指导监督以及前面所讨论过的案件请示制度，必将会大大地扭曲二审法院与一审法院之间的相互关系，使《民事诉讼法》等法律所规定的一系列审判原则流于形式，因此必须加以彻底的矫正。

九、正确处理审判程序与执行程序的关系

审判程序与执行程序虽然在保护当事人合法权益上具有内在的一致性，故而关系十分密切，但从二者所承担的具体功能来讲，审判程序是确认当事人之间的民事权利义务关系的程序，而执行程序则是保证生效裁判及其他法律文书得以实施，当事人的民事权利得以实现的程序。简言之，也即前者是确认私权程序，而后者则是实现私权程序。由此可见，二者具有明显的相对独立性和各自不同的诉讼任务，彼此之间不能相互代替。

以上所讲的道理虽然十分浅显，但从诉讼实践来看，却仍有一部分法官（包括审判人员和执行人员）未能对二者的关系作正确的理解和把握，并在具体操作中产生了种种偏差。比如，有些法官仅仅看到了审判程序与执行程序之间的一致性而忽视了它们在具体功能上的差异性，故而在制作判决时，不是考虑如何去全面、彻底地确认胜诉一方当事人的合法权益，而是貌似客观地去预测日后强制执行的可能性有多大，并根据这种预测的结果来制作判决。这样不仅常常使胜诉一方当事人的合法权益大打折扣，而且还会在客观上放纵负有给付义务的一方当事人，从而在一定程度上导致"抑善扬恶"的负面社会效果的产生。又如，一些法官常常以日后强制执行有困难为由，诱劝甚至威逼享有权利的一方当事人在作出巨大牺牲的情况下与对方当事人达成所谓的调解协议，这不仅是对法院调解制度的滥用，而且也是不当处理审判程序与执行程序相互关系的一种表现。再如，在执行程序中，当案件的执行遇到一时难以克服的障碍时，有些执行人员往往会抱怨审判人员只顾自己判得"痛快"

而不去考虑日后的执行难度，并进而产生懈怠心理。这其实也是对审判程序与执行程序之相互关系存在误解的反映。另外，与上述忽视审判程序与执行程序在具体功能上的差异性的各种表现有所不同的另一错误作法是，不少法院的执行人员完全无视二者在保护当事人合法权益上的一致性，不按生效法律文书所确定的内容予以执行。他们要么是基于"尽一切可能实现胜诉一方当事人合法权益"的认识，公然超出生效裁判所确定的范围予以执行，要么是以存在"执行困难"为由，对裁判内容仅予部分执行便草草"结案"了事，或者以种种借口拖延执行，甚至于公然拒绝执行。近些年来，由于地方保护主义已呈蔓延之势，"执行难"现象不仅没有得到应有的抑制反而愈演愈烈。上述各种情况的存在，显然都是极其有害的，而其生成原因，均与未能正确处理审判程序与执行程序的相互关系不无关联，故此必须从理论与实践的结合上加以匡正。

十、正确处理依法独立行使审判权与接受检察监督的关系

民事经济案件的审判权由人民法院统一行使。而且，人民法院依照法律规定对民事经济案件独立进行审判，不受行政机关、社会团体和个人的干涉。但是，为了确保人民法院能够正确地行使审判权，也必须确立起相应的监督机制，其中包括来自审判机关自身系统以外的检察监督机制。作为此种监督机制的立法体现，我国现行《民事诉讼法》不仅在第 14 条明确规定了检察监督的基本原则，即"人民检察院有权对民事审判活动实行法律监督"，而且在"审判监督程序"这一章中从第 185 条至第 188 条对检察监督的方式、具体适用情形以及相关程序要求作出了规定。那么，目前作为人民检察院对人民法院的民事审判活动实行法律监督的仅有途径，即按照审判监督程序提起抗诉的实际效果又是如何呢？据笔者所知，效果是不理想的。例如，一些法院对人民检察院提出民事抗诉的案件采取消极拖延的态度，长期不开庭审理，或者是审而不决。虽然《适

用意见》第 213 条规定"再审案件按照第一审程序或者第二审程序
审理的，适用《民事诉讼法》第 135 条、第 159 条规定的审限"，
但由于这两项规定本身即属弹性十足的条款，故而致使一些法院利
用其中"有特殊情况"这一具有无限弹性的规定而对人民检察院提
出民事抗诉的案件一拖再拖，甚至于干脆将其打入"冷宫"。又如，
由于人民法院对再审案件的审理结果享有最终的决定权，而由人民
检察院所提出的民事抗诉在本质上仅仅体现为一种"改判建议权"，
因而一些法院便利用自身的这种"优势"地位，不顾事实与法律而
一错再错，坚持不改。诉讼实践中虽然也有人民检察院对同一案件
连续抗诉的情况，但人民法院却反复"裁定驳回"，最后往往是以
人民检察院的"偃旗息鼓"而告终。再如，在民事抗诉案件的审理
过程中，一些法院往往以准予当事人撤诉的方式来终止诉讼程序，
这显然是对人民检察院行使民事抗诉权的一种漠视和规避。道理很
简单，由于此类案件的再审程序并非是因为当事人行使再审申请权
而启动，而是基于人民检察院按照审判监督程序提出的抗诉而引
起，故此人民法院不应像在通常情况下那样裁定准许当事人提出的
撤诉申请。那么，究竟是什么原因造成抗诉效果如此不佳的呢？笔
者认为，我国现行《民事诉讼法》在检察监督制度方面所表现出来
的立法粗陋固然是重要原因之一，但平心而论，目前阻碍着民事检
察监督机制应有功能之有效发挥的主要原因却在于审判机关自身。
也就是说，从法院系统的整体层面上来讲，普遍地尚未理顺与法律
监督机关的相互关系，不习惯接受来自检察机关的民事抗诉，甚至
于对民事抗诉怀有强烈的抵触情绪。

其实，并非仅仅是地方各级人民法院没有心平气和地把接受人
民检察院的民事经济检察监督作为审判机关的份内之事，而且就连
最高人民法院也有类似现象发生。笔者下此断言是有根有据的：如
最高人民法院分别于 1995 年 8 月 10 日和 1995 年 10 月 6 日下发的
《关于对执行程序中的裁定的抗诉不予受理的批复》以及《关于人
民检察院提出抗诉按照审判监督程序再审维护原裁判的民事、经

济、行政案件，人民检察院再次提出抗诉应否受理的批复》[1]。所以，检察机关必须严格依法进行法律监督。此外，笔者还想指出的是，对于调解结案的案件，最高人民法院在有关司法解释中规定，人民法院可以根据《民事诉讼法》的规定的精神主动提起审判监督程序，[2] 然而，尽管笔者通览了最高人民法院的所有司法解释，但却未能从中找到关于可以受理人民检察院根据《民事诉讼法》的规定的精神对调解结案的案件按照审判监督程序所提出的抗诉的规定。由此我们可以窥见，人民法院无疑是乐于"扩大"自己的职权的，并且只希望自己监督自己以及监督当事人，但却不希望人民检察院在调解问题上"束缚"住自己的手脚，事实上这也正是审判实践中大量的违法调解现象长期存在且难以得到有效纠正的重要原因之一。

---

〔1〕 这类司法解释还有：最高人民法院于 1996 年 8 月 8、13 日先后下发的《关于检察机关对先予执行的民事裁定提出抗诉人民法院应当如何审理问题的批复》、《关于在破产程序中当事人或人民检察院对人民法院作出的债权人优先受偿的裁定申请再审或抗诉应如何处理问题的批复》，以及于 1997 年 7 月 25 日通过并于同年 8 月 2 日起施行的《关于对企业法人破产还债程序终结的裁定的抗诉应否受理问题的批复》。

〔2〕 参见最高人民法院于 1993 年 3 月 8 日下发的"关于民事调解书确有错误当事人没有申请再审的案件人民法院可否再审的批复"，载最高人民法院编：《司法文件选编》1993 年第 12 辑。

第三部分

诉讼程序与诉讼制度研究

专属地域管辖与特别
地域管辖趋同论*

从世界各国民事诉讼立法的规定来看，根据不同的确定标准，民事诉讼案件的地域管辖通常被分为三类，即普通地域管辖、特别地域管辖和专属地域管辖。其实，这也是为我国《民事诉讼法》予以明确认同的立法上的分类。然而，如果悉心考察我国现行《民事诉讼法》关于专属地域管辖和特别地域管辖的规定并将这二者作一番比较分析，我们便不难看出，专属地域管辖的现有规定实际上显然已无单独设置之必要，因为专属地域管辖在立法意旨、管辖性质以及适用特点等诸多方面已经与特别地域管辖大致趋同。基于立法完善之考虑，将专属地域管辖并入特别地域管辖，使其成为特别地域管辖的一个组成部分，不仅实属必要，而且这样做实际上丝毫也不会影响专属地域管辖的现有规定在审判实践中的个案适用。

一

从诉讼理论上讲，专属地域管辖是指将特定种类的案件专门划归某一个或某几个法院管辖。同普通地域管辖和特别地域管辖相比较而言，专属地域管辖最为突出的特征就在于其在管辖法院确定上的绝对排他性，也即凡属于专属地域管辖的案件，除了立法所明确限定的某一个或某几个法院具有管辖权之外，其他任何法院均无管辖权。与此同时，专属地域管辖还具有阻却当事人基于意思自治原

---

* 原文发表于《法学杂志》1998 年第 1 期。

则协议变更管辖法院以及法院依照职权裁定更易案件管辖的效力。但是，依照我国现行民事诉讼法的规定，本应专属于专属地域管辖的上述特征却并非为其所独有，实际上它们在特别地域管辖的规定里也同样得到了明显的凸现。加之专属地域管辖与特别地域管辖在设定目的及管辖性质方面本就呈现出同一性，故专属地域管辖显然已经与特别地域管辖趋同。

1. 二者的设定目的完全相同。从某种意义上讲，专属地域管辖同特别地域管辖一样，其实都是相对于普通地域管辖而言的。我国《民事诉讼法》之所以要在规定了普通地域管辖的同时另行设置特别地域管辖和专属地域管辖，原因在于民事诉讼中某些特定种类的案件在诉讼标的的诸要素上具有特殊性，如果遵循普通地域管辖的适用规则，确定与当事人（被告或原告）所在地（住所地或经常居住地）有辖区隶属关系的法院为唯一有管辖权的法院，那么，审判实践中则不免会发生既不能便利当事人进行诉讼活动，又不能方便法院对这些案件进行审判之"两难"情形。而且，这无疑还会无谓增加当事人等与受诉法院在人力、物力、财力方面的各项投入，于诉讼成本之控制极为不利。故此《民事诉讼法》针对这些案件的特殊性，"另辟蹊径"设定了以诉讼标的诸要素作为确立管辖法院的连接点从而有别于普通地域管辖单纯以当事人（被告或原告）所在地（住所地或经常居住地）为确立管辖法院的连接点的管辖制度，以求达到诉讼经济之目的，这就是特别地域管辖制度与专属地域管辖制度。

2. 二者之管辖性质实无差异。从诉讼理论上讲，普通地域管辖乃是属于对人管辖，与此不同的是，特别地域管辖和专属地域管辖均是属于对事管辖或者对物管辖。因为，它们二者都是以诉讼标的诸要素作为确立管辖法院的连接点。更为准确地讲，是以诉讼标的物所在地或者引起法律关系发生、变更或者消灭的法律事实所在地作为确立管辖法院的连接点。尽管在我国现行《民事诉讼法》第二章第二节所明文列举的九类特别地域管辖案件中除了追索海难救助费用案件、共同海损案件这两类案件仅仅是以诉讼标的诸要素作为确立管辖法院的连接点以外，其余七类案件确立管辖法院的连接点中无一例外地囊括了"被告住所地"这一本应属于对人管辖也即普通地域管辖的连接点，但是，由于"被告住所地"只是可供当事人加以选择的多个连接点中的一个，且通常不会被当事人予以优先考虑，因而显然不能将之与其他各个连接点置于等量齐观的地位。由此视之，从整体上看，我国现行《民事诉讼法》将"被告住所地"作为特别地域管辖中确立管辖法院的连接点之一并不影响其之属于对事管辖或者对物管辖的原有性质。

3. 二者之适用特点没有区别。显而易见，特别地域管辖和专属地域管辖在具体适用时均优先于普通地域管辖，这是虽然未被我国现行《民事诉讼法》所直接明定但却能从二者之立法意旨、管辖性质以及立法条文里所蕴含的逻辑关系中推衍出来的适用管辖的一般规则。与此同时，由于特别地域管辖和专属地域管辖均包含多类案件的诉讼管辖（前者为九类，后者为三类），并且每一类案件在诉讼标的上又各不相同，因此，就其二者本身的具体适用来讲，均是相互独立的，彼此之间断然不会产生管辖适用竞合的情形。申言之，也即在适用某一类专属地域管辖时自会排斥其他专属地域管辖和所有特别地域管辖的适用，同样，在适用某一类特别地域管辖时也会排斥其他特别地域管辖和所有专属地域管辖的适用。由此可见，就管辖适用时的"排他性"或曰"独占性"而言，特别地域管辖和专属地域管辖其实也无二致。

通过上述分析，我们不难看出，由于专属地域管辖在设定之目的、管辖性质、适用特点等诸方面已经与特别地域管辖趋同，失却了其与特别地域管辖相区别的质的规定性。故此，专属地域管辖作为一项独立的管辖制度而存在的根基显然已经不复存在。而我国现行《民事诉讼法》仍旧赋予其独立的一席显然是一项虚设之举。实际上，专属地域管辖在我国《民事诉讼法》的现有架构之下早已是徒具外观，形同虚设。有鉴于此，笔者认为，从立法完善的层面着眼，我国现行《民事诉讼法》第 34 条所规定的三类案件之专属地域管辖应当被作为三类特别地域管辖而纳入后者的框架体系之中。并且，如前所述，这三类案件在管辖法院确定上的绝对排他性同样能够在它们作为特别地域管辖加以适用时得到完全而充分的体现。申言之，也即将它们并入到特别地域管辖之中并不会因此而弱化它们原来作为专属地域管辖时所固有的效用或曰功能。

或许有人会以专属地域管辖具有阻却当事人协议选择管辖的效力，而特别地域管辖则并无此种效力为由，对将专属地域管辖并入特别地域管辖的可行性提出质疑，其实，这种看法是不能成立的。道理很简单，我国现行《民事诉讼法》虽然设置了协议选择管辖的制度，但其适用范围并不宽泛，撇开可供当事人协议选择的有管辖权的法院在数量上有明确限定不谈，单就此项制度所适用的案件范围而言，它也仅限于合同纠纷案件，而且其中还不包括《民事诉讼法》第 26 条所规定的保险合同纠纷案件和第 28 条所规定的各类运输合同纠纷案件。一言以蔽之，协议选择管辖所具有的对特别地域管辖加以变通的效力仅仅是针对《民事诉讼法》所规定的一部分合同纠纷案件而言的，而对于其他各类属于特别地域管辖的案件并无任何效力可言。由于现在被列为专属地域管辖的三类案件均不是合同纠纷案件，它们在作为专属地域管辖适用时固然能够有效地排斥协议选择管辖的适用，但在将它们纳入特别地域管辖之后加以适用时，同样亦不存在允许双方当事人以协议的方式选择管辖法院而对其适用予以变通的可能性。由此观之，不论从诉讼理论、立法编排上来讲，还是从实际操作来看，将专属地域管辖纳入特别地域管辖之改良，均不存在任何障碍，其可行性是勿庸置疑的。

二

专属地域管辖何以会与特别地域管辖趋同并使得前者失去作为一项独立的管辖制度之基础且产生将其纳入后者之必要？究其原

因，笔者认为，显然在于我国现行民事诉讼法在对 1982 年的《民事诉讼法（试行）》所规定的特别地域管辖制度进行修正时，删除了其中第 29 条这一原本能够明确标示特别地域管辖与专属地域管辖二者之间之显著差异的关键性条款。因为，依照《民事诉讼法（试行）》第 29 条之规定，在适用特别地域管辖"有困难"的情况下，即可转而适用普通地域管辖之规定，但这却在客观上使得特别地域管辖的"适用刚性"大打折扣，并因此而具有了过分的弹性，从而为审判实践中任意扩大适用普通地域管辖的失当行为打开了绿灯。虽然从《民事诉讼法（试行）》第 29 条之立法本意来讲，显然旨在标示出特别地域管辖的适用并不象专属地域管辖那样具有绝对的排他性和强制性，并希冀通过此种方式为解决审判实践中的管辖困难提供一条较为便捷的途径。但是，既然审判实践已经证明该项规定之存在实乃弊大于利并已在现行民事诉讼法中予以删除，特别地域管辖与专属地域管辖之间仅有的差异即不复存在，二者的趋同已是不可否认的客观现实，那么，将专属地域管辖纳入特别地域管辖之中，当然也就有了十足的必要和完全的可能。

从司法解释与现行立法之抵触
看无独立请求权第三人诉讼
地位之窘困及其合理解脱*

　　相对于 1982 年颁行的《民事诉讼法（试行）》在无独立请求权第三人诉讼地位设定上之阙如来讲，我国现行《民事诉讼法》第 56 条第 2 款中"人民法院判决承担民事责任的第三人有当事人的诉讼权利义务"（此处所谓之第三人专指无独立请求权第三人——笔者注）的规定，在一定程度上填补了无独立请求权第三人之诉讼地位在立法上所处的"真空"状态，这无疑是一个进步。但由于该项规定本身仍然具有明显的罅漏之处，故无独立请求权第三人诉讼地位被虚化的原有窘困实际上并未因此而得到解脱，审判实践中亦因之而滋生出不少尚难得到合理解释的问题。基于民事审判工作的实际需要，最高人民法院在《关于适用〈中华人民共和国民事诉讼法〉若干问题的意见》（以下简称《适用意见》）第 66 条中规定："在诉讼中，无独立请求权的第三人有当事人的诉讼权利义务"，从而以司法解释的形式对无独立请求权第三人在整个诉讼阶段都处于当事人的诉讼地位给予了明确的肯定。但是，由于此项司法解释明显与现行《民事诉讼法》第 56 条第 2 款之规定发生抵触，故其显然处于不合法之实际状态，因此也就未能真正消除无独立请求权第三人在诉讼地位上的尴尬处境。有鉴于此，寻求一条合理的救济途径以彻底解脱无独立请求权第三人诉讼地位之窘困，显然是十分必

---

* 原文发表于《法学》1997 年第 11 期。

要的。本文拟就这一问题略陈管见，权作引玉之砖。

一、《适用意见》第 66 条与现行《民事诉讼法》第 56 条第 2 款直接抵触之所在

所谓诉讼地位，乃是指诉讼参与人在诉讼当中所处的位置，它是通过诉讼权利的行使与诉讼义务的履行的形式来加以体现的。申言之，诉讼参与人在诉讼中享有并行使不同的诉讼权利，承担并履行不同的诉讼义务，即表明他们在诉讼中居于不同的诉讼地位。在对无独立请求权第三人诉讼地位的确定上，《适用意见》第 66 条与现行《民事诉讼法》第 56 条第 2 款中虽然均含有"……有当事人的诉讼权利义务"之表述，从而在不同程度上均承认了无独立请求权第三人也具有当事人的诉讼地位，但如对二者稍加比较分析，便不难发现它们之间实际上大相径庭，相去甚远。

《适用意见》第 66 条关于无独立请求权第三人具有当事人诉讼地位之规定，未加任何限制地适用于所有的无独立请求权第三人，且其适用的时间跨度亦贯穿于诉讼的整个过程，也就是说在适用的诉讼主体、诉讼阶段以及其他适用要件上均无特别的要求。而现行《民事诉讼法》第 56 条第 2 款则"明确暗示"：①只有被人民法院判决承担民事责任的无独立请求权第三人才具有当事人的诉讼地位。②此种无独立请求权第三人之当事人诉讼地位只能始于人民法院确定其承担民事责任的一审判决宣告以后。由此观之，《适用意见》第 66 条之规定实际上删除了现行《民事诉讼法》第 56 条第 2 款为无独立请求权第三人在诉讼中享有当事人诉讼地位所设置的所有前提条件，故而明显属于一项违法的司法解释。因为从立法学的角度来看，作为法律解释表现形式之一的司法解释，只能是最高人民法院就审判中如何具体适用法律问题而对现行立法中具体条文的内涵和外延所作的合乎逻辑的解释，其目的是使法律规范得以进一步的具体化和确定化，从而使之在审判实践中具有更强的可操作性。毋庸讳言，司法解释显然不能与现行立法相抵触或者超越立法

意图去"越俎代庖"地创制出一项新的"法律规范"，否则即是对司法解释权的滥用，同时也是对国家立法权的危害，故此应当自始无效。基于此理，《适用意见》第66条之规定自然没有法律上之效力。然而，如若仅就该项规定本身之内容而言，我们便不难发现，不论是从诉讼理论上来讲还是从诉讼实践来看，其均显然要比现行《民事诉讼法》第56条第2款关于无独立请求权第三人诉讼地位之规定更具合理性。这一点，我们通过下面的剖析即可明了。

二、对现行《民事诉讼法》第56条第2款之检讨

笔者认为，现行《民事诉讼法》第56条第2款中"人民法院判决承担民事责任的第三人有当事人的诉讼权利义务"之规定，从其被创制之日起便存在不足，其纰漏之处有以下两点：

1. 就民事诉讼而言，法院以判决方式结案固然为现行《民事诉讼法》所"倚重"，但立法同时也十分强调调解的作用。在"自愿、依法调解原则"的指导下，审判实践中调解结案的案件可以说是比比皆是。在相当一部分地区，法院以调解方式结案的比例甚至要明显高于以判决方式结案的比例。有鉴于此，在有无独立请求权第三人参加诉讼的情况下，如果受诉法院是以调解的方式结案，且在调解书中确定了无独立请求权第三人所应承担的民事责任，那么，该第三人在诉讼中又当处于何种地位呢？依照现行《民事诉讼法》第56条第2款之规定，在此种情况下，该第三人显然并不享有当事人的诉讼地位。但是，如果因循这一思路，则一些令人感到困惑的问题便会接踵而至。一方面，受诉法院制作调解书必须以无独立请求权第三人与原被告中之一方当事人所达成的调解协议为基础，而调解协议的达成又是他们彼此之间相互谅解、作出让步、处分实体权利的结果。因此，如果该第三人不享有当事人的诉讼地位，那么其之上述权利又从何而来呢？另一方面，如果无独立请求权第三人拒不按期自动履行生效调解书中确定由其承担的给付义务，在有关当事人依法向法院申请强制执行时，法院是否可以针对

该第三人施以强制执行？依照现行《民事诉讼法》第56条第2款之规定，无独立请求权第三人没有当事人的诉讼权利义务，故此当然也就没有履行生效调解书的义务，法院并不能针对该第三人施以强制执行。但如此一来，受诉法院制作的调解书岂不成了一纸空文？对此，笔者认为，之所以会产生这些近乎荒唐的问题，其根本原因就在于现行《民事诉讼法》第56条第2款中所存在的致命瑕疵。由此观之，此项规定真可谓"差之毫厘，谬之千里"！

2. 在有无独立请求权第三人参加的诉讼中，即便完全排除法院以调解结案而单以判决结案计，现行《民事诉讼法》第56条第2款之规定也仅仅确认了无独立请求权第三人享有上诉的权利以及在这以后的诉讼阶段中有当事人的诉讼权利义务。至于在受诉法院作出一审判决前的诉讼阶段以及在受诉法院根本没有在判决中确定其承担民事责任的诉讼里，该第三人处于何种诉讼地位仍是"一本糊涂账"。

其实，从诉讼理论上讲，在第一审程序中，不论受诉法院是以判决方式结案还是以调解方式结案，以判决方式结案时也不论是否确定无独立请求权第三人承担民事责任，该第三人均应始终处于当事人的诉讼地位。因为在其所参加的诉讼中，客观上实实在在地存在着两个方面的法律关系：一是原告与被告之间的法律关系，另一为无独立请求权第三人与原、被告当中某一方之间的法律关系，且这两个方面的法律关系具有牵连性。这种牵连性表现为：受诉法院针对原、被告之间的争议所作出的案件处理结果同该第三人有法律上的利害关系。正因为如此，民事诉讼法才明确规定无独立请求权第三人可以申请参加诉讼或者由受诉法院通知其参加诉讼，以便借此达到诉讼经济之目的并使法院避免在相关问题上因分案处理而作出相互抵触的裁判。由此观之，无独立请求权第三人基于维护自身合法权益之需，当然应当享有并能够行使诸如申请回避、委托诉讼代理人、提供证据、进行辩论等只有当事人才能享有的诉讼权利。否则，该第三人参加到原、被告之间已经开始的诉讼中来岂非变得毫无实际价值？立法上设定无独立请求权第三人制度之初衷岂不成了泡影？

从上述分析中，我们不难看出，正是由于现行《民事诉讼法》第 56 条第 2 款所存在的舛误，直接导致了无独立请求权第三人在其所参加的诉讼中陷于虽然实际行使了当事人的诉讼权利，履行了当事人的诉讼义务，但其当事人的诉讼地位却未被立法予以明确肯定的窘困境地。与此同时，也正是由于现行《民事诉讼法》第 56 条第 2 款在对无独立请求权第三人诉讼角色的定位问题上语焉不详，故而造成"有独立诉讼地位的诉讼参加人"这一似是而非之语俨然已经成为我国民事诉讼理论界论说无独立请求权第三人诉讼地位的权威定论。其实，所谓诉讼参加人，只是一个囊括原告、被告（含共同原告和共同被告）、第三人（含有独立请求权第三人和无独立请求权第三人）、诉讼代表人等当事人以及诉讼代理人的宽泛称谓，各诉讼参加人彼此之间在诉讼中均互不隶属或相互依附，也即他们均具有独立的诉讼地位。故除无独立请求权第三人之外，"有独立诉讼地位的诉讼参加人"之界说同样可以适用于对其他诉讼参加人诉讼角色的定位。换言之，这一模棱两可的界说实际上并未厘清无独立请求权第三人与其他诉讼参加人在诉讼地位上的差别，从而给人以"隔靴搔痒"之感。由此看来，《适用意见》第 66 条"在诉讼中，无独立请求权第三人有当事人的诉讼权利义务"之规定，真正堪称是一语中的，切中陈弊。然而，尽管该项司法解释的合理性值得首肯，但如前所述，因其实际上处于与现行立法直接抵触的"非法"状态，故其显然难以真正使无独立请求权第三人诉讼地位之窘困得以解脱。为此，我们必须另谋"良方"。

三、无独立请求权第三人诉讼地位之窘困得以合理解脱的具体途径

从理论上讲，使无独立请求权第三人摆脱诉讼地位上所处窘境之途径不外乎有两种：①以立法解释的方式修正现行《民事诉讼法》第 56 条第 2 款。②修改现行《民事诉讼法》第 56 条第 2 款。
单从立法技术的角度来看，应当说，这两种途径都是可行的。按照
第一条途径，由国家立法机关以《适用意见》第 66 条为"范文"
颁布一项立法解释，不失为一条既无损于立法的严肃性且成本支出
亦较合算的适宜之举。因为从广义上讲，立法解释亦属立法，与法
典化的立法具有同等的法律效力，而且具体相对于现行《民事诉讼
法》来讲，它又属于新法、特别法，故按"新法优于旧法"、"特
别法优于一般法"的法律适用规则，审判实践中自然将会优先适用
该项立法解释。如此一来，问题便会迎刃而解。但从我国全国人大
常委会的立法实践来看，立法解释权的行使存在着严重的"惰性"
倾向，对于民事诉讼法尤其如此，故尽管多年之前立法机关即可通
过这一途径解决无独立请求权第三人诉讼地位之窘困的问题，但遗
憾的是立法机关并没有负责任地及时这么做。按照第二条途径，可
以在对《民事诉讼法》进行部分修订或全面修订时，对现行第 56
条第 2 款作出修改。这一途径的立法成本虽然较之第一种途径要
高，但考虑到 2003 年末立法机关终于将《民事诉讼法》的修订列
入了"十届全国人大常委会立法规划"，因而可望在近年内在全面
修订《民事诉讼法》时一并解决无独立请求权第三人的尴尬诉讼地
位之问题。

试论证据法上的推定*

一、关于推定的几点基本认识

所谓推定，是指根据某一事实（基础事实）的存在而作出的另一事实（推定事实）存在的假定。对推定的这种认识在各国大致相同，只是具体表述上略有区别而已。然而，在此具有通说意义的定义之下，对于推定的范围、效力和性质，各国在认识上却颇不一致。

1. 对于推定的范围是否应当包括事实的推定存在不同认识。所谓事实上的推定，是指根据生活经验和常识，甲事实和乙事实通常会同时存在，从而甲事实一经确立，即可推断乙事实的存在。这种推定系由司法机关作出，故又称司法推定或裁判上的推定。事实上的推定与法律上的推定相互对应。后者是指根据法律的明确规定，当甲事实被证实后，在不存在其他相关和相反证据时，司法机关必须据此认定乙事实的存在。英美法系国家的学者一般都主张推定应当包括事实上的推定，并指出，法律上的推定仅可存在于非刑事诉讼中，而事实上的推定则可以存在于所有诉讼之中。[1] 大陆法系德、日两国诉讼理论仅在广义上承认事实上的推定，而认为狭义上的推定仅仅是指真正意义上的法律上的推定。[2] 我国的诉讼

---

  * 本文系与第二作者刘海峰合作，原文发表于《法律科学》1998 年第 1 期。

〔1〕 参见 ［美］乔恩·R. 华尔兹著，何家弘等译：《刑事证据大全》，中国人民公安大学出版社 1993 年版，第 314 页。

〔2〕 参见李浩：《民事举证责任研究》，中国政法大学出版社 1993 年版，第 184 页。

证据理论界在此问题上也存在两种不同的观点。其中，否定的观点认为，事实上的推定不是推定，它只不过是司法机关通过推理来认定事实，所以应当直接使用"推理"或"推论"一词，以便区别于法律上的推定。[1] 肯定的观点则认为，事实上的推定是一种客观存在，其与法律上的推定在深层次上的根据都是事实之间的常态联系。所谓常态联系，是指日常生活的一般情形下，甲事实与乙事实会同时存在或不存在。由于法律不可能预先将所有应当适用推定的情形全部加以列举，故事实上的推定显然是十分必要的，并能促进司法人员发挥主观能动性。

2. 对于推定在效力上是否可被推翻的认识方面，也即是否存在不可推翻的推定，同样分为两种对立的观点。英美法系国家的学者主张，推定包括结论性推定、说服性推定、证据性推定和临时性推定四种，[2] 其中结论性推定是不能用证据加以反驳的，故其显系不可推翻的推定，后三种推定则均可经提供证据而被推翻。苏联学者对这种观点持相反看法，他们认为，"在苏维埃民事诉讼中，不存在不容反驳的证据推定，任何假定，都可以用诉讼证据加以反驳。"[3] 此外，英美学者中也有人不承认存在不可推翻的推定，如美国证据法大师摩根就认为，不可推翻的推定"仅系对于实体法上一种法则的说明方法"。[4] 我国诉讼证据理论界也存在这两种观点。其中，否定说认为，"推定既然是一种假定，即使具有合理性，也并非都符合实际，理应允许反驳、争议"，"对那些法律条文上使用了'推定'一词，但不能争议、反驳的，应依其内容来确定为何种规定，而不能作为推定的一种。"[5] 肯定说则认为，不承认不容反驳的推定是把问题绝对化、简单化了，应当承认这种推定，并研

[1] 参见陈一云主编：《证据学》，中国人民大学出版社 1991 年版，第 164 页。
[2] 参见沈达明：《英美证据法》，中信出版社 1996 年版，第 69~70 页。
[3] ［苏联］特列马什尼科大：《苏联民事诉讼中的证据与证明》，第 62 页。
[4] 参见［美］摩根著，李学灯译：《证据法之基本问题》，台湾 1983 年版，第 57 页。
[5] 参见陈一云主编：《证据学》，中国人民大学出版社 1991 年版，第 164 页。

究其规律性，以便于立法规定和司法适用。[1]

3. 就推定的性质而言，它是一种假定。因而理论上有人把它看成为法律上的一种"拟制"。英美法系国家和大陆法系国家的学者中均有人持此种认识，但他们仅仅是在谈论推定的效果或性质时顺便指出这一点。[2] 而我国的部分学者则从理论上对此问题予以论述。他们解释道：法律上存在两种拟制，一种是将两种本不相同的事实等同起来，或将两种本来相同的事实作不同的评价；另一种是将真假不明、有无不清的事实确定为真或假，有或无，这第二种拟制就是推定。[3] 当然，我国诉讼证据理论界对此也存在不同的观点。持相反看法的学者们指出，推定和拟制是两个不同的概念，拟制不产生举证责任问题，也不存在被推翻的可能，只是法律根据实际的需要，使某事实与另一事实发生同一的法律效果，它不能用反证来否定，故与推定有本质的区别。[4]

笔者认为，为了廓清上述认识上的混乱，首先应从对推定本身的分析入手来认清推定究竟是什么。在这个问题上，已经取得的一点共识是，推定是基于甲事实与乙事实之间客观存在的常态联系而在法律上确定乙事实得因甲事实的真实而为真实的一种假定。在此认识中，可以看出：①这是一个逻辑判断过程，是一个包含大前提、小前提和结论的三段论的推理过程。其中，甲事实与乙事实之间的常态联系是大前提，甲事实的真实性是小前提，乙事实的真实性是结论。在法律领域以外的日常生活中，这个过程通常被称为推理或推断。②在这个三段论的推理过程中，由于大前提是经验性的，而不是规律性的，即它是一种可能性很大的或然性，因而这一逻辑推理的结论显然具有不周延性，故可能为假。③这一逻辑推理

---

〔1〕 参见刘金友主编：《证据理论与实务》，法律出版社 1992 年版，第 176 页。

〔2〕 参见［美］摩根著，李学灯译：《证据法之基本问题》，台湾 1983 年版，第 57 页。

〔3〕 参见刘金友主编：《证据理论与实务》，法律出版社 1992 年版，第 173 页。

〔4〕 参见陈一云主编：《证据学》，中国人民大学出版社 1991 年版，第 163 页。

过程在人类的思维活动中具有普遍性，当人们想要认识某一事物而又不能直接接触到该事物时，往往通过相关的情况对其进行判断。可以说，在这样的情况下，采用这一推理过程乃是人类思维中很自然又很必然的方法。④在诉讼领域中，如要查明案件事实，当缺乏直接证据时，就必须进行推理。因为诉讼中需要查明的事实，是过去所发生的且不可重复的活动过程，除了当事人和证人可以通过记忆和表述来再现这一过程，或者由其他形态的直接证据证明其中的部分细节以外，剩下的环节则必须经过推理判断才能比较清楚地加以查明。可见，在诉讼中，推定必然是普遍存在的，在任何一个诉讼中，都会或多或少地适用推定。因此，我们应当采广义的含义对推定进行研究。

从上述分析还可以看出，在诉讼领域，所谓推定，实际上就是在运用间接证据进行证明，即当不存在直接证据或仅凭直接证据尚不足以证明待证事实的真实性时，通过间接证据与待证事实之间的常态联系进行推理，假定待证事实为真。换句话说，基础事实是推定事实的具有强大证明力的一类特殊的间接证据。实际上，间接证据也正是这样被定义的。根据通说，所谓间接证据，"系指用以间接证明待证事实之证据，即先证明某事实，再由此事实，推论应证事实之证据"。[1] 由此可见，间接证据之所以能够起到证明作用，正是由于通过它可以推论应证事实；而之所以可以推论应证事实，则是由于二者之间具有密切的联系。显然，这正是推定的过程。因此，笔者认为，推定实质上就是司法机关（当事人）认定（证明）事实的一种方法，即在直接证据不充分的情况下，运用间接证据对待证事实作出的假定性认定。申言之，运用间接证据对待证事实作出推论性假定的认定事实方法，就是推定。

根据上述认识来分析推定的范围、效力和性质：

1. 应当承认，事实上的推定是客观存在和十分必要的，而且，

---

[1] 参见《云五社会科学大辞典》第 6 册，第 160~161 页。

它在所有推定中占了相当大的一个部分。与事实推定相比较而言，法律上的推定只是立法者以为最为重要的一类推定。立法者通过对诉讼实践中推定经验的总结，综合考察两事实间常态并存的盖然性程度以及社会政策、价值取向等因素，将其中一部分推定通过立法确定下来，要求司法者在规定情形下必须据此作出相应的结论。也就是说，法律推定来源于事实推定，并仅仅构成全部推定中相对较小的一个组成部分。除此以外，大部分的推定存在于司法实践之中，故而，事实推定实际上在诉讼中发挥着更为广泛的作用。我们显然没有任何理由对所有这一切视而不见或者武断地加以排斥。

2. 关于推定的效力，即是否存在不可反驳的推定。如前所述，很多学者认为，不可反驳的推定并非推定，而只是以推定的形式表达出来的法律规则。如按民事诉讼法中公告送达的规定，公告期间届满即视为送达，这是一条程序法规则，再如我国的《民法通则》规定，已满 16 周岁未满 18 周岁，以自己的劳动收入为主要生活来源的，视为完全民事行为能力人，乃是一条实体法规则。这种认识固然是正确的，但从另一个角度来看，不可推翻的推定同样也是依据间接证据认定事实的一种方法。在前例之中，公告期间届满并不能表明受送达人必定已看到了公告，已满 16 周岁未满 18 周岁而以自己的劳动收入为主要生活来源的公民也未必就已具备完全民事行为能力人所应具备的思维判断能力，而只是"很有可能"而已。但法律规定却要求在出现上述两种情况时认定该公告之内容已经送达和该公民已具备相应思维判断能力的事实。这种认定，就司法者必须严格依照法律规定作出来说，是一种具体认定；就立法者作出这种规定而言，则是一种抽象的、一般的认定。这种事实认定正是推定，已如前述。那么，一方面说这样的推定是一种实质上的法律规则，而非推定；另一方面，它作为一种事实认定方法又是推定，两种不相容的判断都有道理，哪一种更正确呢？为了弄清这一问题，尚须作进一步的分析。我们注意到，立法者在设立这种法律规则或者在作出这种抽象认定时，显然是基于甲事实和乙事实之间所具有的常态联系（虽然立法者同时也考虑了社会政策、价值取向等因素，但若不存在这种常态联系，则完全不可能作出这样的规定），并认为这种常态联系在一般情况下都会存在，即甲、乙二事实共存的可能性极大，才这样规定的。其深层次的根据与推定是一样的，而且，哪些事物之间具有足以作出这种规定的常态联系，以及应否作出这种规定，立法者在立法时的考虑与司法者在作出具体推定的考虑是大致相同的，而这些正是推定理论应当研究的内容。因此，把此类法律规则看作推定的一种，显然要比把它们排斥在推定的范围以外更为合理。

3. 关于推定的性质，即它是否属于法律拟制的一种。显然，不可反驳的推定就是一种拟制，但不能因此而笼统地说推定就是拟制的一种。因为，与拟制不同，大部分推定是可以用证据加以反驳的。笔者认为，对这一问题的研究并没有多大的实际意义，实无深究的必要。因为推定作为一种间接证明方法，是在诉讼中认定事实的工具，确认乙事实得与甲事实发生同一的法律效果。至于发生同一法律效果的依据究竟是法律拟制还是其他什么，都与推定的研究与适用无大妨碍。

二、推定的诉讼价值

如前所述，推定是一种假定，它是根据事物之间的常态联系，在缺乏直接证据时所作的暂时以某事实为真的假定。虽然这一事实的真实性并非得到确切的证实，而且由于其认定根据是事物之间的常态联系，故其也不可能百分之百地符合客观真实。尽管如此，立法上仍有承认这种事实认定方法的十足必要。因为就推定制度的诉讼价值而言，综合起来看，至少表现为如下几个方面：

1. 通过推定可以大致准确地认定案件事实。由于事物之间存在着密切而有规律的联系，这种联系使人们根据日常生活经验即可判断，当某一事物存在时，只要没有意外情况，就会合乎逻辑地引起另一事实的发生。这种联系使立法者相信，通过推定来认定案件事实是可行的。同时，立法者又使大部分推定可以通过运用证据来加以反驳，这样也就给推定的准确性提供了补充性的制度保障。

2. 可以缓解某些证明上的困难，避免诉讼陷入僵局。"法律工作者认识到诉讼不是，也不可能是发现真情的科学调查研究"。[1] 虽然从哲学上讲，客观世界是可以被主观认识的，但这只是以人的认识能力的可能性角度来说的，而任何诉讼都要受到时间（诉讼期限）和当时的认识手段等诸多限制，故不可能无休止地进行下去，而且很多第一手资料没能被及时有效地加以保存而丧失了，未丧失的资料又由于持有者的主观原因可能被遗忘、歪曲或隐藏起来，这就使得在诉讼中完全、彻底地查清案件事实几乎成为不可能实现的"奢望"。在这种情况下，承认并设立推定制度就可以在相当大的程度上解决这一问题，从而大大缓解诉讼证明上的困难。

3. 可以降低诉讼成本，促进诉讼经济目的之实现。诉讼经济泛指使法院和当事人通过一定的投入获得尽可能多的收益，这是现代诉讼制度所追求的一个重大目标和所奉行的一项基本原则。在诉讼实践中，有些案件事实虽然并非无法查清，但实际调查核实起来却很困难，往往要耗费大量的人力物力财力，故而十分地不经济。例如在宣告死亡案件中，要调查失踪人音讯皆无达4年后是否确已自然死亡，再如在离婚诉讼中，当事人双方经法院判决不准离婚后，要证明他们是否在判决后1年内一直处于分居状态，互不履行夫妻义务等，即为此类得不偿失行为之典型。在这类情况下，通过运用推定来认定案件事实，则可以节省大量的投入，从而降低诉讼成本，达到诉讼经济之目的。

4. 可以减少不必要的举证。在诉讼中，双方当事人之间的部分争议并不属于严重争执的事实，或者一方当事人提出主张后，对于该主张所依据的某些附属事实，对方当事人未必会加以反驳，此时则可直接推定它们为真，从而减少不必要的举证。例如，一方当

---

〔1〕　沈达明：《英美证据法》，中信出版社1996年版，第1页。

事人提交了一份形式完备的合同，则一般可推定双方当事人订立合同时意思表示真实。

5. 有些事实的查明必须适用推定。这主要是针对当事人的主观状况的认定而言的。因为人们内在的主观世界是无法直接加以认知的，除非其自己承认。因此对当事人的内心意愿便只能凭借其外在行为来加以推测，也就是说，在这一领域，推定的适用是不可避免的。此类例子比比皆是，以至我们可以信手拈来，例如，我国《民法通则》规定明知他人以本人名义实施民事行为而不否认的，视为本人同意；又如我国《刑法》第 14 条、第 15 条关于故意和过失的规定等，同样属于此类例证。

6. 可以尽可能公平地分配举证责任。当与争议事实有关的证据材料完全处于一方当事人的控制之下时，由其对方当事人来承担举证责任显然是不合理的。因此就要通过推定来倒置举证责任，例如依照我国《民法通则》规定的特殊侵权责任，在环境污染损害赔偿案件中，即推定排污单位的排污行为与损害结果之间存在因果关系，除非排污单位能够证明二者之间不存在因果关系。这样也就把举证责任倒置过来，从而契合了程序公正的要求。

7. 可以折射出对于社会政策、价值取向的考虑。推定常常可以被用来表达立法者所倡导的某种价值取向，或促进实施立法者提出的某项社会政策。例如，关于婚生子女的推定即表达了立法者希望减少和消除非婚生子女的意图；而从公然占有达到一定期限来推定占有者享有所有权，则显示出立法者希望维护稳定的社会经济秩序和保持所有权关系的有序性。又如，在道路交通事故赔偿案件中，推定非私自驾驶者是经车主的同意才驾驶车辆的，显然是为了使交通事故的受害者的求偿权能够有更多的保障，同时也是为了督促汽车所有人谨慎挑选驾驶者以促进交通安全。

二、正确适用推定所应注意的几个问题

虽然由于众多原因而使立法者在法律中规定了推定制度，但因

推定毕竟是一种假定，故而有其自身不可避免的局限性，因此，对推定的适用必须加以严格的规范。

1. 适用推定必须确保基础事实的真实性。推定在诉讼中具有与证明同样的效力，即推定的事实无需证明就可以被看成是已经得到证明的真实事实。但这种真实性来源于基础事实的真实性。只有基础事实是真实的，据以推出的推定事实才有可能是可靠的；反之，如果基础事实本身就是不真实的，则推定事实肯定就是靠不住的。基础事实的确立来源于以下几个途径：①审判上的认知，即审判人员因其职务而应当知道的事实。②众所周知的事实。③起诉状和答辩状中相同的事实陈述。④经充分证据证明的事实。此外，由于国外诉讼法采当事人主义，故把双方当事人的约定也作为基础事实的来源之一。[1]

2. 基础事实与推定事实的联系必须有高度盖然性。基础事实与推定事实之间的关系是推定的深层次的根据，从逻辑的角度看，这种关系是作出推定结论的大前提，基础事实是作出推定的小前提。若大前提是不可靠的，则这个三段论的推理就失去了根基，没有了可信性。这种逻辑联系是人类的一般经验法则，但并非所有的经验法则都可以在诉讼中作为推定的前提。何种经验法则可以作为推定的前提是一个难以明确回答的带有强烈主观色彩的问题，很难有确切的标准。美国判例法曾确认过两个标准，一个是"合理联系"标准，一个是"极有可能"标准，[2] 但仍然显得十分模糊和难以界定。而且，虽然美国法官比较习惯于诸如"合理联系"、"最密切联系"这样的标准，但中国法官则会觉得不知所云，跟没有标准没什么两样。此外，中国的法官往往会近乎天然地以为，应当通过法律规定来确定推定适用的情形，但在事实推定中又应根据

---

〔1〕 参见［美］摩根著，李学灯译：《证据法之基本问题》，台湾1983年版，第57页。

〔2〕 参见［美］乔恩·R. 华尔兹著，何家弘等译：《刑事证据大全》，中国人民公安大学出版社1993年版，第318页。

什么样的经验法则来进行呢？何况，法律规定的依据又在哪里？这个问题的解决十分困难，有待于进一步的深入研究。笔者认为，就我国目前的状况来说，法官在案件审理过程中适用推定的时候，应依据下面三类经验法则来进行：①是法律明确规定的适用推定的情形，它们经过立法者的周全考虑，并由立法机关经法定程序加以确定，故一般是可信的。②是法学理论中经过检验的学说，例如刑法理论中关于主观罪过的学说，它们经过法学家提出并经司法实践的运用，故亦应是比较符合实际的。③是世所公认的经验法则，如婚姻存续期间所生子女可推定为婚生子女、默示即表示同意、债务人住所的财产未经声明和反证即可认为是属于债务人所有的财产等等。

3. 慎重规定不可推翻的推定。推定是根据通常情况的最大可能性所作的暂时性的假定，尽管基础事实是真实的，但据以推定的经验法则仅是盖然性的，故推定事实就有可能不是确切真实的，尤其在司法推定中更是如此。所以，对于推定即应允许当事人提供证据加以反驳。在有些情况下，立法者基于社会政策、价值取向、诉讼效率等因素的考虑，有必要使某些推定成为确定性的推定，不允许用证据加以反驳。但须强调指出的是，在作出这样的规定时应当倍加慎重，综合考量各种因素，尤其是要仔细斟酌能否实现诉讼公正。

4. 尽可能多地使因推定的适用而遭受不利的当事人有反驳的机会。这与上述第三点是一个问题的两个方面。具体来讲，因推定而遭受不利的当事人的反驳可以从三个角度来进行：①直接用证据对推定事实进行反驳，这是最常见的一种。例如，以异常低的价格在市场上购回一件商品，得推定购买人明知该商品为赃物，此时该买受人可以举证证明他确实不知为赃物，例如证明自己常年在国外，刚回来不知行情。在这种反驳中，他对推定事实的"虚假不实"负行为意义和结果意义上的双重举证责任，其必须使审判人员相信推定事实是假的，而不能仅使其真伪难辨。这种反驳只能在法律明文允许对推定加以反驳时方可进行。②因推定而遭受不利的当事人可以对基础事实进行反驳。例如，婚姻存续期间所生子女推定为婚生子女，当事人对此可以举证证明该子女出生时其婚姻已经解除或者尚未缔结。在此种情况下，他对基础事实为假仅负行为意义上的举证责任，即只要能使基础事实真假不明，推定也就不能有效适用，从而使自己摆脱困境。这种反驳不仅可以针对法律明文允许反驳的推定来进行，而且也可以针对法律不准加以反驳的推定来进行。因为推定都是在基础事实已知为真的情况下进行的，如果基础事实本身真假不明，则无法进一步适用推定。③因推定的适用而遭受不利的当事人可以对推定所依据的经验法则进行反驳，这种反驳一般只能存在于事实推定的情形。因为如若该项经验法则被证明是不可信的，盖然性很低，则推定本身也就不存在了。但是，由于这种反驳难度很大，故一般很少适用。

试论民事诉讼中的自认 *

民事诉讼中的自认，是指当事人一方对他方所主张的不利于己的事实承认其为真实或者对他方的诉讼请求加以认诺的意思表示。它是民事诉讼法上的一项重要制度，大多数国家对此皆有较为详细而完善的规定。相形之下，不仅我国现行《民事诉讼法》对自认制度的规定相当粗糙，纰漏之处显而易见，而且从诉讼理论上来讲，亦鲜有学者专门论及自认问题，[1] 故其在诉讼实践中远未发挥出应有的作用。为此，本文拟就自认的一些基本理论问题作些初步的探讨，并在此基础上提出完善我国自认制度的相关立法建议。

一、自认的理论分类

在诉讼理论上，从不同的角度，依据不同的标准，可以对自认作出不同的分类。明确这些分类，可以科学地揭示出不同类型的自认的特点，加深我们对自认制度的理解，从而便于在司法实践中对自认制度加以正确的运用。

1. 诉讼上的自认与诉讼外的自认。依自认作出的时间与场合的不同，可以将自认分为诉讼上的自认与诉讼外的自认。诉讼上的自认是指当事人或其代理人在诉讼过程中向法院所作的承认对方所主张的事项为真实的表示，因而又称为裁判上的自认或审判上的自认，在英美法系国家，也称其为诉讼上的合意或正式的自认。从法

---

* 本文系与第二作者刘学在合作，原文发表于《中外法学》1999 年第 3 期。
[1] 2001 年 12 月 21 日最高人民法院《关于民事诉讼证据的若干规定》颁布之后，有不少学者撰文论及这一问题。

律效力上来说，诉讼上的自认具有免除对方当事人举证责任的作用，并对法院和当事人具有拘束力。诉讼外的自认是指在诉讼过程之外所作的自认，因而也称为审判外的自认或裁判外的自认，英美法系国家通常称之为证据的自认，或者仅仅称之为自认。事实上，英美法系国家的法学书籍及司法判例所用自认一词，大多系指诉讼外之自认而言。就其作用和效力等方面来说，诉讼外的自认都有别于诉讼上的自认。各国的诉讼理论与审判实践一般都不承认诉讼外的自认具有免除举证责任的效力，但是它可被容许作为证据加以使用。在长期的诉讼实践中，英美法系国家形成了一系列的自认法则，这些自认法则构成了英美证据法则的一个重要组成部分。相比较而言，大陆法系国家对诉讼外的自认基本上没有什么法则可言，法律上一般仅对诉讼上的自认加以规定，至于诉讼外的自认，通常仅作为法官依自由心证认定案件事实之证据资料，其证据力如何，由法官依具体情况加以判断。

2. 对事实的自认与对诉讼请求的自认。依自认的客体的不同，可以将自认分为对事实的自认与对诉讼请求的自认。前者是指当事人一方对他方所主张的不利于己的事实承认其为真实；后者是指被告（反诉被告亦同）对原告的诉讼请求，即某种实体权利义务关系之主张予以承认。严格说来，对事实的自认与对诉讼请求的自认存在着以下一些区别：①对事实之自认的客体为有关的事实，而对诉讼请求之自认的客体则是当事人的诉讼请求。②对事实的自认之主体可以是当事人双方，而对诉讼请求的自认之主体则仅限于被告。③对事实的自认并非一定会受到败诉的判决，而对诉讼请求的自认一般均会导致败诉的判决。④对于事实，有所谓拟制自认的问题，即当事人一方对于另一方所主张的事实不争执的，可以视为自认，而对于诉讼请求，则不存在拟制自认的问题，当事人未明确表示自认的，不得视为自认。⑤对事实之自认的理论基础主要是辩论原则，而对诉讼请求之自认的理论基础则主要是处分原则。由于对事实的自认与对诉讼请求的自认存在上述一系列的差异，故大陆法系国家的民事诉讼法一般赋予它们不同的称谓，即对事实的承认以"自认"相称，而对诉讼请求的承认则称为"认诺"。在过去相当长的时期内，我国《民事诉讼法》及诉讼理论在称谓上对二者未加区分，统称之为"承认"，并作为当事人陈述的一个组成部分加以规定。

3. 完全的自认与附加限制的自认。这是以当事人的自认是否附加有限制为标准而进行的分类。完全的自认是指当事人一方对另一方所主张的事实全部予以自认；附加限制的自认是指当事人一方承认对方所主张的事实时附加有一定的限制条件。附加限制的自认主要有两种情况：①当事人一方在承认对方所主张的事实时，附加独立的攻击或防御方法，例如，被告依原告之主张，自认有借款之事实，但同时又主张业已清偿，其业已清偿的主张即为附加的独立防御方法。②当事人一方对于他方所主张的事实，承认其中一部分而争执其他部分，例如，原告主张被告曾借款 1000 元，被告只承认曾借款 500 元。在附加限制的情况下，仅在当事人双方之陈述相互一致的基础上方可成立诉讼上之自认。

4. 明示的自认与默示的自认。根据当事人是否作出明确的意思表示为标准，可以将自认分为明示的自认与默示的自认。明示的自认是指当事人一方对另一方所主张的事实，以口头或书面的形式明确表示承认；默示的自认又称拟制的自认或准自认，它是指当事人一方对另一方所主张的事实，既未明确表示承认，也未作否认的表示，而法律规定应视为自认的情况。德、日等国以及我国台湾地区的"民事诉讼法"对拟制的自认均作了明确的规定。例如，《日本民事诉讼法》第 140 条（新法为第 159 条）规定："当事人在口头辩论中对于对方当事人所主张的事实，不做明确的争执时，视为对该事实已经自认。但根据全部旨意可以认为对该事实有争执的，不在此限。"[1] 对于在口头辩论期日当事人缺席的情况下，除在缺

---

[1] ［日］兼子一、竹下守夫著，白绿铉译：《民事诉讼法》，法律出版社 1995 年版，第 104 页。

席时视为陈述的准备书状中所记载的有争执的事实之外，对其他事实也适用拟制自认的规定，但在公告送达时，由于被传唤的当事人在通常情况下无法实际了解出席的对方当事人所主张的内容，因而不能视为自认。[1] 另外，对于当事人一方对他方所主张的事实作不知或不记忆之陈述应否视为自认的问题，我国台湾地区的"民事诉讼法"规定应由法院斟酌情形断定之，而《日本民事诉讼法》则规定不能视为自认。

5. 本人的自认与代理人的自认。根据作出自认的主体不同为标准，可以将自认分为本人的自认与代理人的自认，前者是指由当事人本人所进行的自认；后者是指由诉讼代理人所作出的自认。法定代理人自然有权代理当事人作出自认。委托代理人对诉讼请求的自认必须有当事人（或法定代理人）的特别授权，而对事实的自认则一般不要求有特别授权，但是，如果经当事人（或法定代理人）撤销或更正的，则不发生自认的效力。

另外，根据不同的标准，还可以将自认分为后行自认与先行自认，书面的自认与口头的自认，原告的自认与被告的自认，对主张事实的自认与对抗辩事实的自认，言词之自认与行为之自认等等。

二、自认的效力及其理论基础

诉讼外的自认仅是一种证据，其证据力如何，应由法院结合本案其他证据，斟酌情形加以判断，且通常非经当事人援用，不得将其作为裁判之基础，[2] 对此，学者们没有什么争议。诉讼上自认的效力则与诉讼外自认的这种效力有着明显的不同，下面着重就诉讼上自认的效力及其理论基础作些简要的论述。

〔1〕 ［日］兼子一、竹下守夫著，白绿铉译：《民事诉讼法》，法律出版社1995年版，第104页。
〔2〕 石志泉、杨建华：《民事诉讼法释义》，台湾三民书局1987年版，第329页。

（一）诉讼上的自认的效力

1. 对当事人及法院的效力。①诉讼上的自认具有无庸举证的效力，即当事人一方对于对方主张的不利于己之事实而为自认时，对方因而也就免除了对该主张所负的举证责任。②诉讼上的自认对当事人双方均具有拘束力。一方面，作出自认的一方当事人应受其自认的拘束，除有法律规定的情形外，不得任意地予以撤销，即使案件系属于二审或再审，亦不得随意地撤销其在一审中的自认。但是，对于拟制自认问题，大陆法系国家一般都规定当事人可以追复，即允许当事人在言词辩论终结前，可以随时提出有争议的陈述，即使在第二审程序中亦然。经追复后，拟制自认即归于消灭，对于原来被视同自认之事实，负有举证责任的一方当事人仍有举证的必要。另一方面，对方当事人也应受自认的约束。一般来说，自认的事实是对对方当事人有利的事实，因而很少出现该当事人对自认的事实予以争执的情况。但是由于诉讼的展开具有多种可能性，某个阶段对于对方当事人有利的自认后来却变成了不利因素的情况也时有发生。例如，在原告以物权请求权为根据而提起的请求返还财产诉讼中，被告提出了因使用借贷而享有利用权的抗辩，这时原告承认使用借贷的存在，即作出了自认。但是此后原告提出既然是使用借贷，法律上规定什么时候都可以解除合同，所以自己要求立即解除合同（再抗辩）。到了这个阶段，被告几乎已经不能免除败诉的结果了。开始看起来对自己有利的使用借贷，这时却成为致命的主张，那么此时被告是否可以撤回使用借贷的主张而另外提出不能随意解除的租赁借贷呢？如果把被告关于使用借贷的主张作为原告再抗辩的先行自认，则被告显然不能随意撤回其主张。[1] ③诉讼上的自认还具有拘束法院的效力。经当事人自认的事实，法院应认其为真实，并将其作为裁判的基础，而无需另行调查证据。即使

---

[1] ［日］谷口安平著，王亚新、刘荣军译：《程序的正义与诉讼》，中国政法大学出版社1996年版，第129页。

当事人未加援引，法院亦应依职权加以适用，因为诉讼上的自认是一种证据法则，而证据法则属于法院应当予以认知的范围。另外，诉讼上的自认，不仅对一审法院具有拘束力，而且对第二审法院和再审法院亦具有拘束力。

2. 自认效力的限制。诉讼上的自认具有拘束当事人和法院的效力，但这种拘束力并非是绝对的。大陆法系国家的立法例与诉讼理论一般认为，在下列几种情形下，不能发生自认的效力：①人事诉讼程序不适用自认的规定。人事诉讼程序因与国家公益有关，故大陆法系国家和地区对此不采取辩论主义而采取干涉主义以限制当事人之处分权，一般均明文规定不适用自认的规定。②法院应依职权调查之事项，也不适用自认的规定。例如，就诉讼成立要件之事项、当事人适格之事项等为自认的，均不生自认的效力，法院仍应依职权进行调查，不受当事人自认的约束。③共同诉讼人中一人所为之自认，显然属于不利于共同诉讼人之行为时，亦不产生自认的效力。同理，群体诉讼或集团诉讼中，诉讼代表人所为之自认，也不能产生自认的效力。但上述所为之自认，如果事先得到特别授权或者在事后得到追认，则应该具有自认的效力。④自认之事实，如果与显著的事实或其他为法院应予司法认知的事实相反，或根本为不可能之事实，或自认之事实依现有之诉讼资料，显与真实情形不相符的，则应认定其为无效，因为法院的裁判，不应以明显虚构的事实为其基础。

3. 自认的撤销。诉讼上的自认，当事人不能任意地予以撤销，但是如果当事人基于某种法定原因作出了违反自己真实意思的自认，则应当赋予当事人对该自认予以撤销的权利。例如，日本的《民事诉讼法》及判例表明，有下列情形之一的，允许撤销自认：①经过双方当事人同意。②自认是在他人的欺诈、胁迫、贿赂等应受到刑事处罚的行为影响下作出的。③因出于误解承认了不真实的事实。④当事人行使更正权撤销诉讼代理人所作出的自认。[1] 上述所谓自认的撤销，均是针对明示的自认而言的，而对于默示的自认（拟制的自认）则不存在撤销的问题，因为当事人可以随时予以追复，对此上文已有论述，故不重复。

（二）自认的理论基础

1. 辩论主义。辩论主义是指只有当事人在诉讼中所提出并经双方辩论的事实，才能作为法院判决依据的一项诉讼制度或基本原则。[2] 辩论主义有广义与狭义之分，广义的辩论主义除上述含义外，还包括处分权主义，但通常所说的辩论主义是指其狭义而言，其基本内容包括以下几个方面：①直接决定法律效果发生或消灭的主要事实必须在当事人的辩论中出现，法院不能以当事人没有主张过的事实作为判决的事实依据。②对双方当事人都没有争议的事实，法院应当作为判决的依据，不仅没有必要以证据加以确认，而且一般也不允许法院作出与此相反的认定。③法院对证据的调查，原则上只限于当事人提及的证据，而不允许依职权主动调查证据。④辩论主义只是对事实关系的处理原则，而对法律上的判断，则是法官以国家的法律为尺度进行衡量的结果，所以不受当事人陈述和意见的约束。上述第二个方面的内容，就是关于当事人对事实所作自认的阐述，换言之，这种自认之所以具有拘束法院和当事人的效力，其理论基础就在于辩论主义的诉讼法理。虽然英美国家由于法文化和法传统的差异而没有采用"辩论主义"的提法，但是其立法精神和诉讼实务中实际上也是贯彻辩论主义的。因而，辩论主义已成为当今大多数国家民事诉讼的基本指导思想，它集中反映了现代国家对民事诉讼所持的基本态度。辩论主义直接界定了当事人和法院在诉讼中的地位和作用，其核心就在于当事人的辩论内容对法院或法官裁判的制约，法院或法官判断的依据被限制在言词辩论中当

---

[1] 参见李浩：《民事举证责任研究》，中国政法大学出版社 1993 年版，第 217 页。
[2] 参见张卫平：《程序公正实现中的冲突与衡平》，成都出版社 1993 年版，第 2 页。

事人所提主张的范围内。[1] 这种辩论主义法理必然要求法院的裁判受当事人自认事实的拘束，从而使当事人的诉讼主体地位得到充分的尊重和保障，并有效地防止法官的恣意和擅断，保证诉讼的公正进行。

2. 处分权主义。如果说对事实的自认源于辩论主义的法理，那么对诉讼请求的自认则源于处分权主义的法理。民事诉讼主要是为了解决因私权关系而产生的纠纷，与这种私权的性质相适应，大多数国家的民事诉讼均采取当事人处分权主义，其基本内容是：①诉讼只根据当事人的申请而开始，法院不能依职权去寻找纠纷并开始诉讼程序。②由当事人决定审判对象（即诉讼上的请求）及其范围。③关于诉讼标的之变更和诉讼的终止，当事人也享有决定权，当事人可以通过撤诉、承认或放弃诉讼请求、进行和解等形式而使诉讼终了。可以看出，当事人对诉讼请求的自认是处分权主义的重要内容之一。对当事人这种处分权利的行为，法院原则上必须受其约束，这是处分权主义之法理的必然要求，是民事实体法领域之意思自治原则在诉讼法领域中合乎逻辑的延伸。根据处分权主义，被告（反诉被告亦同）对诉讼请求加以自认的，法院应不再调查诉讼标的之法律关系是否果真存在，而应以该自认为基础，作出被告败诉之判决，除非该诉讼本身为不合法或者应由法院依职权调查的法律要件存在欠缺。

3. 诉讼经济主义。如果从效率和效益的角度来考察，诉讼经济主义则是自认制度的另一理论基础。在诉讼开始时，当事人的主张未必一一对应，案情常常显得不必要地过分错综复杂，而通过自认把今后不再争执的事项确定下来，即可以使诉讼围绕少数几个明

---

[1] 参见张卫平：《程序公正实现中的冲突与衡平》，成都出版社1993年版，第1~2页。

确的争点而展开,[1] 这样就会大大地提高诉讼的效率和效益。申言之,当事人对有关的事实或诉讼请求加以自认时,也就免除了对方当事人的举证责任,人民法院亦应以该自认为裁判之基础,这无疑可以在一定程度上减少证明的环节和费用,缩短诉讼的周期,降低当事人和人民法院在时间、人力、物力、财力等方面的综合成本支出,达到诉讼经济之目的。

三、对完善我国自认制度的几点建议

我国 1991 年颁布的《民事诉讼法》对自认制度没作规定,[2] 为弥补这一缺憾,最高人民法院于 1992 年 7 月 14 日在《关于适用〈中华人民共和国民事诉讼法〉若干问题的意见》(以下简称《适用意见》)第 75 条第 1 项规定,"一方当事人对另一方当事人陈述的案件事实和提出的诉讼请求,明确表示承认的,当事人无需举证。"从而以司法解释的形式对自认制度作出了确认,这对弥补我国证据制度的缺漏无疑起着重要的作用。但是,由于这条规定过于简陋,难以涵盖自认制度的丰富内容,不能满足诉讼实践的客观需要,因而有必要加以进一步的完善。依笔者之见,这种完善至少应当包括以下几个方面:

(一)立法上应当明确区分对事实的自认与对诉讼请求的自认

正如上文所指出的那样,由于受苏联的民事诉讼理论及立法的影响,在相当长的时期内,我国民事诉讼法未对二者加以区分,而是统一称之为"承认"。笔者认为,为避免概念上的混淆,便于在实践中的掌握和运用,将二者加以区分,赋予其不同的称谓是很有必要的。对此,可借鉴大陆法系国家的立法体例,将对事实的承认

---

[1] 参见[日]谷口安平著,王亚新、刘荣军译:《程序的正义与诉讼》,中国政法大学出版社 1996 年版,第 128 页。

[2] 《民事诉讼法》在"诉讼参加人"一章虽然规定被告可以承认诉讼请求,但这仅是作为当事人的一项诉讼权利来加以规定的,至于其有什么法律效果,则没有进一步明确,因而不能认为其是完整意义上的自认。

称为"自认"，而将对诉讼请求的承认称为"认诺"或"承诺"。[1]

（二）应在立法上明确规定拟制自认与附加限制的自认

对于拟制自认问题，我国有学者主张，虽然其可以加快审理速度，但受双方当事人诉讼水平的影响，很容易违背案件的客观事实，因而我国民事诉讼法不能适用拟制自认。[2]笔者认为，这种担心大可不必。①拟制自认只适用于事实问题，而对于事实的提出和判断，并不要求当事人有多高的文化水平和法律知识。当事人只需将案件事实陈述出来即可，并不需要其对事实作法律上的判断。②当事人由于与案件的处理结果有着特殊的利害关系，所以通常总会竭尽全力地提出有利于己的事实，并对他方提出的不利于己的事实加以反驳。如果对他方主张的事实不为争执，即足以证明对该事实的默认。③为保证对客观真实的最大发现，可规定相应的追复程序，即对于拟制自认，允许当事人在事实审之言词辩论终结前随时提出有争议的陈述，如果该当事人不为追复，则自认发生明示自认的效果；如果进行追复，则拟制自认不发生效力。这种追复程序足以为当事人提供充分的程序保障。基于上述理由，笔者认为我国《民事诉讼法》应该对拟制自认加以规定，这样可以提高诉讼效率，并弱化法院的超职权倾向。[3]

对于附加限制的自认问题，其实我国民事诉讼实践中是大量存在的，因而对此明确加以规范显然确有必要。例如，可作出如下规

---

[1] 值得注意的是，最高人民法院2001年12月21日发布的《关于民事诉讼证据的若干规定》第8条第1款规定："诉讼过程中，一方当事人对另一方当事人陈述的案件事实明确表示承认的，另一方当事人无需举证。"因此已经改变了《适用意见》第75条第1项将对事实的承认与对诉讼请求的承认一并予以规定的做法。

[2] 参见谭兵主编：《民事诉讼法学》，法律出版社1997年版，第308页。

[3] 《关于民事诉讼证据的若干规定》第8条第2款已经对拟制自认作了规定，即："对一方当事人陈述的事实，另一方当事人既未表示承认也未否认，经审判人员充分说明并询问后，其仍不明确表示肯定或者否定的，视为对该项事实的承认。"但并没有规定拟制自认的追复问题。

定："当事人对自认有所附加或限制的，应否视为自认，由人民法院根据案件情况加以确定。"这样，在当事人双方之陈述相互一致的前提下，便可以赋予其诉讼上自认的效力，从而使诉讼得以围绕少数几个争点逐步展开，并以此加速诉讼进程，提高诉讼效率。

（三）诉讼上之自认的法律效力须在立法中加以明确规范

《适用意见》虽然规定诉讼上的自认可免除对方当事人的举证责任，但是对于自认是否对人民法院和自认的当事人发生拘束力的问题，却未有任何正面规定。事实上，根据《民事诉讼法》的有关规定，当事人的自认对人民法院是没有拘束力的。依照《民事诉讼法》的规定，自认乃是属于当事人陈述的一个部分，对人民法院来说，它仅是一种证据材料，与当事人的其他陈述没有什么区别。而对当事人的陈述，人民法院应当结合本案的其他证据，审查确定其能否作为认定事实的根据（《民事诉讼法》第 71 条）。这样一来，人民法院完全可以抛开当事人的自认，而以其他证据作为认定案件事实的根据。另外，依据《民事诉讼法》第 64 条的规定，人民法院也完全可以不予考虑当事人的自认而自行进行证据调查和收集（人民法院认为该证据是"审理案件需要的证据"），并以其所调查收集的证据作为认定事实的根据来对案件作出裁判。可见，在这种强职权主义的诉讼结构之下，自认制度的作用和功能不能不说被大打折扣，这和民事诉讼的本质是不相协调的。所以，《民事诉讼法》应当完善有关自认效力的规定，使人民法院的裁判受当事人自认的严格约束，同时对有关的例外情形也相应地作出规定。[1]

另一方面，诉讼上的自认在一般情况下应当具有不可撤销性，当事人应受其拘束。对此，我国《民事诉讼法》也未加以规定，故

---

〔1〕 需说明的是，《关于民事诉讼证据的若干规定》第 74 条之规定，已经体现了自认对法院的约束作用。该条的内容是："诉讼过程中，当事人在起诉状、答辩状、陈述及其委托代理人的代理词中承认的对己方不利的事实和认可的证据，人民法院应当予以确认，但当事人反悔并有相反证据足以推翻的除外。"

而导致司法实践中当事人可以时而自认、时而撤销，这不仅有损法律的严肃性并给对方当事人造成讼累，而且增加了法院认定事实的负担，导致了诉讼的迟延。因此，应对允许撤销自认的特殊情形加以列举式的明确规定，除此之外，则不允许当事人予以撤销。[1]

（四）应明确规定调解、和解中的让步不具有自认的效力

当事人在调解或和解程序中所作的让步主要是为了尽快解决他们之间的争执，但这种让步并不意味着当事人一方承认对方所主张的事实或诉讼请求，故不能把当事人在调解、和解中的让步看作自认。对此，民事诉讼法同样应当加以明确的规定，特别是在我国现行的法院调解制度之下，更有必要对此加以明确规范。因为，我国现行的法院调解被认为是人民法院行使审判权的一种方式，调解程序和审判程序不分，不仅在庭审前可以调解，而且在庭审中也可以调解；不仅在一审、二审程序中可以调解，而且在再审程序中还可以调解。调解制度的这种格局极易使人民法院把当事人在调解中的让步误作为诉讼上的自认，这样显然极不利于对当事人合法权益的保护，也不利于正确发挥调解制度的功能。所以，规定调解中的让步不得被视为自认具有尤为迫切的现实意义。[2]

---

[1] 《关于民事诉讼证据的若干规定》第8条第4款对自认的撤销问题作出了初步规定。

[2] 需指出的是，《关于民事诉讼证据的若干规定》第67条对此问题已经有所规定，即："在诉讼中，当事人为达成调解协议或者和解的目的作出妥协所涉及的对案件事实的认可，不得在其后的诉讼中作为对其不利的证据。"

略论我国民事诉讼
证据规则之应然体系 *

发轫于 20 世纪 80 年代末期，时至今日仍在各地人民法院如火如荼地开展的民事审判方式改革一直为学界所注目，对民事诉讼证据问题的孜孜探究即为其重要表征之一。本文不揣浅陋，拟就民事诉讼证据规则之应然体系略陈己见，权作引玉之砖，期冀学界同仁对此问题给予更多的关注。

一、民事诉讼证据规则的逻辑结构

笔者认为，所谓民事诉讼证据规则，其实乃是指反映民事诉讼证据运作规律、调整民事诉讼证据运用过程的法律规范。民事诉讼证据规则，并非由某一或某几个法律规范所构成，而是由一系列虽然具有不同的内涵但彼此之间却有很强的逻辑关联的法律规范所构成的有机和谐整体。这是因为，民事诉讼证据之运作过程实际上是与民事诉讼程序本身次递合成、逐步展开之过程相生相成的。具体来讲，民事诉讼证据规则之应然体系应当囊括举证规则、质证规则、认证规则以及举证责任规则等四项民事诉讼证据规则。

民事诉讼证据规则体系之所以具有上述逻辑结构乃是由民事诉讼证据运作的自身规律所决定的。民事诉讼证据之运作就其过程而言，其实可以分为三个阶段。第一个阶段为民事诉讼证据之生成阶段。民事诉讼证据，作为一种客观事物，需要经由一个中介进入民事诉讼界域后方能称之为民事诉讼证据（资料），这就涉及由何诉

---

* 原文发表于《法学家》2000 年第 5 期。

讼主体将其提出以及应在什么诉讼阶段提出的问题。此即属于举证规则所调整的范畴。第二阶段为由人民法院对被提交的民事诉讼证据（资料）是否具有证据能力，是否以及在多大程度上具有证明力之问题予以认定之阶段，这一阶段为证据调查阶段。由于民事诉讼实行辩论主义原则，故而人民法院对民事诉讼证据之认定过程须依当事人对民事诉讼证据之可采性及关联性进行辩驳为基础，因此当事人之质证与人民法院之认证虽然在程序展开上几乎同步，但前者是为后者服务的并且以后者为依归，而后者则须依前者为基础并以其为介质。更为重要的是，人民法院之认证纯属一种主观认识过程，故而无从借助于一定公开化的程序予以体现，而当事人之质证过程则可以且必须经由一定的外观程序，具体地讲是经由当事人双方的言词辩驳行为加以体现，因此，当事人之质证与人民法院之认证显然具有不同之特质，故而亦就需由不同的证据规则（即质证规则与认证规则）予以调整。民事诉讼证据运作的第三个阶段为形成人民法院裁判基础之阶段。人所共知，人民法院作出裁判须以事实为根据，而案件事实无疑是由民事诉讼证据予以支撑的，在当事人之质证完成后，人民法院之认证过程也就相应完成。此时，人民法院便面临以什么为基础进行裁判之问题。就绝大多数民事案件而言，人民法院固然能够从其所认定的证据事实本身形成裁判之基础，不管是其内心确信原告胜诉抑或是确信原告败诉均是如此，但在特定民事案件中，人民法院借助于其所认定的证据事实本身并不能形成如何进行裁判所需的内心确信，而人民法院不得拒绝作出裁判之民事诉讼基本原则之规制决定了人民法院在此情形下又不能不作出裁判。此时，人民法院便须借助于举证责任规则进行裁判，也即在经由双方当事人之质证后，人民法院对证据证明力之认定尚不能形成内心确认时（换句话讲即案件事实此时乃处于真伪不明之状态），便须按照负有举证责任的一方当事人败诉之原则进行裁判。

　　尽管民事诉讼证据的上述四项规则皆以民事诉讼证据为其调整之对象，但显而易见的是，不同的民事诉讼证据规则所调整的民事诉讼证据在表现态式上并不完全相同。具体来讲，举证规则所调整的对象主要为证据方法，也即作为证据事实外观载体的以一定形态表现出来的证据资料，如书证、物证等。故举证规则并不涉及证据之证明力有无的问题，而仅仅关系到证据的可采性也即某一证据资料是否能够作为一项证据予以提出之问题。质证规则与认证规则不仅关涉证据方法之可采性，更重要的是涉及体现在该证据方法中的证据资料能否以及在多大程度上对待证实事起证明作用即是否能形成法院裁判基础之问题。而举证责任规则之适用并不直接涉及民事诉讼证据之形态，故毋宁认为它是一项裁判规范，而这种规范并非在每一民事案件里都会得到适用。[1]

显然，民事诉讼证据规则体系中的各项证据规则间具有内在的逻辑联系，甚或可以说彼此之间形成了一个因果链，从而部分地演绎出了整个民事诉讼程序之合成过程。具体来讲，举证规则为所有民事诉讼证据规则运作的前提条件，其不仅为后几项证据规则之适用提供了基础，并且界定了后者之运作畛域。质证规则是举证规则运作的逻辑延伸并成为认证规则运作之基石。因此，质证规则实乃举证规则与认证规则之中介。而举证责任规则则为前面各项证据规则的当然保障，并且最为本质地体现着民事诉讼证据之运作规律。

二、民事诉讼证据规则的内涵

如前所述，笔者认为，民事诉讼证据规则体系从民事诉讼理论上讲系由举证规则、质证规则、认证规则、举证责任规则等四项民事诉讼证据规则所构成。为便于进一步理解民事诉讼证据规则之内在体系，笔者试就各项证据规则之内涵简析如下：

1. 举证规则。举证规则具体来讲是由主体确定规则、举证时效规则与证据展示规则这三项规则所构成。①主体确定规则。所谓主体确定规则，是指具体应由何种诉讼主体提出证据方法之规则。

---

[1] 因为并非每一案件经过审理均会处于真伪不明之状态。

由于民事诉讼以解决私权纠纷为目的，[1] 实行辩论主义与处分主义，故举证主体应限于双方当事人，即双方当事人应当对各自所主张之事实提供证据加以证明。即便在涉及当事人确因客观原因不能自行收集证据而需由人民法院依职权调查收集证据时，仍须以当事人提出申请为人民法院依职权调查收集证据之前提条件。②举证时效规则。该规则涉及当事人双方须在民事诉讼的哪一个阶段提供民事诉讼证据之问题。为防止一方或双方当事人玩弄诉讼技巧，进行突袭性的攻击或防御而置对方于明显不利或不公平之境地，并且为了防止诉讼滞延，当事人提交证据之时间应被限定于双方当事人为言词辩论之前。这其实也是由人民法院之裁判须以当事人双方言词辩论之事实作为裁判基础这一民事诉讼基本原则所决定的。③证据展示规则，该项规则以调整双方当事人通过一定途径获悉对方所拥有之证据资料为内容。该项规则设定之目的乃是在于求得当事人之间争点的尽早确定，防止案件审理过程中的突然袭击并促进双方当事人的和解。

2. 质证规则。质证规则具体包括主体确定规则、内容限定规则及质证进行规则。①主体确定规则。质证的主体应限于当事人双方，也即质证主体与举证主体相一致，这其实也是由民事诉讼实行辩论主义，即只有经过双方当事人言词辩论的事实才能作为法院裁判的基础这一基本原则所决定的。②内容限定规则。所谓内容限定规则，是指作为双方当事人质证对象的证据资料必须是已在证据展示过程中由双方当事人提出并且为对方所知晓的证据方法。该规则之设定其实是证据展示规则运作的必然要求，否则，证据展示将徒有其表。③质证的进行规则。该规则主要是为了规范质证活动进行的步骤、程序。该规则的具体内容包括：质证活动应以当事人双方进行为主，人民法院仅仅起主持的作用，以保障质证活动依当事人之意愿有序地进行，不过，为防止诉讼滞延，在庭审中，人民法院

---

[1] 此说乃日本学者兼子一教授所提出，在我国民事诉讼法学界亦有相当之影响。

认为必要时亦可以对证人或双方当事人进行询问，此外，人民法院在主持质证活动时，应指挥当事人双方围绕证据方法之可采性及证据资料之证明力进行质证。在质证的程序上，首先应由当事人双方各自对自己所提出之证据的证据能力与证据力加以阐释，然后分别对对方所提证据之证据能力与证据力加以驳斥，在此基础上再由双方当事人相互进行辩驳。

3. 认证规则。民事诉讼中的认证，是指人民法院对双方当事人所提交的以及在特定情况下由人民法院依当事人之申请而收集的证据资料，通过法庭质证，确定其证明力，从而为案件事实之认定奠定基础的诉讼行为。就认证规则而言，其主要涉及人民法院应以什么为标准来认定证据之证明力的问题。民事诉讼解决私权纠纷之性质决定了对于证据证明力的要求应当是优势证据证明要求，而无须达到刑事诉讼中的排除一切合理怀疑之证明要求。因此，人民法院在认证过程中，只要某项证据能够证明待证事实为真实的可能性大于其为不真实的可能性即可形成心证而为裁判。

4. 举证责任规则。如前所析，举证责任规则是指人民法院在不能以其所认定之证据事实为裁判基础时，判决负有举证责任的一方当事人承担不利后果的一项裁判规范。

三、我国民事诉讼证据规则的缺陷及其完善

在简析了民事诉讼证据规则之应然体系及其各自内涵后，笔者试以此为基础检视我国现行民事诉讼证据规则之缺失并就应当如何对其加以完善提出自己的看法。大抵讲来，现行民事诉讼证据规则之缺陷主要有以下几个方面：

1. 举证主体不甚明确。尽管《民事诉讼法》第64条第1款规定了当事人对自己提出的主张有责任提供证据而似乎已将举证主体明定为双方当事人，但由于同条第2款十分含糊地规定了人民法院在一定情况下可以主动调查收集证据，遂使得当事人之举证与人民法院之查证间的界域不甚明了，从而导致人民法院在调查收集证据

上拥有很大的自由裁量权。其结果必然会造成举证主体的不确定。无疑，这已在相当大的程度上影响到后几类民事诉讼证据规则之有效运作。

2. 没有确立举证时效制度《民事诉讼法》第125条第1款规定："当事人在法庭上可以提出新证据"与证据展示制度。[1] 这不仅为一方或者双方当事人搞"突然袭击"，玩弄诉讼技巧大开方便之门，而且更不利于人民法院对当事人之间的争点进行整理，从而不可避免地造成庭审效率的普遍低下。

3. 就质证规则而言，《民事诉讼法》第66条仅有"证据应当在法庭上出示，并由当事人互相质证"之原则性规定，但对于质证之程序、范围均未作出具体界定，从而使得质证之功能远未得到应有之发挥。[2]

4. 就认证规则来证明，《民事诉讼法》没有理清人民法院之认证乃一主观认识过程之特质，从而导致在民事审判实践中，人民法院在认定证据之证明力时片面追求"客观真实"之证明要求而犹豫裁判。

5. 就举证责任规则来讲，《民事诉讼法》没有彰显举证责任之本质乃是在于当人民法院所认定之证据事实不足以形成对该待证事实之真伪之内心确信时，应直接判决对该待征事实负有举证责任的一方当事人承担不利后果这样一项证据规则，从而影响了法院裁判的及时作出并导致了诉讼迟延。[3]

既然现行民事诉讼证据规则之缺漏主要表现为以上几端，那么

---

[1] 需说明的是，最高人民法院于2001年12月21日发布的《关于民事诉讼证据的若干规定》已对"举证时限与证据交换"作出了规定。

[2] 《关于民事诉讼证据的若干规定》已在其第四部分，对"质证"的程序和规则作出了一些规定。

[3] 对于这一点，《关于民事诉讼证据的若干规定》第2条第2款已有所规定，即"没有证据或者证据不足以证明当事人的事实主张的，由负有举证责任的当事人承担不利后果。"

对其予以立法上的完善自然亦须从这几方面着手，具体来讲，包括以下五点：

1. 明定当事人不能自行举证之范围，并同时规定，人民法院依职权调查收集证据须依当事人提出申请为前提条件，从而使得举证主体得以恒定为双方当事人。

2. 明定双方当事人提供证据资料之阶段至迟应在彼此为言词辩论之前，以便保障庭审的顺畅进行。

3. 明定质证主体及其内容，同时对质证之程式作出具体明确的规范，以确保质证过程不流于形式。

4. 确立自由心证之认证规则，以便人民法院在审理民事案件时能够依优势证据之明确要求为及时裁判。

5. 建立真正意义上的举证责任规则，使得当事人之举证行为与法院裁判之基础直接挂钩，从而从根本上防止了人民法院迟延作出裁判。

实务性诠释与学理性批判

——《最高人民法院关于民事诉讼证据的若干规定》初步研习之心得*

一、绪言

在各级人民法院及其审判人员的千呼万唤下，在当事人及广大社会公众的翘首企盼下，最高人民法院审判委员会于 2001 年 12 月 6 日讨论通过了《最高人民法院关于民事诉讼证据的若干规定》（以下简称《证据规定》），并于 2001 年 12 月 21 日正式予以公布，自 2002 年 4 月 1 日起，该《证据规定》已开始施行。《证据规定》的颁布施行，是民事审判乃至整个民事诉讼领域中一件意义重大的事情，它必将对我国的民事司法制度产生广泛而深刻的影响。但平心而论，人们对证据制度改革的期盼，特别是民事诉讼理论界所期待的证据规则，却并不是最高人民法院所出台的《证据规定》，而是国家关于民事诉讼证据制度的立法完善。然而最高人民法院之所以急于出台这一《证据规定》，亦有其较为复杂的现实背景，从某种意义上说，它也是最高人民法院在现实条件下所采取的"迫不得已"的应急举措。

一方面，在民事诉讼中，当事人请求司法保护须以证据为根据，法院对事实的认定以及最终对案件的裁判也必须以证据为根据和基础，因而证据问题可以说是民事诉讼的一个核心问题，这就要

---

* 本文系与第二作者刘学在合作，原文发表于武汉大学法学院编：《珞珈法学论坛》第三卷，武汉大学出版社 2003 年版。

求民事诉讼法中必须具有比较完备的证据制度，但长期以来，我国的民事诉讼证据制度却极不完善。其表现是：《民事诉讼法》对证据的规定过于原则和简陋，而且在某些方面也很不合理，例如现行《民事诉讼法》关于证据的规定只有简单的 12 个条文，[1] 根本无法涵盖民事诉讼证据制度应有的丰富内容；尽管最高人民法院在《关于适用〈中华人民共和国民事诉讼法〉若干问题的意见》（以下简称《适用意见》）中对证据问题又作了 9 条解释性规定，[2]并且其他有关法律和司法解释中的个别条款也对证据问题有所涉及，但就总体而言，这些规定只是零零碎碎的，在内容上缺乏系统性、完整性、合理性。因此，这种"粗放型"的简陋立法必然会导致司法实践中在诸多关涉证据的问题上，当事人和人民法院缺乏明确的规范可供遵循，具体表现为：当事人举证与法院调查取证的各自适用畛域不清；举证责任分配的界限不明；当事人举证的保障机制欠缺；证人作证制度有欠合理；质证制度尚存缺漏；法院对证据的采信和事实的认定缺乏透明度，等等。显然，现行立法规定的不足在客观上要求从立法上对民事诉讼证据制度予以完善。

另一方面，从近年来法院系统所进行的审判方式改革实践来看，证据制度的缺陷已经成为制约改革向纵深发展的一个瓶颈问题。肇始于 20 世纪 80 年代末的民事审判方式改革，最初动因在于试图通过强调当事人的举证责任来解决因社会经济结构的变化所带来的民事、经济案件的激增与法院的审判力量相对不足之间的矛盾，以便缓解法院及其法官调查取证的负担、提高诉讼的效率。但是由于举证责任制度在证据制度中所占的核心地位以及证据制度本身在整个民事诉讼制度中所处的核心地位，因而举证责任制度的改革必然会牵涉到当事人举证与法院查证的关系、质证制度、认证制度、合议庭和独任审判员的职责权限等方面的庭审改革问题，并进

---

[1] 即第 63~74 条。
[2] 即第 70~78 条。

而波及到整个民事审判制度乃至司法制度的改革。而这些制度的改革又反过来对民事证据制度提出了更高的要求，事实上，现行证据制度的缺陷已阻滞了民事审判制度改革进一步向前推进。在此情况下，一些地方法院突破现行证据立法的规定而制定了自己的民事诉讼证据规则，这些证据规则既不是国家的法律，也不属于司法解释的范围，但它却实实在在地成为各地法院自己的"民事诉讼证据法"而在其审理案件时广泛使用，造成了证据问题上的混乱的局面，并进而引发与此相关联的违法改革。因此，完善民事诉讼证据立法以便规范法院的审判行为和当事人的诉讼行为，并推进民事审判制度改革向纵深发展，便成为当务之急。

然而，从国家立法机关的视角来看，在近期内制定民事诉讼证据法典或者统一的证据法典不大可能，对《民事诉讼法》进行全面修订的条件亦不具备，[1] 可现行民事证据制度的严重不足和审判方式改革的现状又要求必须尽快制定出统一、完备的民事诉讼证据制度，因而在司法实践的层面上就产生了一对难以解决的矛盾，即证据规则的不完备与审判实践的客观需求之间的矛盾。在此条件下，制定统一的相对完备的证据规则，以便尽快消除民事审判实践中的混乱状态并为法院和当事人提供据以遵循的明确、具体的证据规范，就成为最高人民法院所必须面对和解决的一个实践性课题。也正是在此背景下，最高人民法院早在 1999 年公布的《人民法院五年改革纲要》中即提出，要完善我国的民事诉讼证据制度；在 2000 年则将民事诉讼证据制度的完善确定为最高人民法院的 22 个重点调研课题之一；在 2001 年又将起草民事诉讼证据的司法解释作为五项重点改革措施之一。经过广泛调研和论证，最高人民法院

---

〔1〕 这里所谓"对民事诉讼法进行全面修订的条件亦不具备"，主要是从当时国家立法机关的修律准备工作之角度而言的。在 2001 年的时候，全国人大及其常委会根本没有修订《民事诉讼法》的意思。2003 年末，全国人大常委会虽然将《民事诉讼法》的修订列入了十届人大的立法规划，但应当说目前的工作进展是相当缓慢的。

遂于 2001 年底制定和公布了《证据规定》这一司法解释。[1]

就总体而言,《证据规定》具有以下几个显著特点:

1. 吸收了民事审判方式改革的一些合理成果。在各地法院近十几年所推行的审判方式的改革中,既有合法的改革方案,也有合理但不合法的改革措施,最高人民法院所颁布的《证据规定》在总结各地法院进行审判方式改革的经验和教训的基础上,吸收了改革的某些合理成果。例如,很多法院进行了以举证时限和证据交换为主要内容的审前准备程序的改革,[2]这种改革对于民事诉讼证据制度及与此相关的程序制度的完善具有极为重要的意义,《证据规定》对这方面的改革成果予以确认,规定了举证时限和证据交换制度。

2. 借鉴了国外民事诉讼证据立法和理论的合理成分。近年来,在整个法学理论研究呈现出欣欣向荣景象的大背景下,以民事审判方式改革为契机,民事诉讼理论研究也呈现出勃兴的态势,其中亦包括证据研究的初步繁荣。在此过程中,外国及我国台、港、澳地区的民事诉讼证据立法和理论被广泛地介绍到内地,经过学者们的理论倡导和实务部门的司法实践,《证据规定》吸收了其中的某些合理成分。例如,关于举证责任的分配问题,大陆法系国家和地区民事诉讼中的主导性学说是法律要件分类说,并以其他学说作为补充,《证据规定》对举证责任分配问题所作的规定,即在相当程度上借鉴了其合理成分。

3. 完备了我国民事审判的证据规范。如前所述,我国《民事诉讼法》对证据问题的规定只有 12 个条文,民事审判实践中所必需的证据规则极度匮乏,由此而导致各地法院在证据的调查、收

---

[1] 参见"最高人民法院民一庭负责人就民事诉讼证据的司法解释答记者问",载最高人民法院民事审判第一庭:《民事诉讼证据司法解释的理解与适用》,中国法制出版社 2002 年版,第 410 页。

[2] 当然,这种改革实际上突破了现行《民事诉讼法》的规定。

集、审核、认定等一系列问题上均具有极大的随意性。《证据规定》则以不算太少的 83 个条文对民事诉讼证据作了较为系统的规定，其内容涉及当事人举证规则、法院调查收集证据规则、证据交换规则、质证规则、认证规则等诸多方面，从而在很大程度上完备了我国民事诉讼的证据规范。

从《证据规定》的出台背景和主要特点可以看出，其最大意义就在于，它现实地满足了审判实务的客观需要，为民事诉讼中的举证、查证、质证、认证过程提供了较为明确、具体的行为准则。对此，有学者指出，《证据规定》的公布与实施，"是近年来所推行的审判方式改革取得阶段性成果的一个重要标志，它既是对前一阶段审判方式改革实践的一个必要总结，同时也为下一阶段审判方式改革的深入发展乃至推行司法改革奠定了基础，具有承前启后的历史性作用。"[1] 但我们应当清醒地认识到，《证据规定》也决不是尽善尽美的，特别是其中的某些内容显然突破了现行《民事诉讼法》的规定，因而从严格意义上讲，其合法性亦是值得怀疑的。以下我们拟按《证据规定》的体例，对其有关内容作一粗浅的评析，以求教于学界同仁。

二、关于"当事人举证"

当事人举证和人民法院调查收集证据的关系问题，是民事诉讼证据制度中的一个关键问题，它在很大程度上制约和影响证据制度中其他问题的立法界定和司法操作，因而如何处理二者之间的关系一直是民事审判方式改革中不断探索的热点问题。《证据规定》的第一和第二两个部分即为"当事人举证"和"人民法院调查收集证据"，以求对这二者的关系作出科学、合理的界定。其中，在"当事人举证"部分，规定了起诉证据与反诉证据、举证责任的含

---

[1] 参见毕玉谦主编：《〈最高人民法院关于民事诉讼证据的若干规定〉释解与适用》，中国民主法制出版社 2002 年版，"前言"部分。

义、举证责任分配的一般规则和特殊规则、免证事实、法院的举证指导等内容，与《民事诉讼法》和以前颁布的司法解释的有关规定相比，突出了当事人举证在提供证据问题上的"显赫"地位，强化了当事人的举证责任。

（一）关于起诉证据和反诉证据

《证据规定》第1条规定："原告向人民法院起诉或者被告提出反诉，应当附有符合起诉条件的相应的证据材料。"这一规定在理论上被认为是关于起诉证据和反诉证据的规定。所谓起诉证据和反诉证据，是指处于积极地位的一方当事人发动诉讼程序以攻击对方当事人时，应当就其身份和对方当事人身份的真实性、实存性以及请求法院裁判的民事法律关系等提供初步的证据材料予以"证明"，是立法者和司法者对其进攻行为所施加的一种程序上的限制。[1] 这一规定的法律依据是《民事诉讼法》第108条至第112条所规定的起诉和受理制度，是对诉权行使和证据要求之间的关系所作出的具体解释。按照《民事诉讼法》第108条的规定，起诉必须符合下列条件：①原告是与本案有直接利害关系的公民、法人和其他组织。②有明确的被告。③有具体的诉讼请求和事实、理由。④属于人民法院受理民事诉讼的范围和受诉人民法院管辖。第110条又规定，起诉状中应当记明当事人的基本情况，诉讼请求和所依据的事实与理由，证据和证据来源及证人姓名和住所；第112条则规定，法院要对当事人的起诉进行审查，认为不符合上述起诉条件时，将裁定不予受理。由此可见，既然《民事诉讼法》规定起诉时应当具有事实、理由和证据，因此应当认为，《证据规定》关于原告起诉或被告反诉时应当向法院提交符合起诉条件的相应的证据材料之解释性规定，是与《民事诉讼法》上述规定的基本精神相一致的。在此之前，最高人民法院于1997年4月21日下发的《关于人

---

〔1〕 参见李国光主编：《〈最高人民法院关于民事诉讼证据的若干规定〉的理解与适用》，中国法制出版社2002年版，第21页。

民法院立案工作的暂行规定》（以下简称《立案规定》）第9条规定："人民法院审查立案中，发现原告或者自诉人证明其诉讼请求的主要证据不具备的，应当及时通知其补充证据。收到诉状的时间，从当事人补交有关证据材料之日起开始计算。"基于同样的原因，这一规定实际上亦不违背《民事诉讼法》关于"起诉和受理"的立法规定，而且与上述《证据规定》第1条的内容也不矛盾。由此可见，《证据规定》和《立案规定》中关于在起诉时应当提交证据以证明其诉讼请求的解释性规定，其本身并不存在不合法的问题。但是，合法的不一定是都是合理的和科学的。事实上，由于现行受理制度设置上的非科学性，必然导致与受理制度紧密相关的要求提供起诉证据之规定的非科学性。

申言之，由于现行《民事诉讼法》规定有一个独立的审查起诉和受理阶段，故在法院认为当事人的起诉没有相应的证据材料，不符合起诉的条件时，就会裁定不予受理，这就必然会产生在起诉时就要进行立案实体审查的后果（即要求原告在起诉时应提供证明其诉讼请求的主要证据），而这种在起诉时即进行实体审查的规定和做法，显然是不利于当事人诉权的保护的，明显忽视了程序保障的要求。尽管在解释上有人认为，在起诉时要求原告提供其诉讼请求所依托的案件事实的证据，只是强调与起诉条件"相应"的证据材料，而不是严格意义上的诉讼证据，法院对这种证据材料只作法律上和形式上的初步审查，而不对其真实性作实质审查，故在原告起诉时，对其所附证据的数量和质量均不宜作过于苛刻的要求。[1]但是在实践中，所谓形式审查和实质审查是很难区分的，事实上，由于独立的审查起诉和受理阶段的客观存在，以及由于各级法院及其法官在理解上的差异，司法实务中大多数法院及其法官对当事人的起诉证据都是进行实质审查的。从最高人民法院《立案规定》第

---

[1] 参见最高人民法院民事审判第一庭：《民事诉讼证据司法解释的理解与适用》，中国法制出版社 2002 年版，第 13 页。

11 条和第 12 条的规定来看，法院对当事人的起诉进行审查时，认为不符合受理条件的，由负责审查起诉的审判人员制作不予受理的裁定书，并报庭长或者院长审批；认为符合受理条件的，由负责审查起诉的审判人员决定立案或者报庭长审批，重大疑难案件要报院长审批或者审判委员会讨论决定。显然，这些规定也蕴涵着要进行实质审查的精神，因为，所谓庭长、院长审批或审判委员会讨论决定以及是否属于重大疑难案件的认定等，都是以进行实质审查为前提的。由此我们可以看出，现行《民事诉讼法》所规定的审查起诉和受理程序在实质上是非科学的、不合理的，与此相联系，在起诉时即要求当事人提供证据以证明其诉讼请求所依据的事实之规定同样是非科学的、不合理的。从德、日等国民事诉讼法的相关规定来看，几乎没有哪个国家规定在原告提起诉讼后还存在一个单独的审查起诉和受理阶段，原告向法院提起诉讼即意味着诉讼系属的开始，至于其起诉是否合法及是否有理由则是审判所要解决的问题。因此，有必要对《民事诉讼法》所规定的起诉和受理程序进行改革，取消立案前对起诉进行实质性审查的制度，代之以立案登记制度。当然，这涉及《民事诉讼法》相关内容的修改，而远非司法解释所能够解决的问题，但我们至少应当认识到，以现行起诉和受理制度为依托的要求原告在起诉时提交符合起诉条件的证据材料之规定在诉讼理论上并不是科学的。[1]

（二）关于举证责任的含义与法院的举证指导

在现代诉讼理论中，一般认为举证责任包括两种含义，即行为意义上的举证责任和结果意义上的举证责任。前者是指当事人对其

---

[1] 其实，现行受理制度除了具有在起诉时即对当事人的请求进行实体审查故不利于当事人诉权的保护之缺陷外，还存在其他很多弊端，例如难以界定诉讼系属的基准时是从原告提起诉讼之时还是从法院受理之时开始，从而导致有关诉讼系属的一系列法律效果（例如诉讼时效中断、管辖恒定等）的基准时亦难以界定。关于这一问题，本文第二作者在"略论民事诉讼中的诉讼系属"（载《法学评论》2002 年第 6 期）一文中另有论述。

所主张的事实负有提供证据加以证明的责任，又称为提供证据责任、主观上的举证责任、形式上的举证责任；后者是指当某种事实的存在与否不能确定时，也即系争事实最终处于真伪不明状态时，依法应当由一方当事人承担其不利的法律后果的责任，又称为客观上的举证责任、实质上的举证责任、说服责任。《证据规定》第2条规定："当事人对自己提出的诉讼请求所依据的事实或者反驳对方诉讼请求所依据的事实有责任提供证据加以证明。没有证据或者证据不足以证明当事人的事实主张的，由负有举证责任的当事人承担不利后果。"从而以司法解释的形式首次明确肯定了民事举证责任的双重含义，弥补了现行立法的不足。在此之前，1982年颁布的《民事诉讼法（试行）》第56条第1款和现行《民事诉讼法》第64条第1款都规定："当事人对自己的主张，有责任提供证据。"显然这两部法典皆是从行为意义上的举证责任的角度予以规定的。与这种立法规定相对应，在相当长的时期内，将举证责任仅仅理解为行为意义上的举证责任的观点一直在我国民事诉讼理论中占有支配性的地位。对于这一点，有学者从原苏联民事诉讼理论的影响、我国传统的民事诉讼理念、当事人的法律素质等多重角度分析了其成因。[1] 从行为意义的角度来界定举证责任的内涵，至少存在以下两个方面的问题和缺陷：

1. 将举证责任仅仅界定为行为意义上的举证责任，与诉讼的客观实际不相符合。在诉讼实践中，由于各种主客观条件的制约，某些案件的事实最终处于真伪不明的状态是不可避免的，在遇到这种情况时，很多法官实际上是自觉或不自觉地依据结果意义上的举证责任对案件进行裁判。

2. 由于对行为意义上的举证责任与结果意义上的举证责任不加区分，并且在解释上主要将其理解为前者，因而实践中出现了很多不合适乃至违法的做法，主要表现在：①在案件的待证事实真伪

---

〔1〕 参见陈刚：《证明责任法研究》，中国人民大学出版社2000年版，第54页以下。

不明时无限期的拖延诉讼，致使当事人之间的权利义务关系长期处于不确定的状态，并极大地妨碍了诉讼效率的提高。②在待证事实真伪不明时对案件强行调解或者不分青红皂白地胡乱调解，违反了调解所应遵循的原则。③案件事实真伪不明时任意予以裁判。其实，当案件事实真伪不明时，按照结果意义上的举证责任，本不难作出正确的裁判，但由于《民事诉讼法》对此未作规定，某些法官便在"自由心证"和"自由裁量"的幌子下随意进行裁判。[1]

由于存在上述问题和弊端，特别是近年来随着审判方式改革的探索和推行，行为意义上之举证责任说愈来愈不能适应司法实践的客观要求，为此，最高人民法院 1998 年 7 月 11 日公布的《关于民事经济审判方式改革问题的若干规定》（以下简称《审改规定》）第 3 条规定："下列证据由人民法院调查收集……上述证据经人民法院调查，未能收集到的，仍由负有责任的当事人承担举证不能的后果。"从而肯定了结果意义上之举证责任的存在，但是在内容表述上则不够明确。1990 年代中后期以来，随着民事诉讼理论研究的不断深化，同时也是为了适应审判实践的客观需要，人们对举证责任的双重含义逐渐达成了共识，并认识到结果意义上的举证责任才是举证责任含义的本质部分。在此背景下，《证据规定》第 2 条对举证责任的双重含义加以完整的表述，显然对确认审判方式改革的成果、提高民事审判效率并进一步推进民事审判改革的继续深化具有重要意义。

值得注意的一个问题是，对于《证据规定》所规定的举证责任的双重含义，在解释论上绝大多数观点都认为，行为意义上的举证责任和结果意义上的举证责任的重要区别之一是：在诉讼中，前者可发生转移，而后者则不发生转移的问题。其实，笼统地说行为意

---

[1] 参见李国光主编：《〈最高人民法院关于民事诉讼证据的若干规定〉的理解和适用》，中国法制出版社 2002 年版，第 44 页；最高人民法院民事审判第一庭：《民事诉讼证据司法解释的理解与适用》，中国法制出版社 2002 年版，第 21 页。

义上的举证责任可以在当事人之间互相转移是不科学的，是对举证责任的一种误解。因为，行为意义上和结果意义上的举证责任的承担都取决于举证责任的分配，对于某一事实，当法律规定应当由某一方当事人承担举证责任时，无论是行为意义上的提供证据责任还是结果意义上的败诉风险责任，就都由该方当事人承担，并不存在所谓前者可以在当事人之间进行转移而后者不能转移之区别。对于同一事实，法律在分配举证责任时，只能是分配给某一方当事人承担，而不可能同时分配给双方当事人承担。依法应当对某一事实承担举证责任的一方当事人，对该事实的存在所提供的证据称为本证，而依法对该事实不承担举证责任的一方当事人为否认该事实所提供的证据则称为反证，在诉讼中，充其量只发生本证和反证的转移问题，而不发生举证责任的转移问题。换句话说，对于同一事实，本证方应当负担举证责任，反证方并不承担举证责任，因此本证方的举证具有"责任"的性质，而反证方的举证并不具有"责任"的性质，事实上，反证方的举证在性质上应当属于一种权利。申言之，对于某一事实，本证方应当提供证据予以证明，而反证方则有权予以否认并有权提出反证，不管反证方所提供的反证是否有理由，都不会减轻本证方的举证责任，更不会发生本证方对该事实所负的举证责任转移给反证方的问题；在诉讼过程中，本证方负有义务就该事实的存在问题使法官形成心证，而反证方并不负有义务就该事实的不存在使法官形成心证。

在强化当事人的举证责任时，并不是说法院应当完全处于消极、被动的地位，这就涉及法院的举证指导问题，也即法院对当事人举证的阐明问题。对此，《证据规定》第3条规定要求："人民法院应当向当事人说明举证的要求及法律后果，促使当事人在合理期限内积极、全面、正确、诚实地完成举证。当事人因客观原因不能自行收集的证据，可申请人民法院调查收集。"这一内容的确立，是最高人民法院在总结实践经验和针对我国的现实国情的基础上而规定的。一方面，审判方式改革实践中，有些法院和法官对当事人主义诉讼模式和对抗制庭审方式存在片面的认识，认为在当事人主义诉讼模式下，应当完全任由当事人举证，故而在推行对抗制庭审方式改革时，往往过分强调当事人的举证责任，而忽视了法院在当事人的举证过程中本应具有的指导作用，造成某些当事人的举证行为无的放矢，或者因为不知道举证的要求而丧失及时举证的机会等有损诉讼公正的不良后果。针对这种情况，一些法院即陆续出台了由法院对当事人的举证活动进行指导的改革措施，最高人民法院1998 年颁布的《关于民事经济审判方式改革问题的若干规定》第1、2 条则在总结各地法院改革经验的基础上规定："人民法院可以制定各类案件举证须知，明确举证内容及其范围和要求。人民法院在送达受理案件通知书和应诉通知书时，应当告知当事人围绕自己的主张提供证据。"从而明确规定了法院在当事人举证过程中的指导作用，此后，很多地方法院在其所制定的"证据规则"中对于法院的举证指导亦作了规定。另一方面，与上述理由相联系，最高人民法院在制定《证据规定》时，考虑到我国传统诉讼观念的影响、当事人的举证意识和举证能力的差别较大以及我国没有实行律师强制代理制度等因素，认为有必要对法院的举证指导义务作出规定。[1]

对于《证据规定》第3 条有关举证指导的规定，需要说明和探讨的几个问题是：

1. 关于法院的举证指导之性质。法院的举证指导，属于法院在证据问题上的阐明（或称释明）问题。关于阐明活动的法律性质，在德国，它被认为既是法院的一项权利即"阐明权"，又被认为是法院的一种义务即"阐明义务"；日本在"二战"前的立法和判例倾向于认为阐明既是一种权利也是一种义务，但在"二战"后

〔1〕 参见最高人民法院民事审判第一庭：《民事诉讼证据司法解释的理解与适用》，中国法制出版社 2002 年版，第 26 页。

则倾向于认为是一项权利。[1] 我国台湾地区与德国相类似，认为它既是法院的阐明权利，也是法院的阐明义务。[2] 我们认为，《证据规定》既然要求人民法院"应当"依法进行举证指导，因此从性质上来说，人民法院对当事人的举证进行指导属于其应当履行的阐明义务。既然如此，如果人民法院未向当事人说明举证的要求及法律后果，而又要求当事人承担证据失权后果的，则应当成为当事人提起上诉的正当理由。

2. 关于举证指导的方式，《证据规定》采用的是"说明"这一术语，至于是采用口头方式说明还是书面方式说明，在解释上则存在分歧。一种观点认为，法院的举证指导既可以是口头说明，也可以是书面说明；[3] 另一种观点则认为，人民法院只能采取书面形式向当事人说明举证的要求及法律后果。[4] 联系《证据规定》第33 条第 1 款的要求来看，我们认为，似乎第二种观点更可取，因为该款规定："人民法院应当在送达案件受理通知书和应诉通知书的同时向当事人送达举证通知书。举证通知书应当载明举证责任的分配原则与要求、可以向人民法院申请调查取证的情形、人民法院根据案件情况指定的举证期限以及逾期提供证据的法律后果。"但是，如果将法院的举证指导理解为"应当"采取书面方式，那么在适用简易程序审理案件时，是否也必须采用书面方式来进行举证指导呢？依据《民事诉讼法》和有关司法解释的规定，在适用简易程序审理案件时，其起诉方式、传唤方式、审理方式等均比较简便，例如当事人双方可以同时到基层人民法院或者它派出的法庭，请求解

────────────

〔1〕 参见张卫平：《诉讼构架与程式》，清华大学出版社 2000 年版，第 187 页。

〔2〕 参见王甲乙、杨建华、郑健才：《民事诉讼法新论》，台湾三民书局 1998 年版，第183 页。

〔3〕 参见李国光主编：《〈最高人民法院关于民事诉讼证据的若干规定〉的理解与适用》，中国法制出版社 2002 年版，第 49 页。

〔4〕 参见最高人民法院民事审判第一庭：《民事诉讼证据司法解释的理解与适用》，中国法制出版社 2002 年版，第 27 页。

决纠纷；基层人民法院或者它派出的法庭可以当即审理，也可以另定日期审理；适用简易程序时，对于起诉内容，法院可以用口头或书面方式告知被告。显然，在适用简易程序时，有时并没有必要采用书面方式对当事人的举证进行指导。由此可见，关于法院举证指导的方式，《证据规定》的安排仍然是模糊的，有必要进一步作出明确、具体的规定。

3. 关于举证指导之阐明与诉讼中其他事项的阐明之协调问题。法院的阐明权（或阐明义务）是辩论主义的重要补充，阐明权的范围一般包括以下几个方面：①当事人的声明不明确的，通过阐明使其明确。②当事人的声明不当的，通过阐明加以消除。③诉讼资料不充分时，通过阐明令其补充。④通过阐明使当事人提出新的诉讼资料。[1] 各国在对其予以规定时，具体范围的宽窄可能会存在一些差异，但完整的阐明权制度应当是对各种应予阐明的问题的协调规定，而不仅仅是对当事人举证问题的阐明。《证据规定》仅仅规定的是对举证要求和法律后果的阐明，而未涉及其他事项的阐明要求，例如当事人的诉讼请求不适当、不明确或不充分时法院能否予以阐明等。从切实保障当事人的诉讼权利、实现诉讼公正的角度来看，我们认为，应当将证据问题的阐明与其他事项的阐明协调、整合起来，这就需要对《民事诉讼法》的其他相关制度予以完善。

（三）关于举证责任的分配

如果说举证责任是民事诉讼证据制度的一个核心问题，那么举证责任的分配则属于核心中之核心，因为对于特定的案件事实，应当具体由哪一方当事人提供证据加以证明，以及当该事实最终处于真伪不明状态时应当由谁承担因此所产生的不利后果的问题，都取决于举证责任的分配。但是长期以来，我国《民事诉讼法》关于举证责任分配的规定却极为含糊，故在实践中极难操作。具体而言，1982 颁布的《民事诉讼法（试行）》第 56 条第 1 款和 1991 年正

---

〔1〕 参见张卫平：《诉讼构架与程式》，清华大学出版社 2000 年版，第 189 页。

式颁行的《民事诉讼法》第64条第1款都仅仅是规定："当事人对自己提出的主张，有责任提供证据。"在相当长的时期内，理论解释上大多数认为这一规定就是关于举证责任分配的一般原则，然而在司法实务中，根据这一极为笼统的规定，是很难对举证责任合理地进行分配的。对于这一点，虽然早有学者予以指出，但并没有引起足够的注意。[1] 事实上，立法上之所以没有确立举证责任的具体分配规则，与我国民事诉讼长期实行职权探知主义体制有很大关系，因为在职权探知主义体制下，对当事人的举证责任并没有予以十分的强调，法院直接调查、收集证据的现象相当普遍，从而淡化了举证责任在当事人之间的分配。随着审判方式改革的推行，无论是理论界还是实务界，都越来越认识到举证责任分配规则的重要性。也就是说，由于《民事诉讼法》第64条第1款"谁主张，谁举证"之规定过于笼统，加上民事实体法的相关规定不够健全以及法官的整体法律素质明显不高，致使审判实务中在处理举证责任分配的问题上混乱，不少法院及法官在确定某一事实应当由哪一方当事人承担举证责任时的随意性很大，从而势必影响到诉讼公正的实现和诉讼效率的提高，故此，确立合理的举证责任分配规则就成为司法实践的一项尤为迫切的客观要求。在此背景下，很多法院在自己制定的有关民事诉讼证据的文件中对举证责任的分配规则作出了规定，例如上海市高级人民法院1998年制定的《关于执行民事诉讼证据制度的研讨会纪要》第5条根据法律要件分类说确立了举证责任分配的一般规则；宁波市中级法院1998年制定的《关于举证、质证、认证的若干意见（试行）》第3条则根据待证事实分类说确立了举证责任分配的一般规则。[2]《证据规定》在总结各地实践经验的基础上，对举证责任分配的一般规则、特殊规则、法院裁量

〔1〕 参见李浩：《民事举证责任研究》，中国政法大学出版社1993年版，第134页以下。

〔2〕 参见金俊银主编：《中国民事诉讼证据规范适用手册》，人民法院出版社2000年版，第72页、第159页。

规则等内容作出了规定。

1. 举证责任分配的一般规则。《证据规定》第 2 条第 1 款规定："当事人对自己提出的诉讼请求所依据的事实或者反驳对方诉讼请求所依据的事实有责任提供证据加以证明。"有人认为，这一款内容就是《证据规定》在借鉴大陆法系民事诉讼中举证责任分配的通说——法律要件分类说的基础上所确立的关于举证责任分配的一般规则。[1] 其实，这种看法是不准确的。以德国诉讼法学者罗森贝克为学说代表的法律要件分类说（又称为规范说）的基本内容是：实体法的全部法律规范可以分为两大类，一类是产生权利的规范，又称为"请求权规范"，这一类规范是基本规范；另一类是与之对立的规范，包括权利妨害规范、权利消灭规范和权利受制规范三种。以这种分类为基础，法律要件分类说认为，主张权利存在的人应当就权利产生的法律要件事实举证；主张权利妨碍的人，应当就妨碍权利发生的法律要件事实举证；主张权利消灭的人，应当就权利消灭的法律要件事实举证；主张权利受限制的人，应当就权利受限制的法律要件事实举证。我们认为，《证据规定》第 2 条第 1 款的规定与《民事诉讼法》第 64 条第 1 款"当事人对自己提出的主张，有责任提供证据"之规定在实质上并没有多大区别，因为二者都是从行为意义上笼统地对提供证据责任的分配问题予以规定，而并非结果责任的分配原则。而且，法律要件分类说主要是从对实体法规范进行分析的角度来分配举证责任，即确定不同的要件事实应当由不同的当事人承担举证责任，而《证据规定》是从"诉讼请求"的角度来确立举证责任的分配，诉讼请求与适用实体法的要件事实是明显不同的。

《证据规定》第 5 条关于合同纠纷案件的举证责任分配，才真

---

[1] 参见最高人民法院民事审判第一庭：《民事诉讼证据司法解释的理解与适用》，中国法制出版社 2002 年版，第 24 页；毕玉谦主编：《〈最高人民法院关于民事诉讼证据的若干规定〉释解与适用》，中国民主法制出版社 2002 年版，第 16 页。

正是依据法律要件分类说来确立这类诉讼的举证责任分配的一般规则。该条规定："在合同纠纷案件中，主张合同关系成立并生效的一方当事人对合同订立和生效的事实承担举证责任；主张合同关系变更、解除、终止、撤销的一方当事人对引起合同关系变动的事实承担举证责任。对合同是否履行发生争议的，由负有履行义务的当事人承担举证责任。对代理权发生争议的，由主张有代理权一方当事人承担举证责任。"这一分配规则的确立，对于实践中合同纠纷案件的及时、合理解决具有极为重要的意义，当然，如果《合同法》对合同纠纷的举证责任分配有特别规定的，则应当优先适用该特别规定。

举证责任的分配是一个横跨实体法和和诉讼法（证据法）两大领域的问题，《证据规则》之所以要对其分配的原则予以规定，显然是是为了弥补我国现行有关实体法规定和《民事诉讼法》规定的不足，以适应诉讼实践的客观需要。由于法律要件分类说具有符合实体公正和程序公正的要求、有利于实现裁判的统一性和法的安定性、具有较强的可操作性和可预测性等特点，因此自罗森贝克提出法律要件分类说以来，一直被大陆法系各国的理论界和司法实务界奉为举证责任分配的通说以及实践操作的准则。其后尽管有不少学者提出了一些新的举证责任分配学说，但这些学说充其量也只是对法律要件分类说作了某种程度的补充，并不能取代法律要件分类说所具有的通说地位。从比较法的角度来看，虽然在民事诉讼立法或证据立法中对法律要件分类说明确予以规定的立法例并不是很多，但在实体法中对其加以规定的情况却相当普遍，例如《法国民法典》第 1315 条、《意大利民法典》第 2697 条、《西班牙民法典》第 1214 条等都规定了与法律要件分类说相同或相类似的分配标准。[1] 我国民事诉讼立法（证据立法）以法律要件分类说作为举证责任分配的一般标准不仅是完全必要的，而且也具有理论上及实

---

[1] 参见陈刚：《证明责任法研究》，中国人民大学出版社 2000 年版，第 262 页以下。

践上的可行性；在适用的案件范围上，它不仅可以作为合同纠纷案件的举证责任的分配原则，而且也应当适用于一般侵权纠纷案件和其他类型的民事案件。

2. 举证责任分配的特殊规则（举证责任的倒置）。以法律要件分类说作为举证责任分配的一般原则具有很多优点，但是在现代社会中，对于某些特殊类型的民事案件，特别是某些特殊侵权民事案件，如果完全按照法律要件分类说在当事人之间进行举证责任的分配，则很有可能造成极不公平的法律后果。在此条件下，"危险领域说"、"盖然说"等举证责任分配理论便应运而生，主张对于某些案件不应按照法律要件分类说来分配举证责任，而应采取举证责任倒置等特殊的分配规则。所谓举证责任的倒置，是指一方当事人对其所主张的事实，不必承担举证责任，而由对方当事人就相反的事实承担举证责任。

1991 年颁布的《民事诉讼法》对举证责任的倒置并未作出规定。为了与《民法通则》中几类特殊侵权民事案件的规定相协调和满足诉讼实践的需要，最高人民法院在 1992 年公布的《适用意见》第 74 条规定："下列侵权诉讼中，对原告提出的侵权事实，被告否认的，由被告负责举证：①因产品制造方法发明专利引起的专利侵权诉讼。②高度危险作业致人损害的侵权诉讼。③因环境污染引起的损害赔偿诉讼。④建筑物或者其他设施以及建筑物上的搁置物、悬挂物发生倒塌、脱落、坠落致人损害的侵权诉讼。⑤饲养动物致人损害的侵权诉讼。⑥有关法律规定由被告承担举证责任的。"大多数学者认为，这一规定就是司法解释关于举证责任倒置的规定，它对于合理解决因特殊侵权所引发的民事纠纷、保护受害人的合法权益发挥了重要作用。但这一规定存在的问题至少有两点：①正如有学者所指出的，举证责任的"倒置"是以举证责任分配的"正置"理论为前提的，从德、日等国的规定和理论来看，它是为修正法律要件分类说而提出的，是以法律要件分类说作为"正置"的基础，离开了法律要件分类说也就没有什么举证责任倒置可言，而在我国，由于长期以来并没有对何谓举证责任的"正置"达成共识，没有将法律要件分类说确立为举证责任分配的一般原则，因而上述规定也就很难说是什么举证责任的"倒置"，实际上只是关于举证责任分配的一种规定。[1] ②上述司法解释笼统地规定，对于原告提出的侵权事实，被告加以否认的，则由被告承担举证责任，显然也是不准确和不科学的，因为即使是上述特殊侵权案件，对于有关侵权的事实，被告加以否认时，也并不是由被告承担所有事实的举证责任。例如，对于建筑物或者其他设施以及建筑物上的搁置物、悬挂物发生倒塌、脱落、坠落致人损害的侵权诉讼，根据民法的规定，原告仍须就被告的建筑物或者其他设施以及建筑物上的搁置物、悬挂物发生倒塌、脱落、坠落的事实以及自己因此而受到了损害等事实加以举证，而被告只是对其无过错承担举证责任。

为了消除《适用意见》第 74 条之规定的非准确性，《证据规定》第 4 条第 1 款对上述几类特殊侵权案件的举证责任分配进行了细化，使其更为明确和具体；同时，为了弥补立法上的缺漏、满足诉讼实践的客观需要，又增加了因缺陷产品致人损害、共同危险行为致人损害和医疗行为引起的侵权案件中举证责任分配和倒置的规定。其具体内容是："下列侵权诉讼，按照以下规定承担举证责任：①因新产品制造方法发明专利引起的专利侵权诉讼，由制造同样产品的单位或者个人对其产品制造方法不同于专利方法承担举证责任。②高度危险作业致人损害的侵权诉讼，由加害人就受害人故意造成损害的事实承担举证责任。③因环境污染引起的损害赔偿诉讼，由加害人就法律告诉的免责事实及其行为与损害结果之间不存在因果关系承担举证责任。④建筑物或者其他实施以及建筑物上的搁置物、悬挂物发生倒塌、脱落、坠落致人损害的侵权诉讼，由所有人或者管理人对其无过错承担举证责任。⑤饲养动物致人损害的

---

[1] 参见陈刚：《证明责任法研究》，中国人民大学出版社 2000 年版，第 245 页；张卫平：《诉讼构架与程式》，清华大学出版社 2000 年版，第 308 页以下。

侵权诉讼，由动物饲养人或者管理人就受害人有过错或者第三人有过错承担举证责任。⑥因缺陷产品致人损害的侵权诉讼，由产品的生产者就法律规定的免责事由承担举证责任。⑦因共同危险行为致人损害的侵权诉讼，由实施危险行为的人就其行为与损害结果之间不存在因果关系承担举证责任。⑧因医疗行为致人损害的侵权诉讼，由医疗机构就医疗行为与损害结果之间不存在因果关系及不存在医疗过错承担举证责任。"[1] 第 2 款又规定："有关法律对侵权诉讼的举证责任有特别规定的，从其规定。"这是一个弹性条款，可以容纳《证据规定》所未概括进去的一些侵权诉讼举证责任的特殊规定。

关于劳动争议案件的举证责任，《证据规定》第 6 条亦作出了特别规定，即："在劳动争议案件中，因用人单位作出开除、除名、辞退、解除劳动合同、减少劳动报酬、计算劳动者工作年限等决定而发生劳动争议的，由用人单位负举证责任。"此前，最高人民法院于 2001 年 4 月 16 日公布的《关于审理劳动争议案件适用法律若干问题的解释》第 13 条即作了与此相同的规定。对于上述劳动争议案件，规定由用人单位负举证责任是完全必要的，因为：①在劳动关系中，用人单位和劳动者之间是管理者和被管理者的关系，用人单位明显处于优势地位，而劳动者则属于弱势群体，其合法权利容易受到侵犯，因而规定用人单位负举证责任有利于保护劳动者的

---

[1] 须指出的是，上述第 2、5、6 项的规定，并不是举证责任倒置的规定，实际上仍然是按照法律要件分类说分配举证责任的结果。因为，高度危险作业致人损害的侵权责任、饲养动物致人损害的侵权责任、因缺陷产品致人损害的侵权责任，都属于特殊侵权责任中的无过错责任。加害人是否有过错，并不是其是否应承担责任的构成要件。在诉讼中，只需要对侵权责任的三个构成要件进行证明，即损害事实、违法行为、因果关系。而这三个要件事实的证明，仍然是由主张损害赔偿请求权的原告来证明的，并没有实行倒置。《证据规定》第 4 条关于这几种侵权诉讼的举证责任的规定，是关于被告对其不承担责任的抗辩事由和免责事由应负责举证，这恰恰是按照法律要件分类说分配举证责任的结果，是举证责任的"正置"，而不是"倒置"。

权益。②用人单位作为劳动关系中的管理者（即"雇主"），其在对劳动者作出某种决定时就应当具有合法性、正当性，这是法治原则的必然要求，因而在诉讼时由用人单位就其决定的合法性、正当性承担举证责任是理所当然的事情，对于用人单位来说并非是一种苛求。③用人单位在举证能力、举证条件上较之劳动者更具有优势，有关的证据往往也掌握在用人单位一方或者在距离上更接近用人单位一方，由用人单位负举证责任具有现实的可能性。

关于劳动争议案件举证责任分配的性质，一种观点认为它属于举证责任的倒置，理由是：按照法律要件分类说，对于用人单位决定不当的举证责任，应由主张者即劳动者来举证，但《证据规定》确定由用人单位证明其行为的正当性，故属于举证责任倒置的情况。[1] 另一种观点则认为，它并非属于完整意义上的举证责任倒置，因为依照现行法律规定，劳动争议案件应当经过劳动仲裁程序之后才可以向法院起诉，而向法院起诉的既可能是不服仲裁裁决的劳动者，也可能是不服仲裁裁决的用人单位；在由劳动者提起诉讼时，该条的规定可以认为是举证责任的倒置，但是在由用人单位提起诉讼时，则不属于举证责任的倒置。[2] 我们同意后一种观点。

3. 法官对举证责任分配的自由裁量。《证据规定》第7条赋予了法官在特殊情形下对举证责任分配的自由裁量权，即规定："在法律没有具体规定，依本规定及其他司法解释无法确定举证责任承担时，人民法院可以根据公平原则和诚实信用原则，综合当事人举证能力等因素确定举证责任的承担。"赋予法官在举证责任分配问题上的司法裁量权，其法理基础在于成文法具有局限性。前文指出，举证责任分配问题需要由实体法和程序法来共同加以规定，特

---

[1] 参见李国光主编：《〈最高人民法院关于民事诉讼证据的若干规定〉的理解与适用》，中国法制出版社2002年版，第101页。
[2] 参见毕玉谦主编：《〈最高人民法院关于民事诉讼证据的若干规定〉释解与适用》，中国民主法制出版社2002年版，第57页。

别是以法律要件分类说作为分配举证责任的一般规则时，更需要有完备的实体法为基础，而实体法的规定不可避免地具有某种程度的滞后性和不周全性，往往难以穷尽现实生活中所发生的纷繁复杂的民事活动和交易关系类型，对于未来可能发生的新型的民事活动也难以作出准确无误的预测。因此，法官根据一定原则和条件在当事人之间进行举证责任的分配，就成为现代社会中解决民事纠纷的客观要求。就我国目前情况而言，由于民法典尚未制定，很多民事活动尚无明确、具体的法律规范来调整，致使实践中对于某些民事纠纷无法根据实体法来确定举证责任的分配。因此，《证据规定》规定法官在举证责任分配问题上的自由裁量权，无疑有其实务上的必要性。

尽管赋予法官在一定条件下享有举证责任分配的裁量权，有其理论上和实践上的重大意义，但我们也应当清醒地认识到，在此之前，有关法律并没有明确规定法院及其法官享有此项权限，因而《证据规定》第7条确实是一项极为大胆的"创造性"规定，其在诉讼实践中的影响绝不亚于立法上关于某类案件的举证责任分配法则。同时，也必须认识到，由于不同的举证责任分配方式，可能会引起迥然不同的诉讼结果，所以在适用上述规定时，显有必要持极为慎重的态度，否则，如果法官的裁量不当，不仅会损害另一方当事人的合法权益，而且也会破坏法律的公平和正义。另者，赋予法官举证责任分配之裁量权，是以法官具有较高的法律素质为必要前提的，而目前我国法官的素质却不容乐观，因而上述规定在实务中能否收到良好的适用效果，显然还有待于实践的检验。

（四）关于举证责任的免除（免证事实）

举证责任的免除，是指对于某些事实，当事人无须举证证明，法官即可径直作出认定并作为裁判之基础。从该事实无须举证予以证明的角度来看，则可将该事实称为免证事实。对于这一问题，各国民事诉讼法都程度不同地作了规定。我国1982年颁布的《民事诉讼法（试行）》和1991年正式公布的《民事诉讼法》对此项内

容皆付之阙如，但为了满足诉讼实践的客观需要，最高人民法院
1992年发布的《适用意见》第75条则规定："下列事实，当事人
无须举证：①一方当事人对另一方当事人陈述的案件事实和提出的
诉讼请求，明确表示承认的。②众所周知的事实和自然规律及定
理。③根据法律规定或已知事实，能推定出的另一事实。④已为人
民法院发生法律效力的裁判所确定的事实。⑤已为有效公证书所证
明的事实。"在总结实践经验和借鉴外国立法相关规定的基础上，
《证据规定》在第8条就当事人对事实的承认（即诉讼上的自认）
作了规定，并在第9条规定了其他免证事实。

关于自认，《证据规定》第8条分4款分别就其要件和效力、
拟制的自认、委托代理人的自认、自认的撤回等内容作出了较具体
的规定。这些内容对《民事诉讼法》来说无疑是一种"越界"，但
从实务的层面考察，它与民事诉讼的性质相适应，反映了诉讼实践
的客观要求。该条第1款规定了诉讼上自认的要件与效力，即：
"诉讼过程中，一方当事人对另一方当事人陈述的案件事实明确表
示承认的，另一方当事人无须举证。但涉及身份关系的案件除外。"
第2款规定了拟制的自认："对一方当事人陈述的事实，另一方当
事人既未表示承认也未否认，经审判人员充分说明并询问后，其仍
不明确表示肯定或者否定的，视为对该项事实的承认。"第3款则
是关于委托代理人的自认问题，其规定的内容是："当事人委托代
理人参加诉讼的，代理人的承认视为当事人的承认。但未经特别授
权的代理人对事实的承认直接导致承认对方诉讼请求的除外；当事
人在场但对其代理人的承认不作否认表示的，视为当事人的承认。"
第4款就自认的撤回问题作了规定，即："当事人在法庭辩论终结
前撤回承认并经对方当事人同意，或者有充分证据证明其承认行为
是在受胁迫或者重大误解情况下作出却与事实不符的，不能免除对
方当事人的举证责任。"

《证据规定》第9条关于其他免证事实的规定，与《适用意
见》第75条第2至5项的内容基本相同，并增加了"已为仲裁机

构的生效裁决所确认的事实"之规定。

三、关于"人民法院调查收集证据"

（一）人民法院调查收集证据的范围

1. 人民法院调查收集证据之范围的立法沿革及其弊端。与当事人举证紧密相关的一个问题是人民法院调查收集证据的问题。新中国成立后，由于受苏联证据制度的影响以及计划经济体制的实行，在民事诉讼中逐步建立了以法院为主导的证据制度，法院可以在当事人的请求范围之外依职权主动调查收集证据并将其作为认定案件事实的根据，而当事人之举证反倒成了法院依照其调查收集所得之证据认定案件事实的一种辅助手段。[1] 1982 颁行的《民事诉讼法（试行）》即典型地反映了这一以法院调查收集证据为主导的证据制度。该法第 56 条第 1 款虽然规定："当事人对自己提出的证据，有责任提供证据。"但紧接着在第 2 款又规定："人民法院应当按照法定程序，全面地、客观地收集和调查证据。"在实践中导致法院背上了调查取证的沉重包袱，并进而造成诉讼效率的低下，阻碍诉讼公正的实现。也许是认识到法院全面调查收集证据之规定的非合理性，1991 年颁布的《民事诉讼法》将其改为有限度的调查收集之规定，即在第 64 条第 1 款 "当事人对自己提出的主张，有责任提供证据"之规定的基础上，在第 2 款规定："当事人及其代理人因客观原因不能自行收集的证据，或者人民法院认为审理案件需要的证据，人民法院应当调查收集。"从这一款的规定来看，人民法院只有在以下两种情况下才可主动依职权调查收集证据：①当事人及其诉讼代理人因客观原因不能自行收集证据。②人民法院认为审理案件需要的证据。但是由于这一规定在内容上的含混模糊，特别是 "人民法院认为审理案件需要"之规定显然具有无限弹

---

[1] 参见赵钢、占善刚："也论当事人举证与人民法院查证之关系"，载《法商研究》1998 年第 6 期。

性，因而在实践中并不能合理地区分当事人举证与人民法院调查收集证据之间的界限，造成法院的调查收集证据之活动极其紊乱。[1]

为了消除现行《民事诉讼法》在人民法院调查收集证据范围上的含混不清并借以克服由此而在审判实践中所生成的种种弊端，最高人民法院1992年公布的《适用意见》第73条试图对其作出补充性解释，即规定："依照《民事诉讼法》第64条第2款规定，由人民法院负责调查收集的证据包括：①当事人及其诉讼代理人因客观原因不能自行收集的。②人民法院认为需要鉴定、勘验的。③当事人提供的证据互相有矛盾、无法认定的。④人民法院认为应当由自己收集的其他证据。"1998年公布的《审改规定》第3条对人民法院调查收集证据的范围所作的界定，与《适用意见》第73条的内容基本相同，只是在语言表述上略有区别。上述解释性规定，除了第3项之外，实际上是《民事诉讼法》第64条第2款的如实"复印"而已；对于第3项解释内容，其实本应适用举证责任规则作出处理，而没有必要由法院去调查取证。

由于上述司法解释并没能够合理界定法院调查收集证据的范围，加之实践中法院调查收集证据之传统方式的强大惯性，因而法院调查收集证据活动的混乱状况并没有多大改观。其主要表现是：一方面，不少法院及其法官常常以现行《民事诉讼法》已对当事人应负举证责任作了明确规定为借口，对本来应当由其调查收集的证据采取敷衍塞责的推诿态度；另一方面，一些法院及其法官往往凭借其在调查取证方面所拥有的自由裁量权而按照自己的主观擅断随心所欲地"调查收集证据"，甚至与一方当事人"联手"收集证据以反对另一方当事人。这种混乱状况必然会导致违背程序正义并进而妨碍实体正义的实现之严重弊害的产生，特别是法院随意地依职权调查收集证据之行为，显然使其难以保持中立、公正和清廉，并

---

[1] 相关论述请参见赵钢、占善刚："也论当事人举证与人民法院查证之关系"，载《法商研究》1998年第6期，第74页。

使质证程序、庭审程序难以发挥其应有功能。[1]

2.《证据规定》关于法院依职权调查收集证据的范围。面对上述立法罅漏与司法混乱之现状，各地法院在进行审判方式改革时，一直将强化当事人的举证责任、弱化和规范人民法院调查收集证据的职能作为一个重要的方面。最高人民法院在制定《证据规定》时充分考虑了这一情况，力图对《民事诉讼法》第 64 条第 2 款所规定的当事人"因客观原因不能自行收集的证据"和"人民法院认为审理案件需要的证据"这两种情况作出比较明确、具体的解释，并对调查收集证据程序的启动是依职权开始还是依当事人的申请开始作出明确的界定。

根据《证据规定》第 15 条和第 16 条的规定，《民事诉讼法》第 64 条第 2 款中所规定的"人民法院认为审理案件需要的证据"是指以下情形：①涉及可能有损国家利益、社会公共利益或者他人合法权益的事实。②涉及依职权追加当事人、中止诉讼、终结诉讼、回避等与实体争议无关的程序事项。对于这两类事实，人民法院可以主动依职权调查收集证据，而对于除此之外的其他情形，人民法院调查收集证据，则均须依据当事人的申请方能进行，从而将法院依职权调查收集证据的情形限定在较小的范围之内，以便于实践中的具体操作。从比较法上看，这种规定已经接近于大陆法系国家关于法院职权调查事项的规定和限制。在大陆法系中，法院依职权调查的事项，在实体上主要是涉及公共利益的事项，在程序上则主要是案件判决所必须具备的诉讼要件（例如当事人能力、诉讼能力、法院的管辖、当事人适格等）事项。这些事项在理论上称为"职权调查事项"，法院应当依职权进行调查，以确定这些事项是否

---

〔1〕 详细论述可参见赵钢、占善刚："也论当事人举证与人民法院查证之关系"，载《法商研究》1998 年第 6 期；王利明："审判方式改革中的民事证据立法问题探讨"，载王利明、江伟、黄松有主编：《中国民事证据的立法研究与应用》，人民法院出版社 2000 年版，第 28 页。

成立或存在。《证据规定》对人民法院依职权调查收集证据之范围的界定，在实体上与大陆法系的规定基本相似，在程序方面的事项范围则较大陆法系为宽。[1]

对于上述规定，值得注意的几个问题是：

（1）关于国家利益和社会公共利益的理解问题。根据《证据规定》，对于涉及可能有损国家利益和社会公共利益的事实，人民法院应当依职权调查收集证据，这是很有必要的。但"国家利益"、"社会公共利益"本身亦是一个极富弹性的词语，在解释上应当力求准确，在操作上应当慎之又慎，而不能随便将那些其实并不是国家利益和社会公共利益的事项界定为"国家利益"和"社会公共利益"。我们认为，在当前的司法实践中，特别应当加以注意的是，不能将"地方利益"和"部门利益"解释为国家利益和社会公共利益，它们在内涵上是根本不同的。在以往的诉讼实践中，一些法院及其法官假借国家利益和社会公共利益之名行保护地方利益和部门利益之实的现象并不少见，因此严格区分二者的界限实乃《证据规定》关于此项规定能否取得良好效果的关键。

（2）依据《证据规定》，对"涉及可能有损国家利益、社会公共利益或者他人合法权益的事实"，人民法院应依职权调查收集证据，这里使用的是"可能有损"之表述，主要是"考虑到当事人的有些行为是否损害国家利益、社会公共利益或者他人合法权益，在证据的调查、收集以及判断上存在相当的困难，法官难以快速而明确地对它作出正确的判断"。[2] 但在理解上及实际操作上，应当认为，必须是已经有证据或迹象初步证明"可能有损"于国家利益、社会公共利益或者他人合法权益，而不是无端的猜想和毫无根

---

[1] 参见李国光主编：《〈最高人民法院关于民事诉讼证据的若干规定〉的理解与适用》，中国法制出版社 2002 年版，第 182 页。

[2] 参见毕玉谦主编：《〈最高人民法院关于民事诉讼证据的若干规定〉释解与适用》，中国民主法制出版社 2002 年版，第 159 页。

据的揣测。

（3）对"涉及依职权追加当事人、中止诉讼、终结诉讼、回避等与实体争议无关的程序事项"之规定的理解问题。①法院对依职权对有关程序事项的调查取证，应当是与实体争议无关的程序事项，如果是有关实体争议的事项，例如放弃诉讼请求、承认诉讼请求等，法院不应去调查收集证据。②尽管《证据规定》对有关的程序事项采取的是列举而未穷尽的方法，但从该条款的整体内容来看，应当认为，对于没有列举的程序事项，也必须是在《民事诉讼法》明确规定法院可依职权主动调查取证的事项之条件下，法院才可主动予以调查取证。

3. 人民法院依当事人申请而调查收集证据的范围。除了《证据规定》第15条所规定的两种情形外，对于其他情形，只有在当事人提出申请的条件下，人民法院才可调查收集证据。所谓其他情形，根据《民事诉讼法》第64条第2款和《证据规定》第3条第2款及第17条的规定，是指当事人及其诉讼代理人因客观原因不能自行收集证据之情形。对于"当事人及其诉讼代理人因客观原因不能自行收集的证据"之问题，《民事诉讼法》第64条第2款仅仅是规定"人民法院应当调查收集"，而未规定"客观原因"的具体情形、调查程序的启动方式、申请形式、申请期限、法院的处理程序等内容，《证据规定》则分别对这些问题作出了解释性规定。

（1）当事人及其诉讼代理人因客观原因不能自行收集证据时，关于法院调查程序的启动方式，依据《证据规定》第3条第2款和第16条的规定，应当由当事人向人民法院提出调查收集证据的申请，人民法院不能主动依职权调查收集证据。对于这一点，《民事诉讼法》和最高人民法院1992年公布的《适用意见》皆没有予以规定，1998年公布的《审改规定》第3条第1项则要求当事人应当向法院提出调取证据的申请和该证据的线索。

（2）对于当事人及其诉讼代理人因客观原因不能自行收集的证据的范围，《证据规定》第17条明示："符合下列条件之一的，当事人及其诉讼代理人可以申请人民法院调查收集证据：①申请调查收集的证据属于国家有关部门保存并须人民法院依职权调取的档案材料。②涉及国家秘密、商业秘密、个人隐私的材料。③当事人及其诉讼代理人确因客观原因不能自行收集的其他材料。"这里需要注意的几个问题是：一是档案材料作为证据时，并非都需要由人民法院调查收集，只是那些不对外界公开、当事人无法从有关部门取得而必须由人民法院调取的档案材料，当事人才可申请人民法院依职权调取。二是对于需要鉴定和勘验的事项，当事人可以依法申请受诉法院启动鉴定程序和进行勘验，因此，应当认为，对于需要鉴定和勘验的事项，也属于当事人可以申请调查收集的证据的范围。但应当注意的是，对于需要鉴定或勘验的事项，《适用意见》和《审改规定》将其规定为法院依职权主动调查收集证据的范围，而依据《证据规定》，则不属于法院依职权主动调查收集证据的范围，实际上是否定了前两个司法解释中的失当规定。三是对于"当事人双方提供的证据互相有矛盾，经过庭审质证无法认定其效力的"之情形，《适用意见》和《审改规定》曾规定属于人民法院调查收集证据的范围，故此有学者认为在《证据规定》公布后，这种情形应当属于当事人可以申请法院调查收集的证据的范围。[1] 其实，对于这种情况，应当适用举证责任分配规则进行裁判，而不应再作为法院调查收集证据的一种情形，特别是与《证据规定》第73条第2款的内容联系起来考察，上述观点的不可取性更为明确。[2] 四是关于当事人申请法院调查收集所得的证据之归属问题。当事人申请法院调查收集的证据材料，应当归属于申请方当事人的诉讼证据材料，无论是在庭审中还是在法官的认证过程中，这些证据材料均

---

〔1〕 参见李国光主编：《〈最高人民法院关于民事诉讼证据的若干规定〉的理解与适用》，中国法制出版社2002年版，第185、192页。

〔2〕 《证据规定》第73条第2款的内容是："因证据的证明力无法判断导致争议事实难以认定的，人民法院应当依据举证责任分配的规则作出裁判。"

应作为申请方当事人的举证内容。

（3）对于当事人及其代理人申请法院调查收集证据的形式和期限，《证据规定》亦作了补充性解释。对于申请形式，《证据规定》第 18 条要求："当事人及其诉讼代理人申请人民法院调查收集证据，应当提交书面申请。申请书应当载明被调查人的姓名或者单位名称、住所地等基本情况、所要调查收集的证据的内容、需要由人民法院调查收集证据的原因及其要证明的事实。"对于申请期限，《证据规定》第 19 条第 1 款规定："当事人及其诉讼代理人申请人民法院调查收集证据，不得迟于举证期限届满前 7 日。"

（4）《证据规定》就法院对当事人及其诉讼代理人的申请的处理程序作了规定。依据《证据规定》第 19 条第 2 款之规定："人民法院对当事人及其诉讼代理人的申请不予准许的，应当向当事人或其诉讼代理人送达通知书。当事人及其诉讼代理人可以在收到通知书的次日起 3 日内向受理申请的人民法院书面申请复议一次。人民法院应当在收到复议申请之日起 5 日内作出答复。"

（二）关于鉴定问题

鉴定结论是《民事诉讼法》所规定的七种证据之一，在民事审判实践中，它对于准确认定案件事实具有重要意义。对于鉴定问题，《民事诉讼法》主要是在第 72 条规定："人民法院对专门性问题认为需要鉴定的，应当交由法定鉴定部门鉴定；没有法定鉴定部门的，由人民法院指定的鉴定部门鉴定。鉴定部门及其指定的鉴定人有权了解进行鉴定所需的案件材料，必要时可以询问当事人、证人。鉴定部门和鉴定人应当提出书面鉴定结论，在鉴定书上签名或者盖章。鉴定人鉴定的，应当由鉴定人所在单位加盖印章，证明鉴定人身份。"但是对于鉴定的程序、鉴定人的资格、当事人能否自行委托鉴定、申请重新鉴定的条件、鉴定人的责任等内容，《民事诉讼法》均没有作出明确规定，从而致使审判实践中在审核认定鉴定结论时存在相当大的困难。事实上，就《民事诉讼法》第 63 条第 1 款所规定的七种证据而言，最难审核认定的一类证据往往就是鉴定结论。从各地法院的审判实践来看，鉴定中存在的问题是普遍而严重的，主要表现在：鉴定机构多系统重复设置，隶属于各职能部门，各自为政、各守门户，缺乏协调机构和管理机构；同一鉴定对象由不同的鉴定机构鉴定时往往会出现不同的结论，使法官无所适从；重复鉴定、重新鉴定现象经常发生，造成资源浪费及案件久拖不决；某些鉴定机构的运行机制混乱，过分追求"经济效益"，而忽视了鉴定的公正性和科学性；缺乏科学、合理的鉴定人资格制度以及健全的培训和考核晋升制度；鉴定机构和鉴定人的责任不明；等等。[1] 尽管司法部 2000 年 8 月 14 日发布了《司法鉴定机构登记管理办法》和《司法鉴定人管理办法》，最高人民法院也于 2001 年 11 月 16 日公布了《人民法院司法鉴定工作暂行规定》，但是鉴定问题上的混乱局面仍然相当突出。[2] 为了完善鉴定制度，使鉴定工作更具有可操作性，《证据规定》对鉴定程序中的一些重要问题作出了规定。

1. 关于鉴定程序的启动。《民事诉讼法》没有明确规定是依当事人的申请而启动鉴定程序还是由法院依职权启动鉴定程序，从《民事诉讼法》第 72 条第 1 款之规定以及《适用意见》第 73 条和《审改规定》第 3 条的规定来看，在过去实际上是以法院依职权启动鉴定程序为原则的。《证据规定》第 5 条则明示，鉴定程序的启动应当依照当事人的申请进行，其内容是："当事人申请鉴定，应当在举证期限内提出。符合本规定第 27 条规定的情形，当事人申

---

〔1〕 参见最高人民法院民事审判第一庭：《民事诉讼证据司法解释的理解与适用》，中国法制出版社 2002 年版，第 152 页。

〔2〕 为了消除司法鉴定问题上的混乱局面，统一司法鉴定管理工作，全国人民代表大会常务委员会于 2005 年 2 月 28 日通过了《全国人民代表大会常务委员会关于司法鉴定管理问题的决定》，自 2005 年 10 月 1 日起施行。根据该规定，司法部则于 2005 年 9 月 30 日公布施行了新的《司法鉴定机构登记管理办法》与《司法鉴定人登记管理办法》。2000 年 8 月 14 日发布的《司法鉴定机构登记管理办法》和《司法鉴定人管理办法》同时废止。

请重新鉴定的除外。对需要鉴定的事项负有举证责任的当事人，在人民法院指定的期限内无正当理由不提出鉴定申请或者不预交鉴定费用或者拒不提供相关材料，致使对案件争议的事实无法通过鉴定结论予以认定的，应当对该事实承担举证不能的法律后果。"这一规定包括以下几个要点：①鉴定程序的启动以当事人申请为原则。②当事人申请鉴定须在举证期限内提出。③具有重新鉴定的情形时，申请重新鉴定不受举证期限的限制。④负有举证责任的当事人在不提出鉴定申请等情况下将要承担于己不利的法律后果。

2. 关于鉴定机构、鉴定人的确定。根据《民事诉讼法》第72条第1款的规定，是由人民法院交由法定的鉴定部门鉴定，没有法定的鉴定部门时，则由人民法院指定的鉴定部门鉴定。《证据规定》第26条改变了这一确定方式，规定以当事人协商确定为原则，同时以法院指定为补充，即规定："当事人申请鉴定经人民法院同意后，由双方当事人协商确定有鉴定资格的鉴定机构、鉴定人员，协商不成的，由人民法院指定。"这样一来，既充分体现了对双方当事人意愿的尊重，又可防止因当事人意见相左而可能造成的程序阻滞。

3. 关于当事人自行委托鉴定的问题。《民事诉讼法》没有明确规定，实践中则是客观存在的，《证据规定》第28条则明确肯定了这一内容，将自行委托鉴定作为当事人为履行举证责任而获取证据的一种合法形式。

4. 关于申请重新鉴定。《民事诉讼法》第125条第3款和第132条第3项虽然规定当事人可以要求重新进行鉴定，但并未规定申请重新鉴定的事由和条件，故《证据规定》第27、28条分别对法院委托的鉴定部门所作的鉴定结论与当事人自行委托有关部门所作的鉴定结论之重新鉴定问题作了规定。第27条的内容是："当事人对人民法院委托的鉴定部门作出的鉴定结论有异议申请重新鉴定，提出证据证明存在以下情形之一的，人民法院应予准许：①鉴定机构或者鉴定人员不具备相关的鉴定资格的。②鉴定程序严重违法的。③鉴定结论明显依据不足的。④经过质证认定不能作为证据使用的其他情形。对有缺陷的鉴定结论，可以通过补充鉴定、重新质证或者补充质证等方法解决的，不予重新鉴定。"第 28 条则规定："一方当事人自行委托有关部门作出的鉴定结论，另一方当事人有证据足以反驳并申请重新鉴定的，人民法院应予准许。"

四、关于"举证时限与证据交换"

举证时限，是指负有举证责任的当事人应当在法律规定或法院指定的期限内提出证明其主张的相应证据，逾期不举证的，将承担证据失效的法律后果的诉讼制度。证据交换，则是指开庭审理之前，在受诉法院审判人员的组织和主持下，双方当事人彼此交换己方所持有的证据材料的制度。设置举证时限和证据交换制度，目的是为了促使当事人适时地提出证据并让双方当事人彼此知道对方所持有的证据，防止诉讼突袭，以便实现诉讼公正和提高诉讼效率。对于举证时限和证据交换制度，限于当时的主、客观条件，1991年颁行的《民事诉讼法》并没有作出规定。《证据规定》对这一问题所作的突破性规范，同样是基于诉讼实践和审判方式改革的紧迫需要，当然，与近几年理论上的深入探讨和学界的极力倡导也有很大关系。

（一）关于举证时限制度

对于当事人举证的期限问题，《民事诉讼法》并没有作出明确要求。根据《民事诉讼法》第 125 条第 1 款"当事人可以在法庭上提出新的证据"之规定和第 179 条中"有新的证据，足以推翻原判决、裁定"时当事人可以申请人民法院进行再审的规定以及其他有关条款，[1] 理论上和实务中一般都认为，我国民事诉讼实行的是

---

[1] 例如，《民事诉讼法》第 132 条第 3 项规定，"需要通知新的证人到庭，调取新的证据，重新鉴定、勘验，或者需要补充调查的"，可以延期开庭审理；第 153 条第 3 项规定，第二审法院可因一审判决证据不足而发回重审，等案。

"证据随时提出主义",也即当事人不仅可以在庭审前提出证据,而且可以在庭审过程中提出新的证据,不仅可以在一审程序中提出证据,而且可以在二审和再审程序中提出新的证据。从民事诉讼实践来看,"证据随时提出主义"确实存在很多弊端,表现在:①容易造成"诉讼突袭"现象的发生,有违诉讼公正和诚实信用原则。②阻碍了诉讼效率的提高,致使很多案件不能在法律规定的审限内审结。③在客观上增加了当事人的诉讼成本,并导致人民法院大量重复劳动,浪费了有限的司法资源。④破坏了生效判决的既判力,损害了法院裁判的稳定性和权威性。为了克服证据随时提出主义的弊端,以便调动当事人举证的积极性、防止"证据突袭"及提高诉讼效率,对举证时限作出规定、改"证据随时提出主义"为"证据适时提出主义"就成为各地法院审判方式改革的重要内容之一。

从世界范围看,对举证时限作出规定是各国民事诉讼证据制度和审前准备程序的重要内容。例如,《美国联邦民事诉讼规则》第16条第3款第15项规定,法院可以在审前会议的事项中确定允许提出证据的合理的时间限制。[1]《德国民事诉讼法》第296、356条规定:"在作为判决基础的言词辩论终结后,再不能提出攻击和防御方法","因为有不定期的障碍致不能调查证据,法院应规定一定期间,如在期间内仍不能调查,那么,只有在法院依其自由心证,认为不致拖延诉讼程序时,才可以在期满后使用该证据方法。此项期间可以不经言词辩论定之。"[2]《法国民事诉讼法》第134、135条亦规定:"法官应确定当事人相互传达书证的期限,如有必要,确定传达书证的方式;必要时,得规定科处逾期罚款。""未在有效期间内传达的书证,法官得将其排除在辩论之外。"[3] 其他国

---

〔1〕 参见白绿铉:《美国民事诉讼法》,经济日报出版社1996年版,第192页。
〔2〕 谢怀栻译:《德意志联邦共和国民事诉讼法》,中国法制出版社2001年版,第72页、第87页。
〔3〕 罗结珍译:《法国民事诉讼法典》,中国法制出版社1999年版,第33页。

家也不同程度的存在类似的规定，采取证据适时提出主义因而成为民事诉讼证据制度的重要发展趋势。

鉴于我国《民事诉讼法》对举证时限未作规定，实践中"证据随时提出主义"存在很大弊端，各地法院推行审判方式改革时在此问题上的做法又相当混乱且缺乏明确的立法和司法解释上的依据，故《证据规定》在对《民事诉讼法》第75条第1款"期间包括法定期间和人民法院指定的期间"中之"指定期间"作扩张性解释，并对《民事诉讼法》第125条第1款"当事人在法庭上可以提出新的证据"之"新的证据"作限制性解释的基础上，本着"证据适时提出主义"，要求当事人必须在一定期间内举证，否则即发生证据失效的法律后果。但必须指出的是，无论是限制性解释还是扩张性解释，实质上都是对《民事诉讼法》现有规定的一种突破，然从实用主义的角度来看，它在一定程度上又确实具有"完善"和"补充"《民事诉讼法》的功利作用。具体而言，《证据规定》所确立的举证时限制度包括以下几点内容：

1. 举证通知书的送达与举证时限的确定。《证据规定》第33条包括以下规定：①人民法院应当在送达案件受理通知书和应诉通知书的同时向当事人送达举证通知书。举证通知书应当载明举证责任的分配原则与要求、可以向人民法院申请调查取证的情形、人民法院根据案件情况指定的举证期限以及逾期提供证据的法律后果。②举证期限可以由当事人协商一致，并经人民法院认可。③由人民法院指定举证期限的，指定的期限不得少于30日，自当事人收到案件受理通知书和应诉通知书的次日起计算。

根据上述规定，向当事人送达举证通知书是人民法院的一项义务，其切实履行有利于促使当事人了解举证的重要性，为其提供必要的程序保障，特别是在规定有举证时限和逾期举证即发生证据失权之效果的条件下，向当事人送达举证通知书并在举证通知书中告知当事人有关举证的事项和法律后果更是显得尤为重要。至于举证时限的确定方式，根据《证据规定》第33条第2、3款的规定，既可以由当事人协商确定，也可以由人民法院予以指定。值得注意的几个问题是：①《证据规定》第 33 条第 1 款规定人民法院应当在举证通知书中告知当事人人民法院根据案件情况指定的举证期限，但第 2 款又规定当事人可以协商一致确定举证期限，两款内容之间实际上存在着一定的矛盾。其实比较合理的安排应是在举证通知书中作出规定，当事人可以协商确定举证期限或者在其不能协商一致时则适用人民法院指定的举证期限。②根据上述规定，送达举证通知书是人民法院的一项义务，但是如果人民法院没有依法向当事人送达举证通知书，会产生什么样的法律后果呢？《证据规定》并没有予以明确，而这一点对当事人来说恰恰是很重要的，否则，其诉讼权利很难得到有效的保障。③在由法院指定举证期限时，其期限不得少于 30 日，但是根据《证据规定》第 81 条的规定，这一指定期限不适用于依照简易程序审理的案件。

2. 举证时限的重新指定。《证据规定》第 35 条要求："在诉讼过程中，当事人主张的法律关系的性质或者民事行为的效力与人民法院根据案件事实作出的认定不一致的，不受上述举证时限规定的限制（指第 33、34 条的规定），人民法院应当告知当事人可以变更诉讼请求。当事人变更诉讼请求的，人民法院应当重新指定举证期限。"《证据规定》要求在此情况下应当重新指定举证期限的理由在于：诉讼请求的固定与争点的确定直接相关，在开庭审理前，通过原告的起诉状、被告的答辩状以及开庭前进行的证据交换，已经固定了双方争议的焦点，固定了双方提交的证据，从而固定了诉讼请求。但是在诉讼过程中，对于当事人主张的法律关系的性质或者民事行为的效力，如果人民法院作出的认定与其不一致时，本案的案由就发生了变化，在此情况下，为了充分保护当事人的合法权益，《证据规定》即明示人民法院有义务告知当事人可以变更其诉讼请求。然而，如果当事人变更了其诉讼请求，则变更后的诉讼请求所依据的事实基础和证据体系也就发生了变化，故有必要重新指定举证期限。[1] 对于上述规定，需要进一步探讨的几个问题是：①在上述情况下，只规定了法院可以重新指定举证期限，那么此时能否允许当事人通过协商来确定举证期限呢？②法院告知当事人可以变更诉讼请求时，在告知方式上是口头告知还是书面告知？③在内容上，合议庭是应当准确无误地告知当事人法律关系的性质或民事行为的效力，还是只能告知当事人法律关系的性质或民事行为的效力之可能性？理解不同，结果迥异，我们认为，前者无异于先定后审、本末倒置，后者方为顺理成章之举，既符合认识规律，又满足了诉讼之需。

3. 举证时限的延长。《证据规定》第 36 条对举证时限的延长问题作了规定，即当事人在举证期限内提交证据材料确有困难的，应当在举证期限内向人民法院申请延期举证，经人民法院准许，可以适当延长举证期限。当事人在延长的举证期限内提交证据材料仍有困难的，可以再次提出延期申请，是否准许由人民法院决定。我们认为，举证期限的延长与再次延长固然有必要性和合理性，但对上限未作规定，则是一个明显的不足。

4. 举证时限的法律效力。举证时限的法律效力是举证期限制度的核心部分，没有关于法律效力的规定，举证期限的商定和指定就很难具有约束力，因此《证据规定》第 34 条第 1、2 款规定："当事人应当在举证期限内向人民法院提交证据材料，当事人在举证期限内不提交的，视为放弃举证权利。对于当事人逾期提交的证据材料，人民法院审理时不组织质证。但对方当事人同意质证的除外。"也就是说，举证期限具有强制性，当事人必须在举证期限内提交有关的证据材料，在举证期限内未提交的，即丧失提出证据的权利；在举证期限过后，即使再提交证据材料，

---

[1] 参见最高人民法院民事审判第一庭：《民事诉讼证据司法解释的理解与适用》，中国法制出版社 2002 年版，第 203 页；毕玉谦主编：《〈最高人民法院关于民事诉讼证据的若干规定〉释解与适用》，中国民主法制出版社 2002 年版，第 326 页。

人民法院在审理时原则上也不组织当事人进行质证，除非对方当事人同意。

另外，《证据规定》第 34 条第 3 款还规定："当事人增加、变更诉讼请求或者提起反诉的，应当在举证期限届满前提出。"这里将增加、变更诉讼请求或提起反诉等行为界定在举证期限届满前为之，目的在于尽早固定诉讼请求、确定争点和提高诉讼效率。这一款规定将《民事诉讼法》第 126 条中关于在开庭审理过程中当事人可以增加、变更诉讼请求或提起反诉以及第 52 条中关于变更诉讼请求的时间点提前到了举证期限届满之前。还须注意者，一方当事人增加、变更诉讼请求或提起反诉，举证期限是否有重新予以确定的必要？《证据规定》对此没有涉及，似乎是采否定的态度，但从保护对方当事人的合法权益的角度观之，则显然有必要重新确定举证期限。

(二) 关于证据交换制度

举证时限制度与证据交换制度是审前准备程序的两项重要内容，二者彼此关联，相互补充，缺少其中任何一项，都会使审前准备程序难以发挥其应有功能。开庭审理前，双方当事人彼此交换各自所持有的证据，其重要意义就在于：可以借此整理和明确争点，为开庭审理的顺利进行作好准备，以提高诉讼效率；可以防止诉讼突袭，促进诉讼公正的实现；对于一部分案件来说，可促使当事人在审前达成和解，实现案件的繁简分流和解决纠纷方式的多元化。

对于证据交换问题，英美法系和大陆法系国家都有不同程度的规定。特别是以美国为代表的英美法系国家，规定有较为完备的发现程序和证据开示制度。美国 1938 年《联邦民事诉讼规则》将"发现程序"法典化，规定当事人有权要求对方出示案件的证据和信息，在 1993 年的修改中，又规定了当事人的"证据开示"义务，即规定当事人向对方索取证据之前有义务主动向对方出示与当事人请求有关的证据和信息，然后才有权利向对方索取所需要的资料。[1]《英国民事诉讼规则》第 31 章规定了书证的开示和查阅程序。[2] 近几十年来，许多大陆法系国家也纷纷移植或借鉴英美法系的证据开示制度。例如日本新《民事诉讼法》即规定了"当事人照会制度"并完善了争点、证据整理程序。[3]《德国民事诉讼法》第 282 条第 2 款亦规定："声明以及攻击和防御方法，如果对方当事人不预先了解就无从有所陈述时，应该在言词辩论前，以准备书状通知对方当事人，使对方当事人能得到必要的了解。"[4]《证据规定》关于证据交换的安排，在一定程度上也是借鉴上述国家民事诉讼立法中的证据开示制度的结果。

就我国而言，证据交换的做法同其他改革举措一样，也是源于司法实践。在民事审判方式改革初期，为落实公开审判原则、强化当事人举证责任、强化庭审功能，很多法院推行了"一步到庭"的改革，但在改革的过程中，却又发现"一步到庭"的做法存在很多弊端，其中主要是削弱了审前准备工作，不仅不能使庭审功能得到充分发挥，反而导致诉讼迟延，且不利于为当事人提供充分的程序保障，故此先后弃用"一步到庭"，转而加强和充实审前程序的改革，证据交换制度和举证时限制度即是审前程序改革的核心内容。就立法来讲，现行《民事诉讼法》并没有关于证据交换的规定，最早对证据交换有所涉及的法律文件是最高人民法院 1993 年 5 月下发的《全国经济审判工作座谈会纪要》，其中明示："开庭前，合议庭成员可以召集双方当事人交换、核对证据，对双方无异议的事实和证据，开庭时经当事人确认后可不再核对、质证。"1993 年 11 月制定的《第一审经济纠纷案件适用普通程序开庭审理的若干规

〔1〕 参见白绿铉：《美国民事诉讼法》，经济日报出版社 1996 年版，第 87 页以下。
〔2〕 参见徐昕译：《英国民事诉讼规则》，中国法制出版社 2001 年版，第 151 页以下。
〔3〕 ［日］中村英郎著，陈刚等译：《新民事诉讼法讲义》，法律出版社 2001 年版，第 190 页以下。
〔4〕 谢怀栻译：《德意志联邦共和国民事诉讼法》，中国法制出版社 2001 年版，第 69 页。

定》第 5 条及 1998 年制定的《审改规定》第 5 条对证据交换问题亦作了简单的规定。与此同时，很多地方法院在其所制定的有关审判方式改革的"规定"或"证据规则"中也涉及了证据交换问题，例如 1996 年 1 月江西省高级人民法院发布的《关于改进经济审判方式的若干意见》、1998 年 6 月昆明市中级人民法院制定的《昆明市中级人民法院民事诉讼证据规则》、1999 年 7 月广东省高级人民法院发布的《广东省法院民事经济纠纷案件庭前交换证据暂行规则》等。[1] 在总结各地经验、借鉴外国立法的基础上，《证据规定》对证据交换的适用阶段、期日之确定、进行、次数等问题作了规定。

关于证据交换的适用阶段，《证据规定》第 37 条规定了两种情况：①经当事人申请，人民法院可以组织当事人在开庭审理前交换证据。这一点体现了对当事人处分权的尊重。②人民法院对于证据较多或者复杂疑难的案件，应当组织当事人在答辩期届满后、开庭审理前交换证据。

关于证据交换期日之确定，《证据规定》第 38 条规定："证据交换应当在开庭审理前进行，具体交换证据的时间可以由当事人协商一致并经人民法院认可，也可以由人民法院指定。人民法院组织当事人交换证据的，交换证据之日举证期限届满。当事人申请延期举证经人民法院准许的，证据交换日相应顺延。"另外，根据《证据规定》第 40 条第 1 款的要求，当事人收到对方交换的证据后提出反驳并提出新证据的，人民法院应当通知当事人在指定的时间进行交换。

关于证据交换的进行，《证据规定》第 39 条要求，证据交换应当在审判人员的主持下进行。在证据交换的过程中，审判人员对当事人无异议的事实、证据应当记录在卷；对有异议的证据，按照需要证明的事实分类记录在卷，并记载异议的理由。通过证据交换，

---

[1] 参见金俊银主编：《中国民事证据规范适用手册》，人民法院出版社 2000 年版。

确定双方当事人争议的主要问题。

关于证据交换的次数，《证据规定》第 40 条第 2 款规定："证据交换一般不超过两次。但重大、疑难和案情特别复杂的案件，人民法院认为确有必要再次进行证据交换的除外。"

（三）"新的证据"之界定与举证时限、证据交换的关系

举证时限和证据交换制度的规定，要求当事人必须在举证期限内提出证据，否则其证据即不被法院采纳，从而发生失去证明权的法律后果，这种后果对当事人来说是极为严重的。因此，如果在任何情况下都不允许当事人于举证期限届满后提出新的证据（例如在举证期限内当事人确实因为非属于自身的客观原因而不能提供有关证据等情况），那么对该当事人来说显然是很不公平的。另一方面，《民事诉讼法》第 125 条第 1 款规定，"当事人在法庭上可以提出新的证据"，第 179 条还规定当事人有新的证据时可以申请再审，因而如果完全禁止当事人在开庭审理时提出新的证据，那么显然会造成司法解释与《民事诉讼法》之间直接发生尖锐的冲突。但如果对当事人提出新的证据不加限制，则《证据规定》关于举证期限和证据交换的规定就会从根本上失去意义。在此情况下，最高人民法院通过对《民事诉讼法》第 125 条和第 179 条中的"新的证据"加以限制性解释的方式，对《民事诉讼法》进行"隐性"的"修改"从而避免直接的冲突，并使得其与举证时限和证据交换制度相互协调。

1. 《证据规定》关于"新的证据"的范围界定。《证据规定》第 41 条规定："《民事诉讼法》第 125 条第 1 款规定的'新的证据'，是指以下情形：①一审程序中的新的证据包括：当事人在一审举证期限届满后新发现的证据；当事人确因客观原因无法在举证期限内提供，经人民法院准许，在延长的期限内仍无法提供的证据。②二审程序中的新的证据包括：一审庭审结束后新发现的证据；当事人在一审举证期限届满前申请人民法院调查取证未获准许，二审法院经审查认为应当准许并依当事人申请调取的证据。"

《证据规定》第 43 条第 2 款又规定:"当事人经人民法院准许延期举证,但因客观原因未能在准许的期限内提供,且不审理该证据可能导致裁判明显不公的,其提供的证据可视为新的证据。"

对于当事人申请再审时"新的证据"的界定,《证据规定》第 44 条明示:"《民事诉讼法》第 179 条第 1 款第 1 项规定的'新的证据',是指原审结束后新发现的证据。"

对于上述规定,需要进一步解决的几个问题是:①如何理解和把握"新发现的证据"问题。"新发现的证据"是指当时在客观上没有形成的证据,还是指既包括客观上没有形成的证据,也包括客观上虽然已经形成但在通常情况下当事人无法知道其已经形成的证据?我们认为,从保护当事人的合法权益的角度来看,应当以后一种意见为妥。②《证据规定》第 43 条第 2 款似乎与第 41 条第 1 项的后段相矛盾而没有予以规定的必要。因为两者适用的前提都是当事人确因客观原因无法在举证期限内提供证据,经人民法院准许,在延长的期限内仍不能提出该证据,只是在用语上,第 41 条第 1 项规定"在延长的期限内仍无法提供",第 43 条第 2 款则规定"因客观原因未能在准许的期限内提供",而所谓"在延长的期限内无法提供",自然应当是指因客观原因无法提供,而不包括主观原因。但是在适用结果上,第 41 条第 1 项不加限制的当然属于"新的证据"的范围,而第 43 条第 2 款则附加上"不审理该证据可能导致裁判明显不公的"之限制条件,并且规定仅仅是"可视为新的证据"。对于如何区分以及在实践中应当如何分别适用这两款规定的问题,最高人民法院民事审判第一庭所著之《民事诉讼证据司法解释的理解与适用》一书并未作出诠释。[1] 事实上,在实践中是很难对其予以明确区分和恰当操作的,第 43 条第 2 款之规定只会使

---

[1] 另外,李国光主编的《〈最高人民法院关于民事诉讼证据的若干规定〉的理解与适用》一书试图对二者的区别作出解释,但是其解释很难让人理解,在实践中更是难以操作的。参见该书第 308 页。

法院在"新的证据"的认定问题上产生混乱的局面并与第 41 条第
1 项后段的规定相矛盾，而不会有任何益处。③人民法院自己或者
人民检察院能否以存在"新的证据"为由而认为原判决、裁定认定
事实的主要证据不足并提起再审程序呢？如果允许，又怎样界定其
"新的证据"的范围呢？如果不允许，再审制度又该如何予以改造
呢？这一点显然涉及再审制度的立法修改，而远非《证据规定》所
能解决的问题。

2. 提供"新的证据"的时间。根据《证据规定》第 42 条和第
44 条第 2 款的规定，当事人在一审程序中提供新的证据的，应当在
一审开庭前或者开庭审理时提出。当事人在二审程序中提供新的证
据的，应当在二审开庭前或者开庭审理时提出；二审不需要开庭审
理的，应当在人民法院指定的期限内提出。当事人在再审程序中提
供新的证据的，应当在申请再审时提出。

3. 提供的证据不属于"新的证据"之法律后果。《证据规定》
第 43 条第 1 款明示："当事人在举证期限届满后提供的证据不是新
的证据的，人民法院不予采纳。"这一规定与《证据规定》第 34 条
关于举证时限的效力和第 41 条关于"新的证据"的界定在内容上
彼此联系，起着相互补充的作用。

4. 提出"新的证据"所引发的法律后果。提出"新的证据"
除对案件本身产生影响外，根据《证据规定》第 46 条，还会产生
以下两个方面的后果：①由于当事人的原因未能在指定期限内举
证，致使案件在二审或者再审期间因提出新的证据被人民法院发回
重审或者改判的，原审裁判不属于错误裁判案件。②一方当事人请
求提出新的证据的另一方当事人负担由此增加的差旅、误工、证人
出庭作证、诉讼等合理费用以及由此扩大的直接损失，人民法院应
予支持。

五、关于"质证"

民事诉讼中的质证，是指在审判人员的主持下，当事人就所提

出的证据，围绕其真实性、关联性、合法性，针对其证明力有无以及证明力之大小，互相进行质疑、说明和辩驳的诉讼活动。质证是当事人行使诉讼权利的重要体现，也是法院正确审查和认定证据效力的必要前提，它体现了当事人的程序主体地位，是正当法律程序的必然要求。通过当事人相互之间的质证，有利于鉴别证据材料的真伪、确定其与案件事实有无关联性和是否具有合法性，并认定其证明力的大小，从而促使法官准确、及时地查明和认定案件事实，奠定裁判基础。

作为当事人行使诉讼权利的重要途径和法院审查核实证据的重要方法，质证程序是民事诉讼中的一个重要环节，因而无论是在英美法系国家还是在大陆法系国家，质证程序都是庭审程序的重要内容，但由于诉讼模式的差异，英美法系与大陆法系在质证模式上亦有很大区别。在英美法系国家，由于采取的是当事人进行主义，因此庭审中的质证程序完全在当事人之间进行，并为当事人所主导，法官在质证中处于消极的地位；大陆法系国家采取的则是职权进行主义，质证程序由法官主持和指挥，虽然质证活动也主要是在当事人之间进行，但法官可以依职权进行发问。[1] 这种区别在对证人（证言）的质证问题上表现得尤为明显。

我国现行《民事诉讼法》对质证程序的一般内容规定得极其原则和简单，仅仅在第 66 条规定："证据应当在法庭上出示，并由当事人互相质证。对涉及国家秘密、商业秘密和个人隐私的证据应当保密，需要在法庭出示的，不得在公开开庭时出示。"《适用意见》第 72 条作了与此基本相同的规定。对于书证、物证、证人证言等证据材料的质证，《民事诉讼法》也缺乏相应的具体规则。由于立

---

[1] 须说明的一个问题是，从程序运行的角度看，英美法系的民事诉讼法采取的是当事人进行主义，大陆法系采取的则是职权进行主义，但从诉讼资料的提出和审理对象的确定等角度来看，英美法系和大陆法系国家的民事诉讼法采取的都是当事人主义。

法规定的不完善以及庭审程序在整体上处于职权主义的框架之下，因而在以往的庭审程序中，审查核实证据几乎完全是法官的工作，法官出示证据后，由当事人辨认真伪，然后再向当事人说明该证据该证明什么事实，若对证据有疑问，则由法官来询问当事人，整个庭审方式具有明显的纠问式痕迹。[1] 在这种庭审方式之下，基本上没有什么质证活动，或者质证活动仅仅是走个过场，当事人在庭审过程中的程序主体地位受到了忽视，并且往往容易造成法官对案件事实和证据的先入为主，同时也有违法官应有的中立性。正因为如此，各地法院在推行民事审判方式改革时，质证制度的改革就必然成为庭审改革的一个重要内容。为了规范各地法院的审判方式改革，最高人民法院于1998年制定了《审改规定》，在"关于改进庭审方式"这一部分中，对质证问题亦作出了一些规定，但不够具体和明确。《证据规定》则比较系统地规定了质证活动的主要内容，"弥补"了《民事诉讼法》的不足，适应了诉讼实践的需要。从其规定来看，《证据规定》对《民事诉讼法》的解释和"补充"主要体现在以下几个方面：

（一）关于质证的范围

《证据规定》第47、48条要求："证据应当在法庭上出示，由当事人进行质证。未经质证的证据，不能作为认定案件事实的依据。当事人在证据交换过程中认可并记录在卷的证据，经审判人员在庭审中说明后，可以作为认定案件事实的依据。""涉及国家秘密、商业秘密和个人隐私或者法律规定的其他应当保密的证据，不得在开庭时公开质证。"

根据上述规定，就质证的对象范围（即质证的客体）来说，除了有特别规定的之外，其他证据都应当在法庭上经过当事人的质证，才能作为认定案件事实的依据，这一点与《民事诉讼法》第

---

〔1〕 参见最高人民法院民事审判第一庭：《民事诉讼证据司法解释的理解与适用》，中国法制出版社2002年版，第262页。

66 条所规定的"证据应当在法庭上出示，并由当事人互相质证"之内容的精神是完全一致的。因此，应当认为，《民事诉讼法》所规定的书证、物证、视听资料、证人证言、当事人陈述、鉴定结论和勘验笔录等证据都属于质证的对象。而且，不论是当事人提供的证据还是人民法院调查所得的证据，都应纳入质证的对象范围。对于受诉法院依职权收集的证据，《证据规定》第 51 条第 3 款规定："人民法院依照职权调查收集的证据应当在庭审时出示，听取当事人的意见，并可以就调查收集证据的情况予以说明。"这里所谓"听取当事人的意见"，实际上也就是要听取双方当事人对法院依职权调查收集的证据所进行的质证。另外，《民事诉讼法》和《证据规定》虽然要求对于涉及国家秘密、商业秘密和个人隐私或者法律规定的其他应当保密的证据，不得在开庭时公开质证，但并不是说这些证据不需要质证，只是其质证过程和程序不向外界公开罢了。应当注意的是，《证据规定》第 47 条第 2 款"当事人在证据交换过程中认可并记录在卷的证据，经审判人员在庭审中说明后，可以作为认定案件事实的依据"之规定，是开庭质证的一个例外，也是《民事诉讼法》所没有规定的，这一例外规定与证据交换制度相联系，其正当性是以证据交换程序本身的正当性以及对当事人意志的尊重和庭审中法官应当行使阐明权为基础的。

对于未经质证的证据材料，《证据规定》对其预设了否定性的法律后果，即"未经质证的证据，不能作为认定案件事实的依据"，在此之前，最高人民法院 1998 年颁布的《审改规定》第 12 条也规定："未经庭审质证的证据，不能作为定案的根据。"与《民事诉讼法》相比，这一规定显然是一个重要的"补充"，因为《民事诉讼法》第 66 条仅仅是规定"证据应当在法庭上出示，并由当事人互相质证"，对证据材料未经质证时的法律后果，则没有予以明确。

（二）关于质证的内容和顺序

《证据规定》第 50 条对质证的内容作了规定，即："质证时，当事人应当围绕证据的真实性、关联性、合法性，针对证据证明力有无以及证明力大小，进行质疑、说明与辩驳。"应当指出的是，《民事诉讼法》和所有的司法解释以前均没有直接对质证的内容予以规定，关于证据的"三性"即真实性、关联性、合法性，以往也只是在教科书和有关的理论文章中论及，故上述关于质证内容之规定是首次通过司法解释对法学界的通说予以肯定，这反映了司法对学理的认同与接纳。

对于质证的顺序，《审改规定》第8条曾安排，首先由原告出示证据，被告进行质证；被告出示证据，原告进行质证。其次由原、被告对第三人出示的证据进行质证；第三人对原告或者被告出示的证据进行质证。最后，审判人员出示人民法院调查收集的证据，原告、被告和第三人进行质证。对于这一规定，有人认为，其质证顺序混乱，原告和被告提出的证据要反复提出，不利于诉讼效率的提高，而且也忽视了第三人的诉讼主体地位，鉴此，《证据规定》第51条对质证的顺序重新作了规定。[1] 即："质证按照下列顺序进行：①原告出示证据，被告、第三人与原告进行质证。②被告出示证据，原告、第三人与被告进行质证。③第三人出示证据，原告、被告与第三人进行质证。"同时，第51条还规定，人民法院依照当事人申请调查收集的证据，应当作为提出申请的一方当事人提供的证据；人民法院依照职权调查收集的证据应当在庭审时出示，听取当事人意见，并可就调查收集该证据的情况予以说明。

这里存在的问题是，质证程序是属于民事诉讼法所规定的"法庭调查"阶段还是"法庭辩论"阶段？抑或是一个独立的程序阶段？《证据规定》对此未予明确，但从《审改规定》第8条之规定以及司法实践来看，基本上是将其作为"法庭调查"程序的组成部分。由此所产生的问题是：①如何协调上述质证顺序之规定与《民事诉讼法》第124条关于法庭调查之顺序的关系。《民事诉讼法》

[1] 参见李国光：《〈最高人民法院关于民事诉讼证据的若干规定〉的理解与适用》，中国法制出版社2002年版，第339页。

第 124 条规定："法庭调查按照下列顺序进行：当事人陈述；告知证人的权利义务，证人作证，宣读未到庭的证人证言；出示书证、物证和视听资料；宣读鉴定结论；宣读勘验笔录。"显而易见，《民事诉讼法》是根据证据的种类来规定法庭调查的顺序的，而《证据规定》则是从主体的角度来规定质证的顺序的，由此必然导致二者之间的关系难以协调：是按照《民事诉讼法》的规定先进行法庭调查，然后再按照《证据规定》的要求进行质证呢？还是按照《民事诉讼法》所规定的法庭调查顺序一边进行调查，一边进行质证？或者是完全抛开《民事诉讼法》的规定，而按照《证据规定》所规定的顺序进行法庭调查和质证？②从质证的内容和本质来看，质证的过程往往既是当事人和人民法院查清案件事实和证据的过程，也是当事人对案件事实、证据甚至于有关的法律问题进行辩论的过程，因而无论是将质证程序放在"法庭调查"阶段予以规定还是放在"法庭辩论"阶段予以安排，都存在立法体例上的非科学性。

其实，上述问题的解决涉及我国《民事诉讼法》所规定的庭审结构的改革问题。现行的庭审结构是将庭审划分为"法庭调查"和"法庭辩论"两个相互独立的程序阶段，法庭调查的任务是查明案件事实，法庭辩论的任务则是由当事人对案件的事实问题和法律问题进行辩论，以便法院作出公正的裁判。对于这种庭审结构，有学者指出，其划分的基础在于认为案件事实本身与人们对案件事实问题和法律问题的认识是可以相互分离的，然而在事实上，庭审过程中是很难将二者简单地加以区分的。在法庭调查阶段，常常伴随着对事实和法律的认识和评价，对证据进行质证实际上就是对证据进行辩论，而在法庭辩论阶段也伴随着对证据和案件事实重新认定的过程。实践中，在法庭调查阶段，双方当事人往往就开始对事实问题以及相关的法律问题进行辩论，而且有时候作为先决性的问题还必须要进行辩论；在法庭辩论中同样会涉及事实未查明，故而需要对事实进行调查的情形。从大陆法系和英美法系国家的规定来看，也不存在将案件的调查与辩论分立的做法。因此我国《民事诉讼法》有必要对庭审结构进行改革，而不再僵化地、硬性地将其分为两个彼此独立的阶段。[1] 对质证程序而言，由于其既是对证据和事实的认定过程，又是当事人进行辩论的过程，因此只有规定统一的言词辩论程序，质证制度才能更好地发挥作用，在立法体例的安排上也才具有科学性、合理性。

（三）对书证、物证、视听资料的质证

《证据规定》第49条规定，对书证、物证、视听资料进行质证时，当事人有权要求出示证据的原件或者原物，这一点与《民事诉讼法》第68条规定的精神是一致的，体现了证据制度中的原件、原物优先规则。但有下列情况之一的，《证据规定》则允许不提交原件、原物：①出示原件或者原物确有困难并经人民法院准许出示复制件或者复制品的。这种例外情形与《民事诉讼法》第68条第1款的规定相比，增加了"经人民法院准许"之限制条件。②原件或者原物已不存在，但有证据证明复制件、复制品与原件或原物一致的。这种情形是《证据规定》新增加的一种例外情况。

（四）对证人和证人证言的质证

1. 关于证人的资格。《证据规定》第53条规定："不能正确表达意志的人，不能作为证人。待证事实与其年龄、智力状况或者精神健康状况相适应的无民事行为能力人和限制民事行为能力人，可以作为证人。"与《民事诉讼法》的现有规定相比，这里主要是增加了第2款规定，之所以增加这一款规定，是因为在实践中，很多法院往往将"不能正确表达意志"的人等同于无民事行为能力人和限制民事行为能力人，缩小了证人的范围。[2]

2. 关于通知证人作证的申请和费用补偿。《证据规定》第54条第1、2款规定了申请证人出庭作证问题，即"当事人申请证人

---

〔1〕 参见张卫平："法庭调查与辩论：分与合之探究"，载《法学》2001年第4期。

〔2〕 参见宋春雨："《最高人民法院关于民事诉讼证据的若干规定》的理解与适用"，载《人民法院报》2002年1月30日。

出庭作证，应当在举证期限届满 10 日前提出，并经人民法院许可。人民法院对当事人的申请予以准许的，应当在开庭审理前通知证人出庭作证，并告知其应当如实作证及作伪证的法律后果。"此两款规定是关于证人出庭的程序问题，它规定当事人认为需要证人出庭作证的，应当由其在举证期限届满 10 日前向法院提出申请，并由法院根据情况决定是否通知证人出庭作证。

对于证人作证的费用补偿问题，《证据规定》第 54 条第 3 款规定："证人因出庭作证而支出的合理费用，由提供证人的一方当事人先行支付，由败诉一方当事人承担。"

3. 证人的出庭义务。《民事诉讼法》第 70 条规定，"凡是知道案件情况的单位和个人，都有义务出庭作证"，从而确定了证人的出庭义务。《证据规定》第 55 条第 1 款也要求，"证人应当出庭作证，接受当事人的质询"，与上述规定相一致。在第 2 款则增加一项规定，即"证人在人民法院组织双方当事人交换证据时出席陈述证言的，可视为出庭作证"。另外，尽管《民事诉讼法》规定证人有义务出庭作证，但由于没有规定相应的保障措施，因而实践中证人不出庭的情况非常普遍。针对这种情况，在制定《证据规定》的过程中，有人主张应当明确规定证人拒绝出庭作证的处罚措施，但考虑到《民事诉讼法》并无这方面的规定，《证据规定》最终没有突破这一界限。[1]

关于证人出庭作证的例外问题，《民事诉讼法》第 70 条规定："证人确有困难不能出庭的，经人民法院许可，可以提交书面证言。"针对实践中对"确有困难不能出庭"的理解随意性很大，故《证据规定》第 56 条第 1 款对此作出了较为具体的解释，认为"《民事诉讼法》第 70 条规定的'证人确有困难不能出庭'是指下列情形：①年迈体弱或者行动不便无法出庭的。②特殊岗位确实无

---

[1] 参见最高人民法院民事审判第一庭：《民事诉讼证据司法解释的理解与适用》，中国法制出版社 2002 年版，第 272 页。

法离开的。③路途特别遥远，交通不便难以出庭的。④因自然灾害等不可抗力的原因无法出庭的。⑤其他无法出庭的特殊情况。"并在第2款规定："在上述情形下，经人民法院许可，证人可以提交书面证言或者视听资料或者通过双向视听传输技术手段作证。"与《民事诉讼法》的规定相比，第2款是新增加的内容，其既考虑证人的特殊困难，又满足了诉讼的客观需要。

4. 对证人的询问、隔离和对质。关于询问证人的方式，根据《证据规定》第58条和第60条的规定，审判人员和当事人都可以对证人进行询问。这种询问方式与大陆法系国家所采取的询问方式相类似而与英美法系国家所采取的询问方式有较大区别。当事人向证人询问时，须经人民法院许可；询问证人时，不得使用威胁、侮辱及不适当引导证人的言语和方式。

《证据规定》第58条还新增加了对证人的隔离和对质之规定，即："证人不得旁听法庭审理；询问证人时，其他证人不得在场。人民法院认为有必要的，可以让证人进行对质。"法庭审理过程中对证人进行隔离，主要是为了防止证人受法庭审理活动和其他证人的影响，以便使其证言更具有真实性。对证人的对质，是指在审判人员依照法定程序组织和指挥下，由两个或两个以上的证人，对特定的案件事实或者证据事实进行互相询问、反驳和辨认的查证方法。

（五）关于专业人员的辅助质证问题

随着现代科学技术的迅猛发展，诉讼活动中遇到了越来越多的专门性问题，对于这些专门性问题，当事人及其诉讼代理人限于自身理解之不足，往往很难充分地行使质证权，故为了更好地保护当事人的合法权益，《证据规定》第61条增加了由具有专门知识的人员就专门性问题辅助当事人进行质证的制度。具体内容是："当事人可以向人民法院申请由一至二名具有专门知识的人员就案件的专门性问题进行说明。人民法院准许其申请的，有关费用由提出申请的当事人负担。审判人员和当事人可以对出庭的具有专门知识的人员进行询问。经人民法院准许，可以由当事人各自申请的具有专门知识的人员就有关案件中的问题进行对质。具有专门知识的人员可以对鉴定人进行询问。"对于上述规定中的具有专门知识的人员，在诉讼理论上，也有人将其称为专家辅助人或诉讼辅助人，他既不同于通常所说的鉴定人，也不同于证人，更不同于诉讼代理人，故而应当是《证据规定》新确定的一类诉讼参与人。

六、关于"证据的审核认定"

证据的审核认定，是指人民法院在当事人等诉讼参与人的参加下，对证据的真实性、关联性、合法性进行审查核实，从而确定其有无证据能力（证据资格）和有无证明力以及证明力大小的诉讼活动。它是在当事人相互进行质证的基础上，由法官对证据的效力作出认定，并据此对案件事实作出认定。就围绕诉讼证据所展开的一系列的诉讼活动而言，证据的审核和认定处于证明活动的终结阶段，在此阶段，法官要对各种证据材料作出最终的判断和评价。正因为如此，证据的审核和认定问题在整个民事诉讼活动中就具有极为重要的地位。关于证据的审核认定，《民事诉讼法》第 64 条第 3 款所作的一般规定是："人民法院应当按照法定程序，全面地、客观地审查核实证据。"然而对于证人证言、视听资料、当事人陈述等证据，《民事诉讼法》第 65、69、71 条却仅仅是规定"应当辨别其真伪，并结合本案的其他证据，审查确定其能否作为认定事实的根据"，而缺乏可操作性的审核认定证据的规则，故难以合理地规范法院对证据的审核认定活动。由此所造成的结果是，法院审判人员在审核认定证据时的随意性很大，往往是依靠直觉和经验对证据进行审查判断，从而导致法律适用上的不统一，同时也诱发了很多司法腐败现象。在近年来的审判方式改革中，同其他证据问题相类似，要求对审核认定证据的一些规则作出规定的呼声日益高涨，一些法院在自己所制定的有关审判方式改革的"规定"或"证据规定"中即确定了这方面的内容，1998 年颁布的《审改规定》第

21~30 条就是关于证据的审核和认定之规定。在此基础上，《证据规定》对证据的审核认定问题作了较为全面和系统的规定，但同时必须指出的是，其中的某些内容显然是最高人民法院"大胆创新"的结果。

（一）关于证明要求和证明标准

《民事诉讼法》第 7 条规定，"人民法院审理民事案件，必须以事实为根据，以法律为准绳"，但对证明要求并未明确予以规定。长期以来，实务中和理论界基本上是将"以事实为根据"中的"事实"理解为不以人的意志为转移的、反映案件事实本来面目的"客观事实"，并据此认为民事诉讼中的证明要求是"客观真实"。但近年来"客观真实"之证明要求几乎遭到了法学界的一致批判，认为它不符合民事诉讼的运行规律，且在诉讼实践中带来一系列的弊端，例如办案效率低下、程序价值受到忽视、裁判缺乏既判力等，故而主张应当以"法律真实"取代"客观真实"而作为民事诉讼的证明要求。在此背景下，《证据规定》第 63 条规定："人民法院应当以证据能够证明的案件事实为依据依法作出裁判。"这一规定被认为是确立了"法律真实"之证明要求。也就是说，案件事实是否真实，应以证据所能够证明的事实为准，当审判人员和当事人依照法定程序运用证据认定的案件事实达到了法律所规定的视为真实的标准时，即认为达到了"真实"之证明要求。

《证据规定》第 73 条对民事诉讼中的证明标准的规定，可以说是对《民事诉讼法》的重要突破之一。该条的内容是："双方当事人对同一事实分别举出相反的证据，但都没有足够的依据否定对方证据的，人民法院应当结合案件情况，判断一方提供证据的证明力是否明显大于另一方提供证据的证明力，并对证明力较大的证据予以确认。因证据的证明力无法判断导致争议事实难以认定的，人民法院应当依据举证责任分配的规则作出判断。"这一条款所确立的证明标准，就是理论上所说的"高度盖然性"证明标准，它是指将盖然性占优势的认识手段运用于民事审判中，在证据对待证事实的证明无法达到确实充分的情况下，如果一方当事人提出的证据已经证明该事实的发生具有高度的盖然性，人民法院即可以对该事实予以确认。[1]

这一标准的确立，赋予了法官在审查判断证据和认定案件事实上较大的自由裁量权，必将对证明活动乃至于整个民事诉讼活动产生重大影响。但就我国的实际情况来看，我们认为，这一标准能否在实践中取得预期的积极效果则是不容乐观的，因为，高度盖然性标准的实行，至少需要以下几个方面的因素相互配合：①高度盖然性标准需要一系列明确、具体的证据规则与之相互协调，以便使其具有可操作性，否则很可能造成法官在审核判断上的恣意。与《民事诉讼法》的规定相比，《证据规定》虽然在举证责任分配、举证时限、证据的审核认定等方面规定了一些规则，但一则由于这些规则未必全面和完善，二则由于这些规则尚处于实践中的探索阶段，因而能否与高度盖然性之证明标准达到有机整合仍是未知的。②高度盖然性标准要求审理案件的法官调查收集证据之情形应尽量减少，否则难以避免其先入为主而影响其心证的形成。《证据规定》虽然已大大缩小了法院依职权调查收集证据的范围，但由于现行法律制度对当事人及其诉讼代理人自行调查收集的程序和手段缺乏保障，不少证据仍然需要当事人申请法官调查收集，在此情况下，法官对证据的审核认定仍然可能会受到其主观倾向的较大影响。③运用高度盖然性标准来审核判断证据，要求法官具有娴熟的法律知识、丰富的社会阅历和生活经验，而目前很多法官在这些方面仍是相当欠缺的。④高度盖然性标准的运用要求法官必须具有高尚的职业道德和难以动摇的公正观念，但目前相当一部分法官在这方面实在是令人不敢恭维。

---

[1] 参见最高人民法院民事审判第一庭：《民事诉讼证据司法解释的理解与适用》，中国法制出版社 2002 年版，第 353 页。

（二）关于审查判断证据的原则

《证据规定》第 64 条确立了法官依法独立审查判断证据的原则。该条的规定是："审判人员应当依照法定程序，全面、客观地审核证据，依据法律的规定，遵循法官职业道德，运用逻辑推理和日常生活经验，对证据有无证明力和证明力大小独立地进行判断，并且应当公开其判断的理由和结果。"这一审查判断证据的原则，实际上已经吸收了现代自由心证理论的合理因素。

对于审查判断证据的原则，历史上先后出现了神示证据原则、法定证据原则和自由心证原则三种类型。自由心证原则是伴随着近代资产阶级革命而确立起来的一项原则，并经历了从传统自由心证到现代自由心证的转变。现代自由心证原则包括两个方面的内容，一方面是法官具有自由判断证据的职权和职责，其他人无权随意干涉；另一方面是法官自由裁量证据的行为受到法律规则尤其是证据规则的制约，其行为必须符合基本的证据法则。[1] 现代自由心证是各国民事诉讼法所普遍确立的审查判断证据的原则。然而在我国的诉讼法领域，长期以来对自由心证采取的却是拒斥的态度，认为它是唯心主义的，不能作为审查判断证据的原则。但在诉讼实践中，审判人员实际上也是在不知不觉地运用自由心证的原则进行判断，而且，由于《民事诉讼法》所规定的证据制度不健全，因而在事实上法官往往具有几乎不受限制的自由裁量权，走向了"自由心证"的极端，反而产生了很多弊端。因此，《证据规定》在借鉴现代自由心证制度之合理因素的基础上，确立了上述审查判断证据的原则。

尽管《证据规定》确立了法官依法独立审查判断证据的原则，但由于我国的民事诉讼制度和诉讼实践中存在着十分严重的行政化

---

[1] 参见叶自强："从传统自由心证到现代自由心证"，载陈光中、江伟主编：《诉讼法论丛》第 3 卷，法律出版社 1999 年版，第 383 页以下。

办案倾向,〔1〕因而这一原则能否不折不扣地得到贯彻仍是存在很大疑问的。

（三）审核认定证据的一般规则

《证据规定》第 65 条规定了对单一证据审核认定的一般规则。即"审判人员对单一证据可以从下列方面进行审核认定：①证据是否原件、原物，复印件、复制品与原件、原物是否相符。②证据与本案事实是否相关。③证据的形式、来源是否符合法律规定。④证据的内容是否真实。⑤证人或者提供证据的人与当事人有无利害关系"。可见，该条是分五项内容对单一证据的审核认定问题予以规范的。其中第 1 和第 5 项涉及对物证、书证和证人证言这几类单一证据的审核认定问题。第 2、3、4 项规定则以证据的证明力为核心，分别要求审查证据的关联性、合法性、和真实性。

《证据规定》第 66 条则是关于对全部证据进行综合审查判断的要求。即"审判人员对案件的全部证据，应当从各证据与案件事实的关联程度、各证据之间的联系等方面进行综合审查判断"，以便排除证据间的疑问和矛盾，最终确定各个证据有无证明力以及证明力的大小。

（四）关于非法证据的排除规则与补强证据规则

非法证据排除规则，是指除非法律另有规定，法院不得依非法证据来认定案件事实和作为裁判的根据。对于这一规则，《证据规定》第 68 条明示："以侵害他人合法权益或者违反法律禁止性规定的方法取得的证据，不能作为认定案件事实的依据。"根据这一规定，非法证据的判断标准是：以侵害他人合法权益或者违反法律禁止性规定的方法所取得的证据。其后果是在诉讼中应当加以排除，不能以其作为认定案件事实的依据。对非法证据的这一判断标准不同于最高人民法院 1995 年 3 月 6 日作出的《关于未经对方当事人

〔1〕 参见赵钢、刘学在："我国法院行政化、企业化倾向之初步批判"，载陈光中、江伟主编：《诉讼法论丛》第 7 卷，法律出版社 2002 年版。

同意私自录制其谈话内容的资料不能作为证据使用的批复》之规定而更趋科学、合理。

补强证据规则，是指某一证据不能单独作为认定案件事实的依据，只有在其他证据以佐证方式补强的情况下，才能作为本案定案证据的规则。对于这一问题，《证据规定》第 69 条明示："下列证据不能单独作为认定案件事实的证据：①未成年人所作的与其年龄和智力状况不相当的证言。②与一方当事人或者其代理人有利害关系的证人出具的证言。③存有疑点的视听资料。④无法与原件、原物核对的复印件、复制品。⑤无正当理由未出庭作证的证人证言。"

另外，《证据规定》第 76 还规定："当事人对自己的主张，仅有本人陈述而不能提出其他相关证据的，其主张不予支持。但对方当事人认可的除外。"根据这一规定，对于当事人陈述，除非对方当事人予以认可，否则也不能单独作为认定案件事实的依据。

（五）关于最佳证据规则

《证据规定》第 77 条借鉴英美法系最佳证据规则的原理，就数个证据对同一事实予以证明时其证明力强弱大小的认定规则作出了规定。该条款的内容是："人民法院就数个证据对同一事实的证明力，可以依照下列原则认定：①国家机关、社会团体依职权制作的公文书证的证明力一般大于其他书证。②物证、档案、鉴定结论、勘验笔录或者经过公证、登记的书证，其证明力一般大于其他书证、视听资料和证人证言。③原始证据的证明力一般大于传来证据。④直接证据的证明力一般大于间接证据。⑤证人提供的对与其有亲属或者其他密切关系的当事人有利的证言，其证明力一般小于其他证人证言。"

（六）《证据规定》关于认定证据证明力的其他规则

1. 应当确认其证明力的书证、物证、视听资料、勘验笔录。根据《证据规定》第 70 条的规定，一方当事人提出的下列证据，对方当事人提出异议但没有足以反驳的相反证据的，人民法院应当确认其证明力：①书证原件或者与书证原件核对无误的复印件、照片、副本、节录本。②物证原物或者与物证原物核对无误的复制件、照片、录像资料等。③有其他证据佐证并以合法手段取得的、无疑点的视听资料或者与视听资料核对无误的复制件。④一方当事人申请人民法院依照法定程序制作的对物证或者现场的勘验笔录。

2. 当事人认可的证据之证明力的认定。根据《证据规定》第72条和第74条的规定，对当事人认可的证据之证明力的认定，包括以下几种情况：①一方当事人提出的证据，另一方当事人认可或者提出的相反证据不足以反驳的，人民法院可以确认其证明力。②一方当事人提出的证据，另一方当事人有异议并提出反驳证据，对方当事人对反驳证据认可的，可以确认反驳证据的证明力。③诉讼过程中，当事人在起诉状、答辩状、陈述及其委托代理人的代理词中承认的对己方不利的事实和认可的证据，人民法院应当予以确认，但当事人反悔并有相反证据足以推翻的除外。

3. 调解或和解中的让步不构成自认。《证据规定》第67条要求："在诉讼中，当事人为达成调解协议或者和解的目的作出妥协所涉及的对案件事实的认可，不得在其后的诉讼中作为对其不利的证据。"

4. 妨碍举证时之不利推定。《证据规定》第75条规定了妨碍举证时的对证据证明力的推定规则，即："有证据证明一方当事人持有证据无正当理由拒不提供，如果对方当事人主张该证据的内容不利于证据持有人，可以推定该主张成立。"其实，此前的《审改规定》第30条已作了与此相同的规定。

七、关于"其他"

《证据规定》在"其他"部分中，主要就与证据有关的妨害民事诉讼的行为之处理、简易程序的特别规定和《证据规定》的适用等问题作了安排。

《证据规定》第80条规范的是对证人、鉴定人、勘验人的权益保护和对妨害民事诉讼的行为的制裁问题，即"对证人、鉴定人、勘验人的合法权益依法予以保护。当事人或者其他诉讼参与人伪造、毁灭证据，提供假证据，阻止证人作证，指使、贿买、胁迫他人作伪证，或者对证人、鉴定人、勘验人打击报复的，依照《民事诉讼法》第 102 条的规定处理"。对于证人、鉴定人、勘验人的合法权益的保护，《证据规定》只是作了原则规定，至于保护哪些权益以及如何进行保护的问题，则需要根据其他有关法律和司法解释的具体规定来确定。关于对与证据有关的妨害民事诉讼行为的制裁，本条规定与《民事诉讼法》第 102 条的规定有以下几点区别：①关于"伪造、毁灭证据"之妨害行为，《民事诉讼法》规定的是"伪造、毁灭重要证据"，而《证据规定》使用的是"伪造、毁灭证据"之用语，故使其适用的外延明显扩大。②《证据规定》增加了"提供假证据"之妨害行为。但《证据规定》并未就"提供假证据"之妨害行为所适用的主体予以明确：是仅适用于证人、鉴定人、勘验人？还是既适用于证人、鉴定人、勘验人也适用于当事人及其诉讼代理人？另一方面，"提供假证据"之妨害行为是仅限于故意提供假证据之行为还是也包括非故意提供假证据之行为？《证据规定》也未予以明确。③对于"阻止证人作证"之妨害行为，《民事诉讼法》规定的是"以暴力、威胁、贿买方法阻止证人作证"，而《证据规定》在阻止证人作证的方法上没作限制，从而扩大了其适用范围。

关于简易程序的特别规定，《证据规定》第 81 条明示："人民法院适用简易程序审理案件，不受本解释中第 32 条、第 33 条第 3 款和第 79 条规定的限制。"也就是说，第 32 条关于"被告应当在答辩期届满前提出书面答辩"、第 33 条第 3 款关于"由人民法院指定举证期限的，指定的期限不得少于 30 日"、第 79 条关于"人民法院应当在裁判文书中阐明证据是否采纳的理由"之规定，均不适用于简易程序。

关于《证据规定》的适用，包括两个方面的内容：①与以前所颁布的司法解释的关系。对此，《证据规定》第 82 条明示："本院过去的司法解释，与本规定不一致的，以本规定为准。"在此有必要顺便提及的一个问题是，在我国的立法和司法解释中，经常习惯于使用这种类型的表述，而不明确说明应当废止哪些规定，由此所造成的结果是，审判实践中法院在适用法律时很有可能出现混乱状态，因为对于新规定与旧规定有哪些内容不一致的问题，往往存在着不同的理解。这种表述的本来目的是为了实现法制的统一和行文的经济，但由于并未明令废止有关的旧规定，因而在实践很可能难以达到实现法制统一之预期目的。②施行的时间和有关案件的适用。《证据规定》第 83 条对此作了安排，即"本规定自 2002 年 4 月 1 日起施行。2002 年 4 月 1 日尚未审结的一审、二审和再审民事案件不适用本规定。本规定施行前已经审理终结的民事案件，当事人以违反本规定为由申请再审的，人民法院不予支持。本规定施行后受理的再审民事案件，人民法院依据《民事诉讼法》第 184 条的规定进行审理的，适用本规定。"

八、结语

《证据规定》的公布和实施，是我国民事审判工作中的一件大事，无论是对当事人来说还是就人民法院而言，抑或对我国的民事审判制度来讲，其影响都是极其重大的。正因为如此，最高人民法院认为，《证据规定》的公布实施，对于我国民事诉讼证据制度和民事诉讼制度的完善及民事审判工作的发展，具有重要而深远的意义，表现为：①它是最高人民法院为实现民事审判公正与效率的又一重大举措，对于实现民事审判的公正与效率的目标，具有十分积极的促进作用。②它是人民法院深化改革的重要措施，对丁加快审判改革的进程将起到积极的推动作用。③它将更加方便人民群众利用诉讼法律武器维护自己的权益，也更便于法官依法独立、公正、正确地行使审判权。④同时，它也是最高人民法院为适应我国加入世贸组织后民事审判的需要所采取的一项重要措施，对于完善我国入世后的法制环境有着十分积极的意义。[1] 可见，最高人民法院对于《证据规定》的评价是相当高的。然而，依我们之拙见，由最高人民法院颁布《证据规定》而求以此完善现行民事诉讼证据制度和民事诉讼制度之举措，并非是一种可予赞颂的行为，因为它实质上不过是"法院立法"又一次集中体现，与法院应当坚持"依法审判"之现代法治原则明显相违，故从这个角度来说，《证据规定》的颁布实施，并非像最高人民法院自己所说的乃是意义空前的制度改革，而是迫于现实国情所采取的一种兼具利弊的权宜之计。

从利的方面来说，《证据规定》的公布实施，为民事审判活动提供了诸多必不可少的证据规范，因而功利性的满足了审判实务的需要。如前所述，我国《民事诉讼法》关于证据的规定极其原则和简陋，在诉讼实践中，由于缺乏可供遵循的具体的证据规则，因而往往导致法官在审查判断证据时的不确定性和主观随意性，影响了案件的审判质量，同时，也容易使一些当事人利用证据制度的缺陷而大搞诉讼突袭、拖延诉讼，损害对方当事人的合法权益。而以强调当事人的举证责任、作好审前准备、强化庭审功能等为内容的审判方式改革的推行，使得《民事诉讼法》所规定的证据制度的缺陷更加突出。因此，为了实现诉讼公正、提高诉讼效率，客观上要求制定具有可操作性的证据规定。与此同时，立法上的缺漏与诉讼实践的迫切需求之矛盾反射性地刺激了各地法院自己制定"证据规则"的内在冲动，这些"规则"在内容上不尽一致，极易造成执法上的不统一，而且，依照法律规定，地方各级人民法院本不具有制定规范性法律文件的权限。这种自制"规则"的行为又进一步加剧了运用和审核认定证据过程中的随意性和混乱状态。在此背景

---

[1] 参见"最高人民法院副院长曹建明在公布《最高人民法院关于民事诉讼法证据的若干规定》新闻发布会上的讲话"及"最高人民法院民一庭负责人就民事诉讼证据的司法解释答记者问"，载最高人民法院民事审判第一庭：《民事诉讼证据司法解释的理解与适用》，中国法制出版社 2002 年版。

下，最高人民法院制定的《证据规定》虽然在合法性上尚存疑问，并且其内容也未必完美，但对于诉讼实践来说，它确实功利性地满足了当事人和法院对证据规则的客观需求，因而其所具有的重大实践意义应是不容忽视的。

从弊的方面考察，《证据规定》中的很多内容在性质上其实并不是"解释"，而明显具有"立法"的色彩。根据《宪法》第67条的规定，解释法律的权限属于全国人民代表大会常务委员会，1981年6月全国人大常委会通过的《关于加强法律解释工作的决议》则明确规定："①凡关于法律、法令条文本身需要进一步明确界限或作补充规定的，由全国人民代表大会常务委员会进行解释或用法令加以规定。②凡属于法院审判工作中具体应用法律、法令的问题，由最高人民法院进行解释。凡属于检察工作中具体应用法律、法令的问题，由最高人民检察院进行解释。③不属于审判和检察工作中的其他法律、法令如何具体应用的问题，由国务院及主管部门进行解释。"2000年3月15日通过的《立法法》第42、47条亦规定："法律解释权属于全国人民代表大会常务委员会。法律有下列情形之一的，由全国人民代表大会常务委员会解释：法律的规定需要进一步明确具体含义的；法律制定后出现新的情况，需要明确适用法律依据的。""全国人民代表大会常务委员会的法律解释同法律具有同等效力。"可见，最高人民法院的司法解释只能是针对审判工作中如何具体应用法律、法令的问题，而不是对法律本身进行界定或补充。既然司法解释是对如何具体应用法律、法令的解释，那么"解释"时应该有被解释的文本存在，以文本为基础，对文本进行理解和说明，而不是脱离文本的重新创制。[1]但是《证据规定》中的很多内容，并无被解释的文本，不过是"法院立法"之明证。例如关于自认之规定、关于证据交换制度、关于证明标准和审查判断证据的一些规则等。而且，既然是审判工作中如何具体

---

[1] 参见董皞：《司法解释论》，中国政法大学出版社1999年版，第228页。

应用法律的解释，那么就应当是原意解释，而不是具有扩张性或限制性的创造性解释，否则也就超出了司法解释的范畴而具有"立法解释"的性质。例如关于举证时限之规定，最高人民法院为了避免招致"法院立法"之嫌疑，自认为是对《民事诉讼法》第75条第1款关于"期间包括法定期间和人民法院指定的期间"之规定的具体解释，其实仍是一种扩张性的解释，因为该条款的规定只是关于期间的种类之规定，至于哪些期间可以由人民法院予以指定，则应当取决于法律的具体规定，而现行《民事诉讼法》并没有授权法院可以指定举证的期限及其法律后果。故此，将举证时限这种对当事人的诉讼权利乃至实体权利有着重大影响的本应属于立法上之规定的内容"解释"为《民事诉讼法》第75条第1款的"应有"含义实在是有点牵强。又例如，《证据规定》对"新的证据"的解释，则显然则是为了适应诉讼实践的客观需要并与举证时限制度相协调而对《民事诉讼法》第125条等条款的内容所作的限制性解释。

其实，这种"法院立法"的倾向不仅体现在《证据规定》之中，在最高人民法院颁布的其他司法解释中也同样是一个突出的问题，以至于引起整个法学界对这一问题的广泛讨论。我们认为，这种"法院立法"现象是与近代权力分立（分工）和制衡、法院应当"依法审判"之法治原则和司法现代化之理念相违背的。从现代法治国家的法律实践来看，虽然并不排斥和否认法院在促进立法、创制法律、弥补成文法之不足和缺陷等方面所起的积极作用，但是像我国这样由法院大规模地制定具有普遍约束力的抽象性法律文件并在相当程度上取代了现行立法的现象却并不多见，因为它难以契合于现代法治原则和司法理念的基本要求。这种"法院立法"现象之所以在我国极为盛行，也确实有其形成的历史原因和现实环境。新中国成立后的较长时期内我国各级人民法院基本上是在无法可依的状况下运作审判活动的，这一时期的审判依据就是党和国家的政策以及最高人民法院所发布的各种通知、意见、办法、试行规则等规范性司法文件。进入20世纪80年代后，虽然国家的立法步伐有所加快，但由于中国在政治、经济和社会生活等诸多方面皆处于急剧的变革时期，立法的滞后、经验之不足常常显得比较突出，司法实践在客观上要求以抽象的最高司法解释形式弥补立法之不足。[1]而且，速成之立法与生活关系的快速变动往往会带来所制定的法律内容粗糙、适应期短、相互矛盾、过于原则和抽象等弊端，从而进一步加剧了审判实践对司法解释的需求和依赖。尽管存在上述原因，但并不意味着由法院制定大量的规范性法律文件的现象就是合理的，也不意味着反映了诉讼实践的客观要求，更不意味着这是法治社会所追求的目标。鉴于《证据规定》的制定和实施在客观上确实功利性地满足了诉讼实践的紧迫需要，而其本身又具有很大程度的非适法性，我们殷切地期待着以此为契机，尽快对《民事诉讼法》进行全面修订，或者早日制定和出台单行的民事诉讼证据法典。

---

〔1〕 参见董皞：《司法解释论》，中国政法大学出版社 1999 年版，第 287 页。

民事诉讼中当事人商定举证期限
与法院指定举证期限之应然关系[*]

　　为了保证民事诉讼活动能够富有效率地进行，所有的诉讼行为都应当在一个合理的期限内紧凑而从容地实施或完成。然而，受"证据随时提出主义"的长期困扰，我国的民事审判活动却往往极易因当事人频频提出"新的证据"而被不时打断，故而严重影响了诉讼进度，导致效率低下，并因此而危及诉讼公正的最终实现。为改变这一现状，督促当事人及时向受诉法院提供证据，2001 年《最高人民法院关于民事诉讼证据的若干规定》（以下简称《证据规定》）确立了举证时限制度。所谓举证时限制度，是指负有举证责任的当事人，在提出自己的主张后，应当在一定的期限内提出证明其主张的相应证据，逾期不举证则承担证据失效的法律后果的一项民事诉讼期间制度。举证时限制度包含两个方面的内容：[1]①期限的确定，即通过法律规定、当事人商定或法院指定等不同方式，确定一定的期间，并由负有举证责任的当事人在此期间内尽其所能地提供用以支持其主张的证据（材料）。②法律后果，即如果此类当事人在所定期间内拒不提供或不能提供相关的证据（材料），则导致其逾期提出的证据（材料）因受诉法院原则上不予采信而丧失其（可能具有的）证明效力，从而使该方当事人承担于己不利的法律后果。由此可见，欲使举证时限制度在司法实践中充分发挥其

　　＊　本文系与第二作者华桦合作，原文发表于《法学论坛》2004 年第 6 期。
〔1〕　蔡虹、羊震："民事诉讼证据失权制度初探"，载《法商研究》2000 年第 6 期。

应有的功能，首先必须对举证期限作出合理的确定。就此而言，我国的民诉理论、现行规则及诉讼实践均存在待解之题，但限于篇幅，本文仅就其中的焦点问题即当事人商定举证期限和法院指定举证期限之间的应然关系进行初步的探讨。

一、现行司法解释关于举证期限的规定及实践中存在的问题

就立法层面而言，我国现行《民事诉讼法》并没有规定举证期限的内容。但在司法解释层面，最高人民法院《关于适用〈中华人民共和国民事诉讼法〉若干问题的意见》（以下简称《意见》）则首次明确了法院可以为当事人指定举证期限。具体来说，根据《意见》第 76 条之规定："人民法院对当事人一时不能提交的证据，应根据具体情况，指定其在合理期限内提交，当事人在指定期限内提交有困难，应在指定期限届满前向人民法院申请延期。"及至此后的《证据规定》，其不仅明确要求受诉法院应当"普适性"地为当事人指定举证期限，同时还允许双方当事人自行商定举证期限。依《证据规定》第 33 条第 1 款之规定："人民法院应当在送达案件受理通知书和应诉通知书的同时向当事人送达举证通知书。举证通知书应当载明……人民法院根据案件情况指定的举证期限……"紧接着在该条第 2 款又规定："举证期限可以由当事人协商一致，并经人民法院认可。"由此可知，较之于现行《民事诉讼法》（以及此前的《意见》）而言，《证据规定》对举证期限的自行"构建"显然已经形成了对现有期间制度的直接突破，[1] 故而从一定意义上讲具有相当的合理性。但是，若就举证期限制度本身的应然完善程度来说，仅仅以《证据规定》的现有条文对其进行简略的规范，仍然难以充分满足民事诉讼实践的客观要求。通过对实践层面相关问题的阐述，或许可以帮助我们明确而客观地了解这一问题。

1. 在民事诉讼实践中的多数场合，举证期限大都是由受诉法

---

[1] 参见江伟主编：《民事诉讼法》，高等教育出版社 2004 年版，第 215 页。

院在举证通知书中依职权予以确定的，故审判人员很少"释明"双方当事人可以通过（自行）协商机制来商定举证期限。究其原因，乃是因为向原告一方送达案件受理通知书与向被告一方送达应诉通知书的时间往往很难同一，故若要求双方当事人通过自行协商以确定举证期限，则必须另行通知双方当事人同时到庭，这样显然会带来"额外"的"麻烦"与"不便"。尤其是在审判任务较重的情况下，法官们就更不愿意去主动这样做了。

2. 有些法院虽然也尝试过召集双方当事人协商确定举证期限的"改革"措施，但并未达到预期效果。分析起来，主要是因为当事人往往将拥有较长的举证期限视为其重要权利而商定了一个过于拖沓的举证期限。这样一来，即使当事人通过协商确定了举证期限，其结果也难以得到法院的认可。这就使得当事人协商确定举证期限的方式流于形式而不能真正发挥效用。

3. 在法院指定举证期限的场合，有些法院把开庭审理视为举证期限的中止，在举证期限届满之前即开庭审理，且待庭审结束后再让当事人继续举证。这一做法显然违背了《证据规定》安排的操作程序，降低了程序"刚性"，并有可能使庭审过程中的争议焦点始终处于不确定状态，从而导致诉讼效率低下，且背离举证时限制度的设立初衷。[1]

二、当事人商定举证期限和法院指定举证期限之利弊分析

（一）当事人商定举证期限

1. 允许双方当事人商定举证期限是对当事人之程序选择权的尊重。程序选择权是当事人在民事诉讼中就某些程序性事项基于彼此之合意或基于自己（单方）的自由意志依法处分相关诉讼权利的

〔1〕 厦门市中级人民法院、厦门大学法学院联合课题组："厦门市两级法院执行《关于民事诉讼证据的若干规定》情况的调研报告"，载《厦门大学法律评论》第 5 期，厦门大学出版社 2003 年版，第 375~376 页。

一种权能。一般来讲，它以双方当事人形成的诉讼契约为基础，以处分自己依法享有的诉讼权利为内容，是当事人"意思自治"的鲜明体现。明确当事人享有程序选择权，可以在相当程度上减少各方当事人之间以及当事人与受诉法院之间在行使诉权和审判权的过程中所可能产生的冲突，有助于建立一种文明、公正、民主、和谐的民事诉讼秩序，并借以提高诉讼效率，实现诉讼经济，促进诉讼公正。就举证期限的确定来说，由于其直接关涉证据失权的法律后果，故若该期限是由当事人通过协商自行确定的，则相对于由受诉法院依职权指定的举证期限而言，更能得到当事人的认同，从而也就更能发挥出它的应有功能。在我国，有关民事审判方式改革的理论探讨迄今已经进行了十几年，在此背景下，适度弱化法院职权早已成为诉讼法学界乃至司法实务界的共识。鉴于此，就举证期限的具体确定而言，如果能够"普遍地"通过双方当事人的自行协商来加以解决，显然可以减少因受诉法院依职权"武断"地指定举证期限而给当事人造成的"存疑心理"，增强当事人对司法公正的信心，同时还能借以体现受诉法院居中裁判的中立形象，加强法院的司法权威。

2. 由双方当事人自行商定举证期限的现有机制在实践操作中也存在不少问题：①由于大多数当事人的法律素质差强人意，有的甚至缺乏基本的法律常识，因此在未聘请律师代理诉讼的情况下，往往很难通过协商确定出一个科学、合理的举证期限。申言之，也即双方当事人往往会从各自的切身利益出发"单边主义"地提出关于确定举证期限的"利己方案"，譬如，原告一方在诉前准备较为充分的情况下，一般都希望确定一个尽可能短的举证期限，而被告在仓促应诉的情况下则希望举证期限越长越好。因此，双方当事人彼此之间的利益对抗（地位）决定了他们对举证期限达成共识的可能性是很小的。②《证据规定》对当事人商定举证期限和受诉法院指定举证期限的规定之间还存在一定的逻辑矛盾。具体来说《证据规定》第33条第1款要求人民法院应当在举证通知书中告知当事人本案受诉法院根据案情指定的举证期限，但该条第2款又规定当事人可以协商一致确定举证期限。令人不解的是，既然举证通知书中已经指定了举证期限又何来当事人之间的另行协商？[1] 有必要进一步指出的是，正是因为该条规定的逻辑颠倒，故而直接造成了审判实践中法院为了减轻自身的"工作压力"，往往都是直接指定举证期限而不再组织双方当事人进行此类协商的"习惯性操作"。③现行立法及相关司法解释并未明确规定受诉法院具体应在何时告知当事人可以自行商定举证期限。而在实践中，法院往往是在送达举证通知书的同时向当事人"阐明"该项诉讼权利。而根据《证据规定》第33条第1款的规定，人民法院应在送达案件受理通知书和应诉通知书的同时分别送达举证通知书。此时，原告刚刚知道自己的起诉已被法院受理，被告刚刚知道自己已被原告诉到了法院，双方当事人尤其是被告对案件还缺乏全面、具体的了解，对举证期限之确定更是缺乏必要的"心理准备"。在此种情况下，要求当事人双方通过协商来确定举证期限，显属勉为其难。

（二）法院指定举证期限

相对于当事人自行商定举证期限来说，法院指定举证期限的最大优势在于法官凭借其法律素养及办案经验，往往更容易为当事人确定一个合理的举证期限。当前，虽然社会各界普遍对我国法官依职权主导诉讼进程之现有格局颇多微辞，但不可否认的是，毕竟法官是经过长期专业训练的法律职业者，其对法律的认识绝非普通人所能比拟。故就举证期限的确定而言，法官在受理案件起诉时就已对案件有了初步的认识，对其繁简难易的程度也有了一定的了解，因此在既往办案经验的基础上，其通常会有比当事人更为合理的考量。而且，与双方当事人往往只作"利己"考虑所不同的是，法官在确定举证期限时通常会更加充分地注意到诉讼效率的提高。当然，亦需同时看到的是，由于我国民事诉讼中的案件审理并未实行"集中审理"之新

---

[1] 参见赵钢："民事诉讼证据制度的新发展——兼述举证时限与证据交换制度"，载《河南大学学报（社科版）》2003年第1期。

规而仍在延续"并行审理"之旧制，故我国的法官普遍承受着巨大的办案压力，不仅一个法官通常一年要经办几十、上百甚至更多的案件，而且有时还需"齐头并进"地同时承办多个案件。因此，出于对诉讼效率之"天然"追求，法官们在"适当体谅"当事人举证能力的同时，又会尽可能地"节省"举证期限以避免诉讼迟延。鉴于此，为了防止受诉法院无限度地"压缩"举证期限，《证据规定》第 33 条第 3 款明确要求："由人民法院指定举证期限的，指定的期限不得少于 30 日，自当事人收到案件受理通知书和应诉通知书的次日起算。"其实，就"法官指定举证期限可以提高诉讼效率"而言，除了法官自身的主观因素之外，还存在着某些客观原因。譬如，由法院直接指定举证期限后，则不需要再召集双方当事人协商确定举证期限，在此情况下举证期限的起算点实际即为举证通知书送达的次日；而如果是由双方当事人协商确定举证期限，虽然规则层面没有明示，但据推理仍可得知举证期限的起算点应为举证期限确定的次日，如此一来，势必导致诉讼期间的无形"虚度"与明显迟延。另外，在双方当事人对举证期限之确定难以达成共识的情况下，由法院指定举证期限显然更能被双方当事人所接受。

然而，实践中主要由法院指定举证期限（即由法官依职权推进民事诉讼进程）的做法，却与当前适度弱化法院职权、强化当事人程序主体地位的司法改革背道而驰。就民事诉讼而言，由于证据失权后果的客观潜在与可能发生，使得举证期限的设置变得尤为重要，故若离开了合理的举证期限，举证时限制度亦将彻底失去其正当性基础。这是因为，"证据失权"的后果与我国传统的司法理念是不相契合的，正如有学者所指出的那样，我国的举证时限制度过于严苛，"使民事诉讼制度显得过于冷酷，与人民接近司法、接近正义的理念是相矛盾的。"[1] 在这样一个本身已经似显严苛的举证

---

[1] 江伟、孙邦清："对我国举证时限制度确立的反思"，载《证据学论坛》第六卷，中国检察出版社 2003 年版，第 102 页。

时限制度之下，如果主要由受诉法院依职权指定举证期限，将会使得这一制度显得更为"严厉"与"无情"。而且，如果因法院对举证期限的指定不甚合理而直接导致当事人无法在既定期限内充分举证，则必然会使得其对法院本身及最终的裁判产生强烈的抵触情绪，从而不利于纠纷的最终解决，甚至不利于社会秩序的稳定。特别是在我国当前的立法状况下，由于仍然奉行"以事实为依据"和"实事求是"、"有错必纠"的司法原则，故当事人通常都会认为自己的"客观事实"摆在这里，只是因为超过了法院指定且并不合理的举证期限才未被采信，因此往往不会就此"善罢甘休"。本级法院告不赢，还有上级法院，上级法院也告不赢，还有检察院抗诉、人大监督、新闻曝光、信访渠道、直至进京上告，到最后还有"天理昭昭"。[1] 在具有这样一种诉讼观念的社会大环境中，主要由法院依职权直接指定举证期限的副作用是显而易见的。

三、理顺举证期限不同确定方式间应然关系的两点建议

如上所述，由于立法层面的空白及司法解释的粗陋，使得当事人商定举证期限和法院指定举证期限的彼此关系始终给人以"雾里看花"之感，让人不甚明了。鉴于此，笔者以为，不论从理论层面看，还是从规则与实务层面讲，理顺二者关系乃当务之急。具体来说，应从以下两个方面着手：

1. 明确举证期限的确定方式在一审程序、二审程序和再审程序中应是各不相同的。《证据规定》的现有安排实际上仅是对一审程序中举证期限的规定。在二审程序和再审程序中，由于当事人所能提供的仅限于"新的证据"，故在当事人没有新证据需要提供的情况下，则没有必要再次为其确定举证期限；在有新证据需要提供的情况下《证据规定》第42条第2款要求："当事人在二审程序中

---

〔1〕 黄松有：《对我国民事审判证据开示的评价与反思》，来源于：http://www.dzdl.com/dzds/falv/ReadNewsID=110.

提供新的证据的，应当在二审开庭前或者开庭审理时提出；二审不需要开庭审理的，应当在人民法院指定的期限内提出。"这里显然区分了开庭审理和不开庭审理两种不同情况。在开庭审理的情况下，当事人可以在开庭审理前和开庭审理时提出新的证据，因此举证期限应当被界定为"开庭审理时"。这里"开庭审理时"应被理解为最迟到法庭辩论终结前。[1] 此时的举证期限应被视为一种广义上的"法定期限"，因为它既不是由法院指定的，也不是通过双方当事人协商确定的。在不需要开庭审理的情况下，根据《证据规定》第42条第2款的规定，只能由法院指定举证期限，而没有赋予当事人自行协商的权利。至于再审程序中的举证期限，《证据规定》和其他司法解释均没有涉及。笔者认为，再审程序中举证期限的确定原则上应该分别根据案件所具体适用的程序（一审程序或二审程序），各自参照其确定方式加以适用。

2. 在一审中应明确确定当事人商定举证期限的优先地位，同时辅之以法院指定举证期限。不可否认，当事人协商举证期限有可能会在一定程度上增加法院的工作负担，但相对于此后所作之判决更能得到双方当事人的一体认同，从而使诉讼获得正当性基础来说，这种"成本支出"显属必要。对于当事人商定举证期限的诸多优点前文已有阐述，但是为了克服其"必然"伴生之弊端，实践中，应由受诉法院对当事人的协商行为进行必要的指导。①有必要在规则层面明定法院告知当事人可以自行商定举证期限的"阐明"义务，即法院应当在举证通知书中载明当事人享有协商确定举证期限的权利，同时告知当事人也可以申请法院指定举证期限。②究竟是由当事人自行商定还是由法院指定，属于当事人程序选择权的范围，应当由当事人自行斟酌。如果双方当事人就举证期限的确定方

---

[1] 厦门市中级人民法院、厦门大学法学院联合课题组："厦门市两级法院执行《关于民事诉讼证据的若干规定》情况的调研报告"，载《厦门大学法律评论》第5期，厦门大学出版社2003年版，第377页。

式之取舍难以达成一致意见，则从诉讼经济原则出发，直接由法院指定举证期限。③如果双方当事人选择自行商定，那么法院应该另行召集当事人对举证期限进行具体协商。在协商过程中，法院应针对当事人可能缺乏对案件的全面了解以及欠缺法律知识等弱势所在，对当事人进行相应的指导，以便尽量帮助当事人确定一个合理的举证期限。在此基础上，如果当事人自行商定的举证期限并非明显不合理，则根据《证据规定》第33条第2款的规定，人民法院应予认可。申言之，只有在当事人商定的举证期限明显不合理或最终无法就举证期限达成合意的情况下，法院才能依职权为当事人指定举证期限。

综上所述，我国应在民事诉讼立法中明确规定一审中当事人商定举证期限的优先地位，同时以法院指定举证期限为补充，只有在当事人申请法院指定举证期限的情况下，以及当事人协商的举证期限明显不合理或无法就举证期限达成合意时，才能由法院指定举证期限。

论法官对诉讼请求变更事项的告知义务

——以《关于民事诉讼证据的若干规定》
第 35 条为分析基础[*]

就民事诉讼而言，所谓诉讼请求，是指当事人一方通过法院向对方当事人提出的实体权利之请求，具体包括原告起诉时所提出的本诉请求、被告反诉时所提出的反诉请求以及有独立请求权的第三人提起参加之诉时所提出的实体权利请求。[1] 由于当事人的诉讼请求直接决定了受诉法院的审理对象和裁判范围，故其在民事诉讼中显得极其重要乃至不可或缺。根据处分权原则的一般要求，诉讼请求的提出、变更、增减以及放弃等，均属当事人自主处分之事项，受诉法院对此不得依职权介入其中。然而，依最高人民法院《关于民事诉讼证据的若干规定》（以下简称《证据规定》）第 35 条之要求，在一定条件下，受诉法院则"应当告知当事人可以变更诉讼请求。"在当前我国的民事审判方式显然系以"当事人主义"作为改革取向的背景下，这一规定似乎有悖潮流，也正是因为如此，有学者对这一规定的合理性提出了质疑。[2] 那么，究竟应当如何评价这一规定就成为一个值得探讨的问题。笔者认为，要想科学地解释这一问题，必须就"法官对诉讼请求变更事项的告知"有关的问

---

[*] 原文发表于《法商研究》2005 年第 6 期。

[1] 此外，虽然还有上诉请求，但因上诉请求所直接针对的是初审法院尚未生效的一审裁判，故其与上述诉讼请求有所不同。

[2] 参见武胜建、叶新火："从阐明看法官请求变更告知义务"，载《法学》2003年第 3 期。

题进行探讨。[1]

一、法官对诉讼请求变更事项的告知与法官释明之关系

民事诉讼中法官的"释明"，亦称阐明，最初为1877年《德国民事诉讼法》所载明。[2]"释明"一词的本意是指使不明确的事项得以明确，但是在民事诉讼中，其之具体含义则是指，在当事人所提出的诉讼资料含义不清或者法律效果不明确时，由法官通过发问、告知等方式，让当事人对不清楚、不明确的诉讼资料进行补充。[3]

学术界一般认为，就《中华人民共和国民事诉讼法》（以下简称《民事诉讼法》）而言，并没有正面规定法官的释明义务，但从司法解释层面来看，则在《证据规定》中确立了这一义务，如《证据规定》第3条对举证指导的规定以及第33条关于送达举证通知书并载明相关事项的规定等，即属于法官释明之要求。对此，似应不存疑义。但就《证据规定》第35条而言，其所规定的告知事项是否亦属法官释明之要求，则是仁智相见，看法不一。有人认为其当然地属于法官释明，[4]亦有人对此明确表示反对。[5]两相权衡，笔者赞同第二种看法。具体理由如下：

---

〔1〕 从前后条文之间的逻辑关系来看，笔者认为，《证据规定》第35条虽在客观上将"法官对诉讼请求变更事项的告知义务"提到了规范层面，但该项规定的确立主旨则在于对"举证时限"作出例外规定。因此，严格来讲，《证据规定》第35条仅仅是对"法官对诉讼请求变更事项的告知义务"有所涉及，而并未对其予以进一步的详细规范。

〔2〕 参见郑余秋："阐明权制度的建立——民事诉讼模式转换的重要环节"，来源于http://law.zucc.edu.cn/files/law_islw_6.htm.

〔3〕 参见〔日〕中村英郎，陈刚等译：《新民事诉讼法讲义》，法律出版社2001年版，第178页。

〔4〕 参见厦门市中级人民法院、厦门大学法学院联合课题组："厦门市两级法院执行《关于民事诉讼证据的若干规定》情况的调研报告"，载《法律适用》2003年第4期。

〔5〕 参见厦门市中级人民法院、厦门大学法学院联合课题组："厦门市两级法院执行《关于民事诉讼证据的若干规定》情况的调研报告"，载《法律适用》2003年第4期。

1. "释明"本乃大陆法系国家民事诉讼范畴之机制，而依大陆法系国家的相关立法例及诉讼理论之通说，"释明"事项之范围均不包括法官告知当事人变更诉讼请求之内容。例如，《德意志联邦共和国民事诉讼法》第 139 条规定，法官可以命令当事人对全部的重要事实作充分且适当的陈述，事实陈述不充分时，法官应向当事人发问；法官应依职权要求当事人对应予斟酌且有疑点的事项加以注意。[1] 新《日本民事诉讼法》第 149 条规定，法官为了明了诉讼关系，可就有关事实或法律上之事项对当事人进行发问，并催促其进行证明。[2] 从这些规定来看，法官"释明"所针对的事项显然均不包括"告知当事人变更诉讼请求"。另外，我国台湾地区的诉讼法学者在介绍释明制度时也曾谈到：释明虽系基于职权主义而来，但只可于辩论主义限度内行之，故如劝谕当事人将确认之诉变更为给付之诉，或追加某人为当事人，或该用他种攻击防御方法等，皆在不许之列，俱非审判长份内应为之事，且与释明之义务无关。[3] 由此可见，法官告知当事人变更诉讼请求并未被纳入"释明"事项的范围之中。

2. "释明"作为一项诉讼法上之制度，是与辩论主义原则相对应的，而法官告知当事人变更诉讼请求则应对位于处分权原则，这也彰显了两者的差异。具体来说，虽然法官之释明究竟应属辩论主义原则的补充性内容还是构成了这一原则的例外，学界仍有不同看法，[4] 但毫无疑问的是法官释明与辩论主义原则是紧密联系在一起的。由于辩论主义原则的适用范围仅限于案件的主要事实，故与

---

〔1〕 参见谢怀栻译：《德意志联邦共和国民事诉讼法》，中国法制出版社 2001 年版，第 36~37 页。
〔2〕 参见白绿铉编译：《日本新民事诉讼法》，中国法制出版社 2000 年版，第 71 页。
〔3〕 参见石志泉原著、杨建华修订：《民事诉讼法释义》，台湾三民书局 1987 年版，第 218 页。
〔4〕 参见王亚新：《对抗与判定——日本民事诉讼的基本结构》，清华大学出版社 2002 年版，第 105 页。

此相应, 旨在减轻当事人主张责任的法官释明义务也只能针对案件的主要事实。[1] 由此出发, 应当认为, 由于法官告知当事人变更诉讼请求所牵涉的是当事人对自己诉讼请求的处分, 因此, 其应被看作是对处分权原则的一种"修缮"。[2]

3. 具体就《证据规定》第35条而言, 笔者认为, 根据上文对释明内涵所作的界定, 在当事人主张的法律关系的性质或者民事法律行为的效力与受诉法院的认定不一致时, 如果法官仅是促使或提醒该当事人对"法律关系的性质或者民事行为的效力"提出适当的主张, 其显然是在履行自己的释明义务, 但若法官直接告知当事人可以变更诉讼请求, 则已超出了释明的本来涵义。有学者之所以会将这里的"告知当事人变更诉讼请求"解读为法官的释明, 显然是没有能够准确地把握释明的涵义。

二、法官对诉讼请求变更事项的告知 (义务) 与相关原则之关系

既然如上所述法官告知当事人变更诉讼请求不属于释明的范畴, 那么我们对《证据规定》第35条是否具有合理性之讨论, 亦无须继续囿于释明制度而展开。[3] 笔者认为, 考量这一规定是否具有合理性, 主要是应厘清法官告知当事人变更诉讼请求分别与处分权原则、争议恒定原则以及法官中立原则之间的相互关系。

---

[1] 参见王亚新:《对抗与判定——日本民事诉讼的基本结构》, 清华大学出版社2002年版, 第105~106页。

[2] 此处所谓之处分权原则就是狭义而言的, 并非指涵盖了"辩论主义原则"在内的广义层面之处分权原则。

[3] 从笔者掌握的资料来看, 目前仅有的几篇涉及此一话题的文章均是以此为出发点的。参见武胜建、叶新火:"从阐明看法官请求变更告知义务", 载《法学》2003年第3期; 厦门市中级人民法院、厦门大学法学院联合课题组:"厦门市两级法院执行《关于民事诉讼证据的若干规定》情况的调研报告", 载《法律适用》2003年第4期。

（一）法官对诉讼请求变更事项的告知与处分权原则之关系

就民事诉讼范畴而言，所谓处分权原则，是指当事人有权按照自己的意志，在法律允许的范围内，自主支配自己的实体权利和诉讼权利，也即主张与否、行使与否均由当事人自己决定，他人不得对此横加干预。处分权原则所反映的是这样一种观念：民事诉讼基本上是由当事人双方自己来处理争议的过程。由此出发，当事人即享有自行限定争议问题的范围及对其要求法院作出裁判的事项加以确定的排他权利。[1]

就实体权利的处分而言，通常表现为民事主体可以自主决定是否主张、变更或者放弃其实体权利。而在民事诉讼中，其主要表现之一则为当事人可以自主决定是否变更诉讼请求。[2]

既然当事人在民事诉讼中有权自主决定是否变更诉讼请求，那么，依照《证据规定》第35条，在一定情形下，[3] "人民法院应当告知当事人可以变更诉讼请求"，这是否意味着对当事人处分权的侵犯呢？有学者认为法官依据该条规定所为之"告知"行为侵犯了当事人的处分权。[4] 笔者则持相反的意见。理由在于：从表面上来看，法官告知当事人变更诉讼请求似乎危及了当事人的处分权，从而有违处分权原则，但若仔细分析《证据规定》第35条内含之逻辑，则可发现其所强调的不过是人民法院应当告知当事人"可以"变更诉讼请求，而非要求当事人"应当"变更诉讼请求，更非要求当事人"必须"变更诉讼请求。也就是说，法官所为之"告知"行为，仅仅是一种"提示"，在这种"提示"下，当事人

---

〔1〕 参见［日］谷口安平著，王亚新、刘荣军译：《程序的正义与诉讼》，中国政法大学出版社1996年版，第25~26页。

〔2〕 参见《中华人民共和国民事诉讼法》第52条。

〔3〕 即在"诉讼过程中，当事人主张的法律关系的性质或者民事行为的效力与人民法院根据案件事实作出的认定不一致的"情形下。

〔4〕 参见武胜建、叶新火："从阐明看法官请求变更告知义务"，载《法学》2003年第3期。

仍有充分的选择余地，即其有权在"变更诉讼请求"和"不变更诉讼请求"两者之间择一而定。由此可见，其所享有之处分权并非会因为此项"提示"而受到危害。当然，如果在审判实践中有法官"误读"了《证据规定》第35条，将告知当事人"可以"变更诉讼请求"篡改"成告知当事人"应当"甚至"必须"变更诉讼请求，[1] 则无疑会对当事人的处分权造成直接的危害，从而有违处分权原则。但这显然已经超出了本文讨论的既定范围。

（二）法官对诉讼请求变更事项的告知与争议恒定原则之关系

所谓争议恒定原则（immutabilite du litige），是指诉讼一经提起，其各项要素与诉讼范围均不得再行变更，不能用第三人来取代某一当事人，不能变更诉讼当事人的身份，也不能变更"开始的诉讼请求"（demande initiale）之标的，或者提出新的诉讼请求（demamdes nouvelles）。[2]

争议恒定是一项古老的诉讼原则，在古罗马法中即已得到确认。之所以要在民事诉讼中确立这一原则，固然有多方面的考虑，但其中最主要的一点，乃是基于"保护防御自由的必要性"，这种必要性赋予了民事诉讼"相对的不能变通性"，这样即可防止当事人通过提出新的诉讼请求来阻碍与延迟诉讼的进展。[3] 争议恒定原则在其确立之初原本是相当严格的，以至于诉讼一旦系属于法院，其所有要件即不得再有任何变更。但随着纠纷的日益增多，为了避免诉讼案件的成倍增加，以减轻法院的审判负担，各国遂逐步对争议恒定原则作出一定程度的限制，主要表现为各国开始承认可

---

[1] 就我国目前的审判实践而言，基于种种因素之考量，这种担心显然并非"空穴来风"，而是完全可以理解的。

[2] 参见 [法] 让·文森、塞尔日·金沙尔著，罗结珍译：《法国民事诉讼法要义》上，中国法制出版社2001年版，第629页。

[3] 参见 [法] 让·文森、塞尔日·金沙尔著，罗结珍译：《法国民事诉讼法要义》上，中国法制出版社2001年版，第629~630页。

以有条件地提出"追加之诉"与"反诉".[1]

根据《证据规定》第 35 条之要求，在诉讼过程中，如果出现所列特定情形，受诉法院即应告知当事人可以变更诉讼请求，且这种变更不受此前所定举证期限的限制。那么，这是否意味着对"争议恒定原则"的违背呢？对此，有学者认为其已经构成对此项原则的违背。[2] 但笔者认为，《证据规定》第 35 条之要求不应被看成是对"争议恒定原则"的违背，而应将其视为对此项原则的补充或进一步完善。理由在于，由于法律知识、诉讼技能的欠缺或者自身认识上的主观性等因素，往往使当事人难以妥当地提出诉讼请求，在这种情况下，如果法官不去告知当事人"可以变更诉讼请求"，而是任其"一意孤行"，则必然会使当事人在"原本有理"的情况下，万般无奈地最终接受诉讼请求被驳回的裁判结果。进一步讲，如果当事人在此番"徒劳无功"的诉讼后"接受教训"，又以另一诉讼请求更行起诉，则会出现令人尴尬万分的局面：如果依照旧诉讼标的理论，法院即须受理其起诉并在审理后作出裁判，从而导致法院（以及当事人）为同一纠纷之解决进行"重复劳动"，这样无疑会造成"事倍功半"之结果，并直接有违"诉讼经济原则"；如果依照新诉讼标的理论，则根据"一事不再理原则"，法院将对其起诉作"不予受理"之处置。这样一来，不仅当事人之间的纠纷仍未能够得到解决，而且此前所作司法资源之投入亦属事实上的无效运作。

（三）法官对诉讼请求变更事项的告知与法官中立原则之关系

所谓法官中立原则，是指法官在诉讼过程中必须做到不偏不倚、客观公正地审判案件。具体来说，这项原则通常包括两项要

---

〔1〕 参见 [法] 让·文森、塞尔日·金沙尔著，罗结珍译：《法国民事诉讼法要义》
        上，中国法制出版社 2001 年版，第 630 页。

〔2〕 参见武胜建、叶新火："从阐明看法官请求变更告知义务"，载《法学》2003 年第
        3 期。在该文中，作者使用的是"标的恒定原则"，实际上，"标的恒定原则"应
        被包含于"争议恒定原则"之中。

求：①法官必须与自己所审判的案件没有任何关联，其在案件中不存在任何（直接或间接的）个人私利。②法官不得对自己所办案件中的任何一方当事人抱有个人之好恶，也即在审判案件的过程中不得对任何一方当事人有不恰当的感情。[1] 那么，依照《证据规定》第 35 条，在所列特定情形下，法官"应当告知当事人可以变更诉讼请求"，这是否会在客观上导致法官帮助一方当事人进行诉讼呢？换句话说，这是否意味着法官将会因此而偏离其本应持有的公正立场呢？

不可否认，法官依据《证据规定》第 35 条所为诉讼请求变更事项之告知，确实有可能会使对方当事人在感情上难以接受，但这并不足以说明法官所为之告知行为本身有失公允，更不足以据此否定该项告知行为之机制得以确立、存在的必要性。①如果一方当事人仅仅系因法律知识、诉讼技能的欠缺或者自身认识上的主观性等因素，以至造成其所提出的诉讼请求有欠妥当，而不是因为其所主张的事实本身不能成立而遭致败诉，这同样是让人难以接受的。②法官根据《证据规定》第 35 条所为告知之基础，乃系其对案件事实本身之认定，而非其受个人感情左右之结果，故"有失公允"实难成立。③即便当事人在接到法官的此项告知后变更了诉讼请求，也绝不意味着其就必然会获得本案的胜诉结果。因为按照《证据规定》第 35 条第 2 款之要求，"当事人变更诉讼请求的，人民法院应当重新指定举证期限"。可见双方当事人最终到底谁胜诉谁败诉还得取决于提出主张者能否充分举证证明自己"所依据的事实"。

三、法官对诉讼请求变更事项予以告知的条件和效力

以上讨论了确立"法官对诉讼请求变更事项的告知义务"的合理性，但需在此说明的是，上述层面的合理性只是论证了确立该项规定的必要性。至于该项规定在操作层面的合理性，则有赖于进一

---

[1] 参见常怡主编：《比较民事诉讼法》，中国政法大学出版社 2002 年版，第 100~101 页。

步作出明确、具体的规则安排。笔者认为，为了确保此项法官告知行为在操作层面的合理性，目前亟待加以规范的是具体实施该项告知行为的条件和效力问题。

（一）法官对诉讼请求变更事项予以告知的条件

《证据规定》第 35 条第 1 款规定，诉讼过程中，当事人主张的法律关系的性质或者民事行为的效力与人民法院根据案件事实作出的认定不一致的，不受本《规定》第 34 条规定的限制，人民法院应当告知当事人可以变更诉讼请求。

由此可见，依据该款规定，只要当事人关于案中所涉之"法律关系性质"或者"民事行为效力"的主张与受诉法院的认定不一致，即应一概告知当事人可以变更诉讼请求，这显然值得商榷。

笔者认为，当事人的"诉讼请求"与其所"依据的事实"是两个紧密联系的问题，但绝不是两个完全相同的问题。而《证据规定》第 35 条所谓之"当事人主张的法律关系性质或者民事行为的效力"毫无疑问均应属于"所依据的事实"而非"诉讼请求"本身。因此，在"当事人主张的法律关系性质或者民事行为的效力"也即"所依据的事实"与受诉法院的认定不一致的情况下，却要求法官"应当告知当事人可以变更诉讼请求"，仅从行文逻辑上看，这一处理方法就显得"文不对题"，若再作仔细推敲，则更是难脱其嫌。这里仅举一例为证：某甲虽可取得某套房屋的所有权，但其取得的依据应该是赠予而非继承。在诉讼过程中，某甲自己主张的法律关系是继承，而受诉法院"根据案件事实作出的认定"却是赠予，此时法官即没有必要去告知某甲"可以变更诉讼请求"，因为某甲提出对该套房屋应享有所有权的诉讼请求并无丝毫不当。[1]在这种情况下，法官所应采取的适当做法应该是通过"释明"，促

---

[1] 类似的例子还有许多，譬如原告依据所有权请求被告腾退房屋，法院小认定被告应予腾退，但依据是租赁合同已经到期且未予续展。此案中，法官显然也无需告知原告"可以变更诉讼请求"，否则即为多此一举。

使当事人对"所依据的事实"也即其"主张的法律关系性质或者民事行为的效力"作适当修正，以支持自己的诉讼请求。

（二）法官对诉讼请求变更事项予以告知的效力

法官对诉讼请求变更事项予以告知的效力问题主要涉及以下几点：

1. 法官告知当事人可以变更诉讼请求后，当事人拒绝变更的应该怎么办？对此有人认为，"当事人可以不变更诉讼请求，法院应该直接驳回当事人的诉讼请求，但这并不妨碍当事人今后再以法院认定的法律关系或者民事行为的效力另行起诉"。[1] 从诉讼法理上讲，笔者似应赞同这一观点，但若从规则层面来说，则显然缺乏相应的支撑。原因在于，依据我国现行《民事诉讼法》及相关司法解释，"驳回诉讼请求"须以判决的方式为之，而一旦作出此类判决，则当事人便会有两种救济途径可供选择：①在法定期限内提起上诉，以期通过二审程序加以解决，但若果真如此操作，即便是"业外人士"亦不难看出："判决驳回上诉，维持原判决"将会是预料之中的事情。②等待此类判决发生法律效力以后，再以"法院认定的法律关系或者民事行为的效力"另行起诉，但同样存在障碍的是，依据《民事诉讼法》第 111 条第 5 项之规定，"对判决、裁定已经发生法律效力的案件，当事人又起诉的，告知原告按照申诉处理，但人民法院准许撤诉的裁定除外"，此时虽然当事人已对自己主张的法律关系的性质或民事行为的效力有所"调整"，但这仅是对"所依据的事实"而非对"诉讼请求"本身所作的"调整"，故从审判实践来看，十有八九仍会被作为"重复起诉"而遭到禁止。由此可见，上述观点在目前的程序规则背景下，显然尚不具有实际操作的可能性。而就应然层面来说，则理应适时对现行规则予以完善。

---

〔1〕 李国光主编：《〈最高人民法院关于民事诉讼证据的若干规定〉的理解与适用》，中国法制出版社 2002 年版，第 281 页。

2. 在法官"应当告知当事人可以变更诉讼请求"而未予告知的情况下，应该怎么办？笔者认为，从字面上看，《证据规定》第35条虽然已将此项告知确立为法官的义务，但就问题的实质而言，提出适当的诉讼请求毕竟是当事人自己的事情，故若法官即便没有履行此项告知义务，其也不必为此而承担诉讼上的法律责任；另外，如果因为法官未履行此项告知义务而致使当事人的不当诉讼请求被判决驳回，日后当事人则可以新的（也即适当的）诉讼请求另行起诉，且法院应当受理。对此应当不存在程序规则上的障碍。

3. 如果法院认为"应当告知当事人可以变更诉讼请求"，当事人在接到此项告知后坚持不予变更，且对方当事人又对该项诉讼请求明确表示承认也即对之作出认诺的，应该怎么办？笔者认为，如果对方当事人对应予变更而未予变更的诉讼请求明确表示承认的，并且其承认确系出于真实之自愿，加之不存在恶意串通损害国家、集体以及他人合法权益的情况，那么基于尊重当事人处分权之考量，法院即只需直接依据对方当事人之认诺作出判决；否则，法院则应判决驳回当事人之不当诉讼请求。

4. 法院所为此类告知发生错误时应该怎么办？笔者认为，就一般情况而言，法官在审判业务上应该是具有较高素质的，但不排除在少数情况下法官也会作出错误的告知。对此应该明确的是，由于《证据规定》第35条仅是要求法官应当告知当事人"可以"变更诉讼请求，也就是说，法官的告知在法理上对当事人而言并无强制性，所以相应地也不宜要求法官对此承担责任。当然，由于法官在诉讼中具有权威地位，其告知虽然在法理上不存在强制性，但在客观上必然会对当事人造成相当的影响，鉴此，在履行此项义务时，法官在程序上似有必要向当事人明确指出：此项"告知"仅仅是一种建议。

我国法院调解制度的新发展

——对《关于人民法院民事调解工作若干问题的规定》的初步解读*

走过了"调解为主"[1]、"着重调解"[2] 和"自愿、依法调解"[3] 之三步曲的我国法院调解制度，随着民事审判方式改革的启动与推进，却受到了来自理论界的颇多责难，[4] 甚至有观点认为应当取消法院调解制度，[5] 在此背景下，诉讼实践中的调解结案率亦随之而直线下降，[6] 辉煌一时的法院调解制度似乎已经颓势十足，形如弃履。然而，随着改革的深化与认识的升华，特别是随着国家关于"构建和谐社会"目标的提出，法院调解制度在促进纠纷的"柔性解决"及实现社会稳定方面的独特功能在新的基础上

---

* 本文系与第二作者王杏飞合作，原文发表于《法学评论》2005 年第 6 期。

〔1〕 1982 年《民事诉讼法（试行）》出台之前所实行的民事审判工作原则。

〔2〕 1982 年《民事诉讼法（试行）》确定的基本原则之一。参见该法第 6 条。

〔3〕 经过修订于 1991 年颁行的现行《民事诉讼法》所确定的基本原则之一。参见该法第 9 条。

〔4〕 不少学者认为我国的法院调解制度不仅与民事审判之本质属性相左，而且由于其所适用的场合失控及强迫调解与马拉松式的调解司空见惯，故而对法院调解制度本身提出了颇多非议。参见李浩："论我国法院调解中程序法与实体法的双重软化"，载《法学评论》1996 年第 4 期；徐国栋：《民法基本原则解释》，中国政法大学出版社 1992 年版，第 123 页等。

〔5〕 参见张晋红："法院调解的立法价值探究"，载《法学研究》1998 年第 5 期；姚玲："法院调解应于摈弃"，载《中国司法》2000 年第 4 期，等等。

〔6〕 譬如根据历年来《中国法律年鉴》的记载，2000 年全国法院审结的一审民事案件中调解结案的比例为 37.72%；2001 年为 35.14%；2002 年为 30.32%；2003 年则仅为 29.94%。

得到了新的认同。反映到制度层面，即为最高人民法院于 2004 年 9 月 16 日公布的《关于人民法院民事调解工作若干问题的规定》（以下简称《调解规定》）。通观《调解规定》之全部内容，可以说自始至终体现出了对法院调解制度的高度尊崇与诸多完善。可以预言，其之贯彻实施，必将有力地扭转法院调解制度在民事审判实践中的"明显失宠"与"日见失落"，使法院调解制度重新焕发出勃勃生机，充分发挥出其在构建和谐社会过程中的促进、保障作用。而科学、合理地解读《调解规定》的各项安排，则是恰当适用《调解规定》，充分实现法院调解制度之预期功能的必要前提。鉴此，我们试就《调解规定》对法院调解制度所作的几点主要发展与完善谈谈自己的看法，并就其不足之处略陈管见，以求教于方家。

一、调解机制适用范围的界定避免了实践中的操作失范

众所周知，人民法院审理民事案件应当坚持调解原则。法院调解既是重要的诉讼制度，也是重要的结案方式。但长期以来，由于民诉立法与相关司法解释均没有就调解机制的适用范围作出明确的规定，同时由于传统审判理念的落后和法官素质不高等多种因素的影响，审判实践中的法院调解普遍存在着较为严重的法官恣意，其主要表现为：原本应该调解的不调解，原本不该调解的却乱调解。如此一来，自然导致了法院调解制度适用效果的差强人意和社会各界的普遍不满，同时也充分暴露出了法院调解机制自身的明显不足。鉴此，为了有效地规制法官的调解行为，充分发挥法院调解机制在解决纠纷方面的独特功能，保护当事人的合法权益，《调解规定》从两个方面明确了法院调解的适用范围：

（一）法院调解适用的诉讼阶段

《调解规定》第 1 条明示，"人民法院对受理的第一审、第二审和再审民事案件，可以在答辩期满后裁判作出前进行调解。在征得当事人各方同意后，人民法院可以在答辩期满前进行调解"。我们认为，如欲正确理解这一规定，应当明确以下几点：

1. 该条从大的诉讼阶段上明确了无论是在一审、二审还是在再审程序中，原则上都可以适用调解。而在此之前，虽然《民事诉讼法》第128条、第155条分别已对一审和二审程序中的调解适用问题作了明确的规定，但是对再审程序中能否适用调解则未予直接明定，而只是笼统地要求分别按照原审程序进行再审，[1] 故而给再审实践中法院调解的适用造成了一定的"规则真空"。与此同时，诉讼理论界与司法实务界对于再审程序中能否适用法院调解也是存在意见分歧的。分歧的焦点在于对当事人的合意能否自行改变法院生效裁判的效力具有不同看法。持反对意见的学者们认为：从实务操作层面来看，由于胜诉一方当事人通常不会轻易放弃自己因为胜诉而业已赢得的利益，故对再审案件进行调解的可能性一般不大；从诉讼法理层面来看，对于已经发生法律效力的法院裁判，非经法定程序不得加以任何变更，故通过当事人的合意来变更生效裁判既为既判力所不允许，同时也有损法院自身的权威；从我国现行立法层面来看，启动再审程序即意味着原审裁判确有错误，此时如果允许双方当事人通过合意来自行变更原有的裁判，则其当否根本无法判别，这样一来，不仅启动再审程序之合法性由此而成为问题，而且希冀通过再审程序来纠正生效裁判中的错误及实现审判监督的立法目的更是难以得到实现。我们认为，《调解规定》第1条之所以没有采纳上述反对意见，而是规定对再审民事案件也可以进行调解，可用以下几点理由予以解释：

（1）对再审民事案件进行调解并不存在诉讼法理上的障碍。因

---

[1] 参见《民事诉讼法》第184条。另外，在司法解释层面，1992年7月14日最高人民法院《关于适用〈中华人民共和国民事诉讼法〉若干问题的意见》（以下简称《适用意见》）第211条规定，"依照审判监督程序再审的案件，人民法院发现原一、二审判决遗漏了应当参加的当事人的，可以根据当事人自愿的原则予以调解，调解不成的，裁定撤销一、二审判决，发回原审人民法院重审"。据此，似乎可以从中"窥见"到再审程序中同样可以调解的"精神蕴涵"，但是由于这一规定实在太过"隐晦"，且与《民事诉讼法》第184条的笼统规定相比，其之"刚性"明显不足，其之"位阶"亦显过低，故仍难以"理直气壮"地从中得出"再审程序同样可以调解"的明确结论。

为如果再审法院在再审程序中进行调解且各方当事人达成了调解协议，那么此时否定原审法院生效裁判法律效力的并不是当事人之间达成的调解协议，而是再审法院在双方当事人调解协议的基础上制作的调解书。申言之，由于人民法院依法制作调解书也是其行使民事审判权的体现和重要方式，故调解书对生效裁判法律效力的否定仍然是法院自身在充分尊重当事人意愿基础上的自我否定，而并非当事人之合意对法院生效裁判法律效力的否定。因此，这一规定既不与既判力理论相悖，也无损于法的安定性与法院的权威。

（2）就制度层面而言，此前最高人民法院《关于人民法院执行工作若干问题的规定（试行）》第 86 条第 1 款即明确规定："在执行中，双方当事人可以自愿达成和解协议，变更生效法律文书确定的履行义务主体、标的物及其数额、履行期限和履行方式"。我们认为，执行中的和解完全是双方当事人自愿协商、合意处分的结果，但即便如此，其仍然在规则层面上得到了确认。由此说开去，允许人民法院在再审程序中进行调解也就更不是什么"洪水猛兽"了。

（3）从此前长期的再审实践来看，实际存在的法院调解无疑起到了良好的法律效果和社会效果。这是因为，再审案件往往案情比较复杂、争议较大、矛盾较深、存续较长、波及较广，如若处理不好则易激化社会矛盾。而通过调解方式来处理再审案件，往往有可能真正做到化解矛盾、促进和谐，实现真正的互利多赢。

2. 从原则上讲，法院调解应当在"答辩期满后裁判作出前进行"；作为例外，"在征得各方当事人同意后，人民法院可以在答辩期满前进行调解"。我们认为，就进行法院调解的时间起点而言，以在"答辩期满后进行调解"为原则，既有利于充分维护被告一方当事人的程序利益，使其能够有较为充分的时间来准备诉讼资料，为双方当事人的平等交流与有序对话创造条件，同时也可以更好地实现《民事诉讼法》所设定的"事实清楚"、"分清是非"的调解要求，[1] 而允许人民法院"在征得当事人各方同意后……可以在答辩期满前进行调解"，则是在充分尊重当事人意愿及其处分权的基础上努力提高诉讼效率的特殊安排。事实上，在此前进行的民事审判方式改革进程中，各地法院即先后推出了旨在提高诉讼效率的改革举措——"庭前调解"，不少法院通过庭前调解的方式将案件的审理前移至案件受理后、答辩期满前，从而较为明显地缩短了办案周期。[2] 由此看来，《调解规定》的这一特殊安排还是有着一定的实践基础的。

3. 需要特别指出两点：①我们认为，尽管上述原则规定中"裁判作出前"的条件设定意在避免调解无度，防止发生马拉松式的调解，但是其含义则明显过于模糊、笼统而有待进一步的确定和明晰。申言之，"裁判作出前"的条件设置在逻辑上将合议庭评议案件的场合也纳入了法院调解的适用范围，但这显然是有欠科学而不能成立的。其实，在此问题上，《民事诉讼法》第128条所规定的"法庭辩论终结后"之具体限定更为科学、合理，故而仍应以此为据，以供操作。②作为"答辩期满前进行调解"这个例外规定的适用前提，所谓"征得当事人各方的同意"，是指双方当事人在同意法院进行调解这个大前提的基础上就"答辩期满前进行调解"这个特定事项的明确认可，而非仅仅指此前的同意调解。

（二）法院调解适用的案件范围

在总结以往我国法院调解之实践经验的基础上，《调解规定》第2条以"肯定性概括"和"排除性列举"相结合的方式，框定了可以适用法院调解的案件范围，从而为妥善解决当前民事审判实

---

[1] 参见《民事诉讼法》第85条。当然，对于法院调解是否应该做到"事实清楚"、"分清是非"，在我国诉讼理界是存在不同看法的。但我们认为，理论探讨可以充分进行，现行立法的明确规定则须严格遵守。

[2] 当然，此一操作是否具有合理性或曰正当性，同样存在不同的看法。

践中调解范围过于含糊的问题提供了较为科学、可行的操作规范。

这里所说的"肯定性概括",是指第 2 条中"对于有可能通过调解解决的民事案件,人民法院应当调解"的概括性表述。我们认为,结合《民事诉讼法》的原则规定,对于这一要求,应作以下两个方面的理解方为准确、全面:①所谓"有可能通过调解解决的民事案件",应当是指在事实上和法律上均存在调解解决之可能性的案件,而非是指在同条后半段规定中被明确排除的六类案件以外的所有民事案件,否则即有可能将法院调解绝对化地理解成为办理所剩案件的必经程序。[1] 至于这种调解可能性,则具体是指各方当事人之间存在"求同存异"的共同意愿,利益冲突并非激烈的客观基础、较为明确的法律关系和基本清楚的案件事实,以及不为法律、法规所强制性禁止的合意处分之可能性。②以上所述"人民法院应当调解"之规定,并非意味着人民法院可以不考虑当事人是否愿意而应一律主动依职权进行调解活动,而只是说不一定要待当事人正式提出调解申请后再进行调解。譬如,法院开启调解程序后当事人并未明确表示反对,即可以认为当事人愿意接受调解。否则将直接有违《民事诉讼法》第 85 条所确立的"自愿原则",且从根本上与调解机制的内在机理相悖。

另外应当指出,依据《婚姻法》第 32 条第 2 款的规定,人民法院审理离婚案件,应当进行调解;根据最高人民法院《关于适用简易程序审理民事案件的若干规定》第 14 条第 1 款的要求,对于婚姻家庭纠纷和继承纠纷、劳务合同纠纷、交通事故和工伤事故引起的权利义务关系较为明确的损害赔偿纠纷、宅基地和相邻关系纠纷、合伙协议纠纷以及诉讼标的额较小的其他纠纷,人民法院在开

---

[1] 事实上,即便是属于被明确排除的六类案件以外的民事案件,有时也并非具备进行法院调解的可能性。譬如,一方当事人下落不明的案件、并非必须到庭的被告没有到庭的案件以及各方当事人情绪严重对立的案件等,就不具备进行法院调解的可能性。

庭审理时应当先行调解。[1] 因此，在理解法院调解所适用的案件范围时，应对这些规定予以一并遵循。

与上述"肯定性概括"相对应的是"排除性列举"，具体是指：适用特别程序、督促程序、公示催告程序、破产还债程序的四类案件，以及婚姻关系、身份关系确认这二类案件，一共六类案件，人民法院均不予调解。我们认为，这六类案件之所以被明确排除在法院调解的适用范围之外，是因为它们各自的特点所致：我国现行《民事诉讼法》所规定的适用特别程序的案件具体包括选民资格案件、宣告失踪或宣告死亡案件、认定公民无民事行为能力或限制民事行为能力案件和认定财产无主案件。在这些案件中，除选民资格案件属于诉讼案件外，[2] 其他均属非讼案件。就选民资格案件而言，其不仅直接涉及相关公民所享有的选举权与被选举权等基本权利，而且与国家的选举秩序息息相关，因此不允许当事人合意处分，故不得适用法院调解。而其他几种非讼案件，由于均不存在利益直接对立的双方争议主体，所以都不存在调解解决的客观可能性。适用督促程序和公示催告程序的案件，它们所适用的程序均为略式诉讼程序，本身并不具备进行调解所必需的诉讼结构和诉讼空间。破产还债程序，其之开启与运作并非是以解决纠纷为目的，而是以处理某些民商事主体的"市场退出"问题为宗旨，因此显然不存在进行法院调解的必要与可能。至于婚姻关系、身份关系确认案件，它们的处理和解决，不仅直接事关案件当事人个人的权益保护问题，而且更与国家的婚姻制度、身份制度及社会的公序良俗密不可分，因此均须以国家法律的明确规定作为解决纠纷的依据，而不

---

[1] 但是根据案件的性质和当事人的实际情况不能调解或者显然没有调解必要的案件，则不必先行调解。参见最高人民法院《关于适用简易程序审理民事案件的若干规定》第14条第2款。

[2] 选民资格案件虽属诉讼案件，但却不属民事诉讼案件，故目前将其规定在《民事诉讼法》中，仅是立法机关的一种"选择"。从法理逻辑上讲，选民资格案件应当属于选举诉讼的范畴，是广义宪法诉讼（或宪政诉讼）的一个"子系"。

允许各方当事人通过达成调解协议的方式来合意处分，这是当事人意思自治的一个例外。否则，将会出现婚姻关系和身份关系是否存在或是否有效可以由当事人自己来合意商定的荒唐局面。当然，需要指出的是，对于同时存在婚姻关系（或身份关系）确认之诉和相关给付之诉的民事案件，针对其中的给付之诉部分，仍然是可以适时进行法院调解的。

然而，相对于客观事物的复杂性来说，人类的认知能力在一定时期内总是有限的，而认知能力的有限性又必然会造成立法的不完善，这在成文法国家是一个普遍存在的问题。具体就不适用法院调解机制的案件范围而言，上述列举固然可以解决实践中的一般认定问题，但仍然难以穷尽所有的情形。为此，《调解规定》第 2 条中规定"其他依案件性质不能调解的案件，人民法院不予调解"。[1] 这样一来，既给法官提供了一定的自由裁量空间，法官应当谨慎行使、小心操作，同时又为今后随着认识的深化适当扩大排除性列举的范围预留了规则层面的"入口"。

此外，依《调解规定》第 21 条，人民法院对刑事附带民事诉讼案件也可以进行调解。那么，行政附带民事诉讼案件是否同样可以进行调解？这显然是值得进一步思考的问题。

综上所述，通过对法院调解适用范围的确定，有助于规范调解实践，防止法官对调解范围的恣意擅断和具体操作上的失范，保障调解活动的有序进行。

二、调解主体的多元化、社会化增强了法院调解的可接受性

《调解规定》第 3 条规定："根据《民事诉讼法》第 87 条的规

---

〔1〕 何谓"案件性质"？这是一个颇为值得认真研究的问题。依我们的看法，不如将见仁见智、莫衷一是的"案件性质"改为更加通俗的"案件类型"。譬如，诉讼案件与非讼案件即是一种关于"类型"的划分；依通常程序审理的案件和依非常程序审理的案件也是一种关于"类型"的划分。

定，人民法院可以邀请与当事人有特定关系或者与案件有一定联系的企业事业单位、社会团体或者其他组织，和具有专门知识、特定社会经验、与当事人有特定关系并有利于促成调解的个人协助调解工作。经各方当事人同意，人民法院可以委托前款规定的单位或者个人对案件进行调解，达成调解协议后，人民法院应当依法予以确认。"此条完善了现行《民事诉讼法》中的协助调解制度并新置了委托调解制度。其中，协助调解是指由人民法院出面邀请上述单位和个人到人民法院协助法官进行调解，是一种"请进来"的调解方式；而委托调解则是指在征得各方当事人同意的前提下，人民法院将自己受理的案件委托给上述单位或个人进行调解，是一种"托出去"的调解方式。协助调解制度的完善与委托调解制度的确立，充分体现出了法院调解机制的开放性与社会性。而调解主体的多元化和社会化，不仅弥补了法院自身审判力量的不足，而且更重要的是在相当程度上消除了单纯由法官主持调解所可能给人造成的过于"冰冷"的感觉，有利于充分发挥社会力量在排解纠纷、化解矛盾方面的"天然"优势，从而大大加强了法院调解的可接受性，有助于促使当事人达成调解协议。

（一）协助调解

《民事诉讼法》第 87 条规定："人民法院进行调解，可以邀请有关单位和个人协助。被邀请的单位和个人，应当协助人民法院进行调解"。由此可见，协助调解制度原本就在立法中有所规定。然而，由于"有关单位和个人"的含糊不清，协助调解制度在以往的民事审判实践中并没有能够充分发挥出其应有的作用。鉴此，《调解规定》第 3 条第 1 款完成了对"有关单位和个人"的清晰化、具体化。也就是说，所谓"有关单位"，是指"与当事人有特定关系或者与案件有一定联系的企业事业单位、社会团体或者其他组织"；而"有关个人"，则指"具有专门知识、特定社会经验、与当事人有特定关系并有利于促成调解的个人"。我们认为，邀请这些单位和个人来协助法院进行调解，仍然是在法官的具体主持下进行的诉讼调解。但是与单纯的法官调解相比，它却明显具有如下几个方面的"杂交"优势：

1. 可以有效地弥补法官在相关专门知识和特定社会经验上的不足。这是因为，随着现代经济的发展与科学技术的突飞猛进，社会冲突日益多样化、复杂化，涉及各种专门知识和特定社会经验且需要通过民事诉讼机制来加以处理的新型案件亦越来越多，尤其在知识产权纠纷、环境侵权纠纷以及产品质量纠纷等领域表现得尤为突出。面对这些涉及各种专门知识与特定社会经验的案件，法官往往无法仅凭自身已有的知识和经验来妥善地加以调处。因此，通过邀请有关单位和个人协助调解，有利于协助调解人和主持调解的法官优势互补，形成为调处案件所必需且较为完备的知识结构与经验体系。这样一来，也就能够大大地提高调解能力，保证调解质量，促成调解的成立。

2. 正如让"普通人来裁判普通人"的陪审机制一样，协助调解人参与调解有助于矫正法官的职业偏见，合理调整法律适用上的过强"刚性"，使法院调解更具人性化，更具可接受性。道理很简单，对于法官来说，长期的职业生涯，容易形成刻板的法律思维，从而在一定程度上偏离普通百姓观察问题的一般视角，偏离社会正义的最一般标准而形成"法律的偏见"，作出不为当事人所接受的调解。而协助调解人的参与，则有助于上述问题的妥善解决，使法院调解不仅合法，而且也合情、合理。如若果真做到了这一点，当然会使得法院调解具有更强的可接受性。

3. 与普通民众通过陪审机制参与司法审判一样，协助调解人参与法院调解同样也是人民主权原则在司法领域的直接体现。

综上所述，协助调解制度的规则完善与有效适用，既有助于促进案件的调解解决，也能够缩小审判机关与普通民众之间的距离，消除彼此间的隔阂，更有助于实现构建和谐社会的远大目标。

（二）委托调解

如前所述，所谓委托调解，是指在征得各方当事人同意的前提下，人民法院将自己受理的案件委托给有关单位或个人进行调解，且在调解达成协议后对之依法予以确认的制度安排。根据《调解规定》第 3 条第 2 款的要求，此种调解的开启与成立必须具备四个要件：①必须经各方当事人一致同意，即各方当事人都同意将案件委托给有关单位或个人进行调解，而不仅仅是同意法院进行调解，否则不得开启委托调解程序。②必须由人民法院出面办理正式的委托手续。③接受委托的必须是前述有关单位或有关人员。④在受托单位或个人的主持下，如经调解达成了协议，并不能够直接产生法律效力，而是必须经过委托法院的审查确认，即在委托法院依法对调解协议进行审查后，如果认为该协议不违反国家法律、法规的禁止性规定，不损害国家利益、集体利益和他人的合法权益，且为各方当事人的真实意思表示，即应对调解协议的法律效力予以确认。

我们认为，委托调解无疑是《调解规定》的诸多创新之一，体现出了最高人民法院对于完善调解机制的"另辟蹊径"与"煞费苦心"，且其确实具有如前简述之特色，但从诉讼法理层面深究而言，委托调解机制的合法性或曰正当性则是有待认真推敲的。这是因为，尽管受诉法院在确认调解协议的法律效力之前要进行审查，但委托调解与协助调解之间还是存在着明显的区别：在协助调解的场合下，调解主体系由职业法官与协助调解人共同构成，其中，法官是调解的主持者，有关单位和个人只是调解的协助者；而在委托调解的场合，调解主体即调解的主持者当中则根本不包括法官。由于诉讼调解同样是人民法院行使民事审判权的重要方式，故如此一来，"民事案件的审判权由人民法院行使"的基本原则[1]便似乎被消弭于无形。申言之，人民法院能否通过委托方式把在本质上亦属于民事审判权的案件调解权赋予他人行使，显然是有待进一步斟酌的。

就操作层面而言，关于协助调解与委托调解，还有如下两个问

---

〔1〕 参见《民事诉讼法》第 6 条第 1 款。

题需要进一步明确：①协助调解人和受托调解人是否应当适用回避的规定？根据《民事诉讼法》第 45 条及《回避规定》[1] 的相关内容，回避制度的适用对象中似乎并不包括协助调解人和受托调解人，但我们认为，根据回避制度的设置目的与《调解规定》第 5 条的精神，[2] 上述人员同样应当适用回避的规定，但具体就其中协助调解人的回避问题而言，由于其并不属于"主持调解人员"，故其之回避问题仍然有待在规则层面加以明确。②协助调解人和受托调解人在调解中的权利义务有待明晰化、确定化，否则既可能因为"处遇"问题而挫伤他们的积极性，又会使得他们的协助调解和主持调解活动面临各种尴尬，并影响到调解效果的最终取得。[3]

三、调解程序的细化与完善使得法院调解的有序进行"有章可依"

我国现行《民事诉讼法》和相关司法解释虽然对法院调解的程序要求有所规定，但实践证明，这些规定远非完善。因此，《调解规定》对相关程序作了更加明确、具体、细致的安排，以求弥补：

（一）关于调解程序中对当事人诉讼权利的落实与保障

《调解规定》第 5 条明确要求，"人民法院应当在调解前告知当事人主持调解人员和书记员姓名以及是否申请回避等有关诉讼权利和诉讼义务"。关于这一要求，应当明确如下三点：

1. "告知当事人主持调解人员和书记员姓名以及是否申请回避等有关诉讼权利和诉讼义务"是人民法院必须履行的审判职责，其

---

[1] 即指最高人民法院 2000 年 1 月 31 日发布的《关于审判人员严格执行回避制度的若干规定》。

[2] 该条的具体要求为："人民法院应当在调解前告知当事人主持调解人员和书记员姓名以及是否申请回避等有关诉讼权利和诉讼义务"。

[3] 当然，上述人等权利义务的明晰化与确定化须以他们诉讼地位的科学界定为前提。我们认为，将协助调解人和受托调解人界定为"诉讼参与人"较为合适。鉴此，他们应当享有其他诉讼参与人的诉讼权利和取得相应报酬的权利，同时负有依法、公正、诚信调解的义务。

之是否履行及履行的适当与否，直接事关调解过程与调解结果的公正与否。就告知事项的具体内容而言，除了应当包括《民事诉讼法》第50、51、52条所规定的相应内容外，根据调解程序的特殊性，还应该包括后述五项内容：①当事人对于具体调解时间的选择权，即除了最高人民法院《关于适用简易程序审理民事案件的若干规定》第14条第1款所明确列举的应当在开庭审理时先行调解的几类案件外，对其他案件应在"答辩期满后裁判作出前"的具体什么时间进行调解，以及是否可以在答辩期满前进行调解，当事人都有权发表选择意见，人民法院应当就此告知当事人。②当事人对于不公开调解的申请权（《调解规定》第7条第1款）。③当事人对于调解方案的自行提出权及合意决定调解协议具体内容的权利（《调解规定》第8条等）。④当事人选择调解协议具体生效方式的权利。⑤当事人申请补正调解书的权利（《调解规定》第16条[1]）与申请再审的权利（《民事诉讼法》第180条[2]）。

2. 应当在调解前完成告知。这一规定的精神实质是要求人民法院把"主持调解人员和书记员姓名以及是否申请回避等有关诉讼权利和诉讼义务"提前告知当事人，以便于他们适时行使与切实履行。但就"应当在调解前告知"的时间要求来说，则由于具体调解时间的不确定而并不要求完全一致；另外，在委托调解的情况下，亦应由人民法院完成此一告知事项。

3. 对协助调解人和受托调解人亦应依法适用回避制度。对此前已述及，此处不赘述。

---

[1] 该条的具体内容为："当事人以民事调解书与调解协议的原意不一致为由提出异议，人民法院审查后认为异议成立的，应当根据调解协议裁定补正民事调解书的相关内容"。

[2] 该条的具体内容为："当事人对已经发生法律效力的调解书，提出证据证明调解违反自愿原则或者调解协议的内容违反法律的，可以申请再审。经人民法院审查属实的，应当再审"。

（二）关于答辩期满前法院调解的期间计算及其剔除

众所周知，在民事诉讼中，设置期间制度的目的之一，在于从时间维度规制民事诉讼法律关系主体的诉讼行为。但是，如若过于机械地理解与适用这一制度，则会在某些情况下产生适得其反的效果。鉴此，《调解规定》第 6 条规定："在答辩期满前人民法院对案件进行调解，适用普通程序的案件在当事人同意调解之日起 15 天内，适用简易程序的案件在当事人同意调解之日起 7 天内未达成调解协议的，经各方当事人同意，可以继续调解。延长的调解期间不计入审限"。[1] 我们认为，之所以要将 15 日和 7 日的调解期间分别计入审限，而将此后的继续调解期间均不计入审限，显然既是为了防止诉讼迟延，同时又可以保证人民法院有较为充分的时间继续进行调解，力争使当事人达成调解协议。需要指出的是，15 日和 7 日后的继续调解，必须以各方当事人的一致同意为前提。另外，就规则层面而言，继续调解所耗费的时间固然已被剔除于审限，但是为了防止由此而造成诉讼的过度迟延，主持调解的法官和有关人员仍须对继续调解施以合理控制而不能无谓虚度。

（三）关于法院调解的不公开进行及调解的具体方式

此前，我国现行《民事诉讼法》第 120 条和最高人民法院《关于严格执行公开审判制度的若干规定》的相关内容对依法不公开（即绝对不公开）和依申请不公开（即相对不公开）审理的案件范围作了概要的规定，但却没有涉及法院调解活动是否应当公开进行的问题。因此实践中通常均以整个案件的是否公开来决定调解活动的是否公开，故而不仅给实务操作带来一系列问题，而且也不利于实现对当事人意愿的尊重和权益的保护。为此，《调解规定》第 7 条第 1 款要求，"当事人申请不公开进行调解的，人民法院应当准

---

[1] 另外，根据《调解规定》第 4 条第 1 款，当事人在诉讼过程中自行达成和解协议的，人民法院可以根据当事人的申请依法确认和解协议制作调解书。双方当事人申请庭外和解的期间，亦不计入审限。

许"。我们认为，此项规定在一定程度上确立了法院调解的保密规则。其实，关于在处理纠纷的各类不同机制及其运作过程中是否应当公开相关信息，我国的有关法律与规范性文件采取了不尽相同的立场：1991 年的《民事诉讼法》确立了公开审判的基本制度（第10 条），并就应当公开审理的案件范围和不公开审理（包括依法不公开审理和依申请不公开审理）的例外规定作了大致的安排（第120 条）；1994 年的《仲裁法》则明确规定了"仲裁不公开进行"的基本原则与"当事人协议公开的可以公开进行"的例外规定（第 40 条）；2005 年国家电力监管委员会主席办公室会议通过的《电力争议调解暂行办法》更是明确要求，"任何一方当事人不得泄露其在调解过程中获知的、可能损害他人利益的信息。电力监管机构不得向任何人泄露在调解过程中获知的、可能损害他人利益的信息"（第 22 条）。由此可知，从设置"审判公开"之基本制度的目的来看，显然在于将法院的审判活动置于社会的监督之下，防止法官"暗箱操作"，杜绝其对审判权的恣意滥用。但就法院调解而言，则与审判有所不同：调解讲求的是非正式、灵活性与多样性，注重当事人的自愿与彼此间的合作，故而通常无需借助于公开的方式来防止法官的恣意与权力的滥用。况且司法实践也表明，在许多情况下公开调解往往不利于调解协议的达成，因此一般来讲调解可以不公开进行。另外，从世界范围来看，调解的不公开进行也是各国及地区通行的做法。[1] 当然，根据我国《调解规定》第 7 条第1 款的要求，调解保密规则的确立与实行并非绝对，因为只有在当事人申请不公开调解时法院才能够不公开进行调解。鉴此，我们认为，为了使当事人能够适时有效地行使此项申请权，人民法院应将其作为告知事项之一予以告知。

---

[1] 英国、美国、德国、日本、韩国、澳大利亚、挪威等国及我国台湾地区的立法中均有关于调解保密原则的规定。参见范愉：《非诉讼纠纷解决机制研究》，中国人民大学出版社 2000 年版，第 222～257 页。

就法院调解的具体方式而言，《民事诉讼法》及此前的相关司法解释并无直接明定。为此，在总结以往调解经验的基础上，《调解规定》第7条第2款确立了"面对面"与"背对背"这样两种不同的调解方式，且以前者为原则，以后者为例外，即"调解时当事人各方应当同时在场，根据需要也可以对当事人分别作调解工作"。毫无疑问，"背对背"调解方式的确立，目的显然在于避免特殊情形下因为双方当事人都在场的"面对面"调解所带来的"唐突"与"不便"，故而需要以一种较为"委婉"的方式来促进调解协议的达成。就此而言，这一新的调解方式充分体现出了法院调解的灵活性。但我们认为，为了真正体现与落实当事人自愿原则，在进行"背对背"的调解时，调解法官及受托调解人一定要将各方当事人的真实意愿和主张完全"不失真"地传递给对方，万万不能为了达到调解目的而不择手段地"连哄带骗"。总之，不论是"面对面"的调解还是"背对背"的调解，都应合法、诚信地进行。

（四）关于调解方案的提出问题

在以往的调解实践中，一般均认为，既然调解活动系由法官来主持，那么调解方案自然也应由法官来提出。但是，在此背景下，法官往往出于"敝帚自珍"之心理，一再"说服"甚至"压服"当事人接受其所提出的调解方案。这样做的结果，不仅直接有违当事人自愿的原则与处分原则，呈现出过于强烈的职权主义色彩，而且往往使得人民法院及其法官应有的公正形象受到严重的损害。为此，《调解规定》第8条明示，"当事人可以自行提出调解方案，主持调解的人员也可以提出调解方案供当事人协商时参考"。据此可知，调解方案显然是以当事人自行提出为原则、以主持调解的人员提出为例外，且由后者提出的调解方案也仅仅是供当事人协商时的一个参考。这是因为，作为冲突主体，当事人往往是自己最佳利益状态的判断者，他们通常最清楚案件事实的真相，更容易认清各方彼此间争议的焦点和利害关系之所在。在自愿的基础上和较为宽松的条件下，各方当事人经权衡利弊后所提出的调解方案以及在此基础上所达成的调解协议，往往更符合各方当事人利益最优化的诉求，也更容易得到当事人的"虔诚"信守和自动履行。当然，从调解实践来看，不少主持调解的人员一般都会让当事人各自先提出调解方案，待各方当事人在彼此明确对方的意图之后，再对自己的调解方案和调解前景进行分析判断以进一步调整自己的调解方案。在此过程中，主持调解的人员也要针对实际情况，根据已知的案件事实和国家的法律规定，来积极地劝导当事人放弃那些不合法与不切实际的偏颇想法，努力寻求各方当事人之间的利益均衡点，提出他们都有可能接受的调解方案以供当事人协商时参考。由此观之，《调解规定》的这一安排，既比较充分、彻底地尊重与贯彻了当事人处分原则，又如实反映了诉讼实践中提出调解方案的一般规律。

最后，我们认为，就调解程序所应具有的完整性而言，除以上四个方面及《民事诉讼法》与相关司法解释的已有安排以外，调解程序的开启方式问题，也应在规则层面有所明确。[1] 就此而言，《调解规定》显然存在明显的不足。

四、法院调解之促进、保障机制的确立解除了当事人的"后顾之忧"

任何调解，通常都意味着各方当事人的相互妥协与让步，某些时候甚至要以牺牲一定的合法权益为代价，而这样做的目的无非是为了使纠纷能够得到及时解决，且各方当事人各得其所。但是，如若当事人虽经妥协与让步，但最终却不能实现预期目的，其自然会

---

[1] 我们认为，在"自愿"、"依法"两大原则的规制下，法院调解的程序开启，也应贯彻当事人"自愿"的原则。而当事人的"自愿"可以有两种表现形式：①当事人主动申请人民法院进行调解；②在人民法院主动进行调解时各方当事人均不表示反对。鉴此，那种认为人民法院可以完全不考虑当事人的意愿而依职权强行调解是万万不可取的，因为它既违背了法院调解的内在机理，也不可能产生理想的调解效果，这一点已被诉讼实践所反复证明。

为自己在调解过程中所作的妥协与让步感到后悔。从一般心理来讲，此种顾虑还必然会影响到当事人参与调解和接受调解的积极性。为此，《调解规定》专门设置了两种促进调解协议得以切实履行的保障机制，从而为解除当事人的"后顾之忧"提供了制度依据。

（一）民事责任机制

《调解规定》第 10 条第 1 款规定，"人民法院对于调解协议约定一方不履行协议应当承担民事责任的，应予准许"。我们认为，这一规定允许当事人在调解协议中约定不自动履行调解协议时应承担民事责任，可以说是在司法解释层面完善法院调解制度的一项创举，标志着我国法院调解制度的发展进入了一个新的阶段。①它充分体现了"诉权本位"的诉讼理念，[1] 彰显了对当事人意思自治与处分原则的高度尊重。②它可以在相当程度上有效地保障权利人的权利得以实现，从而在一般层面上促进调解协议的达成与调解作用的有效发挥。③它将实体法上的契约规则引入到了法院调解领域，突出地体现了程序规则与实体规范在相互交融共同致力于民事纠纷解决上的精巧结合。就这一规定的全面理解与正确适用而言，应当明确以下几点：

1. 所谓调解协议中约定的一方不履行协议时应承担的民事责任，并非是相对于调解协议中原本就已确定由某方当事人承担的基本民事责任而言的"替代性"责任，而是一种带有"加重"性质或曰"惩罚"性质的民事责任，因此并不是说要以此项责任来取代或"置换"基本民事责任的承担。申言之，在一方当事人不履行调解协议时，基本民事责任与此项民事责任都必须由其承担。正因为

---

[1] 在市场经济条件下，在构建当事人诉权与法院审判权的合理关系时，我们认为当事人的诉权须被置于制约法院审判权的优先地位，而审判权的行使则应以保障当事人诉权的充分行使与依法实现为宗旨。详细论述请参见赵钢："正确处理民事经济审判工作中的十大关系"，载《法学研究》1999 年第 1 期。

如此，所以《调解规定》才既在第 13 条中规定"一方不履行调解协议的，另一方可以持调解书向人民法院申请执行"，又在第 19 条第 1 款中规定"调解书确定的……承担民事责任的条件成就时，当事人申请执行的，人民法院应当依法执行"。

2. 当事人约定的民事责任应当被限制在合理的范围内。这是因为，当事人在调解协议中约定的民事责任从性质上来讲乃是一种较为特殊的违约责任（即其明显带有"加重"性质或曰"惩罚"性质），故从平衡双方当事人利益的角度出发，在强调实现权利人之权利的同时，也不能忽略对义务人正当利益的保护。据此我们认为，应当根据公平与诚信原则的要求，适当考虑权利人此前所作的让步与"妥协"，依义务人在相关实体法上所应承担的民事责任的范围来具体确定双方当事人约定的民事责任。申言之，也即双方当事人约定的民事责任通常不能超过义务人根据相关实体法所应承担的全部民事责任的范围。

3. 为了避免使未按调解书指定的期间履行义务的一方当事人重复承担"加重责任"或曰"惩罚性责任"，根据《调解规定》第 19 条第 2 款的规定，"不履行调解协议的当事人按照前款规定承担了调解书确定的民事责任后，对方当事人又要求其承担《民事诉讼法》第 232 条规定的迟延履行责任的，人民法院不予支持"。否则对于该方当事人来说即显失公平。由此可见。在此项民事责任与迟延履行责任之间存在着一种选择关系，故而可以由当事人自己择一而定。

4. 双方当事人虽然可以在调解协议中约定一方不履行协议时所应承担的民事责任，但却不能够在调解协议中约定一方不履行协议时可以请求人民法院对案件作出裁判的条款，否则人民法院不予准许。[1] 这不仅是因为此一约定已经明显超过了双方当事人可以合意处分的事项范围（即其既不属于对实体权利的处分，也不属于

---

[1] 参见《调解规定》第 10 条第 2 款。

对诉讼权利的行使），而且若由人民法院据此直接作出裁判也有违诉讼机理：既无相关诉讼程序之启动，亦未经过法庭审理之过程，更无据以定案之证据。此外更重要的是，这样作的结果还将造成案件在实体处理上的重叠（因为调解协议的达成本身就是对案件所作的一种实体处理），并由此导致调解协议在事实上遭到否定。

（二）调解担保机制

根据《调解规定》第11条，"调解协议约定一方提供担保或者案外人同意为当事人提供担保的，人民法院应当准许。案外人提供担保的，人民法院制作调解书应当列明担保人，并将调解书送交担保人。担保人不签收调解书的，不影响调解书生效。当事人或者案外人提供的担保符合担保法规定的条件时生效"。毫无疑问，此项担保机制的确立同样也是为了保障调解协议能够得到切实履行。在此，应当明确如下几个问题：

1. 调解担保人既可以是当事人自己，也可以是案外人，这样可以最大范围地促成调解担保的成立。

2. 为求慎重，为达明确，调解担保均须以书面形式作成。当然，从便利诉讼出发，既可以允许相关人等订立单独的书面担保合同，也可以将担保协议的内容记载于调解协议之中。不过，如果制作调解书的，则须在其中将担保条款予以一并记载。

3. 案外人作为担保人时，其若不签收调解书的，不影响调解书生效。易言之，此种担保人对调解书的签收并非调解书生效的必要条件之一。

4. 当事人或者案外人提供的担保在符合担保法规定的条件时即告生效。因此，调解实践中在考察担保是否生效时，即须根据所提供担保的具体方式，依据我国《担保法》的相关规定，加以判断，作出认定。[1]

此外，根据《调解规定》第19条第1款的要求，"调解书确定

---

〔1〕 其实，最高人民法院的相关司法解释也是判断调解担保是否生效的依据。

的担保条款条件……成就时，当事人申请执行的，人民法院应当依法执行"。由此可见，调解担保条款与当事人约定的民事责任条款一样，也具有强制执行的效力。这就从制度上强化了调解协议的约束力，有如给其上了一把"保险锁"，有利于督促义务人自动履行协议，避免了其之任意反悔，解除了权利人的"后顾之忧"，并能保障调解协议内容最终的切实实现。

五、调解协议效力的空前强化使得调解结果的实现有了切实的制度保障

调解协议不仅是各方当事人在平等自愿的基础上自由处分相关权利、合意解决所生争议的产物，而且也是人民法院确认协议内容并制作具有强制执行效力的调解书的基础。其之效力如何以及其所确定的内容能否实现，既直接关系到各方当事人之间的权益纠纷能否得到妥善解决，也与法院调解之公信力乃至司法权威紧密相联，故而这一问题备受关注。鉴于我国现行《民事诉讼法》及以往相关司法解释之不足，《调解规定》在以下几个方面大大地强调与强化了调解协议的效力，使得调解结果的实现有了切实可行的制度保障。

（一）关于当事人自行和解向调解结案方式的转化

比较而言，法院调解往往由于有了法官的直接介入而具有比当事人自行和解更强的严谨性与规范性，同时也不失当事人合意处分之特色，更少了当事人自行和解所通常具有的"随意"与"放任"，因此理应得到应有的推崇与更加广泛的适用。当然，就我国的民事审判而言，虽然以往在司法解释层面早就有了类似的转化依据，[1] 但是由于其之"隐晦"且较为粗陋，因此并没有能够为实际操作提供明晰的办法。这一不足现在已由《调解规定》第4条作了一定程度的弥补与完善。依该条规定，"当事人在诉讼过程中自

---

[1] 譬如《适用意见》第191条。

行达成和解协议的，人民法院可以根据当事人的申请依法确认和解协议制作调解书。双方当事人申请庭外和解的期间，不计入审限。当事人在和解过程中申请人民法院对和解活动进行协调的，人民法院可以委派审判辅助人员或者邀请、委托有关单位和个人从事协调活动"。关于这一规定，有必要强调以下几点：

1. 这种转化以及对和解活动之协调，均须以当事人提出申请为前提，法官（以及审判辅助人员）不得依职权主动为之，否则既会有违和解机制的本质要求——完全的当事人自治，又会在相当程度上混淆当事人自行和解与法院调解这两种不同机制之间的区别所在。

2. 由上述规定可知，为了鼓励当事人自行和解，使其能够有较为充裕的时间达成和解协议，在双方当事人申请庭外和解时，其所耗费的时间，均不计入审限。此项机制之设定虽然具有一定的必要性，不过我们认为，当事人申请庭外和解的时间完全不计入审限，似有"不计成本"、"矫枉过正"之嫌，既有违诉讼经济之原则，又极易造成诉讼的过度迟延，故其合理性颇为值得斟酌。

3. 虽然可以实现当事人自行和解向法院调解之结案件方式的转化，因为二者在本质上都是当事人合意处分的结果，但是并不允许当事人自行和解向法院裁判之结案方式的转化。[1] 这是因为它们彼此之间存在着根本的区别：①和解系以各方当事人的合意处分为特征，而法院裁判则是国家（具体通过法院）以既判力为后盾对纠纷所作的强制性解决。②和解的正当性与有效性从根本上讲来源于当事人的合意，而法院审理的进行和裁判的作出与当事人的合意无涉，更多地体现出了法律的强制性，其正当性与有效性来源于严格的规范性与正当程序之中。③与裁判文书所赖以确

---

[1] 除了此种转化之禁止以外，其实还有另外一种对于转化的禁止，即对由法院调解向法院裁判之结案方式的转化之禁止。不过，由于前文已在"民事责任机制"部分有所提及，且《调解规定》第18条中亦有明确规定，故此不再赘述。

立的基础不同。法院的裁判必须以事实为根据，以法律为准绳，严格依法作出；而和解所强调的是尊重当事人的合意处分，因此并不刻意要求查明案件事实和严格遵循法律。④救济途径也不相同。我国的民事诉讼实行二审终审制，故当事人如若不服一审判决有权依法提起上诉，且在二审裁判（即终审裁判）作出后当事人认为有错误时，还有权依法申请再审；但对于和解而言，则既不存在上诉的问题，也不允许申请再审。因此，《调解规定》第18条明确规定，"当事人自行和解或者经调解达成协议后，请求人民法院按照和解协议或者调解协议的内容制作判决书的，人民法院不予支持。"

（二）关于调解协议内容的范围与诉讼请求之间的关系

众所周知，基于处分权主义的要求，当事人的诉讼请求决定着法院审理案件的范围和裁判事项的范围。因此，法院不得超出当事人诉讼请求的范围来对案件进行审理和作出裁判，也即不能"未诉即审"、"未诉即判"，否则将直接有违当事人诉权与法院审判权之应然关系。但在适用调解机制时，作为各方当事人合意处分之结果的调解协议，能否在具体内容上超出此前提出的诉讼请求？关于这一问题，以往通常认为，从调解书的制作主体来看，法院的调解行为无疑也是其行使民事审判权的体现，故而不宜在调解书中对超出当事人诉讼请求的协议内容作出确认，否则即有违两权运作之应然关系。我们认为，《调解规定》第9条"调解协议内容超出诉讼请求的，人民法院可以准许"之安排，明显是对上述观点的大幅修正，其着眼点同样在于强调对当事人合意处分的切实尊重，在于实现纠纷的"一揽子"解决。因此，允许并确认当事人超出诉讼请求范围之协议内容，既有利于全面、彻底地解决纠纷，又充分体现了法院调解制度的"与时俱进"。当然，就诉讼法理而言，对于这一安排仍然是需要作出解释的，否则难免有"霸道"之嫌。我们认为，对于当事人超出诉讼请求范围所达成的调解协议，可以看成是一方当事人提出的新的诉讼请求得到了对方当事人的认诺。这样一来，也就不存在理论上的障碍了。同样，为了促进纠纷的及时解决，《调解规定》第17条确立了在部分诉讼请求范围内先行制作调解书的制度，即"当事人就部分诉讼请求达成调解协议的，人民法院可以就此先行确认并制作调解书"。与此同时，该条还规定，"当事人就主要诉讼请求达成调解协议，请求人民法院对未达成协议的诉讼请求提出处理意见并表示接受该处理结果的，人民法院的处理意见是调解协议的一部分内容，制作调解书的记入调解书"。这一机制的确立，使得人民法院的裁判在一定程度上有可能实现向调解协议的转化，从而在民事诉讼中最大限度地体现与尊重了当事人的程序主体地位，以及冲突主体与审判主体之间的良性互动，由此可见，其同样具有开创性与合理性。

（三）关于诉讼费用的分担

根据相关收费规则，[1] 经人民法院调解达成协议的案件，诉讼费用的负担，由双方协商解决；协商不成的，由人民法院决定。第二审人民法院审理上诉案件，经调解达成协议的，第一审和第二审全部诉讼费用的负担，由双方协商解决；协商解决不了的，由第二审人民法院决定。考察起来，此项规定虽然具有相当之合理性，但实际操作起来则往往效率较低，且有可能仅仅因为当事人不能就诉讼费用的负担达成一致意见而危及此前就案件的实体问题所艰难达成的调解协议，从而导致"前功尽弃"。为了避免上述问题的发生，以巩固来之不易的调解成果，防止程序利用的半途而废和调解协议的中途"流产"，节约司法资源，《调解规定》第14条将当事人就实体问题所达成的协议与诉讼费用负担问题的协商作了合理的分离，即"当事人不能对诉讼费用如何承担达成协议的，不影响调解协议的效力。人民法院可以直接决定当事人承担诉讼费用的比

---

〔1〕　即《人民法院诉讼收费办法》第21条。

例，并将决定记入调解书"。这样一来，问题也就基本上得到解决了。[1]

（四）关于调解协议的"生效"与"具有法律效力"

《调解规定》第13条规定，"根据《民事诉讼法》第90条第1款第4项规定，当事人各方同意在调解协议上签名或者盖章后生效，经人民法院审查确认后，应当记入笔录或者将协议附卷，并由当事人、审判人员、书记员签名或者盖章后即具有法律效力。当事人请求制作调解书的，人民法院应当制作调解书送交当事人。当事人拒收调解书的，不影响调解协议的效力。一方不履行调解协议的，另一方可以持调解书向人民法院申请执行"。我们认为，该条规定有以下几个问题颇值得探讨：

1. 调解协议的生效究竟应当如何认定？按照上述规定，"当事人各方同意在调解协议上签名或者盖章后生效"。我们认为，调解协议的这一生效标准，固然是出于"及时巩固"调解成果之"良苦用心"而加以确定的，但其既存在语言表达上的似是而非与逻辑混乱问题，又与《民事诉讼法》的相关规定不相吻合。因为，到底是当事人各方"同意"签名或者盖章即生效？还是必须"实际"签名或者盖章后才生效？显然令人不得要领。当然，从法理上来讲，毫无疑问应当是后者。原因在于，所谓当事人的"同意"，既无统一的判断标准，事后又无法加以精确的考证。如果解释为须以书面方式作出此项"同意"，则更是显属"TKZFP"，[2] 因为既然

---

〔1〕 除此种"不影响调解协议的效力"之情形外，《调解规定》中还有其他几种类似情形，即：①"担保人不签收调解书的，不影响调解书生效"（第11条第2款）。②"当事人拒收调解书的，不影响调解协议的效力"（第13条）。③"对调解书的内容既不享有权利又不承担义务的当事人不签收调解书的，不影响调解书的效力"（第15条）。由此可见，其字里行间，无一不透视出对调解成果的极力维护和协议效力的大幅提升。

〔2〕 在笔者看来，出于准确表达之考量，似乎没有比这一句话更贴切、更有感染力的了，但若用汉字直接表达此句，又恐有伤学术研究之大雅，故以字母代之。

有时间作出此项书面同意，那么为什么不干脆要求当事人直接签名或者盖章呢！另外，从《民事诉讼法》第90条第2款的规定来看，也是"应当记入笔录，由双方当事人、审判人员、书记员签名或者盖章后，即具有法律效力"。申言之，法律的规定也是要求当事人必须"实际"签名或者盖章。由此可见，《调解规定》确立的这一生效标准显然是有欠合理的，而且还会在调解实践中形成一系列的操作障碍。

2. 调解协议的"生效"与"具有法律效力"之间是什么关系？由以上规定可知，《调解规定》第13条将调解协议的"生效"与"具有法律效力"作了分别的表述。那么，这一分别的表述是否科学、合理呢？它们彼此之间是什么样的关系？我们认为，调解协议之"生效"与"具有法律效力"的分别表述，将极有可能在调解实践中引起认识上的分歧与操作上的混乱。固然，从字面上来看，当事人各方同意在调解协议上签名或者盖章后即"生效"，而经人民法院审查确认并将其记入笔录或者将协议附卷，且由当事人、审判人员、书记员签名或者盖章后即"具有法律效力"，但从逻辑上来讲，难道还存在虽然已经"生效"但还不"具有法律效力"的调解协议吗？如果真如此，其"生效"后的效力内涵又当如何理解呢？其实，如前所述，《民事诉讼法》第90条第2款对此已有清楚的规定，即"对不需要制作调解书的协议，应当记入笔录，由双方当事人、审判人员、书记员签名或者盖章后，即具有法律效力"。由此可见，其并没有在"具有法律效力"之前安排一个"生效"的概念。当然，根据我们的揣摩，最高人民法院之所以这样规定，无非还是为了强化调解协议对各方当事人的约束力：一经签名或者盖章，调解协议便立即"生效"，这样可以防止"夜长梦多"而徒生"变故"。换言之，所谓"生效"，也即对各方当事人产生类似于一般契约"成立"那样的约束力。此后的所谓"发生法律效力"，则是因为其经过了法院的确认，注入了国家权力的因素，产生了于必要时予以强制执行的效力。但即便如此，我们仍然认为，为防止负面影响计，显然应该将似是而非的"生效"一词用更加明晰的"对各方当事人产生约束力"取而代之。

3. 制作调解书到底是例外规定还是原则要求？对于这个问题，可以从不同层面来理解：从总体上说，由于调解书的制作主体是人民法院，并且此前经过了其对调解协议的审查确认，因此更能保证协议内容的切实实现。所以我们认为法院调解应以制作调解书为原则，以不制作调解书为例外，这也是《民事诉讼法》的明确要求。[1] 但若从《调解规定》第 13 条前述内容的字面意思来理解，则似乎体现出了与此相反的逻辑蕴涵，即以不制作调解书为原则，以制作调解书为例外，而且这个例外还必须以当事人提出申请为前提。其实，这里应当明确的是，由于《民事诉讼法》第 90 条第 1 款第 4 项所列"其他不需要制作调解书的案件"只不过是《民事诉讼法》第 89 条关于制作调解书的原则要求的例外情形之一，故结合《民事诉讼法》第 89、90 条及《调解规定》第 13 条的内容，可以对这个问题作这样的概括，即：以制作调解书为原则，以不制作调解书为例外；[2] 在例外情形下，如果当事人请求制作调解书的，人民法院仍然应当制作调解书。

六、结语

综上所述，可以看出，最高人民法院在全面总结以往多年民事调解工作的实践经验及广泛吸收理论研究成果的基础上制定出台的《调解规定》，字里行间鲜明地彰显出了对于法院调解制度的高度尊

---

〔1〕 具体参见《民事诉讼法》第 89、90 条。

〔2〕 然而，我们认为，不制作调解书固然可以减轻法院调解中的职权色彩，更充分地体现当事人的意思自治，增强法院调解的可接受性，同时还可以加快诉讼进程，节约司法资源，但也存在一个问题，即如果当事人手中没有法院制作的调解书，那么在一方当事人不履行调解协议时，另一方又凭借什么去向人民法院申请强制执行呢？要知道，各方当事人自己签名（或盖章）并持有的"调解协议书"并非我国现行执行立法与相关司法解释所确定的"执行根据"。

崇与大胆完善，以及在诸多逻辑关系上的优先安排，因此不妨认为它是新形势下最高人民法院就完善民事诉讼机制以促进和谐社会之构建所作的重要努力之一。我们认为，尽管《调解规定》还存在这样那样的瑕疵与不足，但无论是其宏观的指导思想、贯穿的价值理念，还是基本的程序设计与制度安排，仍然是值得予以充分肯定的。我们相信，认真贯彻执行《民事诉讼法》和《调解规定》，努力做好法院调解工作，必将为我国全面建设小康社会创造良好的司法环境和稳定和谐的社会环境作出应有的贡献。至于《调解规定》中存在的瑕疵与不足，则有待通过修订《民事诉讼法》来一并对之加以匡正和弥补。

财产保全与先予执行
制度立法完善之设想[*]

1991 年颁布的现行《民事诉讼法》在 1982 年的《民事诉讼法
（试行）》的基础上，对财产保全制度和先予执行制度作了较为全
面的规定。与试行法相比，现行《民事诉讼法》对这两项制度的规
定在许多方面都有了进步。例如，在立法用语上，改"诉讼保全和
先行给付"为"财产保全和先予执行"，从而更准确地表达了这两
项制度的法律内容；在立法体例上，将其由"普通程序"中的一节
改为"总则"中的一章，使其具有更广泛的适用性；在具体内容
上，增设了诉前财产保全制度，完善了申请人及被申请人提供担保
的程序，增加了在"冻结财产之后，应当立即通知被冻结财产的
人"的规定，进一步明确了先予执行的适用条件，等等。但是，现
行《民事诉讼法》对财产保全和先予执行制度的规定也决非尽善尽
美的，这不仅表现为某些方面规定的不够合理，而且表现为许多本
应作出明确规定的内容却未予规定。也正是基于这个原因，在《民
事诉讼法》颁布后不久，最高人民法院即不得不在《关于适用
〈中华人民共和国民事诉讼法〉若干问题的意见》（下文简称《适
用意见》）等司法解释中对此问题进一步作出一些解释性的（甚
至于是"扩充性"的）规定。尽管如此，财产保全和先予执行立
法上的瑕疵仍然未得到有效弥补，这表现在行为保全制度的阙如、
财产保全之管辖法院上的片面性、依职权采取保全措施的不合理

---

* 本文系与第二作者刘学在合作，原文发表于湘潭大学法学院编：《湘江法律评论》
第 4 卷，湖南人民出版社 2001 年版。

性、财产保全范围的含糊、复议程序上的粗陋等诸多方面，致使很多情况下当事人的合法权益难以得到充分、有效、公正的保护。有鉴于此，为求最大限度地革除我国司法实践中长期存在的"执行难"之顽疾，并在此过程中公正地保护当事人双方的合法权益，从立法上对现行财产保全和先予执行制度加以完善显然是十分必要的。

一、应当确立行为保全制度

在民事诉讼中，为了防止将来的判决不能执行或难以执行，有必要由法院采取一定的保全措施，限制有关财产的处分或者命令一方当事人为或不为某种行为，这就是所谓的保全制度或保全程序。显然，合理而完整的保全制度，其保全的对象不仅包括财产，而且应当包括行为。我国《民事诉讼法》在"财产保全和先予执行"一章中仅将财产规定为保全的对象，而将行为置于保全制度之外，这不能不说是立法上的一大缺憾，因此，论及我国的财产保全制度之完善问题，首先有必要对与此紧密相关的行为保全制度之确立与否作一探讨。

对行为进行保全，这是绝大多数国家和地区的民事诉讼法所普遍确认的一项保全措施。在大陆法系国家和地区，其保全制度有两种，一种是假扣押程序，另一种是假处分程序。[1] 前者是为了保全债权人的金钱请求或得易为金钱请求的请求之强制执行，而对债务人的财产予以扣押，禁止其处分的特别程序；后者是指为了保全债权人非金钱请求的请求之强制执行，而对请求之标的为某种强制处分或就争执的法律关系确定其暂时状态的特别程序。所谓非金钱请求的请求，是指其请求的标的为各个物之给付或其他行为，而非金钱而言，例如，交付某辆汽车或房屋之请求，交付子女之请求等

---

[1] 这里的"假"字，是指"暂且"之意，而不是指与"真"相对应的含义。

等。[1] 对于这类请求，法院可依债权人的申请作出选任管理人、命令或禁止债务人为一定行为等假处分措施。可见，在大陆法系国家和地区的假处分程序中，行为是其重要的保全对象。这里的行为包括作为和不作为两类，相应而言，行为保全亦包括对债务人作为的保全和对债务人不作为的保全两种情况。[2] 前者是指以债务人的积极行为为客体的保全，即裁定债务人应当作出某种行为，例如，命令债务人于几日内拆除或修建房屋、完成某项工程或机械的设计、办理股份过户登记手续等。后者是指以债务人的消极行为为客体的保全，即裁定债务人不得为一定行为或容忍他人为某种行为（不得阻止他人为某种行为），例如，命令债务人暂停使用商标、停止挖掘地基、不得继续采矿、容忍债权人在其土地上通行等等。

在英美法系国家，对行为的保全则采取的是"中间禁令"的形式。中间禁令是英国历史上衡平法院为补充普通法院给予的法律救济之不足而发展起来的一种救济措施。在英国，申请中间禁令的程序一般是：向被告送达传票，要求他出席法官举行的公开听审，然后法官根据法律规定及双方陈述的理由来决定是否作出中间禁令。禁令的内容可能是禁止被告继续实施不法行为（例如发行诽谤刊物），或者责令被告采取某些措施除却他已实施的不法行为，或者禁止被告实施其打算实施但尚未实施的不法行为，等等。[3] 在美国，为了制止被告的某种行为，法官亦可作出中间禁令（或称暂时禁令）。根据《联邦民事诉讼规则》第65条的规定，一般来说，不得在没有书面或口头通知对方当事人的情况下作出中间禁令，但在某些特殊情形下亦可以不发出通知而作出该项禁令。[4]

〔1〕 参见王甲乙等：《民事诉讼法新论》，台湾三民书局1998年版，第635页以下。
〔2〕 参见江伟、肖建国："民事诉讼中的行为保全初论"，载《政法论坛》1994年第3期。
〔3〕 参见沈达明编著：《比较民事诉讼法初论》下册，中信出版社1991年版，第223页以下。
〔4〕 参见白绿铉：《美国民事诉讼法》，经济日报出版社1996年版，第248页。

上述考察表明，对于行为保全问题，尽管大陆法系与英美法系的法律规定在具体表现形式上有所不同，但是对行为可以实施保全以保证将来判决的执行这一实质却是共同的。那么，我国《民事诉讼法》有无必要借鉴其他国家或地区的相关规定，将行为纳入保全的客体之中，从而确定行为保全制度呢？我们认为，现行财产保全制度在保证将来判决的执行之功能上存在着明显的不足，确立行为保全制度势在必行。

1. 行为保全的功能是财产保全所无法代替的。凡是给付之诉，无论给付内容为财产还是行为，都可能存在保全的原因，亦即都存在着日后使判决不能执行或难以执行的危险，这一点是显而易见的。而对于行为给付之诉（即要求被告为一定行为或不为一定行为）以及有必要对被申请人的行为采取保全措施的其它种类的诉，通过采取财产保全措施的方法显然无法达到保全强制执行的目的。例如，在名誉权纠纷案件中，原告名誉权是否受到侵害尚未审理清楚，但是为了防止对其名誉权可能造成更大的侵害，原告申请法院裁定命令被告暂停其可能对原告造成名誉权侵害之行为，在这种情况下，现行财产保全制度即无法适用。[1] 又例如，在离婚案件中一方当事人为了争取对子女的监护权而试图将子女转移或隐藏起来，另一方当事人要想阻止这种行为，只能申请法院裁定采取行为保全措施，命令被申请人不得为转移或隐藏子女的行为，而不可能通过财产保全来达到这一目的。

2. 确立行为保全制度有利于减少财产保全适用过程中某些不合理现象的发生。财产保全主要是采取查封、扣押、冻结等措施来进行的，而财产一旦被查封、扣押，便不能继续发挥其使用、收益价值。由此所造成的结果可能是，在有些情况下财产保全虽然可以达到保证将来判决的执行之目的，但却未必合理。例如，在实践

---

[1] 在此情况下，也不能适用先予执行制度，因为"先予执行"的适用必须以"当事人之间权利义务关系明确"为条件。

中，人民法院对被申请人的财产动辄采取查封、扣押等措施，致使该财产长期处于不能增值的状态，被申请人因之而受到很大的损失。确立行为保全制度，则有利于减少这种不合理现象的发生。因为，在很多情况下，法院只需采取行为保全措施即可达到保全执行的目的，而没有必要对财产进行查封、扣押。例如，对房屋的保全，法院通常只须裁定禁止当事人转让该房屋所有权和就该房屋设置抵押权即可，而不必对该房屋予以查封。

3. 我国《民事诉讼法》所规定的对行为的先予执行制度虽然在一定程度上可以弥补财产保全在对象上的局限性，但它并不能取代行为保全制度的功能。[1] 根据《民事诉讼法》第97条和《适用意见》第107条的规定，对于"需要立即停止侵害、排除妨碍的"案件和"需要立即制止某项行为的"案件，人民法院可以根据当事人的申请，作出先予执行的裁定。按照这一规定，先予执行的客体既包括财产，也包括行为，因而它对现行财产保全制度之不足可以起到一定程度的弥补作用。但是，先予执行并不能取代行为保全，原因在于：①二者的设立目的不同。行为保全是为了保全判决的执行而命令或禁止被申请人为一定行为，而先予执行则是为了使权利人的权利在判决之前全部地或部分地得以实现。②二者的适用条件不同。行为保全适用于因被申请人的行为而使将来判决不能执行或难以执行时的情况，至于当事人之间的权利义务关系是否已经审理清楚则不是其必要条件；而对于先予执行，则必须是当事人之间的权利义务关系明确，并且不先予执行将会严重影响申请人的生活或生产经营。③二者适用的阶段不同。行为保全既可以在诉讼前适用，也可以在诉讼中适用，而先予执行只能在诉讼过程中适用。不难看出，正如对财产的先予执行无法取代财产保全制度的功能一样，对行为的先予执行亦无法取代行为保全制度的功能。

---

[1] 参见江伟、肖建国："民事诉讼中的行为保全初论"，载《政法论坛》1994年第3期。

二、财产保全的范围应进一步明确

对于财产保全的范围问题，我国《民事诉讼法》第94条第1款规定得相当含糊。该条款的规定是"财产保全限于请求的范围，或者与本案有关的财物。"对这里的所谓"限于请求的范围"，有关的立法文件和司法解释并没有对其含义作出明确的说明。在学理上，大多数学者都认为，它是指被保全的财物的价额，应限制在利害关系人的权利请求或者诉讼当事人的诉讼请求的范围之内，而不能超过这一范围。[1] 亦有一些学者认为，此处的"限于请求的范围"可以从两个方面来理解：①指一方当事人申请财产保全时所请求保全的范围。②指诉讼请求的范围；如果申请人请求保全的范围小于诉讼请求的范围，法院在进行保全时应以请求保全的范围为限；如果申请人未明确请求保全的具体范围，或其请求保全的范围超过诉讼请求的范围，法院在进行保全时则应以诉讼请求为限。也就是说，财产保全的范围最大不得超过诉讼请求的范围。[2] 可见，无论是那一种解释，所谓"限于请求的范围"，均被认为是对被保全的财产在价额或价值上所作的一种限定，亦即是从数额的角度来限定财产保全的范围。如果这种理解是正确的话，那么，"财产保全限于请求的范围，或者与本案有关的财物"这一规定在立法技术上则不能不说存在着重大失误。因为，这一条款的后半句，即"或者与本案有关的财物"，显然是就财产保全的对象范围或曰客体范围所做的一种限定，它与前半句的财产保全之价额范围之间并非一种可自由取舍的选择关系。换言之，人民法院在进行财产保全时不仅应当遵守财产保全之价额范围的规定，而且应当遵守其对象范围

---

〔1〕 参见常怡主编：《民事诉讼法学》，中国政法大学出版社1996年版，第218页；谭兵主编：《民事诉讼法学》，法律出版社1997年版，第321页。

〔2〕 廖德功等："论完善民事财产保全制度和民事执行制度"，载《法学研究》1992年第4期。

的规定。然而，从上述条款的规定来看，民事诉讼法在立法用语上却使用的是一种"或者……或者……"的句式，也即规定了一种选择关系。依该条款的字面含义，似乎在人民法院所保全的财产只要是"与本案有关的财物"之条件下，它就可以不遵守"限于请求的范围"的规定，这显然是极其荒谬的。由此观之，《民事诉讼法》第 94 条第 1 款关于财产保全之规定实在是有欠妥当，立法上应当对此分别加以规范，即一方面，应规定"财产保全的数额限于请求的范围"，另一方面，对其对象范围也应进一步加以明确。下文将对后者之立法完善略加讨论。

　　如上所述，民事诉讼法将财产保全的对象限于"与本案有关的财物"这一范围之内，然而，这一规定却是一种极富弹性的规定，在理解上极易发生歧义。例如有学者认为，所谓"财产保全应限于与本案有关的财物"，是指争议标的物是特定物并且存在被转移、隐匿或者毁损、灭失的可能时，财产保全措施应针对该争议标的物采取。[1] 另一种观点认为，"与本案有关的财物"是指保全的财物是本案的标的物或者与本案标的物有牵连的其他财物。[2] 还有一种观点则认为，"与本案有关的财物"是指本案的标的物以及其他可能影响本案执行的财物。[3] 学理上之所以存在上述种种迥然不同的解释，虽然解释者的主观因素是其重要的原因之一，但是，"与本案有关的财物"这一含糊其辞的立法规定却不能不说是其根本原因。例如，对于给付某项特定财产的诉讼，在需要采取财产保全措施时，我们可以认为"与本案有关的财物"就是指该项特定的财产。但是对于人身伤害要求损害赔偿的诉讼，在需要采取保全措施时，又应当如何界定"与本案有关的财物"这一对象范围呢？在

---

〔1〕 参见陈彬："论财产保全"，载《现代法学》1991 年第 5 期。

〔2〕 柴发邦主编：《民事诉讼法学新编》，法律出版社 1992 年版，第 261 页；常怡主编：《民事诉讼法学》，中国政法大学出版社 1996 年版，第 218 页。

〔3〕 谭兵主编：《民事诉讼法学》，法律出版社 1997 年版，第 321 页。

这种情况下，被申请人的所有财产与案件都没有直接的关系，但是为了保全将来的强制执行，人民法院又似乎有权在申请人的请求范围之内对被申请人的任一财产采取保全措施，也就是说，被申请人的所有财产似乎都可以理解为"与本案有关的财物"。

从《适用意见》的规定来看，被申请人被抵押、留置的财物、到期应得的收益、对第三人所享有的到期债权均可以成为财产保全的对象。因而对这些财产，都可以认为是"与本案有关的财物"。那么，被申请人的哪些财产不属于"与本案有关的财物"而不能成为财产保全的对象呢？这一问题从《民事诉讼法》及《适用意见》中很难找到答案。由此看来，现行《民事诉讼法》对财产保全的对象之规定是极不完善的。也正是基于这个原因，最高人民法院在《关于在经济审判工作中严格执行〈中华人民共和国民事诉讼法〉的若干规定》第14条中指出："人民法院在采取财产保全措施时保全的范围应当限于当事人争议的财产，或者被告的财产。"[1] 这一规定与民事诉讼法中的"与本案有关的财物"之规定相比，显然是一大进步，因为它在范围上对财产保全的对象作出了较为明确的界定。从某种意义上来说，它实际上在此问题上对民事诉讼法作了修正。尽管如此，这一司法解释的规定也决非完美无缺的。在这里撇开其适用效力上的刚性不足与适用的案件范围较窄等缺陷不谈，单就其内容来说，这一条款显然仍旧规定得过于原则和笼统，而有必要进一步予以明确和细化。

从理论上来讲，申请人申请财产保全的目的是保障将来判决的执行，因此在一般情况下，凡是能成为执行标的的被执行人的财产都可以成为保全的对象，而不管该财产的具体形式如何。但是，申请人的诉讼请求（或权利请求）有金钱请求（包括可转换为金钱请求的请求）与非金钱请求之分，诉讼请求不同，在财产保全的对象上也应有所不同。换言之，对于金钱请求或者可转换为金钱请求

---

[1] 参见《司法文件选》第四辑，人民法院出版社1995年版。

的请求，债权人申请财产保全的目的在于保证将来能够得到一定数额的金钱给付。由于是金钱给付，因而没有必要将保全的对象限定于"争议的标的物"或"与本案有关的财物"，其范围应当及于债务人的一般财产，包括债务人的动产、不动产、对第三人享有的债权等；当债务人的某项财产的价额不足保全请求的价额时，即可以对债务人的其他财产采取保全措施。只有这样规定，才能更好地保护债权人的合法权益，实现设立财产保全制度的立法宗旨。同时，通过限定保全的数额、设立担保制度、赔偿制度和异议制度，债务人的合法权益一般也不会因此而受到损害。对于请求给付某项特定财物的非金钱请求之请求，债权人申请财产保全的目的在于将来能够得到该项物之给付，因而其保全的对象应仅限于该争议的标的物，而没有必要将保全对象扩及债务人的一般财产。另者，即使对债务人的其他财产采取保全措施，也不能达到保全的目的。因此对于财产保全的对象范围，显有必要依据申请人的权利请求或诉讼请求的性质而分别加以规定。

综上，我们认为，民事诉讼法对财产保全的数额范围与对象范围均应作出明确的规定。在数额上，应当规定财产保全限于请求的范围；而在对象上，则应当就金钱请求（包括可转换为金钱请求的请求）与非金钱请求分别加以规定，即前者的保全对象及于债务人的一般财产，而后者的保全对象仅及于争议标的物。

三、财产保全之管辖制度应予完善

（一）诉讼财产保全与诉前财产保全之管辖法院

根据《民事诉讼法》的规定，财产保全有诉讼财产保全与诉前财产保全之分，但是对其各自的管辖法院问题，《民事诉讼法》并未予以明定。就诉讼财产保全来说，《民事诉讼法》第 92 条只规定在法定条件下人民法院可以根据当事人的申请或依职权裁定采取财产保全措施，至于哪些法院可予以管辖，则没有明确规定。揣测立法的旨意，似乎只有审理本案的法院才具有此项管辖之权。在司法实践中，各级法院基本上也是这样理解和操作的。然而，将诉讼财产保全的法院完全局限于审理本案的法院却未必合理。基于以下理由之考量，我们认为，诉讼财产保全原则上应由审理本案的法院管辖，必要时也可由财产保全标的所在地法院管辖。

1. 财产保全程序与审判程序是两种性质不同的程序，二者在管辖上无须要求完全相同。审判程序是从实质上解决当事人之间的民事权利义务争议的程序，而财产保全程序则是一种中间性的暂时性的程序，其目的并不是要解决当事人之间的实体权利义务之争，而是为了保全将来可能发生的强制执行。由于存在这种区别，因而在确定管辖法院时，主要应从如何更好地便利于当事人进行诉讼、便利于法院进行审判、保证案件的公正审理、均衡各级法院的工作负担等角度予以综合考虑，并在此基础上来确定某类案件由某一或某几个法院管辖。而对于财产保全之管辖来说，除了应考虑上述相关因素之外，还应考虑到如何更好地便利于当事人行使财产保全申请权、便利于法院采取保全措施及该措施的执行等因素。显然，财产保全的管辖法院如果完全按照审判管辖法院的规定，在有些情况下则可能难以达到保证将来判决得以执行这一财产保全之目的，或者虽然达到了财产保全的目的，但却在时间、费用等方面给当事人或法院造成更多的诉讼成本支出。而规定在必要时可以由财产保全标的所在地法院管辖，则可以有效地弥补这一缺陷。

2. 从司法实践来看，由于审理本案的法院对案件的情况比较了解，因此在一般情况下财产保全由该法院管辖便于决定是否需要采取保全措施。但是，有时保全标的可能与审理本案的法院相距甚远，例如，审理本案的法院地处我国的东北某省，而保全标的却位于南方某省，同时，申请人也为该保全标的所在地人，在这种情况下，由审理本案的法院予以管辖既不便于申请人之财产保全申请权的行使，也不便于保全裁定的执行。显而易见，规定财产保全在必要时由保全标的所在地法院管辖有其现实必要性和合理性。

3. 从比较法学的角度来讲，规定诉讼财产保全既可由审理本案的法院管辖，也可由保全标的所在地法院管辖是很多国家和地区的普遍做法，例如，德国和我国台湾地区的民事诉讼法均规定，对于债权人的假扣押申请，由本案管辖法院或假扣押标的所在地法院管辖；假处分申请，由本案管辖法院管辖，但有急迫情形时，也可由本案请求标的所在地法院管辖。[1] 日本《民事保全法》也有类似的规定。[2]

对于诉前财产保全的管辖问题，《适用意见》第 31 条规定："诉前财产保全，由当事人向财产所在地的人民法院申请。在人民法院采取诉前财产保全后，申请人起诉的，可以向采取诉前财产保全的人民法院或者其他有管辖权的人民法院提起。"可见，依据《适用意见》的规定，诉前财产保全只能由财产所在地的人民法院予以管辖。基于上述相类似的理由，这一规定实际上也是很不合理的。易言之，在确立诉前财产保全的管辖法院时，同样应当综合考虑如何更好地便利于当事人行使财产保全申请权和进行诉讼、便利于法院采取保全措施和审判案件等多种因素。而将诉前财产保全的管辖法院严格限定于财产所在地法院，显然主要是从便利于法院采取保全措施这一角度来考量，但却忽视了其他应予考虑的因素。这种企图将问题简单化的规定有时很可能并不利于当事人合法权益的保护。例如，债权人与债务人均为 A 省甲县人，债权人因债务人的侵权行为而欲申请对债务人的位于 B 省乙市的一栋房产进行诉前财产保全，在这种情况下，向 A 省甲县法院申请财产保全可能更有利于债权人的权益保护及后续诉讼的进行。鉴于此，我们认为，对于诉前财产保全，应当规定原则上由财产所在地的人民法院管辖，必要时也可由对案件有管辖权的其他人民法院管辖。

---

[1] 参见我国台湾地区"民事诉讼法"第 524、534 条，《德国民事诉讼法》第 919、934 条。

[2] 参见日本《民事保全法》第 12 条。

（二）协议管辖、协议仲裁与财产保全之管辖的关系

《民事诉讼法》第 25 条及第 244 条规定了协议管辖制度，当事人据此可以协议确定管辖法院，那么，协议管辖与财产保全之管辖之间是一种什么样的关系呢？另者，根据《民事诉讼法》第 111 条和《仲裁法》第 5 条的规定，对于合同纠纷和其他财产权益纠纷，当事人达成书面仲裁协议时，则不得向人民法院起诉，按此规定，当事人协议仲裁是否排斥法院对财产保全的管辖呢？这些问题均需理论上予以说明并在立法上予以明确规定。

从理论上来说，管辖协议和仲裁协议均是就案件的实质问题而确定案件的管辖权，[1] 亦即都是就实体权利义务争议之解决而协议由某一个法院或某一个仲裁委员会对案件行使管辖权。财产保全则是一种临时性的中间性的救济措施，而非永久性的终局性的判定，虽然它与案件的实质性问题存在着关联，但财产保全本身却是一个程序性的问题。因此，管辖协议和仲裁协议就实质性问题所确定的管辖权，不应包括属于临时性措施的财产保全。换言之，当事人之间的管辖协议和仲裁协议不应排斥其他法院对财产保全的管辖权。对于这一点，有关法律和司法解释针对特定事项已经作出了规定。例如，依照最高人民法院 1994 年 7 月 6 日公布的《关于海事法院诉讼前扣押船舶的规定》这一司法解释之规定，"扣押船舶，不受当事人之间的关于该海事请求在管辖、仲裁或法律适用方面的协议的约束。" 1999 年 12 月 25 日颁布的《中华人民共和国海事诉讼特别程序法》第 14 条也规定："海事请求保全不受当事人之间关于该海事请求的诉讼管辖协议或仲裁协议的约束。" 但是，由于民事诉讼法对这一问题并未作出普遍性的规定，加之审判实践中对管辖协议和仲裁协议的效力存在着片面的认识，致使人民法院常以存在管辖协议或仲裁协议为由而拒绝当事人提出的财产保全申请，从而造成当事人的财产保全申请权难以得到及时有效的保障，甚至于

---

[1] 参见江伟等："完善我国财产保全制度的设想"，载《中国法学》1993 年第 5 期。

进而造成其实体权益无法实现。特别是在当事人签订了仲裁协议但仲裁程序尚未开始的情况下，更易造成权利人申请救济的困难，因为，依据我国民事诉讼法和仲裁法的规定，在仲裁过程中，当事人可以向仲裁委员会申请财产保全，并由仲裁委员会将该申请提交有关的人民法院裁定，然而在仲裁程序尚未开始时，当事人应当如何申请财产保全则显然是一个立法"真空"。故此，为了更好地实现财产保全制度之设立宗旨，我国民事诉讼法应明确规定，人民法院对财产保全的管辖权，不受管辖协议、仲裁协议的约束。

具体来说，就财产保全之管辖与协议管辖的关系而言，如果是申请诉前财产保全，依据前文笔者的建议，应当规定由保全标的所在地法院或当事人协议管辖的法院予以管辖；如果是申请诉讼财产保全，则应当规定由受诉法院或保全标的所在地法院管辖。就财产保全之管辖与协议仲裁的关系而言，应当规定当事人既可以向仲裁委员会申请财产保全，也可以直接向被申请人住所地或财产所在地的法院申请财产保全，而不论保全申请是在仲裁过程中还是在仲裁程序开始之前提出的。

之所以要求在仲裁的过程中也应允许当事人直接向法院申请财产保全，理由在于：①仲裁委员会没有采取强制措施的权力，即使要求当事人必须向仲裁委员会申请财产保全，在受理申请后，仲裁委员会仍需将该申请提交有关法院裁定。既然如此，为什么不能允许当事人直接向有管辖权的法院提出申请，以便更好地保护其合法权益呢？②如前所述，财产保全只是一种临时性的措施，它并不确认当事人之间的实体权利义务关系。这种中间措施的性质决定了当事人直接向法院申请财产保全的正确与否，最终要取决于仲裁委员会对案件所作出的实体裁决。如果仲裁委员会裁决申请人胜诉，那么规定申请人可以直接向法院申请财产保全显然在某些情况下更利于及时、有效地保护其合法权益；如果仲裁委员会裁决当事人败诉，那么申请人应当赔偿被申请人因财产保全所受的损失。因而在仲裁过程中，允许当事人直接向有管辖权的法院申请财产保全并不违背当事人之仲裁协议的规定，也不存在仲裁程序受到法院干涉的问题。③从有关国家和国际公约、国际仲裁规则的规定来看，在仲裁程序中，允许当事人向法院申请采取临时性的保全措施是一种比较通行的做法。例如，英国、法国等国家的法律规定及司法实践均认为，由法院作出包括扣押在内的临时措施裁定与仲裁庭就案件的实质问题作出裁决的权限并非不相容。[1] 在国际公约和国际仲裁规则方面，《联合国国际贸易法委员会仲裁规则》第 26 条规定："当事人中任何一方向司法机关要求采取临时措施不得认为与仲裁协议的规定有抵触或认为系对该协议的摒弃。"[2]《国际商会仲裁规则》第 8 条第 5 款则规定，双方当事人有权向法院申请采取临时性的保全措施，不得因此认为违反仲裁协议。《欧洲国际商事仲裁公约》第 6 条第 4 项亦明文规定，向法院申请保全措施不应视为与仲裁协议不一致。[3]

（三）财产保全错误时要求损害赔偿之管辖法院

这是一个与财产保全制度紧密相关的管辖问题，故在此一并予以讨论。财产保全错误时，被申请人要求申请人赔偿其所受损害并因此而引发诉讼，应该由哪个法院来对此案予以管辖呢？对于这个问题，《民事诉讼法》同样没有明确界定。《适用意见》第 32 条则规定："当事人申请诉前财产保全后没有在法定的期间起诉。因而给被申请人造成财产损失引起诉讼的，由采取该财产保全措施的人民法院管辖。"然而，因申请财产保全错误而给被申请人造成损害的情形远远不限于上述一种情况。例如，法院采取财产保全措施后或被申请人提供担保后，经过审理，判定申请人败诉，因而给被申请人造成损害；又如，法院采取保全措施后，申请人又撤销保全申

---

〔1〕 参见沈达明编著：《比较民事诉讼法初论》下册，中信出版社 1991 年版，第 9 页以下。

〔2〕 李玉泉主编：《国际民事诉讼与国际商事仲裁》，武汉大学出版社 1994 年版，第 554 页。

〔3〕 参见沈达明编著：《比较民事诉讼法初论》下册，中信出版社 1991 年版，第 10 页。

请或撤回诉讼，因而给被申请人造成损害；再如，因申请仲裁财产保全错误而致被申请人损害，等等。在上述诸种情形之下，如果双方不能就赔偿问题达成协议而引起诉讼，都有必要确定其管辖法院，否则，当事人的合法权益将因管辖不明而难以得到有效的保护。鉴于此，我们认为，立法上应当在《适用意见》第32条规定的基础上增加以下两点规定以资弥补：①财产保全申请人败诉，或者在法院采取保全措施后又申请撤销保全或申请撤诉，因而给被申请人造成损失引起诉讼的，由审理该案的人民法院管辖。②申请仲裁财产保全有错误，因而给被申请人造成财产损失引起诉讼的，由采取该财产保全措施的人民法院管辖。

四、法院依职权采取财产保全措施之规定应予废止

对于财产保全问题，无论是大陆法系国家还是英美法系国家，都奉行的是当事人申请主义。也就是说，当事人提出申请是法院采取财产保全措施的前提条件，法院不能主动进行财产保全。与众不同的是，我国《民事诉讼法》第92条却规定，在诉讼的过程中，"当事人没有提出申请的，人民法院在必要时也可以采取财产保全的措施。"然而，这种依职权采取财产保全措施之规定的弊端却是极多的，因而有必要予以废除。

1. 它违背了民事诉讼法中的不告不理原则和处分原则，与民事案件的性质不相协调。众所周知，民事权利是一种具有"私权"性质的权利，对于这种私权，在受到侵犯或与他人发生争议时，是否寻求法律上的确认和保护，应当取决于当事人的自愿。同理，为了保证这种私权的实现而设置的财产保全制度也应当遵循这一"不告不理"原则。换言之，财产保全程序的启动与否同样应当贯彻民事诉讼中的处分原则之精神，对于当事人没有申请保护的利益，法院不应主动予以保护。否则，若债权人得知债务人财产状况发生变化而不申请财产保全，法院却主动采取保全措施，这显然是对债权

人行使处分的一种过多的干预。[1] 另者，在民事诉讼中，一般来说债权人比人民法院更关心、更了解债务人的财产状况，而人民法院则未必十分了解，因而法院依职权主动采取保全措施难保其行为的准确性。

2. 这一规定在客观上造成很多法院滥用职权，侵犯了当事人的合法权益。民事诉讼法虽然规定只有在"必要时"人民法院才能依职权采取财产保全措施，然而，所谓"必要时"，显然是一个极富弹性的条件，各个法院乃至于各个法官对此都可能有不同的理解，甚至于某些情况下一些法官故意进行曲解，致使实践中滥施财产保全的行为时有发生，也正是基于这个原因，最高人民法院在《关于在经济审判工作中严格执行〈民事诉讼法〉的若干规定》中规定："只有在诉讼争议的财产有毁损、灭失等危险，或者有证据证明被申请人可能采取隐匿、转移、出卖其财产的，人民法院方可依职权裁定采取财产保全措施。"显然，这一条款试图对上述所谓的"必要时"这一条件进行限定，以便对司法实践中的滥施财产保全的行为进行矫正。但是，由于依职权采取财产保全措施之规定本身所固有的缺陷，这一条款在适用过程中却收效甚微，滥用职权采取财产保全措施的不当行为在实践中仍然大量存在。

3. 法院依职权采取财产保全措施有违公正之价值准则。诉讼公正的基本要素之一是审判者的中立性，它要求审判者在当事人之间没有任何利益上的偏向，这是当事人及一般社会公众对审判制度信任的源泉。为了达到这一点，在诉讼程序的启动问题上，就要求法院应当采取消极主义的态度，而不应依职权主动开始。进一步而言，不仅第一审程序、第二审程序、再审程序等审判程序应当遵循这一要求，而且保全程序、督促程序、破产程序等特殊程序同样应当如此。否则，如果法院依职权启动这些诉讼程序，主动地使自己卷入当事人的利益冲突之中，则很难维持其公正和中立的社会形

---

[1] 参见江伟等："完善我国财产保全制度的设想"，载《中国法学》1993年第5期。

象。由此观之，我国民事诉讼法所规定的法院依职权采取财产保全措施之制度，显然有偏向于一方当事人之嫌，很难使对方当事人甚至于案外人对法院审判的公正性有足够的信任。实践中，在各种消极因素的影响下，很多法院也确实不公正地依职权采取财产保全措施，从而使人们对这一制度的公正性更感疑问。

4. 法院依职权采取财产保全措施有错误时，因此而受到损害的当事人很难得到及时、有效的赔偿。依据《民事诉讼法》第 96 条的规定，申请财产保全有错误的，申请人应当赔偿被申请人因财产保全所遭受的损失，但是对于法院依职权采取财产保全措施有错误时所造成的损失应当由谁来承担的问题，民事诉讼法则未予规定，致使在相当长的时期内当事人因此而受到损害时基本上无法得到赔偿。1994 年 5 月 12 日颁布的《国家赔偿法》第 31 条规定："人民法院在民事诉讼、行政诉讼过程中违法采取妨害诉讼的强制措施、保全措施或者对判决、裁定及其他生效法律文书执行错误造成损害的，赔偿请求人要求赔偿的程序，适用本法刑事赔偿程序的规定。"据此，在法院依职权采取财产保全措施有错误时，受损害人可以请求国家赔偿。然而在实践中，当事人要想得到国家赔偿则是难上加难。一方面，请求国家赔偿的前提是法院的保全行为已经确认为违法和错误，但对于其行为是否违法、错误，并不是当事人说了算，而是法院自己予以确认。由此所造成的结果是，即使法院依职权采取保全措施在事实上是错误的并给当事人造成了损害，法院往往也能轻而易举地找到理由证明自己行为是"正确"的，当事人的赔偿请求权在很多情况下只是一种梦想。另一方面，即使法院的行为违法，漫长的国家赔偿程序也会使当事人的请求权大打折扣。

鉴于法院依职权采取财产保全措施存在上述诸多弊害，我们认为，民事诉讼法在再次修订时应当废止这一法律规定。

五、应当完善财产保全和先予执行制度的救济程序

《民事诉讼法》第 99 条规定："当事人对财产保全或先予执行的裁定不服的，可以申请复议一次。复议期间不停止裁定的执行。"这一规定似乎为当事人提供了一种对财产保全或先予执行的裁定表示异议的机会，但是由于其内容上的过于粗陋和程序技术上的有欠妥当，这种机会在实践中几乎没有什么实效，当事人的合法权益很少能凭借这一"机会"而得到有效的保护。一方面，这一条款所规定的救济手段显然是针对财产保全或先予执行裁定而设的，而不是针对法院驳回当事人的财产保全或先予执行申请而言的，由此所引发的问题是，在法院不当驳回当事人的财产保全或先予执行申请时，申请人即缺乏维护自身合法权益的救济措施。另一方面，对财产保全或先予执行的裁定，虽然《民事诉讼法》规定当事人"可以申请复议一次"，但却缺乏相应的复议程序予以保障，加之复议的主体在实践中仍是受诉法院，甚至于仍是作出裁定的法官本人，致使"复议一次"的规定实质上是形同虚设。因此，为了公正地保护财产保全和先予执行制度中当事人双方的合法权益，必须完善相应的救济程序。

从可以申请救济的裁判对象来说，应当将其规定为"关于财产保全或先予执行申请所作的裁定"，而不应仅仅限于"财产保全或先予执行的裁定"。也就是说，其对象不仅应当包括财产保全或先予执行的裁定，而且还应包括驳回财产保全申请的裁定及驳回先予执行申请的裁定。这样一来，无论是申请人还是被申请人，在其合法权益没有得到法院的适当保护时，都可以通过同样的手段寻求进一步的程序法上的救济。

从救济的方法和程序上来讲，有必要将现行的"复议"程序改进为上诉程序，即规定"当事人对于法院就财产保全和先予执行申请所作的裁定不服的，可以提起上诉。但上诉期间不停止该裁定的执行。"之所以要求应当采取上诉程序予以救济，理由就在于：

1. 财产保全和先予执行程序对于双方当事人来说，其意义都尤为重要，法院在这一问题上处理不当时，对当事人合法权益有着较大的影响。就财产保全程序而言，申请人申请财产保全的目的在于保证将来判决的强制执行，倘若法院不当地驳回了其保全请求，那么在将来其获胜诉判决时，由于法院没有及时地采取财产保全措施而很可能使该判决成为一纸空文。从被申请人的角度来看，财产保全虽然是一种暂时性的强制措施，但是在采取查封、扣押、冻结等保全措施后，被申请人可能直接丧失了对有关财产的占有、管理、使用和收益的权利，其财产权益受到极大影响是显而易见的。如果法院错误地采取了保全措施，被申请人的合法权益将因此而受到损害。尤为严重的是，在实践中由于受地方保护主义等因素的影响，一些法院为了保护本地当事人的"特殊利益"而滥施财产保全措施，于此种场合，被申请人申请"复议"往往只是徒劳，其合法权益极难得到保护。也许有人会指出，民事诉讼法中关于"可以责令申请人提供担保"的规定（在诉前财产保全情况下则是"应当提供担保"），可以对错误的财产保全加以补救，但是在实践中，这种担保规定在很多情况下并不能为被申请人可能受到的损失提供充分的救济。例如，法院依申请对被申请人的一辆汽车予以扣押并责令申请人提供担保，根据《适用意见》第 98 条的规定，提供担保的数额应相当于被保全的汽车的价值，然而，汽车的现在价值如何却完全取决于法院的随意估计，因而提供担保的数额与汽车的实际价值就可能会有很大的出入。不仅如此，汽车在被扣押之后，被申请人因不能占有、使用，又可能会丧失数量相当可观的应得收益，在有些时候，如果扣押的期限较长，该项应得收益甚至于会超过汽车的本身价值。显然，在此情形下，如果财产保全有错误，被申请人所受的损失并不能因提供担保而获充分的救济，如果申请人拒绝赔偿，则会引起新的争议和诉讼。另者，在很多诉讼中，由于受地方保护主义、人情关系、司法腐败、申请人无经济能力等各种因素的影响，法院在采取财产保全措施时可能并不要求申请人提供担保或者只是象征性地提供一点担保。在这种情况下，如果财产保全有错误，被申请人则更难获得有效的救济。

就先予执行程序而言，申请人申请先予执行的目的在于解决其生活或生产经营上的紧迫需要，因此是否正确地裁定先予执行对于能否从实质上保护其合法权益至关重要。从被申请人的角度来说，先予执行裁定由于是在判决作出之前即要求其履行一定的给付义务，因而这种裁定应当尽量做到准确无误，否则对被申请人将是极不公正的。所以，为了保护双方当事人的合法权益，对于法院就财产保全和先予执行申请所做的裁定，应当赋予当事人上诉权这一富有实效的救济手段。

2. 在实践中，现行的"复议"规定在纠正错误的财产保全或先予执行裁定以便切实有效地保护当事人的异议权这一问题上的力度极弱。这一点前文已经述及。不仅如此，对于有关财产保全和先予执行的裁定，最高人民法院还在有关的司法解释中规定，人民检察院亦"无权"提起抗诉，[1] 从而使财产保全和先予执行程序摆脱了检察监督，致使当事人在这一问题上的检察申诉之救济途径亦被堵塞。

3. 从很多国家和地区的相关规定来看，对于有关财产保全的裁判一般都赋予当事人上诉权，以便为其权益保护提供充分的程序保障。[2] 在德国，对于假扣押或假处分申请的裁判，如果经过言词辩论，则应当以判决为之，若未经过言词辩论，则应当以裁定为之；对于裁定，当事人可以提出异议，提出异议后，法院应指定言词辩论期日并以判决的形式作出裁判；对于假扣押、假处分程序中

---

〔1〕 参见最高人民法院分别于 1996 年 8 月 8 日和 1998 年 7 月 21 日通过的《关于检察机关对先予执行的民事裁定提出抗诉人民法院应当如何审理的批复》、《关于人民法院发现本院作出的诉前保全裁定和在执行程序中作出的裁定确有错误以及人民检察院对人民法院作出的诉前保全裁定提出抗诉人民法院应当如何处理的批复》。

〔2〕 在外国，一般没有"先予执行"的规定。

的判决，当事人可依"控诉"程序提起上诉。[1] 日本的《民事保全法》规定，对于驳回保全申请的裁判，债权人在接到告知之日起2周不变期间内，可以提出即时抗告（类似于我们所说的对裁定的上诉）；对于法院作出的保全命令，债务人还可以提出异议的申请。[2] 对此所做的规定与德国的规定基本相同。我国台湾地区的"民事诉讼法"则规定，对于假扣押、假处分申请，一律以裁定形式作出裁判，对该项裁定，当事人可以提出抗告。[3] 相比较而言，我国《民事诉讼法》在财产保全和先予执行制度上为当事人提供的救济手段显然过于乏力。因此，基于完善当事人的程序保障之需要，《民事诉讼法》确有必要在此问题上赋予其上诉权。

六、关于对债务人的债权进行保全的问题

《适用意见》第105条规定："债务人的财产不能满足保全请求，但对第三人有到期债权的，人民法院可以依债权人的申请裁定该第三人不得对本案债务人清偿。该第三人要求偿付的，由人民法院提存财物或价款。"这一规定对于实现财产保全制度的立法宗旨、加大对债权人合法权益的保护力度无疑具有重大的意义。但是，这一规定却过于原则，缺乏可操作性，并且在某些方面所作的限定也不尽合理，因而有必要从立法上加以完善。

1. 依据前文笔者的观点，对债务人所享有的债权进行保全的程序应当仅仅适用于债权人的请求是金钱请求或可以转换为金钱请求的请求之案件，而债权人的请求为非金钱请求之请求时，财产保全的对象则不应当包括债务人的债权。

2. 将"债务人的财产不能满足保全请求"作为对其债权进行

---

[1] 参见谢怀栻译：《德意志联邦共和国民事诉讼法》，中国法制出版社2001年版，第255页以下。

[2] 参见白绿铉编译：《日本新民事诉讼法》，中国法制出版社2000年版，第270页以下。

[3] 参见石志泉等：《民事诉讼法释义》，台湾三民书局1982年版，第603页以下。

财产保全的前提条件是不合理的，应当取消这一限制性规定。理由在于：①债务人对动产或不动产所享有的所有权及对第三人所享有的债权都是财产权利的不同表现，债务人应以其所享有的财产权利对其债务作总担保。为了确保债务人能够全面、适当地履行其债务，在采取保全措施时，保全的对象应当包括债务人所有的或经营管理的动产、不动产及对第三人所享有的债权，而没有必要在顺序上对这些财产权利加以限制。②设立财产保全制度的目的在于保证债权人的权利将来能够得以实现，因而，在具体的案件中，究竟是对债务人所享有的物权进行保全还是对其所享有的债权进行保全，主要应看是否有利于财产保全制度之目的的实现，而没有必要将"债务人的财产不能满足保全请求"作为对其债权进行保全的前提条件。况且，债务人到底有哪些财产，债权人往往并不清楚，债权人也没有义务去全面调查债务人到底有哪些财产，因而上述限制性规定不仅是不合理的，而且对债权人来说也是很不公平的。③对于债务人到底有哪些财产这一问题，在大多数情况下法院也不十分清楚，同时，法院也没有权利亦没有义务像警察似的对债务人的财产状况展开"侦查"。④由于这一不合理的限制性条件的存在，在实践中经常导致一些合理但不合法或合法但不合理的现象发生。前者例如，在债务人的财产状况尚不十分清楚的情况下即对其债权予以保全；后者例如，过于苛求必须符合"债务人的财产不能满足保全请求"这一条件，致使债权人的财产保全申请权得不到有效的保护。

3. 对债务人的债权的保全严格限定于必须是其所享有的到期债权也是不合理的。一方面，债务人对第三人所享有的债权不管到期与否，都是其所享有的财产权利，都可以对将来判决的执行起到保全作用。既然如此，就没有必要将其未到期债权排除在保全的对象范围之外。另一方面，由于《适用意见》仅规定对债务人的"到期债权"才能进行保全，致使在司法实践中债务人对其未到期债权经常以转让、免除等方式予以处分或者在该债权上设定其他权利，以便逃避履行债务，从而使法院的生效判决难以执行，债权人的权利难以实现。因此，为了更好地实现财产保全制度之立法宗旨，对债务人的债权的保全，没有必要限定于必须是"到期债权"。

4. 对债务人的债权进行保全，由于涉及第三人，因而在制度设计上及司法运作过程中，应当注意加强对第三人的合法权益的保护。为此，立法上应当明确规定，在对债务人的债权进行保全的过程中，不应增加第三人所负的义务。

关于完善我国司法救助
制度的几个基本问题

——以修订《民事诉讼法》为背景所进行的探讨[*]

在我国，随着司法事务专业化、职业化程度的迅速提升，以及民事审判之程序保障和私权保护诸功能的理性复归，诉讼过程中所需之各项耗费亦越来越大，以至长期以来一直困扰西方法治发达国家的诉讼费用过于昂贵的问题也正日益成为障碍相关主体对民事诉讼机制加以充分、有效利用的难题之一。[1] 为了妥善解决这一问题，保障经济上确有困难的冲突主体能够充分享有并在实践层面平等、有效地利用诉讼机制的基本权利，我国的司法行政部门以及人民法院已分别开展了法律援助与司法救助工作。从实践层面来看，虽然法律援助与司法救助对于解决当事人"诉讼难"的问题均有着不可或缺的重要作用，但在理论认识上，两者却明显受到了不同的对待。比较而言，学界对法律援助问题关注较多，但对司法救助制度却论及甚少。其实，早在 1999 年最高人民法院出台的《〈人民法院诉讼收费办法〉补充规定》（以下简称《补充规定》）中，即已

---

* 本文系与第二作者朱建敏合作，原文发表于《中国法学》2005 年第 3 期。

[1] 在不同的国家，诉讼费用的具体构成及其指向也许并不完全相同，但诉讼费用的过于高昂却几乎已经成为法治发达国家共同面临的"危机"。为了缓解因诉讼费用居高不下而给普通民众带来的种种不便，20 世纪 80 年代以来西方国家的法律改革者纷纷将法律援助制度（包括司法救助）作为其关注的主题。See Mauro Cappelletti, *The Judicial Process in Comparative Perspective*, Clarendon Press, 1991, p. 240. 另外，有关我国诉讼实践中诉讼费用高昂程度的描述，可参见方流芳："民事诉讼收费考"，载《人大法律评论》2000 年卷第 1 辑，中国人民大学出版社 2000 年版。

正面提出了"司法救助"的概念，[1] 并对这一制度的具体操作做出了初步的安排，此后最高人民法院又于 2000 年专门出台并实施了《关于对经济确有困难的当事人予以司法救助的规定》（以下简称《救助规定》），[2] 从而在司法解释层面使司法救助制度得以正式确立，但时至今日，学界（主要指诉讼法学界）却对此项直接事关当事人之诉权能否充分、有效地行使以及对诉讼机制能否加以实际、有效地利用的重要制度鲜有理论上的系统研究，故而对于此项制度的规则完善与实效检验来讲，这显然是一种大大的缺憾。鉴此，在全面修订《民事诉讼法》的大背景下，笔者认为，极有必要就这一问题展开深入探讨，并在充分探讨的基础上，借此次修律之东风，一并完善司法救助制度，以促进相关实践的规范运作和其之功能的充分发挥。

一、司法救助之内涵界定

司法救助，亦称诉讼救助。[3] 就我国民事诉讼而言，所谓司法救助，根据《救助规定》第 2 条的解释，是指人民法院对于民事案件中有充分理由证明自己的合法权益受到侵害但经济确有困难的当事人，实行诉讼费用的缓交、减交或免交的制度。[4]

司法救助不同于"不交诉讼费用"的规定。司法救助制度是关于缓、减、免交诉讼费用之实际做法的规范化、制度化与法制化，其中的"免交"是以"原本应交"为前提的，"免交"的目的在于

---

[1] "司法救助"概念在我国的正面提出始于 1999 年 6 月 19 日《补充规定》的第 4 条第 2 款。

[2] 需注意的是，2005 年 4 月 5 日最高人民法院审判委员会第 1347 次会议已对该《救助规定》进行了部分修订，并更名为《关于对经济确有困难的当事人提供司法救助的规定》。

[3] 在大陆法系国家和地区，与我国"司法救助"相对应的制度一般被称为"诉讼救助"。

[4] 2005 年 4 月 5 日修订后的《关于对经济确有困难的当事人提供司法救助的规定》第 2 条则规定："司法救助，是指人民法院对于当事人为维护自己的合法权益，向人民法院提起民事、行政诉讼，但经济确有困难的，实行诉讼费用的缓交、减交、免交。"

保证经济确有困难的当事人能够有机会利用诉讼程序以维护自己的合法权益；而"不交诉讼费用"则是以"本不应交"诉讼费用为基础的，"不交诉讼费用"主要是基于案件特性的考虑。[1]

司法救助与法律援助虽然具有一定的联系，但并不等于法律援助。如果对法律援助作最宽泛的理解，[2]那么法律援助应该涵盖司法救助的内容；如果对法律援助作狭义的理解，我国的法律援助则仅指在国家设立的法律援助机构的指导和协调下，由律师、公证员、基层法律工作者等法律服务人员为经济困难或特殊案件的当事人给予减、免收费提供法律帮助的一项法律制度。[3]

依据《救助规定》与《援助通知》的有关规定，狭义的法律援助与司法救助主要存在以下区别：①两者的提供主体不同：前者是律师、公证员和基层法律工作者，后者则是人民法院。②接受法律援助的主体也不同于接受司法救助的主体：前者是"经济困难或

---

[1] 关于"不交诉讼费用"的具体情形，详见《关于适用〈中华人民共和国民事诉讼法〉若干问题的意见》第131、137条，《人民法院诉讼收费办法》（以下简称《收费办法》）第28条，《补充规定》第5条。

[2] 即泛指国家和社会对贫困者参与诉讼（包括非讼程序）所进行的帮助。在英、美等国，不存在与我国司法救助制度直接对应的制度，其法律援助（legal aid）制度一般专指对律师费用的救助，但他们的学者在有些情况下所使用的"legal aid"并不限于对律师费用的救助，同时也包括了对法院裁判费用的救助，See Adrian A. S. Zuckerman, *Civil Justice in Crisis: Comparative Perspective of Civil Procedure*, Oxford University Press, 1991, pp. 39~41, 433. 在我国，当没有正式出现"司法救助"的概念之前，有些学者也曾将诉讼费用的缓、减、免视为法律援助制度的一部分，参见严军兴：《法律援助制度理论与实务》，法律出版社1999年版，第124页。

[3] 参见1997年5月20日司法部《关于开展法律援助工作的通知》（以下简称《援助通知》）第1条第1项。另外根据2003年7月30日经"第385号国务院令"公布的我国第一部关于法律援助的全国性立法——《法律援助条例》（以下简称《援助条例》）的规定，法律援助不仅已被定位为"无偿法律服务"（第2条），从而比《援助通知》所规定的减、免法律服务费用意义上的法律援助更进了一步，而且被明确规定为政府的责任，要求县级以上的人民政府应当采取积极措施推动法律援助工作，为法律援助提供财政支持，以保障法律援助事业与经济、社会协调发展（第3条第1款）。

特殊案件的当事人"，主体范围相对较大，后者则为"民事（以及行政）案件中有充分理由证明自己的合法权益受到侵害但经济确有困难的当事人"，主体范围相对较小。③法律援助的事项范围不同于司法救助的事项范围，前者包括诉讼事项和非诉讼事项，并且诉讼事项中还包含刑事诉讼案件和国家赔偿诉讼案件，后者则仅涉及民事诉讼事项（和行政诉讼事项），范围显然要窄得多；[1]④法律援助的形式多种多样，包括法律咨询、代拟法律文书、代理诉讼、代理非讼事务以及提供公证证明等方式，司法救助的形式则比较单一，就是诉讼费用的缓、减、免。

尽管存在上述差别，狭义的法律援助与司法救助在程序上仍然存在着衔接、贯通之处。依据最高人民法院和司法部于 1999 年 4 月 12 日下发的《关于民事法律援助工作若干问题的联合通知》的规定：公民在赡养费、抚育费、抚养费、劳动报酬、工伤等方面提起民事诉讼，符合规定条件的，可以到有管辖权的人民法院所在地的法律援助机构申请法律援助。在获得同意并作出提供法律援助的决定后，受援人可以据此向有管辖权的人民法院提出缓、减、免交诉讼费用的书面申请，并附符合法律援助条件的有效证明材料。人民法院对于法律援助机构决定提供法律援助民事诉讼代理的，经审查若认为符合法律援助的条件，应当先行对受援人作出缓收案件受理费及其他诉讼费用的决定，待案件审结后再根据案件的具体情况决定诉讼费用的支付。[2]

---

[1] 参见《援助通知》第 3 条，《救助规定》第 1、2 条。

[2] 尽管此后 2 个多月我国才因《补充规定》的出台而有了"司法救助"概念的首次使用，但此处对于案件受理费和其他诉讼费用的"缓收"仍然具有"司法救助"的实质意义。由最高人民法院、司法部于 2005 年 9 月 22 日发布并于 2005 年 12 月 1 日实施的《关于民事诉讼法律援助工作的规定》第 8 条则明确规定："当事人以法律援助机构给予法律援助的决定为依据，向人民法院申请司法救助的，人民法院不再审查其是否符合经济困难标准，应当直接做出给予司法救助的决定。"

二、司法救助规则制定主体之推敲

虽然现行《民事诉讼法》中已有涉及缓、减、免交诉讼费用的原则规定，但目前我国司法救助规则的制定主体并非国家立法机关而仅为最高审判机关。这显然超越了其之应有权限，使司法救助规则的制定主体与司法救助规则的实施主体合二为一，从而为该项制度的合理构建与其功能的充分发挥直接或间接地带来了负面影响；[1] 与此同时，这一"自给自足"的封闭式操作与司法救助制度在民事诉讼中的重要地位显然也是不相吻合的。

从当今世界一些国家和地区的普遍情况来看，尽管在有关司法救助的名称和具体内容的安排上并不完全相同，但它们往往都是通过民事诉讼立法而非以司法解释的方式来规定司法救助制度。譬如，日本新《民事诉讼法》第一编（"总则"）第四章（"诉讼费用"）的第3节，就是关于"诉讼救助"的专门规定；《俄罗斯联邦民事诉讼法》第一编（"总则"）第七章（"诉讼费用"）中，对缓、减、免交诉讼费用的情形作出了专门规定；我国台湾地区"民事诉讼法"第一编（"总则"）第三章（"诉讼费用"）的第3节，也是关于"诉讼救助"的专门规定；《德意志联邦共和国民事诉讼法》更是将"诉讼费用的救助"置于"诉讼费用的预交"之先（其第一编（"总则"）第二章（"当事人"）第7节的内容即为"诉讼费用的救助与诉讼费用的预交"）。综观这些国家和地区关于司法救助的规定，可以发现：①他们都是在民事诉讼法典的"总则"中即比较详细地规定了司法救助的相关内容，而并非仅仅

---

〔1〕《补充规定》中之救助内容及《救助规定》的迟迟出台与《收费办法》（即指最高人民法院于1989年6月29日出台的《人民法院诉讼收费办法》）的积极制定和严格执行之间，不仅因为前后间隔近10年而形成了鲜明的对照，而且也在事实上证明了负面影响的客观存在：在近10年的时间内（如果前推至1982年的《民事诉讼法（试行）》则是在长达15年的时间内），我国民事诉讼立法中已作规定的诉讼费用之缓、减、免交制度实际上完全处于形同虚设的状态！

作出原则规定，否则将会由于可操作性的欠缺而使其实施效果大打折扣。②司法救助制度是诉讼费用制度不可或缺的重要组成部分，故而不能"拱手相让"交由收费主体即法院来自行"建章立制"，而只能由国家立法（具体指民事诉讼立法）来加以确立。③德国《民事诉讼法》甚至将"诉讼费用的救助"置于"诉讼费用的预交"之先，这一逻辑结构，无疑突出地体现了其对当事人诉权之有效行使的周到设计和精心保护。由此可见，上述国家和地区对司法救助制度的极其重视是无可置疑的，他们在此问题上的处理方式也是合乎权力分工与权力制衡之基本法理的。据此，参照他们的成熟经验，考虑到司法救助制度本身的极其重要性，笔者建议，我国的司法救助制度不能继续任由最高人民法院自行"建章立制"，而应在对现行《民事诉讼法》进行全面修订时在"总则"编之"诉讼费用"章（甚至可以设"诉讼费用与司法救助"章[1]）中就司法救助制度的有关内容作出具有可操作性的专门规定。简言之，也即我国的司法救助制度应从目前的司法解释层面上升为国家正式立法。

　　我国现行《民事诉讼法》之所以未能正面提出司法救助的概念并就其具体制度作出细致的规定，一方面固然与当时的特定国情与社会背景有关，[2] 另一方面却也与迄今为止我国对讼费征收规则的确立方式有关。细究起来，不难发现，目前我国几乎所有有关诉讼费用的规范都是由最高人民法院制定的。由于司法救助制度与诉讼费用制度密不可分，故相应地由最高人民法院出台《救助规定》

---

〔1〕 本文第一作者已在有关教材中较为"前卫"地将"司法救助"与"诉讼费用"相提并论，以体现前者的重要地位。具体参见江伟主编：《民事诉讼法》，高等教育出版社 2004 年版，第 11 章"诉讼费用与司法救助"。

〔2〕 1991 年修订《民事诉讼法（试行）》时，诉讼费用的昂贵及对当事人的救助在当时之中国并没有成为一个"问题"，因此也就未能引起人们（包括立法机关）的足够重视，具体参见蒋惠岭："论司法救助与法律职业化问题"，载《人民司法》2001 年第 5 期。

似乎也就见怪不怪了。但实际上由最高人民法院制定讼费征收规则与司法救助规则既没有法律依据，也没有法理支撑。①虽然我国现行《民事诉讼法》第107条第3款规定：收取诉讼费用的办法另行制定，[1]但《民事诉讼法》并没有在这里明确授予最高人民法院制定收费规则的权力，[2]故从逻辑上讲，只能是由国家立法机关来"另行制定"而不是由最高人民法院来"建章立制"，否则将无法解释为什么同一部《民事诉讼法》一方面会在第61条中作出代理诉讼的律师和其他诉讼代理人"查阅本案有关材料的范围和办法由最高人民法院规定"的明确授权，另一方面却在第107条第3款作出"收取诉讼费用的办法另行制定"的"含糊"规定。由此看来，在这个问题上，既有最高人民法院"过于积极"的越权操作之弊，也存在国家立法机关"过于大方"地"拱手相让"之嫌。②依据全国人大常委会1981年6月10日通过的《关于加强法律解释工作的决议》第2条和《立法法》第42条的规定，最高人民法院的司法解释只能针对审判工作中如何具体应用法律、法令的问题来进行，而不能对法律本身进行补充甚至扩充，因此从根本上讲，最高人民法院没有制定《收费办法》、《补充规定》、《救助规定》之类司法解释的权力。③同时也是最为关键的是，考虑到我国法院因本身与讼费征收存在着密切的利害关系，故"作为公共服务的提供者，最高人民法院没有自己的特殊利益，不应进入市场交换，而由最高人民法院分享诉讼费用的规则制定权，会使法院把自己放在不适当的位置上，参与市场运营。"[3]若如此，则其中立性难以得

---

[1] 此前于1982年出台的《民事诉讼法（试行）》第80条第2款亦有相同规定。

[2] 参见方流芳："民事诉讼收费考"，载《人大法律评论》2000年卷第1辑，中国人民大学出版社2000年版。

[3] 章武生等：《司法现代化与民事诉讼制度的建构》，法律出版社2000年版，第354页。

到保证。[1] 综上所述，可以认为，借此次全面修订《民事诉讼法》之东风，适时"收回"最高人民法院制定讼费征收规则的"权力"，实为万全之举，[2] 在此背景下，由《民事诉讼法》来一并规定司法救助制度在理论上和操作层面应该是不存在任何障碍的。

三、司法救助所需成本之负担

应该说，司法救助制度的具体落实，不仅可以给经济确有困难的当事人"雪中送炭"，使其得以利用诉讼机制来维护自己的合法权益，而且对于人民法院树立"司法为民"的形象和提升社会评价来讲，无疑也具有重大的意义。但是，在目前情况下，仅仅只是向人民法院提供精神层面的褒奖和社会舆论的肯定并不足以激发并维持其向当事人提供司法救助的积极性。

毋庸讳言，对于我国法院（尤其是地方各级法院）来讲，自20 世纪 80 年代以后，[3] 诉讼费用从来就是支撑它们正常运作所必不可少的一部分收入。这是因为，在很长一段时间内，由于社情所致，故在所有的国家机构中，法院曾经是一个相对来说"无足轻重"的部门，因此向其所拨财政经费数额较少。而且，在 1983 年之前，法院经费甚至不能作为单独科目列入国家预算，长期都只是政府行政支出科目的一部分。直到 1985 年，法院经费单列才成为全国统一实施的既定措施。[4] 然而，在法院的经费预算实行计划

---

[1] 例如，《救助规定》将绝大多数单位当事人排除在司法救助的适用主体形态之外，很难说不是基于法院自身利益的考虑。

[2] 一般认为，在我国，制定具体收费规则的权力应收归全国人大或其常委会。在德、日等国，讼费规则为单行法，故属国会立法权限，我国台湾地区也制定了专门的"民事诉讼费用法"。参见章武生等：《司法现代化与民事诉讼制度的建构》，法律出版社 2000 年版，第 354 页。

[3] 因为在此以前，我国的民事诉讼所实行的是免费诉讼制度。

[4] 参见《中华人民共和国法律规范性解释集成》，吉林人民出版社 1990 年版，第 1510~1511 页，转引自方流芳："民事诉讼收费考"，载《人大法律评论》2000 年卷第 1 辑，中国人民大学出版社 2000 年版。

单列之后，它们究竟能够获得多少财政拨款，仍要取决于同级政府的财力大小及其对法院工作的重视程度。

正是由于国家财政对法院的投入始终有限，故而尽管我国的诉讼费用管理体制在不断"改良"，但法院自身与讼费收入之间的利害关系并没有因此而发生实质性的变化。具体来讲，自 1985 年法院经费实行单列以来，我国的讼费管理制度大致经历了三个阶段：第一阶段从 1985 年起至 1996 年止，其间，法院收取的诉讼费用暂不上缴财政，以弥补法院业务经费的不足；[1] 第二阶段，从 1996 年起至 1999 年止，对诉讼费用开始实施"收支两条线"的管理模式，但这段时间此项制度只是处于探索阶段，故法院仍有相当的空间用以自行支配诉讼费用；[2] 第三阶段，从 1999 年起至今，在诉讼费用管理上进一步落实"收支两条线"，这种情况下虽然各级人民法院的诉讼费用被全额纳入财政专户，但由于财政拨给的"业务补助经费"以及法院可以设立的"备用金"仍然需与讼费收入的多少相互挂钩，[3] 因此讼费收入对于法院来说，仍可谓是"多多益善"。

既然讼费收入与法院自身利益之间的联系如此紧密，再加上对诉讼费用的缓、减、免会在客观上降低当事人利用诉讼机制的"门槛"，从而在一定程度上可能会导致法院工作量的增加，故我们很难想象各级法院会在实践中"保质、保量"地对当事人积极实施司法救助。之所以作出这样的分析，目的并不在于情绪化地责难国家

---

[1] 参见方流芳："民事诉讼收费考"，载《人大法律评论》2000 年卷第 1 辑，中国人民大学出版社 2000 年版。

[2] 参见韩波："论我国诉讼费用管理制度的变迁与改革"，载张卫平主编：《司法改革评论》第 4 辑，中国法制出版社 2002 年版。

[3] 1999 年 7 月 22 日，财政部和最高人民法院联合发布了《人民法院诉讼费用管理办法》，其中第 16 条规定了"备用金"制度，即各级人民法院可以根据审判工作的实际需要，用财政拨给的"业务补助经费"，按全年诉讼费用收入的一定比例或数额建立备用金。

对法院所作财政投入的不足，也不在于企图以此从根本上否定各级法院迄今为止在司法救助工作中所做的努力，笔者只是想说明：在目前法院所获预算经费明显不足乃至严重不足的情况下，[1] 司法救助与法院"自身的利益"之间是存在直接冲突的，两者此消彼长。具体分析来看，最高人民法院固然已经制定出台了《救助规定》以规范司法救助之操作，但《救助规定》之中并没有涉及救助资金的来源问题，[2] 实践中，国家每年所拨的法律援助经费也仅限于对狭义法律援助的支持，国家财政并没有拿出专项资金用于司法救助。[3] 故在法院决定当事人缓、减、免交诉讼费用的案件中，法院所支出的救助成本在很大程度上是由法院自身承担了。长此以往，对于人民法院来讲，实施救助越多，则"亏本"越多，负担越重，"热情"越低。

在现代法治国家，当事人依法获得司法保护乃是一项宪法性权利，而保证经济确有困难者亦能有机会平等地利用司法程序在本质上则是一种国家责任。基于此理，司法救助所导致的成本耗费悉由法院自己承担显然是极为不妥的，毕竟法院作为审判机关并没有扶贫济困的专门义务，[4] 从世界各国的相关规定与具体做法来看均是如此。譬如，在日本，诉讼救助向来只有缓交的做法，而没有减、免之方式，因此在正常情况下对法院的讼费收入并没有实际的

---

[1] 一个简单的现象也许可以说明这个问题，即根据全国人大代表古兆圣于 2 年前所作的一项调查、统计，全国欠发工资的法院达到 1423 个（占法院总数的 39.98%），欠发工资月数累计达 5536 个月，欠发工资人数 122 403 人（占全部在编人员的 39.92%），欠发工资总额达 2.29 亿元，全国仅有北京、上海、天津没有拖欠法官工资的情况。具体参见"来自基层诉心声"，载《人民法院报》2002 年 3 月 14 日。

[2] 这是一个非常现实的、关系到司法救助工作能否真正落实的、具有根本性的问题。

[3] 依据公开的有关资料，似乎看不出国家对司法救助工作有专门的财政投入。但可以肯定的是，从《中国法律年鉴》2000、2001、2002 年卷的有关统计来看，目前我国的法律援助经费仅仅是指对狭义的法律援助所作的投入。

[4] 在目前我国法院自身的日常经费尚难以确保的情况下就更是如此了。

减损。[1] 而且，如果当事人最终实在无力支付诉讼费用，则由国库支付。[2] 在德国，实施诉讼救助时对诉讼费用可缓可减可免，但其所需之成本也是由国家财政而非由救助法院自己承担。[3] 在英、美等国，虽然并不存在直接对应于我国司法救助制度的制度，但在这些国家，他们的政府已经通过提供巨额财政补贴的方式实际承担了法院在诉讼过程中所耗费的主要成本，故而当事人只需象征性地向法院交纳一些裁判费用。正因为如此，当事人的诉讼成本主要是指律师费用，他们的法律援助（legal aid）也主要是指对律师费用的救助。[4]

　　基于对我国目前的财力状况之考量，要求由国家向法院提供巨额的财政补贴并承担起主要的诉讼费用显然是不现实的，同时在某种意义上来讲也未必合理。但是，对于法院因实施司法救助所导致的各项耗费，国家财政是应该给予补贴的。鉴此，我们认为，在对法院的财政拨款中应有专门的司法救助经费；在拨付司法救助之专门经费的前提下，人民法院须进一步完善财务管理制度，做到专款专用。与此同时，为了保证救助经费最终能够真正用来帮助那些最需要帮助的人，还应通过完善国家立法（具体指《民事诉讼法》），对适用司法救助的主体范围、条件、程序等问题作出明确、具体且具可操作性的界定。

四、司法救助适用对象之斟酌

（一）司法救助适用主体之现有形态及其合理拓展

根据《救助规定》第 3 条所作之列举，当事人具有下列情形之

〔1〕 参见新《日本民事诉讼法》第 83 条。
〔2〕 参见王亚新：《社会变革中的民事诉讼法》，中国法制出版社 2001 年版，第 275~276 页。
〔3〕 See Adrian A. S. Zuckerman, *Civil Justice in Crisis: Comparative Perspective of Civil Procedure*, Oxford University Press, 1991, p 41
〔4〕 See John O' Hare&Robert N Hill, *Civil Litigation*, published by Longman, 1996, pp. 59~65. 另请参见常怡主编：《比较民事诉讼法》，中国政法大学出版社 2002 年版，第 502 页。

一的，即可向人民法院申请司法救助：①当事人追索赡养费、扶养费、抚育费、抚恤金的。②当事人追索养老金、社会保险金、劳动报酬而生活确实困难的。③当事人为交通事故、医疗事故、工伤事故或者其他人身伤害事故的受害人，追索医疗费用和物质赔偿，本人确实生活困难的。④当事人为生活困难的孤寡老人、孤儿或者农村"五保户"的。⑤当事人为没有固定生活来源的残疾人的；⑥当事人为国家规定的优抚对象，生活困难的。⑦当事人正在享受城市居民最低生活保障或者领取失业救济金，无其他收入，生活困难的。⑧当事人因自然灾害或者其他不可抗力造成生活困难，正在接受国家救济或者家庭生产经营难以为继的。⑨当事人起诉行政机关违法要求农民履行义务，生活困难的。[1]⑩当事人正在接受有关部门法律援助的。⑪当事人为福利院、孤儿院、敬老院、优抚医院、精神病院、SOS 儿童村等社会公共福利事业单位和民政部门主管的社会福利企业的。[2]

由此可见，相对于《补充规定》此前对《收费办法》第 27 条所作的修改而言，[3]《救助规定》不仅明显扩大了司法救助的适用范围，而且取消了"人民法院认为其他应当进行司法救助的"含糊

---

〔1〕 此项情形仅适用于行政诉讼而不适用于民事诉讼。

〔2〕 需指出的是，2005 年 4 月 5 日修订后的《关于对经济确有困难的当事人提供司法救助的规定》对原《救助规定》第 3 条所列的救助范围做了适当调整与扩大，例如，增加了"因见义勇为或为保护社会公共利益致使自己合法权益受到损害，本人或者近亲属请求赔偿或经济补偿的"、"进城务工人员追索劳动报酬或其他合法权益受到侵害而请求赔偿的"等内容。

〔3〕 根据《补充规定》第 4 条，"《收费办法》第 27 条修改为：当事人确因经济困难不能按时足额交纳诉讼费用的，可以向人民法院申请缓交、减交或免交，是否缓、减、免，由人民法院决定。有下列情形之一的，人民法院应当进行司法救助，根据案件具体情况决定当事人缓交、减交或者免交诉讼费用：①当事人为社会公共福利事业单位，如福利院、孤儿院、敬老院、荣军休养单位、精神病院、SOS 儿童村等；②当事人是没有固定生活来源的残疾人的；③当事人因自然灾害或其他不可抗力造成生活困难，正在接受国家救济或生产经营难以为继的；④当事人根据有关规定正在接受法律援助的；⑤人民法院认为其他应当进行司法救助的。"

许诺，故而充分反映了我国司法救助制度的进一步完善。但即便如此，司法救助所能适用的主体形态仍然显得过于狭窄。通过归纳《救助规定》第 3 条的列举可以看出，司法救助所能适用的主体形态一般仅限于自然人，与此同时，虽然也包括一些社会公共福利事业单位和社会福利企业，但是数量更大的其他事业单位和企业却被排斥于司法救助的适用主体形态之外。这显然有违我国《民事诉讼法》关于"民事诉讼当事人有平等的诉讼权利。人民法院审理民事案件，应当保障和便利当事人行使诉讼权利，对当事人在适用法律上一律平等"的原则规定，同时也不能满足当前诉讼实践中的救助需要。

长期以来，理论上有种观点认为，与自然人相比，"家大业大"的单位（含事业单位和企业单位）涉讼时，一般都不存在讼费交纳上的困难，因此司法救助的适用主体在表现形态上主要应限于自然人，其次在特定范围内才可以对一部分事业单位和企业单位实施司法救助。笔者认为，随着市场经济体制的逐步确立与不断完善，不同形态的当事人（均为平等的市场主体）显然在司法救助领域应当享受同等的"待遇"。另外也应看到，在当前的民事诉讼实践中，无力负担诉讼费用的单位可谓比比皆是，尤其是那些涉讼金额较大的案件中的单位当事人，甚至是"名声显赫"的大公司，在随着争议金额而"水涨船高"的巨额讼费面前，同样会感到大大地超过了自己的承受能力。[1] 这里应当进一步指出的是，在上述过时观点的支配下，在现有救助规则的制约乃至障碍下，其结果只能是使得那些经济确有困难（有的仅仅是一时的困难）的单位当事人不得不放弃对自己诉权的行使和对诉讼机制的利用而另寻他途，[2] 并往

---

〔1〕 参见方流芳："民事诉讼收费考"，载《人大法律评论》2000 年卷第 1 辑，中国人民大学出版社 2000 年版。

〔2〕 当然，根据媒体报道，近些年来亦有个别单位采取"职工集资"打官司和"贷款"打官司的（想必不能向银行明说究里），若果真如此，则显然是给我国的司法救助制度出了一个大大的"难题"。

往因此而给其自身甚至社会造成进一步的"麻烦"和"负担"。

其实，从域外立法的情况来看，在诉讼救助适用主体的具体形态上，均没有仅限于自然人而将单位当事人排除在外的规定，实务操作中也不存在这样的实际做法。譬如，在日本，作为民事诉讼当事人的法人、企业等团体组织如果有发不起工资等情况，也能被作为诉讼救助的对象。[1]《德意志联邦共和国民事诉讼法》第116条则明确规定，职务上的当事人、法人及有当事人能力的社团符合一定条件都可以申请诉讼费用的救助。而且，即便是从我国审判工作的实践来看，就连最高人民法院也曾在一定时期针对特殊类型的案件做过对单位当事人实施司法救助的指示，例如，最高人民法院2000年3月17日"法函（2000）20号"文即《关于〈海南省高级人民法院关于减收积压房地产案件受理费申请执行费的请示〉的函》，就同意到2000年12月31日止，对海南的积压房地产案件按50%减收案件受理费和申请执行费，而这类案件中的司法救助对象基本上都是各商业银行等法人。

事实上，适时地将单位当事人列为司法救助的适用主体在我国现阶段是有着特殊意义的——有利于充分利用诉讼机制妥善解决经济上存在严重困难的国有或者集体企业在生产经营中所遇到的各类法律纠纷，以便尽快调整经济关系，化解社会矛盾，保障社会的稳定。鉴此，笔者认为极有必要将司法救助的适用主体形态扩大到社会公共福利事业单位与社会福利企业之外的其他单位当事人。[2]

附带说明一点，考虑到单位当事人尤其是其中的企业单位当事人大多是以赢利为目的的商事法人，故在对它们实施救助的具体方

[1] 参见常怡主编：《比较民事诉讼法》，中国政法大学出版社2002年版，第499页。
[2] 据悉，最高人民法院院长肖扬在最近召开的一次全国法院加强基层建设工作会议上强调，全国基层法院要最大限度地保护经济确有困难的公民、法人和其他组织依法参与诉讼的权利。这似乎表明，最高人民法院亦已有了扩大司法救助之适用主体形态的意向。具体参见"最高法院出台系列审理新举措——低保户打官司免费"，载《楚天都市报》2004年7月2日。

式上，可以有别于自然人形态的当事人，即对它们可以不适用诉讼费用的免收而仅仅适用缓收与适当的减收，而且在适当减收的情况下，如果受救助的单位当事人最终因胜诉而赢得的利益明显超过了受诉法院对其减收的那部分诉讼费用的，仍可要求其按照足额来补齐原本应收的诉讼费用。这样一来，所谓适当减收，实际上也就是另外一种形式的缓收而已。

（二）司法救助适用条件之"改良"

关于司法救助适用条件的规定，各国具有比较大的一致性，即一般均从"当事人权利主张的可能性"和当事人的经济状况这两个方面予以限定，但在细节方面仍存在一些差异。

之所以根据"当事人权利主张的可能性"对司法救助的适用条件进行限定，主要是因为，"诉讼费用之救助在减轻当事人负担的同时，增加的是国库的开支和纳税人的负担，故诉讼费用救助制度的设计应该充分体现保障诉权与防止诉权滥用的双重功能。"[1] 但是在我国，现行《民事诉讼法》以及《补充规定》中均没有从这个角度确立明确的适用条件，《救助规定》则在界定"司法救助"的内涵时对此作了附带的要求，即依据《救助规定》第 2 条，接受司法救助的当事人要有充分理由证明自己的合法权益受到了侵害，这就正面涉及了"当事人权利主张的可能性"。笔者认为，《救助规定》对"当事人权利主张的可能性"提出要求固然是一种明显的进步，但其同时也存在一些问题：①这项要求显得过于"苛刻"。具体来讲，由于实践中决定是否给予当事人司法救助往往是在诉讼程序正式展开之前，通常申请救助者很可能还没有开始或完成对证据材料的调查、收集，故此时要求其"有充分理由证明自己的合法权益受到了侵害"显然是不符合诉讼逻辑的。对此，日本采取的是要求该当事人"并非无胜诉希望"的限定标准，[2] 我国台湾地区

---

〔1〕 常怡主编：《比较民事诉讼法》，中国政法大学出版社 2002 年版，第 503 页。
〔2〕 参见日本新《民事诉讼法》第 82 条。

则要求申请救助的不能是"显无胜诉之望者",[1] 措词上都比较宽松，当然，这与它们的诉讼费用救助只有"缓交"一种方式也有一定的关系。[2] 德国在诉讼救助方式上可缓、可减、可免，与我国颇为相似，因此其在对"当事人权利主张的可能性"方面的限定较之日本及我国台湾地区要严格一些，但与我国《救助规定》的要求相比则显然更为宽松，依据德国民事诉讼法的规定，只要申请人所"要进行的权利伸张或权利防卫是有希望得到结果的，并且不是轻率的，即可以通过申请而得到诉讼费用的救助。"[3] ②这项要求似乎与《救助规定》第8条的内容之间存在一定的冲突。《救助规定》第8条规定，"人民法院决定对一方当事人司法救助，对方当事人败诉的，诉讼费用由对方当事人交纳；拒不交纳的，人民法院可以强制执行。"仔细掂量这项规定，其显然蕴涵了这样一层含义，即并不排除对方当事人胜诉之可能。既然如此，《救助规定》第2条又缘何奢谈申请救助者应"有充分的理由证明自己的合法权益受到了侵害"呢？据此，笔者认为《救助规定》所提供的此项适用条件是明显存在瑕疵的。[4] 基于以上分析，权衡各种因素，笔者认为，德国的规定比较公允、客观，故对我们有一定的借鉴意义。

在当事人申请司法救助所需符合的经济条件方面，我国《救助规定》第2条提供的标准是当事人"经济确有困难"，同时在第4条中要求"因生活困难或者追索基本生活费用申请司法救助的（当事人），应当提供本人及其家庭经济状况符合当地政府有关部门规定的

---

[1] 参见我国台湾地区现行"民事诉讼法"第107条。

[2] 参见常怡主编：《比较民事诉讼法》，中国政法大学出版社2002年版，第503页。

[3] 《德意志联邦共和国民事诉讼法》第114条。

[4] 应当注意的是，2005年4月5日修订后的《关于对经济确有困难的当事人提供司法救助的规定》第2条已经废除了原《救助规定》第2条中关于接受司法救助的当事人要有充分理由证明自己的合法权益受到了侵害之规定，故而只要是经济上确有困难，即可申请司法救助。笔者认为，此种修改显然具有从一个极端走向另一个极端的倾向和弊病。

公民经济困难标准的证明"。由此可见,《救助规定》本身并没有直接提供统一而具体的认定标准,这无疑是符合目前我国各地区经济发展水平极不平衡的现实状况的。但应指出的是,上述第4条之规定仅仅是针对自然人形态的当事人而言的,对于单位当事人来说,根据什么标准来判断其是否"经济确有困难",则是一个值得进一步探讨的问题。从其他国家或地区的做法来看,则有两种认定当事人(其中包括单位当事人)经济状况的方法比较有代表性,①德国的做法,即以"收入标准"再加上"对司法救助决定程序的规范"来保证司法救助适用条件的统一。[1] ②我国台湾地区的做法,其主要是通过"对司法救助决定程序的规范"来保证司法救助适用条件的统一。严格说来,后者即以"规范司法救助决定程序"的方式来确保司法救助适用条件的统一,同样未对"评估"单位当事人的经济状况给出一个具体的标准,这实际上是在直接确定此类标准确有困难的情况下不得不采取的"迂回做法",并且在相当程度上赋予了法官以较大的"自由裁量权",值得我们在修订《民事诉讼法》科学设计司法救助的决定程序时加以合理借鉴。

---

[1] 详见谢怀栻译:《德意志联邦共和国民事诉讼法》,中国法制出版社2001年版,第27~30页。

试析起诉的消极条件[*]

一、起诉的消极条件之提出

就民事诉讼而言，起诉是指公民、法人或其他组织认为自己的民事权益受到侵害或者与他人发生争议，以自己的名义请求人民法院代表国家行使审判权给予司法保护的行为。从诉讼理论上讲，作为最初开启整个诉讼程序的唯一动因，当事人的起诉，既是其自己行使诉权寻求司法保护的起点，也是人民法院得以启动诉讼程序并进而对民事案件行使审判权的基础和前提。因此，其重要意义是显而易见的。然而，正如一切权利的行使均要受其得以创设的机制制约一样，起诉权的行使也须受其创设机制的约束和规范。反映到法律规定上，这种约束和规范就表现为起诉的条件。换言之，当事人的起诉并非一经提出即告成立。只有符合法定条件的起诉才能成立，才能获得法院的受理。而判明起诉是否成立，是由法院通过对当事人的起诉进行审查来完成的。法院依照职权对起诉进行审查的过程，同时也就是法院决定对当事人的起诉是否受理的过程。

那么，法院受理（或者不受理）起诉的具体标准是什么呢？根据我国《民事诉讼法》第 111 条的规定，"人民法院对符合本法第 108 条的起诉，必须受理"；反之，则不予受理。而依照《民事诉讼法》第 108 条的要求，起诉必须符合四项条件："①原告是与本案有直接利害关系的公民、法人或其他组织。②有明确的被告。③有具体的诉讼请求和事实、理由。④属于人民法院受理民事诉讼

---

[*] 本文系与第二作者占善刚合作，原文发表于《法商研究》1996 年第 5 期。

的范围和受诉人民法院管辖。"从以上条文分析可知，法院受理（或者不受理）起诉的具体标准就是《民事诉讼法》第108条规定的起诉的四个条件。从逻辑的角度来看，人民法院审查起诉，仅需查明该项起诉是否符合上述四个条件即可作出受理与否的明确结论。若据此推论，我们则可进一步得知，凡经人民法院审查后裁定不予受理而分别情形予以处理的起诉，均应是有违上述起诉四条件的起诉，这似乎是顺理成章、不言自明的事情。然而，如果我们对《民事诉讼法》的相关规定作系统、深入的考察，便会发现事情并非如此简单。具体来讲，在《民事诉讼法》第111条所列不予受理而应分别情形予以处理的七种起诉中，除了第1项"依照行政诉讼法的规定，属于行政诉讼受案范围的，告知原告提起行政诉讼"；第3项"依照法律规定，应当由其他机关处理的争议，告知原告向有关机关申请解决"；第4项"对不属于本院管辖的案件，告知原告向有管辖权的人民法院起诉"之规定，是从反面对《民事诉讼法》第108条确立的起诉条件第4项"属于人民法院受理民事诉讼的范围和受诉人民法院管辖"的要求作进一步的阐释之外，其余四种不予受理的起诉并非是因为它们不符合《民事诉讼法》第108条规定的起诉条件。恰恰相反，从文义来看，这四种起诉无一不符合《民事诉讼法》第108条规定的起诉四条件。因此，依照《民事诉讼法》第111条"人民法院对符合本法第108条的起诉，必须受理"之规定，对于这四种起诉，人民法院显然也应予以受理。然而，同是《民事诉讼法》第111条之另项规定却将它们排除在"必须受理"的起诉范围之外。在此，我们暂且撇开有待完善的立法形式不谈，单就《民事诉讼法》第111条规定的内容本身而言，它实际上蕴含着这样一个要求，即一项起诉的成立（或曰人民法院对起诉予以受理），除了必须符合《民事诉讼法》第108条规定的四项起诉条件之外，同时还必须避免存在《民事诉讼法》第111条规定的2、5、6、7共计四项不予受理的情形。换句话说，在民事诉讼中，起诉的条件实际上是由两个部分构成的：第一部分是指《民事诉讼法》第 108 条要求符合的四项起诉条件；第二部分则指《民事诉讼法》第 111 条中如前所述之四种不予受理的情形。前一部分是每项起诉所必须具备的，所以我们将其称之为起诉的积极条件；后一部分是每项起诉所必须避开的，因此我们将其称之为起诉的消极条件。我们认为，起诉条件应当是积极条件与消极条件的有机结合。任何一项起诉，如欲使其成立，得到法院的受理，除了必须具备积极条件外，还须同时避开消极条件。否则，均应将其认定为不合法定条件之起诉。

二、起诉的消极条件之适用

从前面的分析中我们可以看出，我国现行《民事诉讼法》已对起诉的积极条件作了明文规定，然而起诉的消极条件则并没有同时在现行《民事诉讼法》中正面体现出来，它们仅仅只是被隐含在《民事诉讼法》第 111 条的相关规定之中。正是由于这一原因，起诉的消极条件才极易被人们所忽略。其实，从某种意义上来讲，起诉的消极条件无疑具有与起诉的积极条件同样重要的意义。因为只有从总体上全面、科学地界定起诉条件，才能够精确规范当事人的起诉行为，在为其正确行使诉权提供切实保障的同时，有效地防止某些当事人滥用诉权无理缠讼。当然，人民法院对当事人起诉的受理行为也将会因此而减少失误，从而有利于审判权的正确行使。依照民事诉讼理论及我国现行《民事诉讼法》之相关规定，我们认为，起诉的消极条件可以概括为：①不得在双方当事人已经达成有效书面仲裁协议的情况下向法院起诉。②不得重复起诉。③不得在法律规定的禁诉期内起诉。与此同时，为达正确理解、恰当适用之目的，有必要对它们分别作些具体分析。

（一）不得在双方当事人已经达成有效书面仲裁协议的情况下向法院起诉

仲裁，作为解决民商事争议的非讼手段之一，因其具有较大的灵活性并由此而给争议双方带来相应的便利，所以正在受到越来越多的当事人的青睐。从现代各国普遍推行的民商事仲裁制度来看，以下几点已在立法上得到一致确认并成为各国仲裁理论中的通说：

1. 基于"意思自治"原则，民商事争议发生后，双方当事人有权选择他们认为合适的方式来处理争议。因此，他们可以选择某个仲裁机构并将争议提交其仲裁，也可以不选择仲裁而依法向法院提起诉讼。

2. 由于各国的民商事仲裁机构均为民间性组织，对于民商事争议案件并无类似于法院那样的法定管辖权，故其管辖权只能来源于争议双方的合意信托。换言之，民商事仲裁机构只能依据双方当事人之间达成的仲裁协议而取得对案件的管辖权和对争议的裁决权。

3. 作为仲裁的前提和基础，仲裁协议是指当事人双方在民商事争议发生前或发生后自愿达成的将其争议事项提交某一仲裁机构进行仲裁的书面协议。书面仲裁协议，既可以表现为合同之中的仲裁条款，也可以表现为合同以外的单独协议。

4. 有效的书面仲裁协议具有排除法院管辖权的效力。这是因为，对于作为国家审判机关的法院来说，其对民商事争议案件管辖权的取得固然不同于民间性质的仲裁机构而是由国家法律直接明定的，但也绝非不可动摇的强制管辖。对于享有充分选择权的当事人来说，既然不愿行使诉权进行诉讼，那么他们选择仲裁的意愿无疑是应当得到充分尊重的。基于此理，仲裁协议一经有效成立，法院便会因此而无权管辖该仲裁协议所涉及的争议事项。此时的争议双方也应依约将争议事项提交仲裁而不得就此争议向法院提起诉讼。如果当事人将仲裁协议中约定提交仲裁的争议事项诉诸法院，法院自然不应受理；如果法院已经受理或开始诉讼程序，也必须按当事人的请求终止诉讼。

从我国的情况来看，以上几点，同样已在立法上得到确认并成为学说中的定论。例如，我国现行《民事诉讼法》第111条第2项要求："依照法律规定，双方当事人对合同纠纷自愿达成书面仲裁协议向仲裁机构申请仲裁、不得向人民法院起诉的，告知原告向仲裁机构申请仲裁"；我国《仲裁法》第 5 条和第 26 条亦分别规定："当事人达成仲裁协议，一方向人民法院起诉的，人民法院不予受理，但仲裁协议无效的除外"。"当事人达成仲裁协议，一方向人民法院起诉未声明有仲裁协议，人民法院受理后，另一方在首次开庭前提交仲裁协议的，人民法院应当驳回起诉，但仲裁协议无效的除外"。由此可见，尽管这些争议事项原本属于人民法院受理民事诉讼的范围和有关人民法院管辖，但却由于有效书面仲裁协议的客观存在而使情况发生了变化。

这里有个问题值得注意，即依照我国现行《民事诉讼法》第111 条第 2 项之规定，只有合同纠纷的双方当事人在自愿达成书面仲裁协议的情况下，不得向人民法院起诉，而合同纠纷以外的其他财产权益纠纷，即便双方当事人自愿达成了书面仲裁协议，亦可不受这一限制。这一结论，起码在逻辑上是成立的。但是，依照自1995 年 9 月 1 日起施行的我国《仲裁法》的规定，凡平等主体的公民、法人和其他组织之间发生的合同纠纷和其他财产权益纠纷，均可以仲裁；不能仲裁的纠纷仅限于婚姻、收养、监护、扶养、继承纠纷以及依法应当由行政机关处理的行政争议。而且，凡属依法可以仲裁的纠纷，只要双方当事人自愿达成了有效的书面仲裁协议，一方向人民法院起诉的，人民法院一概不予受理，并不以合同纠纷为限。根据我们的理解，以上两部法律之间的冲突，显然是由于 1991 年对我国《民事诉讼法（试行）》进行修订时受当时我国仲裁立法的局限所致。因此，现行《民事诉讼法》第 111 条第 2 项之规定，在当前的诉讼实践中，已经暴露出明显的不适。据此，我们认为，按照"新法优于旧法"、"特别法优于普通法"的原则，人民法院在处理此类问题时，应当严格依照我国《仲裁法》行事而不应囿于《民事诉讼法》的过时规定。

如前所述，只有有效的书面仲裁协议才具有排除法院管辖权的效力。因此，在双方当事人虽然达成书面仲裁协议但却无效的情况下，人民法院对此争议事项仍然具有管辖权，可以受理一方当事人的起诉。依照我国《仲裁法》的规定，所谓无效的仲裁协议，包括以下三种情形：①约定的仲裁事项超出法律规定的仲裁范围的。②无民事行为能力人或者限制民事行为能力人订立的仲裁协议。③一方采取胁迫手段，迫使对方订立仲裁协议的。我国《仲裁法》同时还规定：仲裁协议对仲裁事项或者仲裁委员会没有约定或者约定不明确的，当事人可以补充协议；达不成补充协议的，仲裁协议亦属无效。此外，依照最高人民法院《关于适用〈中华人民共和国民事诉讼法〉若干问题的意见》的有关规定，在仲裁协议失效的情况下，人民法院也有权依法受理当事人一方的起诉。根据我们的理解，所谓仲裁协议失效，主要是指某些当事人在仲裁协议中约定的仲裁申请期限已经届满而当事人仍未提出仲裁申请，因而致使仲裁协议效力的丧失。

当然，有效的书面仲裁协议所生之排除法院管辖权的效力也并非没有例外。依照《仲裁法》第 26 条的规定："当事人达成仲裁协议，一方向人民法院起诉未声明有仲裁协议，人民法院受理后，……另一方在首次开庭前未对人民法院受理该案提出异议的，视为放弃仲裁协议，人民法院应当继续审理。"其实，在我国《仲裁法》颁行以前，最高人民法院即已在以上提及的司法解释中用不同措词对这一问题作出了内容相同的规定，即当事人一方向人民法院起诉时未声明有仲裁协议，人民法院受理后，对方当事人又应诉答辩的，视为该人民法院有管辖权。我们认为，在这种情况下，并非仲裁协议原本无效，而是由于双方当事人作出了新的选择，造成了协议效力的实际终止。尽管这一选择的方式比较特别，但其内容却是明确无误的，而且同样反映了双方当事人在选择处理争议的方式上的意愿的一致性，因此理应受到充分尊重。

（二）不得重复起诉

从诉讼理论上讲，所谓重复起诉，是指案件的同一当事人基于同样的事实、理由就同一诉讼标的再次向法院提起诉讼。由于重复起诉多会造成诉讼成本的无谓增加和社会财富的巨大浪费，而且一般来说也无任何实际意义，因此，各国的民事诉讼立法均对当事人的重复起诉加以明确禁止。

就重复起诉的表现形态而言，包括两种不同情况：①对于法院正在审理的案件，同一当事人又就同一案件向另外一个法院提起诉讼。②在某一案件已经法院审结且法院制作的判决书（及裁定书或调解书）已经发生法律效力的情况下，当事人就该案件再次向法院提起诉讼。通常认为，第二种情况乃重复起诉的典型形态。虽然不论哪种形态的重复起诉均被普遍奉行"一事不再理"之诉讼原则的各国立法所明确禁止，但其具体理由却有所不同。比如，在大陆法系国家，第一种重复起诉之所以被禁止，是由于此时诉讼已在"系属"中，如果允许重复起诉，便极有可能形成两个直接抵触的矛盾判决，从而引起诉讼结果的极大混乱，因此，必须禁止这种"无益的诉讼"；第二种重复起诉之所以被禁止，则是因为其有悖于生效判决的"既判力"，直接危及生效判决的既定效力，使法院的权威形同虚设，使当事人之间本已得到确定的权利义务关系再次处于待决状态。从我国的情况来看，虽然同样奉行"一事不再理"之诉讼原则，但是由于长期以来缺乏相应的理论指导，亦未引入、移植大陆法系国家的"诉讼系属"理论和"既判力"理论，因此，反映到立法上，对重复起诉的禁止，既缺乏应有的正面强调，又没有完备、细致的具体规定。这样一来，自然无异于"鼓励"当事人在诉讼实践中屡屡违禁，重复起诉。

我们认为，作为起诉的消极条件之一，重复起诉，必须禁止。在这个问题上，《民事诉讼法》应作以下两个方面的具体完善：

1. 改隐性禁止为显性禁止，明确使用"不得重复起诉"之措词，以正面强调对重复起诉之禁止。

2. 对重复起诉加以全面禁止，即：①不仅要对如前所述之第二种重复起诉加以禁止，而且应对第一种重复起诉加以禁止，以弥补我国现行《民事诉讼法》在此问题上的明显缺陷。②在对第二种重复起诉加以禁止的条文表述中，应将所有具体情形加以涵盖而不应有所遗漏。换言之，由于现行《民事诉讼法》第111条第5项仅规定"对判决、裁定已经发生法律效力的案件"，当事人不得重复起诉，因而极易使人误解为调解书发生法律效力以后，当事人可以再次起诉。事实上，不论从诉讼理论来讲，还是从诉讼实践来说，调解书一旦生效，当事人便既不能提起上诉，也不能再次起诉。对此，现行《民事诉讼法》显然应有明确规定。

在此需要指出，现行《民事诉讼法》第111条除在第5项对重复起诉之禁止作了隐性的而且是不尽全面的一般概括性规定以外，还在第7项对两类特殊案件的重复起诉之禁止作了特别规定，即"判决不准离婚和调解和好的离婚案件，判决、调解维持收养关系的案件，没有新情况、新理由，原告在6个月内又起诉的，不予受理。"此外，根据最高人民法院《关于适用〈中华人民共和国民事诉讼法〉若干问题的意见》之要求，"原告撤诉或者按撤诉处理的离婚案件，没有新情况、新理由，6个月内又起诉的，可比照《民事诉讼法》第111条第7项的规定不予受理。"由此可见，由于这些案件所要处理的均为公民之间因人身关系所生之纠纷，而这些纠纷显然不同于财产权益纠纷，不可能"一判定终身"，因此，从维护当事人的合法权益出发，对这些案件重复起诉之构成是有着特别要求的。相对这些特别要求而言，以下几种情况显然不属重复起诉，人民法院仍应依法予以受理：

1. 判决不准离婚和调解和好的离婚案件，申请撤诉和按撤诉处理的离婚案件，判决、调解维持收养关系的案件，有了新情况、新理由，原告在6个月内又起诉的；

2. 上述案件的判决书、裁定书、调解书发生法律效力以后，虽无新情况、新理由，但原告在6个月后又起诉的；

3. 上述案件的判决书、裁定书、调解书发生法律效力以后，虽无新情况、新理由，但被告在6个月内起诉的。

应当明确，在我国的民事诉讼中，对重复起诉的禁止虽应是全面的，但这种全面禁止并非是绝对禁止的同义语，而是对原则禁止的应有强调。换言之，基于充分保障当事人行使诉权以维护其合法权益的考虑，作为一种例外，某些情况下的重复起诉是应该得到特许的。事实上，不论是我国的现行《民事诉讼法》，还是最高人民法院的司法解释，均有此类特许的客观存在。具体来讲，此类特许限于以下两种情况：

（1）裁定不予受理、驳回起诉的案件，原告再次起诉的，如果符合起诉条件，人民法院应予受理；

（2）当事人撤诉或人民法院按撤诉处理的案件，当事人以同一诉讼请求再次起诉的，人民法院应予受理。但如前所述，原告撤诉或者按撤诉处理的离婚案件，没有新情况、新理由，6个月内又起诉的，人民法院不予受理。

由此可见，当事人重复起诉而不被禁止的案件仅仅限于上述两类由人民法院以裁定方式加以处理的案件而不及于人民法院以判决方式和调解方式加以处理的案件。根据我们的理解，这是因为人民法院的上述裁定只涉及了程序事项的处理而并未针对案件的实体部分作出结论。因此，就当事人而言，纠纷依然存在，争议并未解决，他们之间的实体权利义务关系仍旧处于未决状态。在这种情况下，如果他们仍然希望通过诉讼的方式来求得争议的解决和未决状态的消除，那么，为他们提供再次向人民法院提起诉讼的机会显然要比禁止他们这样做更为合理。

（三）不得在法律规定的禁诉期内起诉

从原则上讲，当事人行使诉权提起诉讼是不应该受到什么禁诉期的限制的，但在某些情况下，为了体现对相对一方当事人合法权益的特殊保护，便需要从法律上对其行使诉权提起诉讼的初始时间作一定的限制，这种限制便是确立其在一定期限内不得起诉的禁诉期。

依照现行《民事诉讼法》第111条第6项之规定，"依照法律规定，在一定期限内不得起诉的案件，在不得起诉的期限内起诉的，不予受理。"由此可见，不得在法律规定的禁诉期内起诉，显然已经构成了提起民事诉讼的一项消极条件。不过，从我国现行的民商事立法来看，此项消极条件的设定，目前主要是在《婚姻法》中有所规定。1980 年颁布的《婚姻法》第 27 条明示："女方在怀孕期间和分娩后 1 年内，男方不得提出离婚。"[1] 此项规定的立法宗旨显然在于为女方（以及婴儿）的合法权益提供特殊保护。当然，这一禁诉期的适用并非是绝对的。出于对男方合理诉求的理性考量，为防止矛盾激化，避免可能发生的恶性事件，《婚姻法》第 27 条（2001 年修订后的《婚姻法》第 34 条）同时规定："人民法院认为确有必要受理男方离婚请求的，不在此限。"此外，由于这一禁诉期是专为男方设定的，故若女方在此期限内提出离婚的，人民法院自然应当予以受理。至于禁诉期满后，男方可向人民法院提出离婚请求且人民法院应当依法予以受理，更是不言自明的事情。

三、关于完善现行立法的几点思考

如前所述，我们从现行《民事诉讼法》第 111 条的规定当中合乎逻辑地窥见了起诉消极条件的客观存在，并顺理成章地提出：当事人的起诉，如果仅仅符合《民事诉讼法》第 108 条规定的四项积极条件而没有同时避开上述三项消极条件的话，人民法院仍然不应受理。但令人遗憾的是，《民事诉讼法》第 111 条却又刚性十足地要求人民法院"必须受理"那些符合第 108 条规定的四项积极条件但却未必避开了三项消极条件的起诉。这样一来，不仅严重地妨碍了三项消极条件在诉讼实践中的有效适用，而且因为逻辑上的混乱而导致了这一条文自身的极不规范、极不协调。由此可见，实有加以完善之必要。我们认为，正面体现起诉的诸项消极条件，适时删

---

[1] 2001 年 4 月 28 日修订后的《婚姻法》第 34 条则规定："女方在怀孕期间、分娩后 1 年内或中止妊娠后 6 个月内，男方不得提出离婚。"

除"分别情形予以处理"的多余规定，正确理顺起诉条件与受理条件的相互关系，是达此目的的切实可行之路。

（一）正面体现起诉的诸项消极条件

就民事诉讼而言，起诉的消极条件乃起诉条件中不可缺少的有机组成部分，其在我国现行《民事诉讼法》中虽属客观存在，但因未被加以应有的正面体现，故其远未发挥出对于当事人起诉行为和人民法院受理行为的规范作用，并由此带来一系列的问题。为了求得这一状况的改善，正面体现起诉的诸项消极条件便成为当务之急。我们认为，所谓对起诉消极条件的正面体现，应当同时包容以下两个方面：

1. 在文字表述方面，应当正面突出诸项消极条件的禁止性要求，而不应将这种禁止性要求作隐性处理或弱化处理。例如，我国现行《民事诉讼法》第 111 条第 5 项规定："对判决、裁定已经发生法律效力的案件，当事人又起诉的，告知原告按照申诉处理，但人民法院准许撤诉的裁定除外。"从正面来看，此种文字表述，与其说是对不得重复起诉之禁止性要求的规定，还不如说是对告知当事人如何行使申诉权以及可以再次起诉之特例的强调。这样一来，不得重复起诉之禁止性要求便被弱化到若隐若现的地步，自然难以发挥出应有的功能。其实，在其他诸项消极条件的文字表述上，也都程度不同地存在类似问题，需要一并加以解决。

2. 在位置安排方面，为了避免因消极条件与积极条件的截然分开而致使消极条件隐而不显，防止对消极条件的无形弱化，在对诸项消极条件的文字表述上正面突出其禁止性要求的同时，应当将它们从现有位置调整到第 108 条，与积极条件共处一个条文，列在诸项积极条件之下，以便适用时对当事人的起诉从积极条件与消极条件的结合上作全面的审查。

（二）适时删除"分别情形予以处理"的多余规定

现行《民事诉讼法》第 111 条要求人民法院，对所列七种起诉，应当"分别情形，予以处理。"然而，通过以上的分析，我们可以发现，在这七种起诉当中，除第2、5、6、7项共四种情形属于起诉的消极条件，故应作如上所述之正面体现处理以外，其余三种情形实属多余规定，应当适时删除。因为，这三种情形与现行《民事诉讼法》第108条第4项规定的起诉条件"属于人民法院受理民事诉讼的范围和受诉人民法院管辖"相互重合。换言之，这三种起诉之所以不被受理，都是因为欠缺《民事诉讼法》第108条第4项规定的起诉条件。在本文的第一部分，我们即已指出，它们不过是从反面对《民事诉讼法》第108条第4项规定的起诉条件作进一步的阐释。但是，我们却丝毫也看不出在所有四项起诉（积极）条件中单就该项条件作此类阐释的独特理由。从立法技术的角度来看，《民事诉讼法》第111条作出这样的规定，显然有悖于法律条文应有的规范性、严谨性以及条文彼此之间的协调性，纯属不必要的重复，所以应当适时删除。事实上，在对起诉的诸项消极条件作出如上所述之正面体现处理的同时，此类重复规定一经删除，《民事诉讼法》第111条中所谓"分别情形，予以处理"的规定也就没有继续存在的任何必要了。

（三）正确理顺起诉条件与受理条件的相互关系

尽管我国现行《民事诉讼法》中并未明确使用"受理条件"这一概念，更未对其具体要求加以逐一罗列，但从第111条中"人民法院对符合本法第108条的起诉，必须受理"之规定分析来看，起诉条件实际上同时也就是受理条件，在内涵和外延上，二者明显重合。我们认为，为充分保障当事人行使诉权，解决当前普遍存在的"起诉难"问题，现行《民事诉讼法》第111条中作出这样的规定，似乎并无不当。然而，由于我国现行《民事诉讼法》第108条仅就起诉的积极条件作了规定而没有同时囊括起诉的诸项消极条件，所以，受理条件实际上仅仅是与起诉的积极条件相重合而排斥了起诉的诸项消极条件，故而使现行《民事诉讼法》在处理起诉条件与受理条件的相互关系问题上存在重大瑕疵并由此而引发了诉讼实践中的诸多问题。有鉴于此，我们认为，起诉条件与受理条件相互重合之立法现状固然可以维持不变，但从消除瑕疵，解决问题，正确理顺二者关系考量，我国现行《民事诉讼法》第 108 条所规定之起诉条件应当同时包括现有之积极条件和通过前述正面体现处理所增列之消极条件，使其成为二者有机结合的整体。

对被告应诉行为的定性分析[*]

从某种意义上讲，民事诉讼的演进乃是经由当事人双方的诉讼行为彼此之间的互动以及它们同人民法院审判行为的交替运作来推动的。其中，当事人双方诉讼行为的实施对于人民法院审判行为的进行无疑起着制约性、甚至决定性的作用，并进而成为整个民事诉讼程序合成、演绎的基石。[1] 而且，民事诉讼立法在程序设计和制度安排上之良窳与得失亦完全可以从其对当事人双方的诉讼行为尤其是对被告的诉讼行为之规范与约束中找到判别的基本依据。[2] 据此，本文拟对被告诉讼行为（应诉行为）之实施究竟应属诉讼权

利之行使还是应属诉讼义务之履行作出尽可能科学、合理的定性分析，以期借此消除诉讼理论在这一问题上的混沌状态，为完善现行立法中的相关规定和正确地解决诉讼实践中存在的问题，奠定必要的学说基础。

一

从语义学的角度来看，所谓被告的诉讼行为，其实乃一集合概念，它是对民事诉讼过程中被告所实施的能够产生诉讼法上之一定效果的一系列行为的泛指或统称。[1]

众所周知，民事诉讼的全过程是由若干个相互衔接的具体诉讼阶段组合而成的。因此，所处之诉讼阶段不同，被告所实施的诉讼行为在表现形态上亦就各异，且其内涵及其所要达到的直接目的更是各不相同。但尽管如此，我们仍然不能否认：被告所实施的各种具体形态之诉讼行为均在客观上具有直接或间接地回应原告诉讼行为之特质。究其原因，这主要是由于被告在民事诉讼中自始至终都在扮演着"防御者"这一角色所决定的。当然，在某些特定的民事案件中，被告可以依法提出具有独立的诉的形态之反诉，故而似乎带有"攻击性"的意味，但在实际上这丝毫也不能障碍或阻却上述论断的成立，其理由在于：①反诉这一话语本身即从根本上奠定了它的回应性基调。②反诉之目的仍在于抵销、吞并或者排斥原告在本诉中所提出的诉讼请求，简言之，也即旨在以攻为守。③我国民

---

〔1〕 本文对被告诉讼行为的定性分析系以通常诉讼程序中的普通程序为"叙事"背景或分析架构。这样做不仅是因为普通程序是整个通常诉讼程序中结构最为完整的诉讼程序，而且更主要的是因为民事诉讼中几乎所有的原则精义皆生成于这一特定的程序空间。

事诉讼中并无强制反诉之规制,[1] 故是否提出反诉只能取决于被告自己的意愿,且被告完全可以就此另行起诉,对此不得横加干预。④反诉乃一独立之诉,在该诉中,本诉被告虽已在程序意义上置于原告的诉讼地位,但仍然缺乏用同一范式对反诉程序中的攻防态势进行分析的相应基础。

所以,我们完全可以将被告的诉讼行为简括为应诉行为。[2]

一如前述,被告的应诉行为均具有回应原告诉讼行为(更为具体地讲是直接或间接地回应原告所提出的诉讼请求)之特质。这种回应直观地表现为承认(含部分承认)诉讼请求与反驳诉讼请求这两种样式,但在更多的场合下体现为后一种样式,此乃民事诉讼之本质要求使然。其实,对于被告的诸多应诉行为,我们大抵可以将其分为庭审前所为的应诉行为与庭审中所为的应诉行为。根据现行《民事诉讼法》的规定,前者主要有委托诉讼代理人、收集(提供)证据以及按期提交答辩状这三种应诉行为,除此之外被告所实施的其他应诉行为均可归结为庭审中的应诉行为,而被告在庭审中所为的应诉行为自然均需以其到庭为前提。应当明确,不论是庭审前之应诉行为还是庭审中之应诉行为,均绝非整齐划一的同一层面

[1] 所谓强制反诉,乃是相对于任意反诉而言的,它并非指由受诉法院强制被告提出反诉,而是指被告针对原告(的本诉请求)所提出的特定诉讼请求只能在本诉程序进行中以反诉的形态提出,而不能(另行)单独起诉。强制反诉主要是由美国《联邦民事诉讼规则》所规定的一种制度。参见张晋红等:"论强制反诉",载《法学》1996年第7期。

[2] "应诉"一语虽为人们耳熟能详,但综观我国现行《民事诉讼法》,除仅在第245条中有"应诉答辩"之含糊表述外,再无"应诉"字眼之明确使用,因此从严格意义上讲,"应诉"尚未成为我国现行民事诉讼法中具有确切含义的专门法律术语,且学理上对其之阐释亦付之阙如。因此,毋宁认为"应诉"更多的不过是在人们涉讼用语层面上被作为与原告之"起诉"相对位的一个符号来加以运用的。颇值玩味的是,"起诉"为一特定的法律术语,具有特定的内涵,而"应诉"被置于与"起诉"一并使用之语境中时,其内涵却是含糊的,且适用的领域亦不甚明晰,它既可以指称被告提交答辩状的行为,也可以指称被告出庭一事实。本文所采取的显然是一种十分宽泛的解释方法。

之行为，而是具有核心应诉行为与非核心应诉行为之明显差别。质言之，被告按期提交答辩状之行为显然应为庭审前应诉行为之基核，而庭审中的应诉行为则无疑应以被告的言词答辩行为为主干。至于其他的应诉行为，皆须服务于这两种应诉行为，或受其规制，或直接为其服务。之所以得此结论，部分是由于这两种应诉行为最为直接地彰显了被告关于实体争议方面的诉求与陈说，部分是由于它们系被告同原告的"直接对垒"与"正面交锋"，尽管采取的是不同的"对话"方式，但更主要的是由于被告这两种应诉行为的实施与否直接关涉到民事诉讼程序能否有序进行以及民事诉讼之目的最终能在多大程度上得到实现的重大原则问题。因此，在一定层面上，被告所实施之一切应诉行为之性质均可从其提交答辩状与言词答辩这两项具体的应诉行为中得到体现。基于此理，以下仅就这两种应诉行为进行定性分析，以期"窥豹一斑"而得其全貌。

二

显而易见，被告所提交之答辩状乃是其针对原告在起诉状（或者口头起诉）中所提诉讼请求和事实、理由的一种抗辩文书，提交的目的在于以此抵御原告的攻击，以维护自己的合法权益。因此，从一般意义上讲，被告提交答辩状之行为无疑是对其诉讼权利的行使。然而，如果对此作更深层次的考虑，则问题似乎并不那么简单。这是因为，被告是否按期提交答辩状固然是其对自身诉讼权利加以处分的表现，但它实际上还直接关涉原告一方是否能够借此及时地了解被告的抗辩要点并据此进一步做好相应的出庭准备，尤为重要的是，它更关涉到受诉法院能否迅速及时地确定双方当事人之间的争议焦点从而为正确地指挥诉讼以及提高庭审效率奠定坚实的基础等更深层次的问题。在此意义上，笔者认为，与其说被告按期提交答辩状是其所享有的一项诉讼权利，毋宁认为它是被告应尽的一项诉讼义务。

　　然而，从我国现行《民事诉讼法》第 113 条第 2 款的规定来看，立法上显然只是将按期提交答辩状片面地视为被告享有的一项诉讼权利，而对其缺少应有的刚性约束。[1] 与此同时，诉讼理论之通说亦认为，"提交答辩状是被告的诉讼权利，是否行使该项权利由被告自己决定。"[2]

　　正是由于现行立法对被告提交答辩状的行为缺乏应有的刚性规制，加之诉讼理论在此问题上的以讹传讹，故而直接导致了审判实践中出现诸多弊端。从我国当前的民事诉讼实践来看，被告一般均不按期向受诉法院提交答辩状。究其原因，主要在于有相当数量的被告，或是担心按期提交答辩状将会使自己的答辩内容在开庭前即被原告所掌握，从而有可能使自己因此而在庭审中处于被动境地，或是出于玩弄诉讼技巧，向原告封锁自己的答辩内容，以便在庭审过程中实施"诉讼偷袭"并借此获得"攻其不备"的诉讼效果。事实上，这样做的结果，不仅会无谓增加庭审负担，大幅降低庭审效率，而且更为严重的是，它使原告一方因此而丧失了作为诉讼当事人原本应享有的对对方当事人诉讼主张的了解权，不当削弱了原告的攻击力量，从而使其处于与被告相比显失公平的诉讼境地，直接有违民事诉讼法所确立的当事人双方诉讼权利平等之基本原则。由此观之，如欲彻底革除以上弊端，除应在诉讼理论上拨乱反正以外，显然有必要适时完善现行立法，强化对被告按期提交答辩状之行为的约束力度，并直接明定被告逾期不提交答辩状所应承担的法律后果。具体来讲，当被告未按期提交答辩状时，受诉法院即应直接以原告在起诉状（或者口头起诉）中所提诉讼请求和事实、理由为基础作出判决。[3] 因为此时可将被告不提交答辩状之行为推定

---

[1]　该款规定："……被告不提出答辩状的，不影响人民法院审理。"
[2]　柴发邦主编：《民事诉讼法学新编》，法律出版社 1992 年版，第 307 页。
[3]　当然，受诉法院在向被告送达起诉状副本并限期其提交答辩状时，即应预先就此作出明确说明。

为其对原告所提诉讼请求的承认。对于被告来讲，这样的处理结果似乎过于"专横"而有欠公允，但有充足的理由可以相信，此项规制一旦在立法上得以确立，必将促使绝大多数被告按期提交答辩状，从而有效地革除以上弊端；对于极少数"自愿"因小而失大也即仍然拒不提交答辩状并因此而获败诉判决的被告来讲，只能说是"咎由自取"。因此，权衡利弊得失，此项规制之确立仍然具有十足的合理性。

三

尽管被告的言词答辩行为居于其在庭审过程中所为一切应诉行为之核心地位，但是根据我国现行《民事诉讼法》的规定，该行为的实施并不具有引起诉讼法上的独立效果之意义。换言之，同庭审中的其他应诉行为一样，被告不为言词答辩所具有的含义与被告不出庭所具有的含义基本相同。也就是说，在现行《民事诉讼法》的架构之下，被告出庭也就意味着其要为言词答辩。因此，本文把对被告言词答辩行为的定性分析置于对被告出庭行为的定性分析的框架之中。

与我国现行《民事诉讼法》仅仅从诉讼权利的角度对被告提交答辩状之行为予以定位不同，其对被告出庭行为的规制显然采取了区别对待的范式。这种区别对待可以从立法中对不同种类的被告不出庭时所应采取的不同处理方式之规定上鲜明地体现出来。具体来讲，也即在"必须到庭的被告"经两次传票传唤而拒不到庭时，可以由受诉法院采取拘传这一强制措施强制其到庭，[1] 而对于其他经传票传唤拒不到庭的被告，则可以作出缺席判决。[2] 当然，这两种不同处理方式的适用，均是以被告无正当理由而拒不到庭作为前提条件的。也就是说，如果被告是因正当理由而不能到庭的，则

_____

〔1〕 参见《民事诉讼法》第 100 条。
〔2〕 参见《民事诉讼法》第 130 条。

不能对其适用拘传或者缺席判决而只能由受诉法院作出延期开庭审理之处置，[1] 或者裁定中止诉讼。[2] 从表面上看，由于《民事诉讼法》对于被告无正当理由而拒不到庭之行为均规定了一定的处置办法，故而被告之出庭行为似乎是其应当履行的一项诉讼义务。然而细究起来，则并不尽然。笔者认为，受诉法院所作之缺席判决，对于非必须到庭的被告无正当理由而拒不到庭来讲，并非是一种因其不履行出庭义务所带来的法律后果，而是受诉法院在"不得拒绝作出裁判"之原则规制下所为的一种裁判方法，这种裁判方法是与在双方当事人均到庭进行言词辩论之诉讼常态下所作的对席判决相对而言的。其实，我国现行《民事诉讼法》所设定的缺席判决究其实质而言实乃一造辩论之判决，而绝非原本意义或典型意义上之缺席判决。[3] 因为其仍须基于被告在答辩状中所提出的事实及原告对其所进行的单方面辩论来作出。而这种判决之结果对于被告而言并非必然不利，因而也就不是对其无正当理由而拒不到庭所施加的一种"制裁"。所以，言词答辩之应诉行为的实施对于非必须到庭的被告来讲仍是其对诉讼权利之行使。

但是，对于"必须到庭的被告"而言，言词答辩行为从立法上看即为其应不折不扣地予以履行的一项诉讼义务了，这不仅仅是由于立法句式中运用了"必须"这一明显带有强制性的字眼，更主要的是因为对于这些被告来讲，如果其经两次传票传唤无正当理由而拒不到庭，即意味着将被受诉法院适用拘传措施强制到庭。然而，笔者认为，我国现行《民事诉讼法》作如此之规定显然缺乏足够的合理性。这是因为：①基于前文所析，被告不到庭均应仅仅意味着受诉法院作出判决的样式不同，被告之不到庭对于诉讼的进展以及民事纠纷的解决而言，并无实质上的影响，故对其适用拘传措施强制到庭明显缺乏理论支撑。②在此类被告经两次传票传唤无正当理由而拒不到庭时对其施以拘传措施，显然包含了借以维护原告诉讼权利乃至民事权利之意蕴，而在原告经传票传唤无正当理由拒不到庭时所作之按撤诉处理，则显然并没有对被告的诉讼权利乃至民事权利给予必要的关注，因此直接有悖于双方当事人诉讼权利平等之基本原则。③适用拘传措施之结果在相当大的程度上是对民事被告作了刑事化的处理，故而直接有悖民事诉讼之性质。[1]

与此同时，笔者想要着重强调的是，我国现行《民事诉讼法》仅将拘传措施的适用对象笼统地规定为"必须到庭的被告"，但对于何谓"必须到庭的被告"则缺乏明晰的界定，故而给人以无所适从之感。虽然此后最高人民法院的司法解释将"必须到庭的被告"限定为两类：一类为负有赡养、抚育、扶养义务的被告，另一类为不到庭就无法查清案情的被告，[2] 但其作如此界定，根据依然不足：就第一类被告之必须到庭而言，即很难对此作出令人信服的解释。一种很有代表性的观点认为，诉讼标的为赡养、抚育、扶养之权利义务关系的案件，直接涉及权利人的基本生活问题，并且原、被告双方之间有一定的亲属关系，适宜用调解方式解决。如果被告不到庭，则不利于对原告合法权益的保护和调解的进行。[3] 笔者认为，这种观点显然难以成立，因为依照我国现行《民事诉讼法》之规定，调解的进行必须以双方当事人自愿为前提，被告不愿到庭本身即表明其不愿意接受调解，故而即便被强制到庭，其因受拘传而滋生出的强烈的抵触情绪反而更加强化了其对法院调解的拒斥心理，结果只能是适得其反。就第二类被告来讲，之所以要对其施以拘传措施，被解释为若其

[1] 参见陈桂明等："缺席判决制度研究"，载《中国法学》1998年第4期。
[2] 参见1992年7月14日最高人民法院《关于适用〈中华人民共和国民事诉讼法〉若干问题的意见》第112条第1款。
[3] 常怡：《民事诉讼法学》，中国政法大学出版社1996年版，第238页。

不到庭则难以查清案情。笔者认为,司法解释的这一规定貌似十分合理,实际上则直接违背了举证责任规则。道理很简单,因为被告的到庭在某些特定情况下固然有助于查清案情,但这两者之间并无必然之联系。因此,即便通过适用拘传措施将被告强制到庭,也并不一定就能查清案情,然而在此情况下受诉法院显然仍须作出判决,而且只能依据举证责任规则作出判决。因为案情未查清,亦即表明案情陷入了真伪不明、曲直难辨的状态,在这种情况下,受诉法院显应依照举证责任规则直接作出负有举证责任的一方当事人败诉之判决。而这借助于缺席判决之方式即可完成而根本无须将被告拘传到庭。应当明确,对于负有举证责任的一方当事人来讲,其之败诉并非被告不到庭所致,而是其自己未能充分履行举证责任的必然后果。基于此理,笔者认为,言词答辩之应诉行为实应为所有被告一体享有的一项诉讼权利,故此我国现行《民事诉讼法》中关于可以拘传部分被告到庭之规定显然甚为失当,故应予以删除。

略论民事诉讼简易程序之结构[*]

一、引言

根据我国现行《民事诉讼法》第 142 条之规定，简易程序乃是基层人民法院和它派出的法庭审理简单的民事案件时所适用的审判程序。作为与普通程序相对而言、并列而存的第一审程序，简易程序之立法意旨显然在于通过简化普通程序中的某些审判环节及缩短案件审结期限的方式，来达到"方便当事人进行诉讼、方便人民法院审判案件"之双重目的，为"诉讼经济"原则之实现提供制度上的保障。然而，由于现行《民事诉讼法》在简易程序的程序设计上存在着结构失范的立法舛漏，使得简易程序之适用存在诸多操作依据上的盲区，因而导致了基层人民法院在适用简易程序审理简单民事案件时随意性较大。尽管在如何具体适用简易程序的问题上最高人民法院有详备的司法解释，但是由于这些司法解释的适用刚性远不及正式立法那样强劲，因此，简易程序适用紊乱的症结并未由此而得到根本性的解决。这不仅与《民事诉讼法》设置简易程序之初衷背道而驰，而且在很大程度上损害了当事人的诉讼权利，与《民事诉讼法》将保护当事人行使诉讼权利作为自己首要任务的立法意旨也相去甚远。有鉴于此，从立法上构建起一套完整的简易程序，以此彻底堵住造成简易程序适用紊乱的立法罅漏，也就显得十分必要。本文拟就此问题略陈己见，以作引玉之砖。

---

* 原文发表于《法商研究》1998 年第 1 期。

二、简易程序应当是通常程序中具有独立之完整结构的略式诉讼程序

从诉讼理论上讲，在民事案件的审判程序中，简易程序乃是与普通程序相对而言、并列而存的一种独立的第一审程序。任何一种独立的第一审程序都应当是具有完整结构的审判程序，其不仅应当囊括起诉与受理、审理前的准备以及开庭审理（含法庭准备、法庭调查、法庭辩论、案件评议和宣告判决）等若干基本的审判环节，而且诸如撤诉、调解、缺席判决、延期审理、诉讼中止和诉讼终结等项审判制度也应无一例外地尽列其中。这些审判环节和审判制度均是完整的程序结构所不可或缺的基本构件，其中任何一个基本构件的缺失都会直接损害该程序结构的完整性，这一点从我国现行《民事诉讼法》第 12 章所规定之普通程序中便可略窥一斑。如果在最直观的层面上将审判程序理解为规范当事人诉讼行为与法院审判行为的"工艺流程"的话，那么，任何一种审判程序（当然，此处仅指通常程序而言）的程序结构就应当包容规范当事人诉讼行为和法院审判行为的全部内涵，这一点是毋容置疑的。第一审程序中的普通程序固然如此，简易程序亦不例外。

作为简易程序，其所谓"简易"之处虽然是相对于普通程序中的某些审判环节而言的，然而这并非意味着简易程序就是普通程序的附属程序或者分支程序。尽管依照我国现行《民事诉讼法》的规定，能够适用简易程序审理民事案件的法院在其范围上存在着严格的限制，即其适用仅限于基层人民法院（和它派出的法庭），但若单就基层人民法院（和它派出的法庭）审理第一审民事案件而言，是适用普通程序还是适用简易程序，其选择的基准只能由该民事案件自身的性质与特点来决定。而根据《民事诉讼法》第 142 条之规定，只有"事实清楚、权利义务关系明确、争议不大的简单的民事案件"方可适用简易程序进行审理。由此观之，简易程序与普通程序各自适用的畛域是清晰可见的，简易程序之独立于普通程序也是

不言而喻的。尽管如此，简易程序也并非"茕茕孑立"，完全游离于普通程序之外而孤立存在。简易程序的诸多特性便是相对于普通程序而言的，譬如《民事诉讼法》第143条所规定的当事人起诉方式之简便与受诉人民法院受案方式之简便，第144条所规定的受诉法院对当事人、证人传唤方式之简便，第145条所规定的由审判员一人独任审理以及适用简易程序时在审理前的准备、法庭调查、法庭辩论等诸个审判环节可以不受普通程序相关规定的限制，第146条所规定的3个月的案件审结期限等。凡此种种，无一不鲜明地体现出了简易程序同普通程序相比较而言所具有的诸多简捷和便利之处。而如此之多的"简便"也委实能够为受诉人民法院审理简单的民事案件和双方当事人进行民事诉讼提供许多便利，故对节约诉讼成本、提高诉讼效益显然具有十分重要的现实意义。据此，我们完全可以将简易程序定位为通常程序中具有独立之完整结构的略式诉讼程序。而《民事诉讼法》循着这一逻辑思路去设计简易程序，不论是在理念上还是在立法技术上都应该是顺理成章的。

　　然而，我国现行《民事诉讼法》恰恰在这一点上出了纰漏，这表现为其在设计简易程序时完全未能凸现出此种程序乃是具有完整结构的审判程序之定性，而仅仅囿于简易程序区别于普通程序之特点的规定，而这些特点又远远不能涵括作为一种具有完整结构的第一审程序的全部内容。正是由于某些审判环节及诸多审判制度在现行《民事诉讼法》第13章所规定之简易程序中的付之阙如，使得简易程序在客观上被肢解成为几个互不衔接的"残块"而显得支离破碎。毫无疑问，《民事诉讼法》第142条所作"基层人民法院和它派出的法庭审理事实清楚、权利义务关系明确、争议不大的简单的民事案件，适用本章规定"之规定，无异于为简易程序应有结构之缺失所造成的操作依据上的"黑洞"起到了直接的、决定性的生成作用。道理很简单，因为依据该条之规定，基层人民法院及其派出的法庭在适用简易程序审理简单的民事案件时，固然要恪守《民事诉讼法》第143~146条的规定，但对于这几个条款未涉及到而在诉讼实践中适用简易程序时却又不可回避的一些审判环节和审判制度来讲，它们的具体操作依据显然只能成为一个又一个的盲区。这无疑就为基层人民法院及其派出法庭适用简易程序审理简单的民事案件预置下了无比巨大且可供法官"自由发挥"、"任意驰骋"的"竞技空间"。

或许是基于填补简易程序应有结构之缺失的考虑，最高人民法院先后在 1992 年 7 月 14 日《关于适用〈中华人民共和国民事诉讼法〉若干问题的意见》第 168～175 条和 1993 年 11 月 16 日关于《经济纠纷案件适用简易程序开庭审理的若干规定》中共用了 33 个条文对这一程序的具体适用作出了几近完备的司法解释。[1] 依笔者之见，区区几个立法条文却用了如此之多的司法解释性的条款来加以补充，这种状况本身就充分说明简易程序的结构失范不仅是客观存在的，而且还是十分严重的。然而，令人遗憾的是，最高人民法院的司法解释仍然无助于从根本上消弭简易程序结构失范之痼疾。因为司法解释与正式立法相比，普遍具有刚性较弱之"先天不足"，这就使得它们在相当程度上难以对法院（法官）的审判行为提供行之有效的约束，同时往往也使其自身处于受法官好恶左右的尴尬境地。因此，期望通过"立法条文+司法解释"的方式来构筑完整的简易程序之结构，只能成为不切实际的奢谈。

三、简易程序结构失范在诉讼实践中的危害

简易程序应有之完整结构在我国现行《民事诉讼法》上缺失，故直接导致了诉讼实践中简易程序的适用失范。而最高人民法院关于具体适用简易程序的司法解释在对当事人诉讼行为与法院（法官）审判行为的约束效果上又存在着天壤之别。具体来讲，即对于

---

[1] 最高人民法院于 2003 年 9 月 10 日又发布了《关于适用简易程序审理民事案件的若干规定》，共有 34 条文，以求进一步弥补现行《民事诉讼法》在简易程序问题上的规定之缺陷。

规范当事人诉讼行为的司法解释，法院（法官）自然不遗余力地要求当事人加以恪守而不能有一丝半点的欠缺，但对于约束自身审判行为的司法解释，其适用则大打折扣，甚至于被束之高阁。这样一来，自然也就使得诉讼实践中简易程序的适用紊乱到无以复加之地步。其突出表现为，不仅不同地方的基层人民法院审理简单的民事案件时所适用的简易程序大异其趣，呈现出一种"百花齐放"的纷繁局面，而且即便是同一基层人民法院，其在审理简单的民事案件时所适用的简易程序也是不断地"推陈出新"，因而绝少雷同之处。而法官在适用简易程序过程中，当事人的诉讼权利遭受侵害甚至于被无故剥夺的现象较为常见。这种状况不仅与简易程序之设定目的大相径庭，而且与我国现行《民事诉讼法》将保护当事人行使诉讼权利确定为自己的首要任务之立法宗旨相差甚远。[1]

四、完善简易程序现有结构之立法建议

如上所述，如欲消弭诉讼实践中因简易程序现有结构严重失范所造成的危害，关键在于从立法上去完善简易程序的现有结构。而在立法上完善简易程序现有结构的具体操作方法实际上却是非常简单的，只需在现行《民事诉讼法》第 142 条后面加上"本章没有规定的，适用普通程序的有关规定"之表述即可达到预期的目的。这样一来，简易程序的现有条文加上普通程序中的有关规定也就精巧地合成了简易程序原本就应该具有的完整结构。而这样的处置既不会使简易程序丧失其区别于普通程序的特性，而且也能大大地提高简易程序的适用刚性，从而有效地克服司法解释对法院（法官）审判行为约束软化的弊端，并最终消弭简易程序适用失范之痼疾。

---

〔1〕 应当说，最高人民法院 2003 年 9 月 10 日发布的《关于适用简易程序审理民事案件的若干规定》，在很大程度上即是为了统一和规范各地人民法院适用简易程序审理民事案件的具体做法，切实保护当事人依法享有的诉讼权利和实体权利。

略论民事抗诉程序价值取向的
重构及其程序设计[*]

抗诉乃是民事检察监督最重要的一条途径。在我国现行的立法框架、司法体制以及审判实务背景下，民事抗诉制度的必要性与重要性本属不容置疑，但就是这样一项不可或缺的重要制度，近些年来却不断地受到非议和责难，有人甚至主张从根本上将其取消，[1]故而不仅由此造成了相当程度的理论混乱，而且也使得民事抗诉工作处于一种日渐被动的"颓势"状态。[2]那么，为什么会出现这种原本不应该出现的尴尬局面？罗列起来，原因颇多，既有理论阐述不到位的问题，也有制度设计方面的缺陷，还有具体理解上的偏差与实务操作上的失当。但我们认为，在以上诸种原因中，民事抗诉制度现有价值取向上存在的问题乃是最主要、最关键的原因。因为，价值取向所反映的乃是主体实践活动所欲追求的目的或目标，它是一项制度获得正当性的基础所在。因此，若某项制度所蕴涵或反映出来的价值取向出现偏差，那么不论这项制度的设置初衷多么美好，其实施效果均会不尽如人意，甚至"南辕北辙"。鉴此，我

---

* 本文系与第二作者朱建敏合作，原文发表于《法学评论》2003年第6期。

〔1〕 我们注意到这种观点和主张主要来自于法官。参见方加初："民事抗诉权质疑和民事检察工作的基本思路"，载《法制论丛》1996年第2期；景汉朝、卢子娟："论民事审判监督程序的重构"，载《法学研究》1999年第1期；何岸："论司法改革与民事检察监督"，载《人民司法》2001年第3期；景汉朝："公正与效率的制度保障"，载《法律适用》2002年第1期。

〔2〕 最高人民法院迄今为止十余个有关不予受理检察机关民事抗诉问题的批复，以及由此所导致的民事检察监督的频频受阻，是这种"颓势"状态最为集中、最为典型的表现。

们拟就民事抗诉程序价值取向的重构以及完善该项程序的大致设计略作探讨。

一、我国民事抗诉程序现有价值取向之检讨

程序价值，通常包括内在价值与外在价值，民事抗诉程序的价值也不例外。我们认为，我国现行民事抗诉程序的价值取向在内、外两个层面都存在偏差。但从有关抗诉规范和民事检察监督实践来看，目前存在的主要问题乃是在于以下两个方面，即对民事抗诉程序的内在价值重视不够和对该项程序价值实现的评价标准有欠科学。

（一）过分强调"有错必纠"，明显忽视内在价值

所谓民事抗诉程序的内在价值，是指各项程序规范背后所蕴涵的"优良品质"和"抗病基因"，譬如程序的公正性、效率性、安定性等等。尽管这些"品质"和"基因"并不一定都能直接反映抗诉程序所欲追求的外在目标，但它们却是形成该项程序制度的正当性所必须具备的特殊要素。然而遗憾的是，长期以来我们却没有对抗诉程序的内在价值给予足够的重视。从现行立法来看，《民事诉讼法》关于抗诉的四个条文（即第185~188条）分别就检察机关应当提出抗诉的诸种情形、抗诉的法律效力、抗诉的提起方式以及抗诉后法院应通知派员出席再审法庭等问题作了概要的规定，但是，我们从这些条文中基本上看不出抗诉程序在内在价值上有什么明确的斟酌取舍。最高人民检察院2001年9月30日通过的《人民检察院民事行政抗诉案件办案规则》（以下简称《办案规则》）中的有关内容，倒是在一定程度上反映出了检察机关对于民事抗诉程序的内在价值已经有所考虑、有所斟酌。譬如，依照《办案规则》第26条第5款的规定，原审违反法定程序，但未影响案件正确判决、裁定的，人民检察院应当作出不抗诉的决定。我们认为，《办案规则》之所以这样规定，应该主要是基于对程序效益的明智考虑。尽管《办案规则》与现行《民事诉讼法》不属同一"位阶"

之规范，故而无法而且也不应简单地以《办案规则》来取代《民事诉讼法》有关抗诉的程序规定，但若仅从这些具体规范的实质内容来看，前者已在抗诉程序内在价值的准确定位上较之后者有了一定的进步和改善。当然，客观地讲，《办案规则》中能够比较鲜明地体现出抗诉程序内在价值的规范也只是孤立分散的、不成体系的，而且更重要的是，这些规范充其量只能被看作是对"民事抗诉程序否定论"的一种零星"抵抗"和被动"应战"。而且，从检察理论层面来看，极少有学者能够自觉地站在维护民事抗诉程序正当性的高度来深刻认识和系统阐述民事抗诉程序的内在价值。相反，面对"民事抗诉程序否定论"咄咄逼人的质疑和挑战，主流检察理论翻来覆去一再强调的就是"有错必纠"，认为民事检察监督的基本理念就在于"有错必纠"，[1] 从而在"论战"中将"纠错"作为论证民事抗诉程序（制度）必要性的主要论据。我们认为，从表面上来看，这种固守"有错必纠"理念的做法似乎"理直气壮"，好像"一句顶一万句"，但若仔细分析来看，则至少存在以下两个方面的问题：一方面，"有错必纠"并非用以证明民事抗诉程序（制度）必要性的可靠依据；另一方面，正是由于对"有错必纠"的过分强调，才导致了立法上和诉讼实践中对民事抗诉程序内在价值的普遍忽视。众所周知，民事诉讼领域中有一些独特的原则和机制，[2] 用以体现和维系私法领域的"私权自治"以及由此出发在争议解决方面所具有的独特要求。在此基础上，"有错必纠"口号的提出和对民事抗诉实务的普遍指导，便成为一个略显"武断"的要求。道理很简单，一味坚持"有错必纠"在不少场合是与民事诉讼的某些原则和机制直接冲突的。这方面一个较为典型的例证就是：某些生效的民事裁判虽然在对事实的认定和（或）法律适用上

---

〔1〕 李少波："如何认识民事检察监督制度——与黄松友同志商榷"，载《人民检察》2000年第9期。

〔2〕 譬如处分原则与撤诉、调解、和解等直接体现了尊重当事人意愿的诉讼机制。

存在不尽妥当之处，但这些裁判并没有危害国家、集体以及案外其他人的合法权益，而且更为重要的是各方当事人均对其不持异议，在这种情况下，如果检察机关硬是要去"有错必纠"，不仅不利于维护民事诉讼程序应有的安定性，有违民事诉讼程序效益原则之要求，而且显然有侵犯当事人处分权的嫌疑；换一个角度来看，则民事抗诉程序自身的公正性与效益性也就荡然无存了。事实上，笼统地就民事诉讼领域中的生效裁判而言，其之所谓"错"，也是一个相对模糊和宽泛的概念。具体分析起来，应有以下三个层面性质截然不同的含义：①因审判人员贪污受贿、徇私舞弊所造成的枉法裁判。②纯粹因审判人员业务水平上的限制而导致的失当裁判。③因检、法两家认识不一致而导致的所谓"错误裁判"。具体来说，由于法官具有一定的自由裁量权，故有时检察机关与审判人员在对案件事实的认定和（或）法律适用上会存在不同的认识，在这种情况下，法院的裁判也就有可能被检察机关认为是一种"错误裁判"。我们认为，对以上三种有"错"裁判应作严格的区分：对于第一种即枉法裁判，毫无疑问必须依法提出抗诉，对其实施严格的检察监督，以便坚决地予以纠正；对于第二种即失当裁判，原则上不应提出抗诉，而应通过法院内部的自我监督机制，依法纠正该项裁判中的失当之处（也即错误），但若检察机关斟酌具体情况后认为，该项裁判之内容不仅有失当之处，而且已对当事人之合法权益造成了实质性损害，且当事人对此持有异议，法院又不主动加以纠正的，此时则应作出抗诉的决定；对于第三种即完全是因检、法两家认识不一致而导致的所谓"错误裁判"，则应一概不抗诉，否则便有可能危及审判权之独立行使。由此可见，如果对于上述三种情况不作具体区分，笼统地强调所谓"有错必纠"，那么，民事抗诉程序的内在价值将很难找到自己"安身立命"的空间。

（二）失当追求"改判"结果，评价标准有欠科学

所谓评价标准，是指对各种事物进行价值评判时所应遵循的尺度或准则。关于民事抗诉质量好坏的评价标准，虽然迄今在理论上

仍是一个有争议的问题。[1] 但就目前的抗诉实践来看，检察机关所实际看重的主要就是抗诉以后"法院是否进行了改判"。[2] 由此可见，"是否改判"不仅反映了检察机关对民事抗诉程序基本功能的直观认识与普遍理解，而且构成了当前检察机关评价民事抗诉程序自身价值的"尺度"或实际"标准"。但我们认为，这个"尺度"或"标准"本身并非十分精确，因此其之衡量结果也就并非完全科学。

1. "是否改判"并不足以准确地反映出民事抗诉程序的正当性。这是因为，"是否改判"（也即改判或不改判）虽然是民事抗诉最终引发的两种不同结果，因此对于认识民事抗诉程序的价值具有一定的启示作用，但是它们决不能反映出民事抗诉活动的全部。申言之，我国现行《民事诉讼法》第185条规定了检察机关应当提出抗诉的四种情形，这些情形的落脚点均在于"原裁判确有错误"。但实践中反映出来的问题是，检察机关对于原裁判（是否确有错误）的认识不可能总是准确的。有时候，原裁判本身实际上是正确的，但由于各种原因，某些检察人员却有可能会认为其存在错误，从而对之提出了抗诉，并导致法院进行了再审。在这种情况下，即便法院最后改变了原裁判，我们也不能据此认为检察机关对民事抗诉程序的开启和利用就是正当的；反过来看，法院最终没有改判的，也未必就说明民事抗诉程序的开启和利用本身一无是处。

2. 将民事抗诉质量好坏的衡量标准及其最终把握系之于法院的"是否改判"，直接使得检察机关及其民事抗诉工作"自陷被动"。这是因为，虽然我国宪法和有关法律明确将人民检察院界定为法律监督机关，故其"有权对（法院的）民事审判活动实行法律监督"，但是与人大和党委不同的是，检察院与法院相比，目前

---

〔1〕 李天锡："浅析检验抗诉质量的标准"，载《人民检察》1998年第1期。

〔2〕 王占魁、刘建民、韩秋云："怎样解决民行抗诉'三难'"，载《人民检察》2001年第2期。

在实际法律地位上没有任何优势可言；另外，在长期的监督实践中，法、检两家在民事抗诉问题上相互沟通的效果也并不理想。因此，将民事抗诉质量好坏的衡量标准及其最终把握系之于法院的"是否改判"，无疑会导致民事抗诉工作陷入由法院评判优劣的尴尬境地，并使得检察人员普遍在监督"底气"和抗诉的决心上均明显不足。

3. 片面地以法院"是否改判"作为民事抗诉质量好坏的衡量标准，并将这一标准的最终把握"拱手"送交法院"独揽"，极易使检察机关及其工作人员忽略民事抗诉程序的固有价值。也就是说，在以上所述之背景下，不少检察机关往往将"改判率"的高低作为衡量、考核从事民事检察监督工作的检察人员业绩好坏的重要指标，从而进一步诱发了检察人员在民事抗诉工作中一味追求改判的"蔓延性"效果。我们认为，这种片面追求"改判率"的做法至少存在两个方面的危害：一方面，为了达到改判的目的，并借以体现自身工作上的较佳业绩，检察人员"难免"会在民事抗诉工作中形成对某方当事人"一边倒"的错误倾向，以致抗诉程序的开启和监督机制的利用在各方当事人之间失去公正性；另一方面，片面追求改判的偏颇意识一旦在监督实践中"受挫"，便有可能会"情绪化"地演变成一种"偏执"，这样也就使得民事抗诉从根本上失去了维护司法公正的本来意蕴。

上面我们粗略地分析了以"是否改判"作为民事抗诉工作质量之评价标准的诸种不足。客观地讲，对于这些不足，检察机关并非全然没有认识。但迄今为止的监督实践表明，检察机关似乎并没有能够在"是否改判"之外找到更好的评价标准。鉴此，我们认为，要想使这一问题得到相对彻底的合理解决，根本的途径还在于转换思路，即：检察机关应该努力从民事检察监督程序的开启和运作本身之角度去规范、评价抗诉活动，而不是像目前这样单纯从抗诉的结果出发来"反推"民事抗诉工作质量的评价标准。

二、民事抗诉程序的应然价值取向

民事抗诉程序如欲获得充分的正当性，就应使其价值取向在总体上与民事诉讼程序的价值取向相契合，而不是与之相背离，这也是我们重新构建民事抗诉程序的价值取向所应遵循的基本思路。

（一）民事抗诉程序的外在价值

所谓民事抗诉程序的外在价值，是指检察机关通过抗诉程序的开启和利用所要达到的社会目标，毫无疑问，这个目标就是司法公正。当然，司法公正是一个内涵十分丰富的范畴，从不同的视角可以给出不尽相同的界定。我们认为，作为民事抗诉程序的外在价值，司法公正的特定含义应该是指法官的公正廉明，亦即法官不存私心、不谋私利，忠诚于案件事实和国家法律。

之所以应将此一层面的司法公正界定为"法官的公正廉明"，是因为法官本身公正廉明与否与其所作裁判的公正与否有着异常密切的联系，在相当意义上，它甚至是决定裁判是否公正的最关键的因素。申言之，在诉讼实践中，法院裁判的显失公正虽然不能完全排除法官受业务水平的限制所致，但若法官不能做到公正廉明，而是存有私心、谋求私利、贪污受贿、徇私舞弊，则必然有违司法公正，而且必然导致枉法裁判。[1] 鉴此，我们认为，民事抗诉程序的着眼点应该放在对审判人员贪污受贿、徇私舞弊之枉法裁判的监督与纠正上。

除此以外，是否应将纯粹因审判人员业务水平的限制所导致的不当裁判纳入检察机关民事抗诉的范围之内，显然也是一个需要进一步认真研究和慎重对待的问题。限于篇幅，这里只能粗略地谈一下我们的观点：①从审判实践来看，仅仅因为审判人员业务水平的限制而导致裁判失当的案件确实存在，但此类案件在全部"错案"中所占的比例并不高，至于仅仅是因为审判人员业务水平的限制而

---

〔1〕《中国法律年鉴》2002 年卷，第 33 页。

导致裁判显失公正的案件，在所有"错案"中所占的比例就更小了。②对于仅仅因为审判人员业务水平的限制而导致裁判失当乃至显失公正的案件，一般通过法院系统的内部监督机制通常即能达到弥补或纠正的目的。当然，我们应当承认，中国一些法官的素质确实令人担忧，但同样不容否认的是，我国法官的法律素质和审判业务水平近些年来已经开始有了明显而普遍的提高，故不应以法官素质不高为由全盘否定法院系统的"自我纠错能力"。③与法院相比，检察机关在民事审判业务上并不具备令人信服的优势，故对生效裁判是否确有错误而言，检察机关所作的判断未必就比审判人员更加高明。因此，基于维护民事抗诉程序正当性的考虑，我们认为，原则上不宜将此类案件纳入检察机关民事抗诉的范围，至少不宜将其作为民事抗诉的重点。

至于对审判人员因依法行使自由裁量权而导致法、检两家对生效裁判正确与否有不同认识的案件，检察机关显然应该尊重法院的裁判，不应对其提出抗诉。

由以上分析可见，检察机关的民事抗诉主要应该针对审判人员的"枉法裁判"。其实，《民事诉讼法》及《办案规则》的有关条文均已规定，审判人员在审理该案件时有贪污受贿、徇私舞弊而枉法裁判行为的，检察机关应当提出抗诉。但令人遗憾的是，我国现行《民事诉讼法》并没有能够为这类案件的抗诉过程提供具体而有力的程序保障，这也使得诸如《办案规则》第18条第3款关于"人民检察院可以进行调查"的相关规定因无所依托而形同虚设。

（二）民事抗诉程序的内在价值

我们认为，民事抗诉程序的内在价值主要包括两个方面的内容：程序公正、程序效益。

1. 一般意义上的程序公正是指法律程序在设计和运作的过程中所应当实现的公正价值目标。从民事抗诉程序的特有结构来看，其公正性主要应该体现在以下几个方面：

（1）检察机关及其检察官必须严守中立。民事抗诉之程序公正，首先要求检察机关及其检察官必须处于完全中立的地位。而检察机关及其检察官之严守中立具体又包括以下几项要求：①在抗诉程序的启动上，除非"确有错误"的生效裁判涉及重大的国家利益、社会公共利益或者案外其他人的合法权益，否则未经一方当事人提出抗诉之申请，[1] 检察机关不得主动提出抗诉。②检察机关及其检察官均须与案件没有利害关系。检察机关之整体也好，检察官之个体也罢，他们均不得接受和办理与自己存在利害关系的抗诉案件，这是他们保持中立的前提和基础。③检察官须在情感上公平正直而毫无偏私。在司法实践中，由于民事检察监督之抗诉权所特有的运作模式所致，很容易使检察人员自觉不自觉地将自己置身于一方当事人的立场上，无形中成了该方当事人的"代言人"或"代理人"。为了避免这种现象的发生，一方面，立法上有必要进一步规范和改良抗诉权的运作模式，另一方面，检察机关也应该摒弃片面追求"改判率"的偏颇做法。

（2）当事人平等。此处所谓之当事人平等，主要有两层含义：①各方当事人应该享有平等参与抗诉程序的权利，且在抗诉程序中，不论是申诉人还是被申诉人，都应该享有充分表达自己意见的机会。②检察机关及其检察官必须平等地对待各方当事人，并在抗诉程序中切实保障各方当事人平等参与和充分表达的权利和机会。

（3）程序公开。为了确保民事抗诉之程序公正，除极个别环节外，应该将抗诉程序的基本过程尽量向各方当事人公开，并避免检察人员与当事人单方、私下的非程序性接触。

2. 程序效益与程序公正一道被并称为现代司法程序的两大价值目标。通常来讲，程序公正是司法程序最起码、最基本的要求，但是程序公正的这种基础性地位并不意味着它天然地具有优先于程序效益而获得实现的必然性。事实上，在司法实践中，程序公正与

---

[1]　目前立法上尚无严格意义上的"抗诉申请"机制，而只有实践中的当事人申诉制度，检察机关往往是在当事人申诉的基础上提出抗诉。

程序效益总是相互依存、不可分离的，既没有脱离程序公正的程序效益，也没有不讲程序效益的程序公正。具体来讲，民事抗诉程序对于"效益性"的追求主要包括以下几项：

（1）合理利用司法资源。从检察机关的民事检察监督实践来看，自接受、处理当事人的申诉时起，经过必要的调查、核实与抗诉之提出，以及因为抗诉的提出而由法院进行的再审，均需要耗费大量的人力、物力和财力，也即调动、投入大量的司法资源（检察资源与审判资源）。因此，在抗诉案件所需列支的高额成本面前，检察机关显然有必要在考虑是否提出抗诉时作一番大致的"利益衡量"：既要考虑抗诉结果对当事人权益的影响，也要考虑抗诉的社会效应，如果在对国家利益、社会公共利益以及当事人合法权益均影响不大的情况下，检察机关仍然机械地提出抗诉，则很有可能"得不偿失"。

（2）科学控制审结周期。这是因为，抗诉案件的悬而不决，不仅不利于对当事人权益的保护，同时也是对检察机关抗诉效力的变相削弱。在此问题上，虽然《民事诉讼法》关于抗诉案件的再审期限已经作了较为明确的规定，但在实践中，法院对检察机关提出抗诉的案件久拖不决的现象仍然司空见惯。[1] 为了妥善解决这一问题，立法上有必要就抗诉案件的审结期限作出更加明确的限定，并应为之配备相关的保障措施。

（3）努力提高整体效应。此处所谓之整体效应，即指应该将民事抗诉程序及其具体运作放置到整个社会治理的宏观框架中，而不是仅仅在民事审判与检察监督相互关系的微观考察下，来衡量其对维护司法公正之实际效应的大小。从目前情况来看，这一效应并不理想。就现阶段民事审判领域中的裁判不公乃至司法腐败而言，其直接原因固然在于审判机关自身存在的种种问题，但外部监督疲软乏力也是重要的原因之一。在这其中，作为国家法律监督机关，作

---

[1] 张步洪："民事行政抗诉程序的价值"，载《人民检察》1998 年第 11 期。

为维护司法公正的一支重要力量，检察机关在对自己所担负的社会责任的实际履行效果方面，与社会的预期和要求相比，还有相当的距离。鉴此，为了提高民事检察监督的实效性，检察机关的重要任务之一就是要进一步科学地确定民事抗诉所应针对的重点，将裁判不公和司法腐败作为民事检察监督的主要对象，以尽快提高此项工作的整体效应。

三、关于进一步完善民事抗诉程序的大致设计

众所周知，程序设计乃是一项相当复杂的系统工程，不仅要考虑到某项程序在相关理论层面上的自圆其说（也即所谓"理论自治"），而且更要注意到其在实践中的可操作性。基于上述对民事抗诉程序价值取向的认识，同时兼顾我国民事检察监督的工作实践，我们对进一步完善民事抗诉程序，提出以下几点大致的设计思路：

1. 确定抗诉重点，收缩抗诉事由。实践证明，我国现行《民事诉讼法》第 185 条关于抗诉事由的规定明显过于宽泛，因而使得长期奉行"有错必纠"之偏颇原则的检察机关在民事抗诉工作中"四面出击"，这样不仅"稀释"了民事检察监督的宝贵资源，分散、削弱了民事检察监督的实际力度，而且使得检、法两家之间在此问题上的相互关系一直处于"外松内紧"的非正常状态，这是一个不争的事实。鉴此，我们认为，确定抗诉重点、收缩抗诉事由，显然是妥善解决这一问题的较佳方案。具体来说，今后在全面修订我国《民事诉讼法》时，应当明确地将抗诉事由限定为审判人员在审理该案件时有贪污受贿、徇私舞弊而枉法裁判的情形。[1] 对此应当进一步指出的是：①此处所谓之"枉法"，既指故意歪曲、滥用实体法，也应包括故意歪曲、滥用程序法。也就是说，对于"枉

---

[1] 当然，从问题的重要性和紧迫性来说，也可以通过立法解释的途径来实现这一目的，而不必等待《民事诉讼法》的全面修订。

法"之认定，不能仅仅理解为"枉实体法"，也应当理解为"枉程序法"，以便使民事检察监督之抗诉程序在开启和运作上都能契合"程序正义"之要求。当然，此处"枉程序法"之含义应当被理解为对《民事诉讼法》、《海事诉讼特别程序法》等程序法之基本原则和基本制度的故意歪曲和滥用，以至最终影响了案件的正确裁判。②抗诉事由的收缩，并不意味着对民事检察监督之抗诉权行使范围的"蚕食"和削弱，而是使得抗诉程序本身及其实际开启与运作更加具有针对性和正当性。与此同时，它对于检察机关及其检察人员的自身素质和法律监督水平，也提出了更高的要求。

2. 完善抗诉权的具体行使方式。主要包括：①就抗诉程序的开启而言，一般应以当事人提出抗诉申请为前提和基础，但若发现审判人员有贪污受贿、徇私舞弊而枉法裁判之情节严重、已经构成犯罪的，检察机关则应依职权主动提出抗诉。②就抗诉权的运作而言，如果系因当事人提出抗诉申请而开启抗诉程序的，检察机关应当在充分地听取各方当事人的意见并斟酌、核实案件的各种情况后，决定是否提出抗诉，这一点在《办案规则》第 13 条中已经作了规定，将来修订《民事诉讼法》时可将之作为参考的基础；抗诉提出后，在再审法庭上，出庭检察人员的任务仅限于宣读抗诉意见书，至于再审程序中的举证、质证以及法庭辩论等活动，均应由各方当事人独立进行，以免因检察人员的介入而打破他们彼此之间的均势与平衡。

3. 严格执行并进一步完善配套制度。在提出民事抗诉的同时，检察机关还有必要严格执行相关的配套措施，以保障抗诉权的有效行使，并进一步扩大民事检察监督的社会效应。①对于审判人员贪污受贿构成犯罪，或者徇私舞弊而枉法裁判之情节严重以至于构成渎职犯罪的，检察机关应当依照《刑事诉讼法》第 18 条第 2 款的规定，立案侦查；符合法定条件的，依法提起公诉。②对于审判人员贪污受贿、徇私舞弊、枉法裁判但尚未构成犯罪的，建议相关法律作出规定，由检察机关对案件予以备案，据此促请有关机关对法官进行惩戒，直至提请相关人民代表大会常务委员会依法免除其法官职务。此外，针对民事检察监督实践中的"调卷难"、"阅卷难"以及"抗诉案件的久拖不决"等问题，亦应在法律上作出进一步的制度性安排，而且必须是明确、细致、周到因而具有相当之可操作性的安排，否则仍有可能使得民事检察监督在实践中频频受阻而"步履维艰"。

论代位权诉讼*

作为一种有效的债的保全措施，1999 年 3 月 15 日通过的《中华人民共和国合同法》（以下简称《合同法》）在第 73 条规定了代位权制度，即："因债务人怠于行使其债权，对债权人造成损害的，债权人可以向人民法院请求以自己的名义代位行使债务人的债权，但该债权专属于债务人自身的除外。代位权的行使范围以债权人的债权为限。债权人行使代位权的费用，由债务人负担。"依照这一规定，债权人行使其代位权，应当通过法院予以主张，也即应当通过诉讼方式进行，这就是所谓的代位权诉讼。[1] 由于代位权的行使必须通过诉讼方式来进行，因而必然会涉及当事人、管辖、诉讼标的、判决的效力等一系列诉讼法上之法律问题。为了更好地指导诉讼实践及协调代位权诉讼与民事诉讼理论的关系，本文将对这些问题作一初步探讨，并对《关于适用〈中华人民共和国合同法〉若干问题的解释（一）》（下文简称《合同法解释》）中的相关规定之得失加以评析。

---

* 本文系与第二作者刘学在合作，原文发表于《法学研究》2000 年第 6 期。
[1] 在大陆法系国家和地区的民事诉讼中，对于债权人为保全其债权而向债务人的债务人提起的诉讼，一般称为"债权人代位诉讼"或者"代位诉讼"（参见杨建华：《民事诉讼法问题研析》三，台湾三民书局 1998 年版）。在我国大陆地区，亦有学者撰文指出，这类诉讼应称为"代位诉讼"，而不宜称为"代位权诉讼"（参见张卫平："论代位诉讼"，载《诉讼法学新探》，中国法制出版社 2000 年版，第 658 页以下）。最高人民法院于 1999 年 12 月 1 日通过的《关于适用〈中华人民共和国合同法〉若干问题的解释（一）》，则将这类诉讼称为"代位权诉讼"，为求与立法和司法解释上的用语保持一致，本文亦使用"代位权诉讼"这一称谓。

一、代位权诉讼之当事人问题

（一）债权人代位起诉与当事人适格理论

在民事诉讼中，当事人适格系指就具体的诉讼而言，得以自己的名义为原告或者被告，从而受本案判决之权能或资格，这种权能在诉讼理论上称为"诉讼实施权"或"诉讼行为权"。[1] 具有这种权能，才能成为适格的当事人，也即才能成为正当的当事人。[2] 否则，法院便可能因当事人不适格而以诉不合法为由裁定驳回原告之诉，或以诉无理由为据判决驳回原告的诉讼请求。[3] 一般来说，诉讼标的之权利或法律关系之主体（权利人及义务人），通常就该权利或法律关系，有诉讼实施权，故此类当事人明显适格。但在特殊情况下，有时需由第三人替代通常情况中之实质性利益归属人或与他们并列而同样被认为是当事人适格，这种承认第三人具有为他人的利益而作为当事人进行诉讼的现象，称为诉讼担当。[4] 根据诉讼担当是基于法律的直接规定还是基于当事人的意思表示之不同，可将其分为法定的诉讼担当和任意的诉讼担当，前者例如破产管理人（在我国一般称为破产清算组）、遗嘱执行人、失踪人的财产代管人等为他人的利益而享有诉讼实施权，后者例如代表人诉讼制度。就本文所讨论的代位权诉讼而言，债权人之所以被认为是适格之当事人，在诉讼理论上可以

---

[1] 参见陈计男：《民事诉讼法论》上，台湾三民书局 1994 年版，第 93 页；[日] 兼子一、竹下守夫著，白绿铉译：《民事诉讼法》，法律出版社 1995 年版，第 54 页。

[2] 当事人适格不同于当事人能力。当事人能力是指抽象地规定能否作为原告或被告的问题，而当事人适格则是指就具体的诉讼而言，能否作为原告或被告之资格问题。因而当事人适格者，必定有当事人能力，但有当事人能力，则未必是正当的当事人。

[3] 究竟是用裁定驳回还是用判决驳回，主要取决于各国民事诉讼法的不同规定及诉讼理论上将当事人适格看作是诉讼成立要件（诉讼要件）还是权利保护要件。

[4] [日] 兼子一、竹下守夫著，白绿铉译：《民事诉讼法》，法律出版社 1995 年版，第 54 页。

认为是一种法定的诉讼担当，[1] 但它与其它类型的诉讼担当又有着明显的不同。

从民事法律关系上来说，债权人与债务人之间存在着直接的法律关系，如果因该法律关系发生争议，任何一方均可提起诉讼且为适格之原告，对方则为适格之被告。但在代位权诉讼中，债权人与次债务人（即债务人的债务人，又称为第三债务人。《合同法解释》将其称为"次债务人"）之间并不存在直接的法律关系，因而他们之间也就没有直接的利害关系。基于此，如果依照《民事诉讼法》第108条第1项所规定的原告适格条件，即"原告必须是与本案有直接利害关系的公民、法人和其他组织"，则很难对代位权诉讼中的当事人适格问题进行合理的解释，因为债权人与次债务人之间只是一种间接的利害关系，债务人与次债务人之间才具有直接的利害关系。然而，民法在设置债的制度时，为了保全债权的实现，赋予了债权人代位权。在债务人怠于行使其到期债权，且对债权人造成损害时，债权人即可依法代位向次债务人行使债务人的权利，从而使债权人获得诉讼实施权而成为适格之当事人。显然，债权人之诉讼实施权的取得是基于法律的直接规定（即法律规定其享有代位权），因而，代位权诉讼实质上乃是一种特殊类型的法定的诉讼担当，即债权人担当债务人的地位而诉求次债务人履行债务。之所以说它是一种特殊类型的诉讼担当，是因为它与其他类型的法定的诉讼担当有着很多不同之处：

1. 破产管理人、遗产管理人等作为诉讼担当人进行诉讼时，其目的在于维护他人的合法权益，而代位权诉讼中的债权人进行诉讼时，其主要目的在于维护自己的合法权益。

2. 对于其他类型的诉讼担当，按照当事人适格的一般理论，原则上第三人拥有诉讼实施权时，他所保护的权利或法律关系的主

---

[1] 这里主要从债权人角度来讨论代位权诉讼中的当事人适格问题。因为解决了债权人之原告适格问题，也就相应地解决了第三债务人之被告适格问题。

体即丧失诉讼实施权，同时，判决的既判力也应当及于该法律关系的主体；而在代位权诉讼中，债权人拥有诉讼实施权时，对于债务人是否丧失诉讼实施权以及既判力是否及于该债务人之问题，在理论上则有着不同的看法。[1]

3. 对于其他类型的诉讼担当，其诉讼标的一般是明确的、单一的；而对于代位权诉讼，关于其诉讼标的是单一的还是非单一的问题则存在着争论。[2]

4. 对于其他类型的诉讼担当，诉讼担当人与被担当的主体没有利害对立的关系，诉讼担当人获胜诉判决时，是与被担当的主体的利益相一致的；而对于代位权诉讼，债权人与债务人之间却存在利害对立的关系，债权人获胜诉判决时，表面上看对债务人并无不利，但若深入观察，却可能对债务人不利，因为代位权诉讼中债权人获胜诉判决，是以承认债务人对债权人负有债务且已有迟延履行作为该判决的前提的。由于存在上述一系列区别，因而，在破产管理人、遗嘱执行人等担当诉讼的场合，可称为是吸收型的诉讼担当，而对于代位权诉讼，则可称为是对立型的诉讼担当。

上述讨论表明，债权人代位起诉，是一种法定的诉讼担当，债权人所享有的诉讼实施权是基于法律的直接规定。那么，从诉讼理论上来讲，债权人之诉讼实施权的基础是什么？或者说债权人之当事人适格的理论依据是什么呢？传统的诉讼理论一般认为，诉讼实施权的基础是当事人对作为诉讼标的的法律关系所具有的管理权或

---

[1] 参见张卫平：《程序公正实现中的冲突与衡平——外国民事诉讼法研究引论》，成都出版社 1993 年版，第 124 页以下；民事诉讼法研究基金会：《民事诉讼法之研讨》二，台湾三民书局 1990 年版，第 3 页以下。

[2] 对于代位权诉讼的诉讼标的问题，下文将专门予以讨论。

处分权，或称管理处分权。[1] 但管理权理论并不适用于确认之诉，对形成之诉也难以作出圆满的解释。因而，将管理权作为诉讼实施权的基础并不能普遍地适用于各种类型的诉讼。所以，有学者提出管理权并非是诉讼实施权的直接基础，诉讼实施权的直接基础应是主体的"诉的利益"。[2] 对于代位权诉讼而言，我们认为，以"诉的利益"作为债权人诉讼实施权的基础较之管理权处分说更为妥当。理由在于，之所以承认债权人可以向次债务人直接提起诉讼，并不是因为债权人对代位债权有管理处分权，而是因为如果不承认债权人可以向次债务人直接起诉，则债权人的权益就得不到有效的保护。因而在债务人怠于行使其到期债权并给债权人造成损害时，债权人与次债务人之间就存在一种"诉的利益"，这种"诉的利益"经法律的明确规定即成为法定的诉的利益。正是由于这种法定的诉的利益的存在，债权人才相应地具有诉讼实施权，故而能以次债务人为被告提起代位权诉讼。

（二）代位权诉讼中债务人之诉讼地位

代位权诉讼中，债权人处于原告的诉讼地位，次债务人处于被告的诉讼地位，对此，诉讼理论上并不存在争论，《合同法解释》也是予以确认的。而对于债务人的诉讼地位问题，则是众说纷纭，颇有争论。我们认为，债务人于代位权诉讼中的诉讼地位之界定，不仅涉及如何正确处理债权人、债务人及次债务人三者之间的关系问题，而且更为重要的是，它关系到对债务人的程序保障问题，故确有讨论的必要。

在我国台湾地区，关于债务人之诉讼地位的确定问题，常常与代位权诉讼的诉讼标的及判决的既判力范围之讨论联系在一起。在

---

[1] 广义的管理权包括处分权在内，狭义的管理权则不包括处分权在内，但以广义说为通说。参见杨建华：《民事诉讼法问题研析》一，台湾三民书局1996年版，第37页。另参见张卫平：《程序公正实现中的冲突与衡平——外国民事诉讼法研究引论》，成都出版社1993年版，第120页。

[2] 参见江伟主编：《民事诉讼法学原理》，中国人民大学出版社1999年版，第402页。

理论上主要有以下几种观点：

1. 若债务人否认债权人之代位权，则可以就第三债务人为诉讼参加而成为被告之参加人；[1]但不能就债权人为诉讼参加而成为原告之参加人，因为对于代位权之存否问题，债权人与债务人之间利害互相对立。债权人亦可以在起诉时，因债务人否认其代位权而直接将债务人列为共同被告。如果债权人代位起诉后，因第三债务人否认债务人对其有权利，则此时债权人可以告知债务人，使债务人对第三债务人提起诉讼；债务人亦可以在代位诉讼系属后，自己对次债务人起诉，于此种情况下，法院应驳回代位权诉讼（此时，债务人的诉讼地位实际上已经不是代位权诉讼中的诉讼地位，而是另一诉讼中的原告——笔者注）。[2]

2. 债权人对第三债务人起诉后，不论第三债务人有无否认债权人之权利，债务人都可以根据"民事诉讼法"第58条规定（指我国台湾地区之"民事诉讼法"——笔者注），参加诉讼。至于是辅助债权人，还是辅助第三债务人，则因原、被告的主张不同而有异。而债权人或第三债务人亦可以依据第65条（指我国台湾地区之"民事诉讼法"——笔者注）关于告知参加的规定，通知债务人参加诉讼。[3]

3. 可考虑采取当事人主导的引进权制度，即在债权人代位债务人向第三债务人提起代位诉讼时，应承认第三债务人可以申请法

---

[1] 我国台湾地区"民事诉讼法"第58条规定了"诉讼参加"制度，即："就两造之诉讼有法律上利害关系之第三人，为辅助一造起见，于该诉讼系属中得为参加。"这种辅助参加制度与我国《民事诉讼法》第56条所规定的"无独立请求权第三人"在形式上有相似之处，但在参加的程序与效力等方面存在着不同。参见石志泉著、杨建华增订：《民事诉讼法释义》，台湾三民书局1987年版，第78页以下。

[2] 以上为陈荣宗教授所持观点。参见陈荣宗："债权人代位诉讼与既判力范围"，载杨建华主编：《民事诉讼法论文选辑》下，台湾五南图书出版公司1984年版，第706页以下。

[3] 杨建华教授、陈石狮教授等持这一观点。参见民事诉讼法研究基金会：《民事诉讼法之研讨》二，台湾三民书局1990年版，第23、28页。

院命债务人为原告，而成为共同诉讼人。这样既能给债务人提供较为充分的程序保障，也能有助于解决关于代位诉讼判决之效力应否及于债务人的争论。[1]

从我国台湾地区学者的讨论来看：①对于代位权诉讼，依据诉讼参加的规定，原则上债务人可参加诉讼，或者由当事人告知其参加，但对于是否仅限于对被告（次债务人）为参加的问题则存在着争论。②由于代位权诉讼涉及债权人、债务人及次债务人三方的利益关系，因而基于为债务人及次债务人提供程序保障、统一解决纠纷、确定既判力范围等方面的考虑，出现了应将债务人列为共同被告或者将其引进为原告等各种不同的观点。

《合同法》颁布之后，我国大陆地区的学者们对代位权诉讼中债务人的诉讼地位问题也进行了广泛的讨论。综合起来，主要有以下几种观点：

1. 主张应将债务人列为有独立请求权的第三人。[2]
2. 认为债务人可以作为无独立请求权的第三人参加诉讼。[3]
3. 认为应当将债务人列为共同原告。[4]
4. 认为在代位权诉讼中，债务人只能充当证人。[5]
5. 认为债务人在代位权诉讼中的地位可因案而异，但并非当然的诉讼法律关系主体。债务人如果参加诉讼，其诉讼地位可能包

〔1〕 我国台湾地区学者许士宦持这一观点。参见民事诉讼法研究基金会：《民事诉讼法之研讨》四，台湾三民书局1993年版，第737页以下。
〔2〕 参见戚兆波："代位权诉讼主体"，载《人民法院报》1999年8月11日。
〔3〕 参见张卫平："论代位诉讼"，载《诉讼法学新探》，中国法制出版社2000年版，第663页以下；另参见丁建明："也谈代位权诉讼主体"，载《人民法院报》1999年8月11日。
〔4〕 参见彭志鸿："论债权人代位权和撤销权"，载《律师世界》2000年第2期。
〔5〕 参见周美艳："代位权：能否成为解决三角债的良方"，载《中国律师》2000年第3期。

括以下情形：①原告。②被告。③有独立请求权的第三人。④证人。[1]

6. 认为应当具体案件具体分析，区别不同案情，确立债务人在代位权诉讼中的地位。具体包括以下几种情形：①应当列债务人为无独立请求权的第三人。②在一些特殊情况下可以作为有独立请求权的第三人。③列债权人、债务人为共同原告。④充当证人。[2]

《合同法解释》第 16 条第 1 款则规定："债权人以次债务人为被告向人民法院提起代位权诉讼，未将债务人列为第三人的，人民法院可以追加债务人为第三人。"

上述六种观点，我们认为第二种较为可取，其他几种观点则皆有失偏颇，甚至与诉讼法理相悖。而《合同法解释》第 16 条第 1 款虽然有其合理之处，但仍有诸多有待完善的地方。就债务人在代位权诉讼中的诉讼地位之合理定位而言，主要涉及下列问题：①债务人是否必须参加代位权诉讼？②如果债务人参加代位权诉讼，其具体的诉讼地位如何？③如果债务人作为无独立请求权的第三人参加诉讼，其具体的形态如何？④如果债务人不知道债权人已提起代位权诉讼，应当如何为其提供必要的程序保障？⑤如果债务人作为无独立请求权的第三人参加诉讼，是否具有当事人的诉讼权利义务？现将这些问题分述如下，并对上述几种观点及《合同法解释》的相关规定予以评析。

对于第一个问题，我们认为，债务人可以参加代位权诉讼，但不是必须参加诉讼。理由在于：①代位权诉讼是债权人与次债务人之间的一种诉讼，债务人并非是这种诉讼的狭义的当事人（即原告与被告），因而没有必要规定债务人必须参加代位权诉讼。②代位

---

[1] 参见吴英姿："代位权确立了民诉法怎么办——债权人代位诉讼初探"，载《法学》1999 年第 4 期。

[2] 参见高建飞等："如何确定被代位人的诉讼地位"，载《律师世界》2000 年第 2 期。

权诉讼的结果虽然与债务人有利害关系，但这种利害关系主要涉及债务人的权利是否受到损害的问题，而关于债务人权利的问题，当然应当适用处分原则，故而应当由债务人自己决定是否参加诉讼。[1] 从《合同法解释》第 16 条第 1 款的规定来看，债权人在起诉时可以将债务人列为第三人，受诉法院也可以追加债务人为第三人，[2] 但债务人最终是否参加诉讼，仍应当理解为取决于债务人的自愿。值得注意的是，对于债务人是否可以主动申请参加诉讼的问题，《合同法解释》却未予以规定，我们认为，债务人可依照《民事诉讼法》第 56 条第 2 款之规定主动申请参加代位权诉讼。

对于第二个问题，即如果债务人参加诉讼，其具体的诉讼地位如何确定之问题，我们认为，债务人如果参加代位权诉讼，其诉讼地位应当是无独立请求权的第三人，而非原告、被告、有独立请求权的第三人或者证人。理由如下：①债权人提起代位权诉讼后，债务人的诉讼实施权应当受到限制，债务人原则上不得对次债务人提起同一诉讼请求的诉讼，因而债务人不应与债权人一起作为共同原告。另一方面，就债务人与次债务人之间的关系而言，他们并不具有共同的权利义务，因而将债务人与次债务人作为共同被告缺乏必要的实体法基础。②在代位权诉讼中，将债务人列为有独立请求权的第三人，显然与法律规定不符，也缺乏理论上的根据。众所周知，依照《民事诉讼法》第 56 条第 1 款的规定，所谓有独立请求权的第三人，是指对他人之间争议的诉讼标的，认为有全部或部分的独立的请求权，而以起诉的方式参加到诉讼中来的人。有独立请求权的第三人与本诉中的原、被告双方对立，他既不同意本诉中原告的主张，也不同意被告的主张，认为不论是原告胜诉，还是被告

[1] 参见张卫平："论代位诉讼"，载《诉讼法学新探》，中国法制出版社 2000 年版，第 664 页。

[2] 至于法院依职权追加第三人的规定是否合理，由于牵涉到民事诉讼中第三人制度的改革以及以良性弱化法院职权为主要内容的诉讼结构之变革问题，故在此不作为讨论的重点。

胜诉，都将损害他的民事权益。实际上，他是为了维护自己的权益，以独立的实体权利人的资格提起了一个新的诉讼。显而易见，对于代位权诉讼，债务人并不具备有独立请求权的第三人之构成要件，因为代位权是法律赋予债权人的一项权利，债权人在法定条件下代位债务人对次债务人提起诉讼有着正当的法律根据，并不存在债务人对该诉讼标的有所谓独立请求权问题。③认为债务人处于证人的诉讼地位也非合理，因为债务人与代位权诉讼的结果有着法律上的利害关系，并且要受到判决效力的约束，这一点与证人有着显著的不同。④我们认为，代位权诉讼中的债务人之诉讼地位是与《民事诉讼法》所规定的无独立请求权第三人之基本特征相符合的。依照《民事诉讼法》第 56 条第 2 款的规定，无独立请求权的第三人是指对当事人双方的诉讼标的，虽然没有独立请求权，但案件的审理结果同其有法律上的利害关系，而申请参加诉讼或者由法院通知其参加诉讼的人。就代位权诉讼而言，债权人向次债务人主张的是债务人的权利，因而不管是债权人胜诉还是次债务人胜诉，该裁判结果都与债务人有着法律上的利害关系。

对于第三个问题，我们认为，债务人作为无独立请求权的第三人参加诉讼时，在具体形态上，可能是参加原告一方，主张代位债权（即债务人对次债务人的债权）的存在；也可能是参加被告（次债务人）一方，主张代位权不存在或者不成立；还可能是既不参加原告一方，也不参加被告一方，而是具有独特地位的无独立请求权第三人。这里的第三种情况似乎令人费解，但在实践中却是确实存在，例如，债务人否认他与原告之间存在债权债务关系或者认为行使代位权的要件不具备，但同时主张自己对被告的债权是存在的，而被告却承认原告与债务人之间的债权债务关系或者对该债权债务关系并不关心，只是否认自己对债务人负有债务，在这种情况下，债务人的主张既不同于原告，也不同于被告，因而无法参加到任何一方，故其只能是具有独特地位的无独立请求权第三人。

对于第四个问题，即如果债务人不知道债权人已提起代位权诉讼，应当如何为其提供必要的程序保障之问题，我们认为，对此可确立诉讼告知制度予以解决，即规定人民法院应当以书面方式并严格按照送达的规定向债务人告知关于债权人已提起代位权诉讼的情况，并说明债务人可以申请参加诉讼，以及不参加诉讼的法律后果。确立诉讼告知制度，不仅有利于对债务人合法权益的保护，而且对于解决后文将要讨论的既判力范围问题具有重要意义。

上述第五个问题是关于债务人作为无独立请求权第三人参加诉讼时，是否具有当事人的诉讼权利义务，对于这一问题，我们认为，应当明确规定债务人在代位权诉讼中具有当事人的诉讼权利义务。因为，就代位权诉讼而言，虽然是债权人对次债务人提起诉讼，但债务人实际上却是所裁判的实体法律关系的主体，案件的处理结果与债务人有着直接的法律上的利害关系；如果让债务人受代位权诉讼之裁判的约束但却不赋予其当事人之诉讼权利义务，则显然不利于对债务人合法权益的保护，从程序上来说对其也是极不公正的。但令人遗憾的是，《合同法解释》对债务人的诉讼权利义务并未作出明确规定，而《民事诉讼法》对无独立请求权第三人之诉讼权利义务所作的相关规定又存在着明显的冲突，这种立法规定上的罅漏对于代位权诉讼中债务人之合法权益的保护是极为不利的。申言之，《民事诉讼法》第56条第2款规定："人民法院判决承担民事责任的第三人，有当事人的诉讼权利义务"（此款中的第三人专指无独立请求权第三人——笔者注），而《最高人民法院关于适用〈民事诉讼法〉若干问题的意见》（以下简称《适用意见》）第66条规定："在诉讼中，无独立请求权的第三人有当事人的诉讼权利义务。"二者之间的抵触是显而易见的。在此情况下，如果适用《民事诉讼法》第56条第2款的规定，显然不能为债务人提供充分的程序保障，如果适用《适用意见》第66条的规定（尽管这一规定无论是从理论上来讲还是从诉讼实践来看都较之《民事诉讼法》第56条第2款之规定更具有合理性），则在法律适用和选择等方面均缺乏正当性的基础。因此，从保护代位权诉讼中债务人合法权益的角度观察，《民事诉讼法》第56条第2款确有修正的必要；退一步说，作为权宜之计，《合同法解释》也本应当作出一条与之相"抵触"的规定，即"债务人作为第三人参加诉讼时，具有当事人的诉讼权利义务"，但令人遗憾的是，《合同法解释》对此重要问题却未予规定。

（三）多数债权人之代位权诉讼问题

《合同法解释》第16条规定："两个或者两个以上债权人以同一次债务人为被告提起代位权诉讼的，人民法院可以合并审理。"这种情况，可称为"多数债权人之代位权诉讼"。对于这种诉讼，下列问题有必要加以探讨。

1. 多数债权人提起代位权诉讼时，其相互间的关系问题。多个债权人对同一次债务人提起代位权诉讼时，债权人之间是一种必要的共同诉讼人之关系，还是一种普通的共同诉讼人之关系呢？对此，我们认为，多数债权人所提起的代位权诉讼应当是一种必要的共同诉讼，但它与民事诉讼法所规定的其他类型的必要共同诉讼又有着一些区别。因为，对于后者，共同诉讼人之间具有共同的诉讼权利义务，而对于多数债权人之代位权诉讼，债权人之间只是就债务人与次债务人之间的法律关系具有共同的诉讼权利义务，至于各个债权人是否对债务人享有代位权的问题，债权人之间则不具有共同的诉讼权利义务。故此，可以认为多数债权人之代位权诉讼实际上是一种特殊类型的必要的共同诉讼。与此相联系，多数债权人之间实际上乃是一种特殊类型的必要共同诉讼人（即共同原告）之关系。由于存在这种特殊的关系，因而在诉讼过程中，就各个债权人是否具有代位权而言，共同原告中一人之行为或者被告（次债务人）对于共同原告中一人之行为，其效力应不及于其他共同原告；就债务人与次债务人之间的法律关系而言，共同原告中一人之行为或者被告对于共同原告中一人之行为，其效力应当及于其他共同原告。

2. 多数债权人分别起诉时，后诉是否应当禁止？对于这一问题，我国台湾地区学者杨建华教授主张，多数债权人分别起诉时，应当认定后诉违反更行起诉之规定而予禁止。[1] 考虑到大陆之合同法与台湾地区民法对代位权所作的下述之不同规定，我们认为，债权人分别起诉时，后诉不应禁止，但应合并审理和裁判。依照我国台湾地区民法的规定和学理解释，"债权人行使代位权所生私法上之效力，直接归属于债务人。债权人代债务人所受领之给付，其标的物仍为一般债权人之共同担保物，行使代位权者不得直接以之充清偿。故债权人为欲满足自己之债权，应另采取强制执行之方法。"[2] 于此种条件下，在多数债权人分别起诉时，即使禁止后诉的提起，往往也并不会影响后诉原告合法权益的实现。而根据我国大陆《合同法解释》第 20 条的规定，法院对代位权诉讼审理后认定代位权成立的，则应当由次债务人直接向债权人清偿债务，在这种情况下，如果禁止后诉，则后诉之债权人的合法权益往往难以得到保障。

3. 对于多数债权人之代位权诉讼，受诉法院是"可以"合并审理，还是"应当"合并审理之问题。对于这一点，我们认为，法院应当合并审理。理由在于，该多数债权人都是代债务人之位而向次债务人主张同一权利，为了统一解决纠纷和避免矛盾判决，理应予以合并审理。显然，《合同法解释》第 20 条中的"可以合并审理"之规定并不合理。

二、代位权诉讼之管辖

对于代位权诉讼的管辖问题，《合同法解释》第 14 条作出了明确的规定，即"债权人依照《合同法》第 73 条的规定提起代位权诉讼的，由被告住所地人民法院管辖。"这里的关键问题在于如何正确理解这一管辖条款。结合民事诉讼法有关管辖的规定，我们认

---

[1] 参见杨建华：《民事诉讼法问题研析》三，台湾三民书局 1998 年版，第 286 页以下。
[2] 史尚宽：《债法总论》，中国政法大学出版社 2000 年版，第 471 页。

为，以下两个问题有必要予以澄清。

（一）《合同法解释》第 14 条之规定是一般地域管辖还是特殊地域管辖，抑或是专属地域管辖之规定的问题

根据民事诉讼法之规定，地域管辖有一般地域管辖、特殊地域管辖、专属地域管辖（即专属管辖）之分。一般地域管辖系指以当事人的住所地与法院的隶属关系来确定管辖，原则上由被告所在地（即住所地或经常居住地）法院管辖；特殊地域管辖是指以被告住所地、诉讼标的或法律事实所在地为标准来确定管辖法院；而专属管辖则是指法律规定某些案件只能由特定的法院管辖，具有排他性。对具体案件来说，应当优先适用专属管辖之规定，其次是特殊地域管辖（有协议管辖时则应后于协议管辖），最后是一般地域管辖。这些皆为民事诉讼法学的一般性常识。就代位权诉讼而言，《合同法解释》第 14 条规定由被告住所地人民法院管辖，那么，这一规定应当属于上述哪种形态之地域管辖呢？显然，如果理解上发生歧义，则在适用效果上就会迥然不同。例如，若认为它是与《民事诉讼法》第 22 条之规定相一致的一般地域管辖，则在适用时应当优先考虑专属管辖和特殊地域管辖的规定；如果认为它是一种特殊地域管辖，那么在适用时即可排除民事诉讼法所规定的其它特殊地域管辖，但不能排除专属管辖的适用；倘认为它是专属管辖，则应当排除民事诉讼法所规定的各种地域管辖。由此看来，恰当而合理地理解上述管辖条款，对于确定代位权诉讼之管辖法院具有非常重要的意义。

我们认为，考虑到代位权诉讼的特殊性，应当将《合同法解释》第 14 条之规定理解为一种特殊地域管辖。具体来说，有以下几点理由：

1. 代位权诉讼与其它类型的诉讼之最大区别就在于诉讼的代位性，针对这一特点，就有必要将代位权诉讼之管辖规定为特殊地域管辖，以便于双方当事人诉权的行使和法院对代位权诉讼的审理

与裁判。《合同法解释》规定这类诉讼由被告住所地人民法院管辖，也许正是考虑到这层因素。[1]

2. 如果将该项管辖规定理解为一般地域管辖，那么对于很多代位权诉讼，则需要根据债务人与次债务人之间争议的实体法律关系的性质来确定管辖，也即还应当根据民事诉讼法针对案件性质的不同所确定的各种特殊地域管辖来处理，而民事诉讼法对很多案件又规定了多个管辖法院供当事人选择，另者，如果要适用这些规定，首先还需要查明债务人与次债务人的实体法律关系的性质问题，这样就会使代位权诉讼之管辖问题复杂化，不利于债权人之代位权的行使。而将《合同法解释》第14条之规定理解为特殊地域管辖，不仅便利于债权人和次债务人进行诉讼，而且可操作性较强，并可以有效地避免或者减少管辖争议以提高诉讼效率。

3. 《合同法解释》第14条之规定虽然与《民事诉讼法》第22条关于一般地域管辖的规定相同，但应当注意的是，前者是针对特殊类型的民事案件而言的，而后者是针对一般的民事案件而言的。因此，虽然在表述上相同，即都规定"由被告住所地人民法院管辖"，但应当认为，前者是与后者并不相同的一种特殊地域管辖。

4. 不能将《合同法解释》第14条之管辖规定认为是专属管辖。从管辖理论上来说，某类民事案件是否属于某特定法院专属管辖，应当以法律明文规定为准（例如，《民事诉讼法》第34条之规定），否则，不得认其为专属管辖。而《合同法解释》第14条并未明文规定该条是专属管辖，故而在代位权诉讼中，如果债务人与次债务人之间的债权债务关系属于次债务人住所地以外的某法院专属管辖，则次债务人住所地法院对该代位权诉讼不具有管辖权。

（二）代位权诉讼之管辖与协议管辖、协议仲裁之协调问题

前文指出，《合同法解释》第14条之规定应当是一种特殊地域

[1] 由于资料欠缺，笔者并不知道最高人民法院在作出该项管辖规定时的本意及理由如何，这里只是笔者的揣测。

管辖，那么，它与协议管辖、协议仲裁之间是一种什么样的关系呢？换言之，对于代位权诉讼，是否允许当事人协议管辖？如果债务人与次债务人签订有管辖协议或仲裁协议，这种协议对代位权诉讼是否有影响呢？诸如此类问题，《合同法解释》并未指明应如何处理，而在诉讼实践中当这类问题出现时又必须予以解决，因而显有必要从理论上对它们之间的关系作出合理的说明和解释。

1. 债权人与次债务人不能就代位权诉讼进行协议管辖、协议仲裁。①依据《合同法》第73条的规定，债权人代位债务人向次债务人主张权利，只能通过法院的途径进行，也即只能通过代位权诉讼的方式主张权利，这就排除了债权人与次债务人签订仲裁协议的可能性。②应当认为，债权人与次债务人亦无权就代位权诉讼签订管辖协议。理由有两点：其一，债权人所主张的权利是债务人对次债务人所享有的债权，债务人与次债务人才是实体法律关系的真正主体，而债权人与次债务人之间并不存在直接的实体法律关系，因而从实体法的角度来说，债权人与次债务人应无权对该项实体法律关系进行协议管辖。其二，依据前文笔者的观点，代位权诉讼应当被理解为一种与一般的合同诉讼或其它债权诉讼有着明显不同的特殊类型的民事案件，为其所确立的特殊地域管辖是就债权人与次债务人之间的特殊关系而设置的，而债权人与次债务人之间并非是一种合同关系，故此债权人与次债务人应无权依照《民事诉讼法》第25条之规定对代位权诉讼进行协议管辖。

2. 债权人提起代位权诉讼之后，债务人与次债务人就他们之间的债权债务纠纷签订管辖协议或仲裁协议的，应认定对债权人不生效力，不影响代位权诉讼的继续进行。但是，该管辖协议或仲裁协议对于债务人对次债务人所享有的、超过债权人代位请求数额的债权纠纷部分，应当具有法律效力。

3. 债权人提起代位权诉讼之前，债务人与次债务人已经签订有管辖协议，应当如何加以协调之问题。这主要是指受理代位权诉讼的法院（即被告住所地法院）与协议管辖的法院不一致时的情况，如果二者是一致的，则不存在需要加以协调的问题。为了平衡债权人与次债务人之间的利益关系，我们认为，可以分两种情况来处理这种管辖的冲突：

（1）在原则上应当认定债务人与次债务人之间的管辖协议对代位权诉讼没有约束力，因为：①尽管债务人与次债务人之间存在管辖协议，但在债务人怠于行使其权利，不向次债务人提起诉讼的情况下，如果仍让债权人受该管辖协议的约束，则显然对债权人是不公平的。②管辖协议是债务人与次债务人之间签订的，债权人并不是该协议的当事人，既然债权人不是签订该管辖协议的当事人，原则上就应当认定代位权诉讼之管辖不受管辖协议的约束。③依据《合同法解释》的规定，代位权诉讼由被告（即次债务人）住所地法院管辖，因而在一般情况下，这种管辖并不会给次债务人带来很大的不便。

（2）作为例外，则应当承认管辖协议的效力。这种例外情况就是，在债权人提起代位权诉讼后，次债务人又依照管辖协议的规定对债务人提起诉讼，或者债务人依照管辖协议的规定对次债务人提起诉讼，而次债务人不进行妨诉抗辩的，应当确定协议管辖的法院对案件有管辖权，在此种情况下，应规定受理代位权诉讼的法院将该诉讼移送给协议管辖的法院合并审理。之所以要求承认这种例外，原因在于，法律在为债权人的权益保护提供程序保障的同时，也应当顾及对次债务人的程序保障，以体现程序的公平性。易言之，协议管辖是民事诉讼法赋予当事人的一项程序选择权，是体现程序公正的重要内容之一，当次债务人与债务人达成某种管辖协议时，表明他们对诉讼有着某种合理的预期；为了保护债权人的利益，次债务人的这种合理预期即因债权人行使代位权而被打破，但是如果将代位权诉讼之管辖绝对化，对次债务人来说，在程序上则有欠公允。所以，在上述之例外情形下，应当承认协议管辖的效力，但为了统一解决纠纷和防止矛盾判决，应当规定将代位权诉讼移送给协议管辖的法院合并审理。

4. 债权人提起代位权诉讼之前，债务人与次债务人已经签订有仲裁协议，应当如何予以协调。对于这一问题，有学者认为，即使债务人与次债务人之间订有有效的仲裁协议，次债务人也不得以仲裁协议为由对债权人提起的代位权诉讼提出管辖异议。[1] 我们认为，这种观点过于绝对，没有体现出对次债务人程序利益的尊重和保护。基于上述第三个问题中相类似的理由，对于这一问题，亦应当分两种情况予以处理，即在原则上应当认定债务人与次债务人之间的仲裁协议对代位权诉讼没有约束力，但是，在债权人提起代位权诉讼后，次债务人又依照仲裁协议的规定申请仲裁或者债务人依照仲裁协议的规定申请仲裁而次债务人不提出既存诉讼抗辩的，应当规定仲裁机构有管辖权，在此情况下，法院应裁定终结代位权诉讼。

三、代位权诉讼之诉讼标的

（一）学理上之主要观点

诉讼标的是法院审理和裁判的对象，是判断是否再行起诉及确定既判力客观范围的主要根据，因而在民事诉讼中具有极为重要的地位。[2] 那么，应当如何理解和区分代位权诉讼的诉讼标的呢？对于这一问题，诉讼理论上主要有下述三种观点。

1. 二诉讼标的说。即认为代位权诉讼中存在两个诉讼标的，一个是原告的代位权主张，另一个是原告所提出的债务人对次债务人享有权利之主张。这一观点认为，在代位权诉讼中，代位权存否之问题与债务人对次债务人权利存否之问题，系两件断然不同的事情。债权人对次债务人之诉讼，就其主张的权利情况而言，有两种情况可遭败诉判决：①债权人仅缺乏代位权，但债务人对次债务人

---

[1] 参见曹守晔："对合同法中代位权的理解与适用"下，载《人民法院报》2000 年 3 月 12 日。

[2] 参见张卫平："诉讼标的及其识别标准"，载《法学研究》1997 年第 4 期。

的权利确系存在。②债权人有代位权，但债务人对次债务人无权利。于第一种情况，常因被告抗辩债权人对债务人无权利存在，或抗辩债务人对次债务人无意于行使权利等事实，而使债权人遭诉讼不合法之判决，在此种情形下，法院仅就代位权之有无为判断，并未就债务人对次债务人之权利存否为判断，其诉讼判决仅以代位权之主张为诉讼标的。于第二种情形，债权人遭败诉判决，其原因系起于债务人在实体上对于次债务人无权利存在，法院所判断的诉讼标的，包括债权人之代位权及债务人对次债务人的权利。[1]

2. 一诉讼标的说。这一观点认为，代位权诉讼之诉讼标的，应仅为债务人对于次债务人之权利义务关系，而不包括代位权本身。其理由在于，债权人代位债务人对次债务人起诉时，代位权仅为债权人对于债务人与次债务人之间的权利义务关系有无实施诉讼权能之问题，即仍为当事人适格问题，而非构成诉讼标的之事项。从诉权学说来看，不论是采本案判决请求权说还是采利保护请求权说，关于当事人适格之要件与为诉讼标的之法律关系有无理由之要件，均作明确划分，将有无诉讼实施权之当事人适格有关事项，作为独立的诉讼标的或者合并作为本案诉讼标的之内容，在诉讼程序上使二者混淆不清或混为一体，似均有不宜。从诉之声明和判决效力来看，诉之声明仅与债务人对次债务人的权利义务关系有关，而代位权本身在诉讼程序上并无诉之声明，即并不构成本案之诉讼请求，因而法院对债权人能否行使代位权之判断，仅在判决理由中说明，判决主文并无记载，该判断对债务人并无任何实质上之效力，故此代位权本身应不构成诉讼标的。[2]

3. 一个诉讼标的，两个基础法律关系说。即认为代位权诉讼的诉讼标的系债权人得以自己之名义，依债务人之权利对第三人得

〔1〕 参见陈荣宗："债权人代位诉讼与既判力范围"，载杨建华主编：《民事诉讼法论文选辑》下，台湾五南图书出版公司1984年版，第708页。
〔2〕 参见杨建华：《民事诉讼法问题研析》三，台湾三民书局1998年版，第360页以下。

为主张之权利，这个诉讼标的包括债权人自己对债务人之权利与债务人对次债务人之债权两个基础法律关系，但此基础法律关系并非诉讼标的。[1]

从我国台湾地区民事诉讼法学界的讨论来看，对于代位权诉讼的诉讼标的问题，多数学者持上述第二种观点。我国大陆之《合同法》颁布之后，有学者在讨论代位权诉讼时亦认为，其诉讼标的是债权人与次债务人之间的民事法律关系，而不包括债权人与债务人之间的权利义务关系。并认为代位权成立与否不属于代位权诉讼之诉讼标的的理由在于：①代位权是债权的保全权能，并非对债务人和次债务人的请求权。法院对代位权成立与否的判断对债务人和次债务人并不发生实体法上的效果。②代位权成立与否并非债权人代位诉讼本身所要解决的争议事项，即债权人提起代位诉讼并不是为了证明代位权的存在。③代位权是债权人诉权产生的前提，也是代位权诉讼成立的前提；从性质上讲，是代位权诉讼原告适格的必要条件，即起诉条件之一，法院对此问题审查判断的结果只是决定是否受理代位权诉讼的根据。[2] 我们认为，无论从理论上还是从《合同法解释》的现有规定来看，承认代位权诉讼包括两个诉讼标的更具有合理性和现实意义。下文将就此展开讨论。

（二）本文观点及对《合同法解释》相关规定的评析

本文认为，基于以下理由，应当认为代位权诉讼之诉讼标的有两个，即代位权存否之主张与债务人和次债务人之间的债权债务关系。

1. 代位权是债权人为保全其债权而代位债务人行使其权利的权利，在性质上是一种实体法上的权利，这一点已为各国立法和

---

〔1〕 陈计男教授等持这一观点。参见民事诉讼法研究基金会：《民事诉讼法之研讨》二，台湾三民书局 1990 年版，第 43 页。由于这一观点在禁止重复起诉、既判力范围等方面尚有许多复杂的问题需要解决，故本文不作为讨论的重点。

〔2〕 参见吴英姿："代位权确立了民诉法怎么办——债权人代位诉讼初探"，载《法学》1999 年第 4 期。

民法理论所普遍认可。不同的是，在日本、意大利等大陆法系国家及我国台湾地区，债权人行使代位权的方式，既可以是直接向次债务人行使，也可以是通过诉讼途径行使，而根据我国《合同法》及司法解释的规定，债权人只能通过法院，即通过提起代位权诉讼的方式予以行使。在债权人提起代位权诉讼时，代位权本身存在与否即成为法院裁判的一个对象，而代位权又是实体法上的权利，因而按照传统的诉讼标的理论，应当将代位权看作一个独立的诉讼标的。

2. 从法院的审理情况来看，在代位权诉讼中，法院审理和判断的实体法律关系实际上有两个，一个是原告（债权人）与债务人之间的法律关系，另一个是债务人与次债务人之间的法律关系。法院必须首先对第一个法律关系进行审查，就代位权存否问题加以判断，其次才有必要对债务人与次债务人之间的法律关系予以审查和判断。如果债权人与债务人之间的法律关系不存在，或者债权人所享有的债权尚未到期或已过诉讼时效，则债权人就没有代位权，其就不能请求次债务人履行债务。如果债务人和次债务人对债权人主张同时履行抗辩权、不安抗辩权或抵销抗辩权，或者主张债务人并没有怠于行使其到期债权，则债权人的代位权也有可能不成立。显然，在代位权诉讼中，将代位权本身存在与否之问题作为一个诉讼标的是客观存在的，只有对这一诉讼标的作出判断，才有必要对另一诉讼标的，即债务人与次债务人之间的民事法律关系加以判断。

3. 从《合同法解释》第 20 条的规定来看，应当认为有两个诉讼标的经过了裁判。《合同法解释》第 20 条规定："债权人向次债务人提起的代位权诉讼经人民法院审理后认定代位权成立的，由次债务人向债权人履行清偿义务，债权人与债务人、债务人与次债务人之间相应的债权债务关系即予消灭。"显然，根据这一规定，在代位权诉讼中受诉法院的裁判对象，不仅包括债权人与次债务人之间的法律关系，而且包括债权人与债务人之间的法律关系。换言之，代位权诉讼的诉讼标的不仅包括债权人与次债务人之间的权利義務關系，而且亦包括債權人與債務人之間代位權關系是否存在。否則，如果認為其訴訟標的僅僅是債務人與次債務人之間的法律關系，顯然無法對上述條款中的由次債務人向債權人履行清償義務以及債權人與債務人之間相應的債權債務關系歸於消滅之規定作出合理解釋。申言之，倘若不將代位權本身作為一個訴訟標的，則代位權訴訟之裁判就不應當對債權人與債務人之間的債權債務關系作出實體上的判斷。從這裡可以看出，《合同法解釋》第20條的規定與傳統民法理論及日本、我國台灣地區等的立法有著顯著的不同，對於後者，采取的是"入庫規則"，即代位權行使的效果直接歸於債務人，而不能由債權人直接受領，即使在債務人怠於受領的情況下由債權人代為受領，在其受領之後，債務人仍可以請求債權人交付受領的財產。由於存在這種區別，在大陸法系國家和地區的代位權訴訟中，其判決主文一般僅對債務人與次債務人之間的民事法律關系作出判斷，而對債權人與債務人之間的法律關系則并不作出實體上的判斷，只是在判決理由中加以說明。正是由於這一主要原因，故而關於代位權訴訟的訴訟標的，其主流觀點為一訴訟標的說。而依照我國《合同法解釋》第20條的規定，法院的判決須對上述兩種法律關系均作出判斷，因而應當認為代位權訴訟之訴訟標的包括代位權本身存在與否及債務人與次債務人之間的法律關系。

4. 將代位權訴訟認定為有兩個訴訟標的，便利於糾紛的統一解決，并符合訴訟經濟原則。承認代位權訴訟存在兩個訴訟標的，有利於統一解決債務人與次債務人、債權人與債務人之間的權利義務爭議，避免法院就此問題作出相互矛盾的裁判，同時也有利於實現訴訟經濟。但是，如果認為代位權訴訟的訴訟標的僅限於債務人與次債務人之間的法律關系，而將債權人對債務人所享有的代位權存在與否作為一個程序問題，那麼從理論上來說，由於債權人與債務人之間的法律關系沒有經過實體上的裁判，法院對代位權訴訟所作的判決對該法律關系就不應當具有既判力。在此種情況下，如果債權人在代位權訴訟中獲勝訴判決，則債務人仍然有權就自己與債权人之间的债权债务关系再行争执。显然，这不仅不利与统一解决纠纷和实现诉讼经济，而且与《合同法解释》第 20 条之规定的旨趣也是相悖的。

5. 前文所引的反对将代位权本身作为诉讼标的的理由之一是，认为代位权是债权的保全权能，并非是对债务人和次债务人的请求权，法院对代位权成立与否的判断对债务人与次债务人不发生实体法上的效果。其实，这并不能成为否认将代位权作为诉讼标的的理由。因为实体法上的请求权固然可以作为诉讼标的，但能够作为诉讼标的的并非仅限于请求权，例如确认之诉与形成之诉的诉讼标的就不是请求权。另者，法院对代位权成立与否的判断也并非对债务人和次债务人没有实体法上的效果，例如，法院认定代位权成立时，债权人即有权请求次债务人履行其债务，债务人亦不得阻碍债权人行使代位权。反对者的另一理由，即代位权成立与否并非债权人代位诉讼本身所要解决的争议事项，这种观点也是不能成立的。相反，代位权成立与否是代位权诉讼所必须要解决的争议事项，否则代位权诉讼不能继续进行。

综上，本文认为，代位权诉讼的诉讼标的应当包括代位权主张与债务人和次债务人之间的法律关系。其中，对于代位权存否这一诉讼标的，从性质上来说，具有确认之诉的性质，而债务人与次债务人之间的法律关系这一诉讼标的，则具有给付之诉的性质。因而债权人在代位起诉时，在诉讼请求中可载明请求确认代位权的存在并请求判令次债务人履行债务。

四、代位权诉讼中当事人诉讼权利之限制

在代位权诉讼中，债权人是作为原告代位债务人而向次债务人主张权利，基于这一本质特征的要求，债权人在行使诉讼权利时，不应当损害债务人的合法权益。另一方面，如前所述，债务人在作为第三人参加诉讼时，应当具有当事人的诉讼权利义务，但是基于其诉讼地位所决定，以及充分保全债权人的债权之需要，其诉讼权

利义务又应当与作为狭义当事人的原告、被告有所区别。因此，在代位权诉讼中，对债权人与债务人的诉讼权利应当作适当限制，以平衡他们彼此之间的利益关系。至于作为被告的次债务人，其诉讼权利原则上不应受到限制。

（一）债权人诉讼权利之限制

1. 债权人之诉讼请求额应受限制。由于代位权诉讼涉及债务人与次债务人、债权人与债务人之间的双重法律关系，因而其诉讼请求额应当受到两个方面的限制。一方面，其诉讼请求额不应超过本人所享债权的数额，亦即不应超过债务人所负的债务数额；另一方面，其诉讼请求额不应超出债务人对次债务人所享有的债权数额。这是代位权诉讼在诉讼请求上不同于一般的债务纠纷案件的特点之一。对于这一问题，《合同法解释》第21条已明确规定："在代位权诉讼中，债权人行使代位权的请求数额超过债务人所负债务额或者超过次债务人对债务人所负债务额的，对超出部分人民法院不予支持。"

2. 和解权、请求调解权之限制。依据民事诉讼法的规定，原、被告双方都享有自行和解权或请求法院调解的权利，这是民事诉讼的处分原则。但在代位权诉讼中，作为原告的债权人之和解权、请求调解权则应当有适当限制，以免使债务人的合法权益受到损害。申言之，和解或者调解往往是在享有权利的一方当事人作出让步、甚至于巨大让步的基础上进行的，和解协议或调解协议的达成常常是权利人放弃部分实体权利所产生的妥协结果，因而行使和解权或请求调解权的原则上应当是对实体权利享有处分权的主体。然而就代位权诉讼而言，债权人虽然可依法代位行使债务人的权利，但并不等于有权处分债务人的权利。显然，行使权利与处分权利在这里的涵义并不相同：行使权利是指积极地使权利内容得到实现，使债务人得到其应该得到的利益，而处分权利则是指将权利转让、抛弃、免除或使其受到限制等，处分权利的结果将导致该权利的消灭或在数额上减少。[1] 因此，债权人原则上只能行使债务人的权利，而不能处分债务人的权利，否则，如果允许债权人可以随意处分债务人的权利，则不仅可能极大地损害债务人的权益，而且会造成对交易秩序的破坏。正是基于这个道理，原告的和解权、请求调解权应当受到限制，特别是在债务人未参加诉讼的场合，应当认为债权人不得与次债务人进行和解或与之达成调解协议。值得注意的是，如果债务人参加了诉讼，那么在债权人、债务人和次债务人三方都同意的条件下，则应当认为可以就代位权诉讼进行和解或调解。

3. 诉讼上之自认和舍弃应受一定限制。诉讼上的自认是指当事人一方承认对方所主张的不利于己的事实是真实的之意思表示，诉讼上的舍弃则是指原告承认其诉讼请求的全部或一部为不正当的之陈述。在诉讼过程中，当事人的自认或舍弃很可能导致对该当事人不利的裁判，特别是原告在舍弃诉讼请求的场合，一般会导致法院作出其败诉的判决。基于上述相类似的道理，在代位权诉讼中，债权人的自认或舍弃行为应当受到一定的限制，以保护债务人的合法权益。因此，对于次债务人就其与债务人之间的债权债务关系主张的不利于债务人的事实，债权人原则上不得自认，而应当由次债务人予以举证；对于债权人就债务人享有的债权所作的舍弃行为，未经债务人同意的，法院原则上不能将其作为债权人败诉的根据，以免债权人与次债务人串通损害债务人的权益。

（二）债务人的处分权应予限制

关于债权人行使代位权后，债务人对其权利的处分应否受到限制的问题，在各个国家和地区的民法学界存在否定说与肯定说两种观点。否定说认为，代位权的行使并非强制执行，代位权行使之后，债务人的处分权不应因此而受限制。法国学者多持此说。肯定说则认为，代位权行使后，债务人就其权利不得再为妨害代位行使的处分，

---

[1] 参见王利明、崔建远：《合同法新论·总则》，中国政法大学出版社1996年版，第400页。

否则，如果债务人的处分不受限制而仍可抛弃、免除或让与其权利，则代位权制度将失去效用。日本和我国台湾地区的学者多持此种观点。[1] 我国大陆学者也多持肯定说，认为债务人不得就已被债权人代位行使的权利进行处分，以保障债权人之债权的实现。[2] 从民事诉讼的角度来看，对债务人的处分权之限制则表现为对其诉讼权利的限制，即债务人作为第三人参加代位权诉讼时，不得实施妨碍债权人行使代位权的处分行为。在代位权诉讼中，之所以要求对债务人的处分权加以限制，原因在于：一方面，这种限制是保障债权人的债权得以实现的必要措施，这一点与民法学者所论证的理由是相同的。另一方面，限制债务人的处分权也是维护诉讼的严肃性和程序的安定性的必然要求。易言之，如果允许债务人转让、抛弃其权利或者推延债务人的还债期限，则极有可能使已经开始的诉讼归于无效，从而有损诉讼的严肃性和程序的安定性，并会直接对债权人造成程序不公。

五、代位权诉讼之既判力范围

在民事诉讼中，既判力又称判决在实质上的确定力，是指生效判决对作为诉讼标的的法律关系之判断所具有的强制性的通用力或确定力。其内容表现为，判决在形式上确定之后，当事人即不得就该判决所裁判的法律关系再行起诉，或者在其他诉讼中提出与该确定判决的内容相反的主张；法院的后诉判决亦不得与该确定判决内容相抵触。[3] 对于既判力问题，其关键之处在于应当如何确定既判力的范围。就代位权诉讼而言，由于涉及债权人、债务人与次债务人三者之间的关系，因而其判决的既判力范围与一般民事案件之

---

[1] 参见史尚宽：《债法总论》，中国政法大学出版社 2000 年版，第 471 页；王家福主编：《中国民法学·民法债权》，法律出版社 1991 年版，第 181 页。

[2] 参见王家福主编：《中国民法学·民法债权》，法律出版社 1991 年版，第 181 页；王利明、崔建远：《合同法新论·总则》，中国政法大学出版社 1996 年版，第 402 页，余延满：《合同法原论》，武汉大学出版社 1999 年版，第 452 页。

[3] 参见陈计男：《民事诉讼法论》上，台湾三民书局 1994 年版，第 60 页。

判决的既判力范围应当有所不同。

（一）代位权诉讼之既判力客观范围

既判力的客观范围是指生效判决对哪些实体法律关系有既判力的问题。对于这一问题，大陆法系民事诉讼理论之通说及立法的一般规定是：既判力原则上只对判决主文中表达的判断事项产生，而所谓判决主文的判断则是指对于诉讼标的之判断。如果前后两诉的诉讼标的相同，则后诉应予禁止，亦即后诉应受前诉判决之既判力的拘束。因此，从传统的诉讼标的理论来看，界定既判力之客观范围的标准就在于，要看已经裁判过的法律关系与未经裁判的法律关系是否同一。据此，代位权诉讼之既判力客观范围的界定，主要取决于代位权诉讼之诉讼标的的界定。申言之，如果认为代位权诉讼的诉讼标的仅限于债务人与次债务人之间的法律关系，则既判力之客观范围也仅限于该法律关系，至于债权人与债务人之间的法律关系则不受既判力的约束；如果认为其诉讼标的包括债务人与次债务人之间的法律关系以及代位权本身存否之主张，则既判力之客观范围也会相应地扩大。

对于上述第一种情况，即认为代位权诉讼的诉讼标的仅限于债务人与次债务人之间的法律关系，在界定既判力客观范围时，则可能会出现无法解决的矛盾。例如，如果债权人在代位权诉讼中获胜诉判决，那么该判决的既判力客观范围并不及于债权人与债务人之间的法律关系，在此条件下，债务人应仍然有权对债权人提起诉讼，以否认债权人存在对自己的权利。假如债务人提起诉讼并获胜诉判决，则前后两个判决就会产生无法解释的冲突：债权人对债务人既然不享有权利，为什么在代位权诉讼中又获胜诉判决？要想解决这一问题，合理的途径应当是，在为债务人提供充分的程序保障之前提下，承认代位权诉讼有两个诉讼标的，并在此基础上相应地扩大既判力的客观范围，即承认关于代位权存否的判断也有既判力。

具体来说，在债权人获胜诉判决时，既判力的客观范围应当包括债务人与次债务人之间的法律关系以及债权人与债务人之间的代位权关系（包括债权人与债务人之间的法律关系）。[1] 在债权人遭败诉判决时，则应当区别情况来确定既判力的客观范围：如果因代位权存在但却认定债务人对次债务人的债权不存在而遭败诉，既判力的客观范围也应包括上述两类法律关系；如果因代位权关系不存在但债务人与次债务人之间的法律关系未经判断而遭败诉，则既判力的客观范围仅限于代位权关系。这里需要特别加以强调的是，在对既判力的客观范围作上述相应扩大时，必须为债务人提供充分的程序保障，包括必须为其提供参加诉讼的信息、机会和手段，以及赋予其当事人之诉讼权利义务等。

（二）代位权诉讼之既判力主观范围

既判力的主观范围是指判决对哪些主体有既判力。一般来说，既判力原则上只及于诉讼请求的对立双方，即原告和被告，而对于当事人以外的人，除有例外规定，则不应受该判决之既判力约束。否则，如果既判力可以任意地扩大到其他人，则对该其他人显然是不公平的。对于代位权诉讼而言，其原、被告双方分别为债权人和次债务人，因而法院所作判决自然应当对债权人与次债务人具有既判力，这一点在理论上并无异议。问题在于，债务人与次债务人之间的法律关系经法院判决后，其既判力是否及于债务人呢？对于这一问题，在诉讼理论上颇有争论，归纳起来大致有以下三种观点：

1. 既判力不及于债务人说。该说认为确定判决仅在当事人之间发生效力。债权人代位债务人对次债务人提起诉讼时，债务人并非是诉讼当事人，因此依据既判力之相对性原理，代位权诉讼之确定判决仅对债权人与次债务人有既判力，而对债务人则没有既判力。所以，债权人遭败诉判决时，债务人仍然可以次债务人为被告

---

[1] 从《合同法解释》第 20 条的规定来看，债权人获胜诉判决时，债权人与债务人、债务人与次债务人之间相应的债权债务关系即归于消灭，由此也应当认为该判决的既判力的客观范围包括上述两种法律关系。

起诉请求次债务人对其为给付；若债权人获胜诉判决，次债务人亦可以债务人为被告，提起确认债权不存在之诉。[1]

2. 既判力及于债务人说。持这一观点的学者认为，代位权诉讼之确定判决的既判力，不仅及于债权人和次债务人，而且及于债务人。理由在于：债权人对次债务人起诉，属于法定的诉讼担当，债权人乃系为债务人而为当事人，在实体法上行使代位权之效果，既然应归于债务人，则在诉讼法上亦应当依据有关既判力之扩张的规定，[2] 认定判决的效力及于债务人，否则，代位权诉讼即无任何实际意义。[3] 此说为日本及我国台湾地区的通说。

3. 债权人胜诉时既判力始及于债务人说。即认为债权人获胜诉判决时，其既判力及于债务人，而当债权人遭败诉判决时则既判力不及于债务人。其理由是：债权人行使代位权的目的在于增加债务人的财产，债权人败诉时，既然不能增加债务人的财产，即应对债务人不生效力，况且，在实践中有关诉讼的有力证据多在债务人之手，如果债权人因无有力证据而遭败诉判决，在此情形下亦要求债务人受该判决拘束，则对债务人显非公平。[4]

考察学者的相关论述，并结合我国的实际情况，我们认为，上述

---

〔1〕 我国台湾地区学者陈荣宗、梅仲协等持此说。参见陈荣宗："债权人代位诉讼与既判力范围"，载杨建华主编：《民事诉讼法论文选辑》下，台湾五南图书出版公司1984年版，第719页；梅仲协：《民法要义》，中国政法大学出版社1998年版，第244页。

〔2〕 这里的"有关既判力扩张的规定"，在我国台湾地区，系指其"民事诉讼法"第400条第2款之规定，即"对于为他人而为原告或被告者之确定判决，对于该他人亦有效力。"在日本，系指其《民事诉讼法》第115条第1款第2项之规定（旧法为第201条第2款），内容大致相同。

〔3〕 参见杨建华：《民事诉讼法问题研析》三，台湾三民书局1998年版，第366页以下；王甲乙等：《民事诉讼法新论》，台湾三民书局1998年版，第486页；史尚宽：《债法总论》，中国政法大学出版社2000年版，第472页。

〔4〕 日本学者三月章、加藤正治、松板佐一等持此观点。转引自陈荣宗："债权人代位诉讼与既判力范围"，载杨建华主编：《民事诉讼法论文选辑》下，台湾五南图书出版公司1984年版，第717页。

第二种观点较为可取，即代位权诉讼之判决对债务人与次债务人之间的法律关系所做判断，其既判力应当及于该债务人。具体理由如下：

1. 从诉讼标的之同一性来说，债务人与次债务人之间的法律关系这一诉讼标的既然在代位权诉讼中已经过裁判，就应当具有既判力，债务人再以同一法律关系更行起诉，即应当认为违反"一事不再理"原则。况且，就这一诉讼标的而言，债权人提起的代位权诉讼与债务人自己提起的诉讼尽管在形式上当事人不同，但由于债权人是代位债务人进行诉讼，故应当认为在实质上当事人是相同的，[1] 因而债务人应当受代位权诉讼之判决的既判力约束。

2. 承认既判力及于债务人有利于统一解决纷争、防止矛盾判决，并符合诉讼经济原则。债务人与次债务人之间的法律关系在代位权诉讼中经裁判后，如果其既判力不及于债务人，则债务人可就同一诉讼标的另行起诉，如此一来，就可能出现相互矛盾的判决，这显然有损法院裁判的严肃性。而且，如果允许债务人对同一纠纷另行起诉，则无论两诉讼的裁判结果是否一致，都将会扩大当事人和国家的诉讼成本支出，有违诉讼经济原则。

3. 承认既判力及于债务人有利于对次债务人的程序保障。法院对代位权诉讼作出判决后，如果其既判力不及于债务人，或者于债权人胜诉时及于债务人但在败诉时不及于债务人，则次债务人将有受多重诉讼的危险，也即对于同一实体法上的权利义务关系，次债务人有可能遭受多重讼累，这对其显然是很不公平的。对此，有学者指出，次债务人因债权人与债务人之间的纠纷而被牵扯到诉讼中去，这已经是一次不幸，如果该诉讼的结果对债务人没有既判力，则次债务人可能再一次不幸地被诉，显然对其程序保障在此受到了忽视。[2] 因此，基于为次债务人提供必要的程序保障之考虑，代位权诉讼之判决应当对债务人具有既判力。

---

[1] 参见杨建华：《民事诉讼法问题研析》三，台湾三民书局1998年版，第282页。
[2] 参见杨建华：《民事诉讼法问题研析》三，台湾三民书局1998年版，第376页。

4. 既判力不及于债务人说不利于发挥代位权诉讼解决纷争的功能。如果认为代位权诉讼之判决只是在债权人与次债务人之间有既判力，则债权人和次债务人花费相当多的努力、尽了攻击防御之后所取得的诉讼结果，其效力可能因对债务人没有既判力而被动摇。这势必会破坏代位权诉讼制度的运作成果，影响其解决纷争之功能的有效发挥。

5. 债权人代位债务人对次债务人起诉，其原因在于债务人怠于行使其权利。既然债务人有怠于行使权利之行为，即使债权人代位起诉遭败诉之判决，债务人本身亦属有过错。故此，在为债务人提供必要的程序保障之前提下，将既判力扩及债务人并由其承担原告败诉的风险并非苛刻。

6.《合同法解释》第 20 条规定，债权人胜诉时，"由次债务人向债权人履行清偿义务，债权人与债务人、债务人与次债务人之间相应的债权债务关系即予消灭"，由此可知，在债权人胜诉时，判决中关于债务人与次债务人之间的法律关系之判断，对债务人应当具有既判力，因为该条款明确规定债务人与次债务人之间相应的债权债务关系归于消灭。但值得注意的是，对于因债务人对次债务人不享有权利而致债权人败诉时，其既判力是否及于债务人的问题，《合同法解释》并未明确规定，我们认为，基于上述所列理由，债权人败诉时，其既判力也应当及于债务人。

在要求债务人受代位权诉讼之判决的既判力约束时，有必要再次强调的问题是，应当为债务人提供相应的程序保障。因此，前文所述的应当确立对债务人的诉讼告知制度及赋予其当事人之诉讼权利义务的重要性必须再次加以重申。只有如此，才能为债务人充分提供参加诉讼的信息和机会，并使其在实际参加诉讼时能够具有充分的攻击防御手段。可以说，这种程序权利之保障是代位权诉讼之判决的既判力扩及债务人的正当化基础，否则，如果债务人未充分地进行攻击防御或未被给予陈述意见的机会，但却要求其受对己不利的判决之拘束，则显然对其是极不公平的。